MODELOS DE PRODUCCIÓN
EN LA MAQUILA DE EXPORTACIÓN
La crisis del toyotismo precario

Modelos de producción en la maquila de exportación

La crisis del toyotismo precario

Enrique de la Garza Toledo
(Coordinador)

Casa abierta al tiempo

UNIVERSIDAD AUTONOMA METROPOLITANA

PLAZA Y VALDES

P y V

EDITORES

Primera edición: 2005

Plaza y Valdés, S.A. de C.V.
Manuel María Contreras, 73. Colonia San Rafael
México, DF. 06470. Teléfono 5097 20 70
editorial@plazayvaldes.com

Francesc Carbonell, 21-23 Entlo.
08034 Barcelona, España
Teléfono: 9320 63750 Fax: 9328 04934
pyvbarcelona@plazayvaldes.com

ISBN: 970-722-448-7

Impreso en México / *Printed in Mexico*

Contenido

I
MODELOS DE PRODUCCIÓN EN LA MAQUILA EN MÉXICO

II
MODELOS DE PRODUCCIÓN EN LA MAQUILA DE LOS ESTADOS
DEL CENTRO SURESTE

Presentación

La maquila de exportación es uno de los sectores productivos más estudiados en México por propios y extraños; sin embargo, predominan los valiosos estudios de caso, muchos de éstos a profundidad, frente a los de tipo econométrico que manejan escasas variables. A pesar de la abundancia de la información, a la fecha no logramos saber las características generales de cómo se produce en la maquila de exportación –niveles de tecnología, tipo de organización del trabajo, relaciones laborales y el perfil más fino de la mano de obra, específicamente su calificación–, así como las articulaciones con el entorno, como cadenas productivas y de otras formas. En esta investigación hemos emprendido sistemáticamente la tarea de investigar los modelos de producción predominantes en la maquila de exportación en México a través de tres tipos de fuentes:

1. La Encuesta Nacional de la Industria Maquiladora de Exportación, del INEGI, que incluye las mismas variables que la Encuesta Industrial Mensual, es decir, valor de la producción, insumos, exportaciones, personal ocupado (obreros, técnicos, administrativos), remuneraciones pagadas al personal ocupado (salarios a obreros, sueldos a empleados, prestaciones sociales, contribuciones patronales a la seguridad social), horas trabajadas, días trabajados, insumos consumidos, gastos diversos, utilidades brutas, valor agregado. A partir de esta fuente no es posible profundizar en los modelos de producción, cuando mucho calcular la productividad, la tasa de ganancia o la importancia de las remuneraciones en el valor agregado.

2. El módulo de maquila de la Encuesta Nacional de Empleo, Salarios, Tecnología y Capacitación (ENESTyC) para los años de 1998 y 2001. Esta encuesta y su módulo de maquila, hasta hoy no utilizado por los analistas, proporciona información muy abundante, representativa estadísticamente y poco convencional en tipo de variables, referida a tecnología, organización del trabajo,

relaciones laborales y perfil de la mano de obra. De esta fuente sí es posible discernir acerca de los modelos de producción dominantes y en particular de los cambios entre los últimos años del auge maquilador y la crisis.

3. Por otro lado, se realizó investigación de campo en establecimientos maquiladores de los estados de Aguascalientes, Guanajuato, Querétaro, Michoacán, Estado de México, Tlaxcala, Puebla y Yucatán. En cada estado se tomó al menos 20% de los establecimientos registrados y se distribuyeron proporcionalmente por tres tamaños: grandes (más de 250 trabajadores), mediano (de 100 a 250) y pequeños (de 15 a 99). Cinco fueron los instrumentos aplicados: una encuesta de establecimientos a contestar por la dirección de la empresa utilizando cuestionario cerrado para captar tecnología, organización, relaciones laborales y perfil de la mano de obra; guiones de entrevistas a jefes de departamento y obreros informantes calificados para captar participación en las decisiones de la producción; entrevistas a líderes sindicales (este instrumento fracasó considerando el predominio de los sindicatos de protección); entrevista semiestructurada a la gerencia acerca de la crisis de la maquila; análisis de contratos colectivos de trabajo para analizar flexibilidad formal. La información fue codificada y presentada en cuadros estadísticos por estado y para toda la zona considerada.

El levantamiento de la información se realizó en el primer semestre de 2003 simultáneamente en todos los estados mencionados. Los responsables del levantamiento de la información fueron: Aguascalientes, Octavio Maza (UAAC) y Marcela Hernández (UAM); Michoacán, Octavio Maza (UAAC) y Pablo Chouca (UMSNH); Guanajuato, Adriana Martínez (ITESM-León); Querétaro, José Juan Martínez, Jorge Antonio Lara y Marco A. Carrillo (UAQ); Estado de México, Rosa Arciniega (UAedoMex); Tlaxcala, Elizabeth Zamora (UAT); Puebla, Guillermo Campos, Germán Sánchez y María Eugenia Martínez (BUAP); Yucatán, Beatriz Torres y Beatriz Castilla (UAY). El diseño y organización de la investigación fue realizado por Enrique de la Garza Toledo; la sistematización de la información estuvo a cargo de José Luis Torres Franco y María de Jesús Díaz Cabrera, de la UAM-Iztapalapa; la forma del análisis fue diseñada por Enrique de la Garza y José Luis Torres Franco. La redacción de los capítulos I, II y III corrió a cargo de Enrique de la Garza; los capítulos por estado fueron redactados por los responsables mencionados. Sandra Ruiz de los Santos cuidó el trabajo de edición. Este proyecto fue financiado por el Consejo Nacional de Ciencia y Tecnología.

I
MODELOS DE PRODUCCIÓN EN LA MAQUILA EN MÉXICO

1
La maquila en México: aspectos generales

Enrique de la Garza Toledo[1]

L a idea central del programa de maquilas de exportación ha sido atraer capital productivo exportador con la finalidad de incrementar la inversión productiva, de crear empleo, lograr transferencia de tecnología, elevar la calificación de la mano de obra y equilibrar las balanzas de capitales y mercancías por la inversión directa y las exportaciones de la maquila. En esta medida el gobierno mexicano estableció el régimen jurídico de maquila, que implica que la empresa maquiladora se inscriba formalmente como tal en la Secretaría de Economía a fin de que pueda importar temporalmente los bienes, maquinaria y equipo necesarios para el ensamble, la transformación o la reparación de productos de exportación, sin cubrir el pago de impuestos de importación, el valor agregado y las cuotas compensatorias; asimismo, gozar de exención de impuestos de exportación de parte del gobierno mexicano y también del norteamericano. Esta idea general ha tenido muchas modificaciones desde su establecimiento en 1964 y como régimen ha sido relativizado en los noventa a raíz de la entrada en operación del Tratado de Libre Comercio.

Al inicio del régimen de maquila su operación quedó restringida a la frontera norte, donde había localidades de escaso desarrollo industrial; las maquilas estaban obligadas a exportar su producción; de esta manera no competían con la industria nacional protegida por el modelo de sustitución de importaciones. Sólo podrían ven-

[1] Doctor en Sociología, coordinador de la maestría y doctorado en Estudios Sociales de la UAM-Iztapalapa, profesor-investigador del doctorado en Estudios Sociales de la UAM-Iztapalapa; egt@xanum.uam.mx, egt57@hotmail.com

der dentro de México si sus productos no se elaboraban por la industria nacional o bien si los insumos nacionales fueran de al menos 20% de los totales. En 1983 los proveedores nacionales de la maquila fueron autorizados a importar insumos. En 1989, con el inicio de la apertura de la economía, se buscó que las maquilas utilizaran insumos producidos en México y se estableció la necesidad de un permiso para vender en el mercado interno. En 1994 el porcentaje que podía venderse en el mercado interno pasó de 20% a 55% del valor de las exportaciones en el año, esto sin bajar el nivel de las exportaciones y mantener un superávit de divisas con el exterior. La firma del TLC abrió las posibilidades de desaparecer aranceles y restricciones a productos específicos para venderse en el mercado interno, y a partir de 2001 toda la producción de la maquila puede venderse en México. En términos de impuestos, las maquilas sólo pagan el ISR y sus exportaciones están exentas del pago del IVA; su producción para el mercado interno sí lo paga. En 2001 se les obligó a pagar 1.8% del impuesto al activo, que fue diferido para no desalentar la inversión. En general, los productos de la maquila que entran a los EU están exentos de impuestos. La entrada en operación del TLC no eliminó el régimen de maquila, pero lo hizo menos atractivo: una empresa puede acogerse a las desgravaciones del TLC o bien de la maquila, o mezclarlos.

Aunque las definiciones legales no sean las que puedan resolver el problema en sí, la maquila, además de un régimen jurídico con determinadas ventajas fiscales para las empresas que se inscriban, es un modelo de producción y de industrialización; conviene recordar cómo el Decreto para el Fomento y Operación de la Industria Maquiladora de Exportación del primero de junio de 1998 y su reforma del 13 de noviembre de 1998 define a la *maquila* como proceso industrial o de servicio que implica transformación, elaboración o reparación de mercancías de procedencia extranjera importadas permanente o temporalmente para su exportación posterior. Lo anterior significa que la razón principal para que una maquila se registre como tal es que no pagará los impuestos de importación de sus insumos y de la maquinaria y el equipo, así como el impuesto al valor agregado, o bien porque los impuestos de importación se le restituirán posteriormente. Por lo que respecta a los impuestos de importación de los productos maquilados en México por parte de Estados Unidos, éstos se rigen principalmente por la partida 97.30, por la cual sólo se grava el valor agregado en México. En 2008 terminará la transición hacia el área de libre comercio de América del Norte; a partir de esta fecha los bienes intercambiados entre México y Estados Unidos que cumplan con las reglas de origen quedarán totalmente desgravados, no así los que no las cumplan. Aunque el requisito de exportar se ha eliminado con el TLC, el mercado principal de las maquilas sigue siendo el exterior. Por esta circunstancia, aunque la maquila ha incrementado su componente nacional y sus ventas al mercado interno, como veremos, sigue siendo un sector que importa la mayoría de sus insumos y que vende la mayor parte de su producción en el extranjero.

Durante la década de los noventa la maquila de exportación se convirtió en el núcleo central del modelo económico, debido a su crecimiento casi explosivo en términos de empleo y producción. En el año 2000 el producto manufacturero representó 28.7% del producto total, únicamente superado por el comercio, restaurantes y hoteles. La manufactura en este año fue responsable de 87.3% exportado. La industria maquiladora de exportación ha ocupado un lugar central dentro del sector manufacturero, representando en aquel año 47.9% de las exportaciones de la manufactura. Sin embargo, desde noviembre de 2000 la maquila dejó de crecer y tres años después siguió estancada y había expulsado alrededor de 236 mil trabajadores. Las causas de esta crisis han sido atribuidas a tres factores principales:

1. La caída en la demanda de productos de las maquilas, debido a la recesión en la economía de Estados Unidos.
2. La competencia de otros países de salarios más bajos que México, tales como China y los países de América Central, provocando el cierre de maquilas en México y su traslado hacia alguno de aquellos países.
3. El crecimiento de los salarios de la maquila en México en los últimos años, lo que habría reducido el margen de ganancia de este sector.

Excepto por la primera hipótesis, las explicaciones aceptan implícitamente que la maquila es un sector basado en bajos salarios, y por tanto que cuando esta ventaja nacional se agota, la maquila tiende a salir del país o a cerrar simplemente sus plantas. Los factores de localización de empresas a nivel internacional pueden ser múltiples y, por tanto, la localización de las maquilas en México puede obedecer a diversas circunstancias; entre ellas destacan los bajos salarios, como muchos lo han señalado. Sin embargo, la polémica acerca de cuáles serían otros factores resulta importante y si el bajo salario es secundario se ha vuelto más complejo debido a la existencia de una discusión más amplia, en parte teórica y en parte de caracterización empírica.

Desde el punto de vista del desarrollo económico del país, la pregunta es si la maquila es una vía aceptable de crecimiento de la economía y de los empleos dignos. La posición optimista acepta que la maquila empezó como trabajo de ensamble tipo fordista, con trabajo no calificado, mayoría de mujeres, bajos salarios; actividades repetitivas, tediosas, enajenadas; tecnología basada en herramientas o en máquinas no automatizadas; con organización taylorista del trabajo, con muy escasos encadenamientos productivos y de servicios en el territorio nacional. Sin embargo, añaden los partidarios de esta posición, la maquila ha tendido a transformarse, a partir de la década del ochenta, en una actividad que no se reduce al ensamble sino que incorpora procesos propiamente de manufactura, con tecnología automatizada, con nuevas formas de organización del trabajo, con obreros más calificados o un incremento en el porcentaje de técnicos de producción (por estas dos últimas circunstancias, con una tendencia a la masculinización de la fuerza de trabajo), que ha implicado mayor aprendizaje tecnológico y la formación de *clusters* y otros encadenamientos productivos y de servicios (Carrillo y Hualde, 2002; Lara, 1998; Gereffi y Bair, 2002).

Es decir, la propuesta optimista relativa a la maquila la presenta como una vía aceptable de desarrollo industrial a través de una transición (*upgrading*) del ensamble sencillo a la manufactura compleja. Los argumentos del *upgrading* como un proceso evolutivo van en varios sentidos:

1. La constatación empírica, a través de estudios de caso, de que ya están presentes en México aspectos parciales de la maquila moderna (Kenney, 1998).
2. La analogía con el Sureste asiático, donde países como Corea del Sur, Taiwán, Singapur y Hong Kong empezaron en condiciones semejantes a las de México y actualmente son exportadores de manufacturas de alto valor agregado (Gereffi y Bair, 2002).
3. La idea de que en México hay otras ventajas diferentes del bajo salario, como la cercanía con el mercado de Estados Unidos, la infraestructura, el costo de la energía, una mano de obra educada, así como paz laboral y social. Las anteriores condiciones hacen que México siga siendo atractivo aunque los salarios no sean tan bajos como en otros países. Por tanto, si el salario no fuera la principal ventaja competitiva, las maquilas tenderían hacia procesos de mayor valor agregado, con mano de obra más calificada y mejores salarios (Shaiken, 1990).
4. La discusión teórica acerca del fin del taylorismo-fordismo, que en el caso de las maquilas significa que las plantas tayloristas-fordistas tendrían las limitaciones para aumentar la productividad propias de este modelo de producción y, por tanto, habría una tendencia a cambiar de modelo de producción hacia otro de tipo toyotista, o de *lean production* o de especialización flexible, que sería la explicación más profunda de si hay cambio generacional en las maquilas (Wilson, 1996).
5. La tesis que rehuye la discusión teórica y que afirma que las maquilas no son una rama, una industria o un modelo de producción sino un sector solamente caracterizado por un régimen arancelario y, por tanto, en la maquila caben muchas posibilidades de tecnologías, organización y fuerza de trabajo. Es decir, no habría una lógica productiva o de industrialización propia de las

maquilas, sino sólo se caracterizarían por estar inscritas en un régimen arancelario (Carrillo, 1993).

Evidentemente los argumentos optimistas sólo en parte son complementarios; en otros aspectos son contradictorios: los que hablan del *upgrading* difícilmente pueden coincidir con la idea de que la maquila es un simple régimen arancelario, porque se trataría de una transición a un modelo de producción y de industrialización más avanzado; por tanto, la maquila sería un modelo en transformación. Asimismo, la idea de generaciones de antigua y nueva maquila apunta también a forma de producción y de industrialización, no se diga los que analizan el *upgrading* como resultado de la crisis del taylorismo-fordismo. De lo anterior se sigue que la tesis según la cual la maquila es un simple régimen arancelario, es la más superficial de todas las anteriores. Más aún, sus autores no son lógicamente consistentes con las consecuencias de mezclar un régimen arancelario con un proceso de industrialización que evoluciona hacia generaciones más complejas. Es cierto que una parte de la atracción de las maquilas es la exención de aranceles y tarifas, pero es válido preguntarse si dicho régimen de aranceles, junto a otros factores como el bajo salario, atrajo preferentemente maquilas con ciertas características productivas. También es lícito preguntar si en este proceso de atracción, en tanto modelo de industrialización, jugaron un papel ciertas relaciones con el entorno (Dussel, 2003).

El problema central de la polémica acerca de la maquila es la llamada hipótesis de la dualidad tecnológica en este sector, que debería ser simplemente de la dualidad productiva porque el aspecto tecnológico es solamente uno de los que se abordan en esta discusión: si en la maquila hay dos tipos o generaciones, la antigua y la moderna.[2]

Pero relacionados con la hipótesis central hay otras preguntas importantes:

1. Qué tan extendidas están las nuevas tecnologías controladas por computadora en la maquila, así como las nuevas formas de organización del trabajo (círculos de calidad, trabajo en equipo, justo a tiempo, control estadístico del proceso, etc.), o bien los procesos productivos manufactureros respecto de los de ensamble (Alonso, Carrillo y Contreras, 2002).
2. Si la tendencia hacia la igualdad del porcentaje de hombres y mujeres entre los obreros es un indicador de incremento del trabajo calificado entre los obre-

---

[2] La tesis de las tres generaciones en la maquila es sólo una forma particular de la tesis de la dualidad en la maquila que no ha sido aceptada comúnmente.

ros, al igual que lo es el crecimiento relativo de los técnicos de producción respecto de los obreros.

3. Si las condiciones de trabajo tienden a mejorar: el salario, las prestaciones, los bonos, la higiene y seguridad, la estabilidad en el trabajo.

4. En particular hay una polémica muy intensa y variada acerca de las causas de la rotación externa de trabajadores (Carrillo y Santibáñez, 1993; Cortés y Ruvalcaba, 1993; Kenney, 1998; González, 1995).

5. Si el bajo salario sigue siendo decisivo en la localización de las maquilas en México. Ésta puede ser una de las preguntas clave, porque de ser cierta podría relativizar las tesis del *upgrading*, al menos en su versión de tendencia hacia un mayor nivel de la tecnología.

6. Si ha cambiado el perfil de la mano de obra en la maquila, de mujeres jóvenes, sin experiencia laboral, hijas de familia y migrantes a otra, y cuáles son sus implicaciones productivas (Carrillo, 1993).

7. Cuáles serían las condiciones de vida de los trabajadores de la maquila y si tienden a mejorar.

Muchas de las preguntas anteriores se pueden resumir en si la maquila es un modelo de producción o industrialización, entendiendo por el primero una configuración productiva entre cierto nivel de la tecnología, forma de organizar el trabajo, tipo de relaciones laborales y condiciones de trabajo, perfil de la mano de obra (tanto sociodemográfico, de calificación y niveles salariales); y de industrialización en tanto formas de encadenamientos productivos y de servicios hacia delante y hacia atrás, vínculo con los mercados de la tecnología, de trabajo y de dinero, con el sistema de relaciones de trabajo de una zona o país, con las políticas económicas, con el mercado interno y externo, con el resto de la industria, la agricultura o los servicios.

De manera complementaria, si en México hubiera obstáculos para extender el *upgrading* en la maquila, cuáles serían las causas y diferencias con el proceso seguido en el Sureste asiático desarrollado (Wilson, 1996). Lo anterior se relaciona con el análisis incompleto hasta hoy de las causas actuales de la crisis de la maquila.

En los siguientes apartados se busca responder a las preguntas planteadas en los párrafos anteriores.

La maquila en México: aspectos generales

La maquila inició sus operaciones en 1964, pero hasta la década del ochenta no desempeñó un papel importante en el desarrollo industrial y de la economía en México.

Fue con el establecimiento del modelo neoliberal que la inserción de la maquila y su peso en la exportación, inversión y en el empleo fue cada día mayor, hasta el año 2000 en que entró en dificultades económicas.

El concepto de *modelo económico* tiene varias acepciones; es común que se centre en el nivel macroeconómico y se analice con variables propias de las balanzas de pagos; se consideran en especial las relaciones entre los grandes sectores de la economía y el mercado externo de mercancías y de capitales, con la intervención del Estado en la inversión productiva o la regulación de los circuitos monetarios, en particular de las tasas de cambio, la inflación y las tasas de interés. Se acostumbra denominar *modelo neoliberal* a aquella economía y política económica en la que ha disminuido substancialmente la inversión productiva del Estado (privatizaciones de por medio) y las políticas de fomento al crecimiento económico; en las que se ha privilegiado el combate a la inflación con la regulación de la masa monetaria y la reducción de los déficits públicos, sobre el crecimiento económico; a las políticas de reducción de las barreras a la entrada y salida de mercancías y capitales del país; a las que han flexibilizado las regulaciones sobre las empresas y los mercados laborales. Sin embargo, un modelo económico no puede reducirse a la macroeconomía ni a la política económica; tiene que considerar las relaciones entre los tres grandes sectores de la economía, de éstos con el mercado externo, el papel del capital extranjero y, en otro nivel, los modelos productivos dominantes.

En el nivel de la política industrial este modelo significó el abandono del proteccionismo a la industria nacional y la política de subsidios directos e indirectos a través de los precios agrícolas controlados, aranceles que inhibían la competencia de mercancías importadas, créditos blandos, energía barata, etc., hacia una muy limitada política de fomento de las exportaciones con una multiplicidad de programas de escaso impacto, que más hacen pensar en el énfasis en que los mercados abiertos ejerzan su efecto depurador de los ineficientes e impulsor de la modernización, productividad, calidad y competitividad de las empresas.

En este modelo de industrialización se pensó que la falta de capital productivo nacional y las altas tasas de interés podrían subsanarse con la inversión extranjera directa, dirigida hacia la exportación con su efecto benéfico en la cuenta corriente de la balanza de pagos. En especial la maquila se insertó de manera espectacular en este nuevo modelo de industrialización y durante las décadas de los ochenta y los noventa fue el sector de mayor crecimiento de la economía, eminentemente exportador, de productividad y calidad aceptables, con productos competitivos en el mercado internacional, especialmente en el de Estados Unidos. En este sector juega un papel central la inversión extranjera directa, que durante su periodo de oro se dirigió más a la inversión productiva que a la especulación financiera (De la Garza, 2001). En estas circunstancias muchos en los gobiernos y desde los empresarios o partidos políticos pensaron que la maquila era un modelo viable y aceptable de industrialización e incluso de desarrollo del país. Sin embargo, hacia el año 2000 su impulso decreció y en los años subsiguientes entró en franca crisis económica con tasas negativas de crecimiento en sus principales indicadores: producto, exportación, inversión y empleo. En estas circunstancias se ha reabierto la polémica acerca de si la maquila o el modelo maquilador de industrialización es viable para México. Las posturas optimistas en estos años han perdido fuerza, aunque siguen representadas por algunos sectores del actual gobierno, más por falta de alternativas que por profunda convicción; por organismos internacionales como el Banco Mundial y el Fondo Monetario Internacional, aunque han empezado a formular críticas moderadas al modelo, que se han aunado a otras más incisivas provenientes de la OIT, de la UNCAD y de la CEPAL; las de las cámaras empresariales que también han formulado críticas al modelo; y las de los partidos políticos que también las han enunciado con énfasis diversos. Habría que agregar la división en el campo académico, por un lado las posiciones optimistas que provienen de El Colegio de la Frontera Norte, por el otro una mayoría de académicos críticos del modelo en México y en el extranjero.

Como se ve en el cuadro 1, el PIB de la manufactura respecto del PIB nacional creció entre 1990 y 2000 de 19.6% a 21.5% para luego decaer con la crisis de los primeros años de este siglo. Más importante ha sido el impacto del sector manufacturero en la exportación total, que pasó de representar en 1990 68.4% del total de las exportaciones a 89.2% en 2001, para luego decaer con la crisis actual. De esta exportación manufacturera la maquila ha llegado a representar más de la mitad (54.5% en 2002) y respecto de las exportaciones totales la maquila significa casi 50%. En cuanto a su impacto en la ocupación formal, la maquila en su punto máximo representó, en 2000, 1 291 232 trabajadores directos para luego disminuir. En el empleo manufacturero la maquila en 2002 alcanzó 40 por ciento.

En este tenor, el número de establecimientos maquiladores creció de 1 703 en 1990 a 3 630 en 2001; a partir de este año han disminuido apreciablemente (-21.2% entre 2001 y 2003).

En lo que va del sexenio se continúa insistiendo en el modelo manufacturero exportador y en esta medida la importancia de la manufactura en las exportaciones totales sigue siendo muy alta, así como la presencia de la maquila en la manufactura, a pesar de las tasas negativas o muy bajas de crecimiento de ésta y de su empleo.

Así como la maquila representa mucho en la exportación total y en la manufactura, también sus importaciones son muy relevantes. Las tasas de crecimiento de unas y otras para la maquila se frenaron bruscamente con la crisis y en 2001 tuvieron tasas negativas continuadas por un crecimiento muy bajo, aunque el saldo de su balanza

CUADRO 1. Importancia del sector manufacturero y de la maquila
en la exportación y en el empleo y su contribución al PIB

	1990	1998	1999	2000	2001	2002	2003
PIB manufactura/PIB	19.6	21.3	21.4	21.5	20.8	20.5	19.9
Crecimiento anual del PIB manufactura	4.9	5.4	3.1	5.1	-2.8	-0.5	-1.4
Exportación manufactura/exportación total	68.4	90.3	89.5	87.3	89.2	88.3	84.7
Valor agregado en maquila/PIB manufactura	7.0	13.1	15.0	16.1	17.4	17.1	7.3
Exportación maquila/exportación total	34.1	45.2	46.8	47.7	48.5	48.6	46.1
Exportación maquila/exportación manufactura	49%	49.8	52.0	54.2	54.1	54.5	54.3
Personal maquila/personal manufactura	13.6	26.9	29.2	31.5	30.8	40.0	39.6

Fuente: Vicente Fox (2004), Cuarto Informe de Gobierno.

CUADRO 2. Número de establecimientos en la maquila
de exportación (promedio mensual en el año)

Año	Establecimientos
1990	1 703
1993	2 114
1994	2 085
1995	2 130
1996	2 411
1997	2 717
1998	2 983
1999	3 297
2000	3 590
2001	3 630
2002	3 003
2003	2 860

Fuente: INEGI.

CUADRO 3. Tasa de crecimiento del volumen físico de la producción
manufacturera, base 1993=100

	Manufactura	Maquila
1995	-4.9	11.6
1996	10.8	19.9
1997	9.9	13.8
1998	7.4	11.4
1999	4.2	12.3
2000	6.9	13.8
2001	-3.8	-9.7
2002	-0.7	-9.1
2003	-2.0	-1.0

Fuente: ibidem.

comercial es positivo aun con la crisis, pero su crecimiento se ha desacelerado en estos últimos años. De cualquier manera, la exportación manufacturera en la maquila en 2003 significó 99.96% del total exportado en este sector y las importaciones manufactureras en la maquila fueron en ese año de 99.6 por ciento.

Si se consideran no sólo las matertias primas sino los insumos totales y la relación entre los importados y los totales consumidos anualmente en la maquila, se observa cómo han disminuido ligeramente entre 1990 y 2004 al pasar de representar los importados 98.1% del total a 96.6%, menos 1.5 puntos porcentuales que no permiten hablar de un proceso de tendencia clara hacia la integración nacional y que, como veremos, repercutirá en la capacidad de este sector de formar cadenas productivas dentro del terrirorio nacional.

Sin embargo, a pesar del crecimiento en el producto y exportación en la manufactura en los noventa, esto no se compaginó con semejante ritmo de crecimiento del empleo, que alcanzó su máximo en 1993, decayó con la crisis de 1995, volvió a crecer sin alcanzar el nivel de 1993 hasta 1999, se estancó en 2000 y cayó substancialmente en los tres años siguientes. En la maquila el crecimiento en el empleo fue más acelerado en los noventa a partir de 1993 y siguió creciendo hasta el año 2000, cuando más duplicó su contribución al empleo respecto del año base de 1993; sin embargo, a partir de aquel año cayó substancialmente, casi igualando la manufactura y la maquila disminuciones del 10% del personal ocupado en sólo tres años.

CUADRO 4. Industria maquiladora: comercio exterior (millones de dólares)

Año	Exportaciones	Importaciones	Saldo
1991	15 833	11 782	4 051
1992	18 680	13 937	4 743
1993	21 853	16 443	5 410
1994	26 269	20 466	5 803
1995	31 103	26 179	4 924
1996	36 920	30 505	6 415
1997	45 166	36 332	8 834
1998	53 083	42 557	10 526
1999	63 853	50 409	13 444
2000	79 468	61 709	17 759
2001	76 881	57 599	19 282
2002	78 041	59 296	18 745
2003	77 467	59 296	18 171

Fuente: INEGI, Banco de Información Económica.

CUADRO 5. Porcentaje de insumos importados respecto a insumos totales en la maquila de exportación (enero de cada año)

Año	Porcentaje
1990	98.1
1992	98.1
1993	98.3
1994	98.5
1995	98.4
1996	98.4
1997	97.9
1998	97.4
1999	97.0
2000	96.9
2001	96.7
2002	96.1
2003	96.3

Fuente: INEGI, Sistema de Cuentas Nacionales.

CUADRO 6. Personal ocupado remunerado en la maquila
de exportación (personas ocupadas)

Periodo	Total	Obreros	Empleados
1990	451 169	418 035	33 134
1991	434 109	401 086	33 023
1992	503 689	465 112	38 577
1993	526 351	487 298	39 053
1994	562 334	522 345	39 989
1995	621 930	578 286	43 644
1996	748 262	694 296	53 966
1997	903 736	839 332	64 404
1998	1 014 023	942 088	71 935
1999	1 143 499	1 061 245	82 254
2000	1 291 498	1 198 935	92 563
2001p/	1 202 954	1 110 411	92 543
2002	1 087 746	1 003 898	83 848
2003	1 065 105	843 563	221 542

p/ Cifras preliminares a partir de la fecha que se indica.
Fuente: INEGI, Sistema de Cuentas Nacionales de México.

Entre 1997 y 2004 el porcentaje de hombres en el personal total ocupado se incrementó al pasar de 46.9% en 1997 a 51.2% en 2004. Para algunos sería un indicador indirecto de mayor calificación en la mano de obra; para otros, que los hombres han aceptado las condiciones de discriminación y segregación de las mujeres. Entre 1997 y 2004 también se incrementó el porcentaje de administrativos en el total, el de técnicos creció 0.7 puntos porcentuales y el de los obreros disminuyó 1.2 puntos, aunque siguen siendo la gran mayoría; en 2004 casi alcanzan 80% del personal total ocupado. Durante la crisis el crecimiento lento de los hombres respecto a las mujeres continuó la tendencia que traía desde los noventa; en cambio el de administrativos se aceleró durante la crisis en crecimiento, el de los técnicos empezó en 2000 con 12% del personal total ocupado, aumentó un poco dos años sucesivos y disminuyó a 12% en 2004, es decir, no hay una clara tendencia hacia la tecnificación de la mano de obra en estos años.

CUADRO 7. Índices del personal ocupado en la manufactura
y en la maquila, 1993=100

Año	Índice manufactura	Índice maquila
1990	67.3	82.4
1991	66.2	86.2
1992	63.7	93.3
1993	100	100
1994	96.9	107.6
1995	88.5	119.6
1996	91.3	139.0
1997	94.7	166.7
1998	98.2	187.1
1999	98.8	210.9
2000	99.8	238.2
2001	95.4	221.7
2002	90.6	199.5
2003	88.6	200.5

Fuente: ibidem.

CUADRO 8. Porcentaje de hombres, de técnicos, de administrativos
y de obreros respecto del personal total ocupado en la maquila
de exportación (enero de cada año)

Año	Hombres (%)	Administrativos (%)	Técnicos(%)	Obreros (%)
1997	46.9	7.2	11.3	81.5
1998	47.4	7.1	11.6	81.3
1999	48.5	7.2	12.1	80.7
2000	49.1	7.3	11.9	80.8
2001	49.6	7.4	12.1	80.5
2002	50.4	7.8	12.8	79.4
2003	50.7	7.9	12.9	79.2

Fuente: INEGI, Sistema de Cuentas Nacionales.

Sin embargo, la maquila, como el sector manufacturero, entró en crisis a partir del año 2000. El personal ocupado entre 2000 y 2003 se redujo en 17.7%, el número de establecimientos maquiladores en 20.5%, la tasa de crecimiento del volumen físico de la producción maquiladora reconoció tasas negativas a partir de 2001, la tasa de crecimiento de la productividad también fue negativa en 2001 (-2.8%), muy baja en 2002 (1.7%) y nuevamente negativa en 2003 (-1.0%), aunque, como veremos, las dificultades productivas de este sector se iniciaron con anterioridad a la crisis de principios de este siglo. Las exportaciones de la maquila entre 2000 y 2003 se han reducido en 2.5% y la inversión extranjera directa en 34.3%. Aunque en 2004 los indicadores mencionados han mejorado, no hay todavía certeza de que la maquila logrará recuperar el papel que tuvo en los años noventa en el modelo económico mexicano. En esta medida muchas voces se han manifestado preguntándose si el modelo maquilador llegó a su límite y si es posible emprender un camino diferente de crecimiento económico.

Un problema relacionado con la crisis de la maquila es si se debe a puros factores externos a la economía mexicana, como la competencia de países de más bajos salarios que México, la recesión en Estados Unidos que impactó directamente a la demanda de productos maquiladores, o si hay factores internos primero nacionales (la política salarial del gobierno que se ha traducido en incrementos reales de los salarios en la maquila aun en estos años de crisis, la falta de infraestructura suficiente de transporte, los precios de la energía, los trámites burocráticos) y otros relacionados con la manera de producir de la maquila. Utilizaremos el concepto de *modelos de producción* para referirnos a la configuración entre tecnología, organización del trabajo, relaciones laborales, perfil de la mano de obra, culturas laborales y gerenciales y el de modelo industrial que comprendería, además de los modelos productivos, sus

CUADRO 9. Indicadores de crisis de la maquila

	2000	2001	2002	2003
Personal total ocupado	1 291 232	1 198 942	1 071 209	1 062105
Núm. de establecimientos	3 598	3 630	3 003	2 860
Crecimiento tasa volumen físico de la producción	13.8	-9.7	-9.1	-1.0
Tasa de crecimiento de productividad	0.9	-2.8	1.7	-0.1
Exportaciones (millones de dólares)	79 467	76 881	78 098	77 476
Inversión extranjera en maquiladoras (millones dólares)	2 983	2 172.2	2 043.5	1 961.1

Fuente: Vicente Fox (2004), Cuarto Informe de Gobierno.

articulaciones en el país con clientes y proveedores, con el mercado de trabajo, con el de la tecnología, con el del dinero, con el sistema político.

Tanto los modelos productivos como los industriales en ciertas condiciones del mercado, institucionales y políticas pueden llegar a sus límites para incrementar la productividad y la competitividad. La pregunta es, por tanto, si es posible caracterizar modelos productivos centrales en la maquila, a diferencia de la tesis que dice que es un simple régimen arancelario, y si las dificultades actuales de la maquila en parte se explican por límites en las formas como se produce. El análisis de estos problemas tiene que ir al interior de los procesos productivos y sus articulaciones con el entorno; estos tienen manifestaciones en variables económicas que por su carácter general hay que profundizar de la primera forma, puesto que su medición puede tener diversos significados.

El análisis de las tasas de crecimiento de la productividad del trabajo en la maquila a partir de 1990 muestra que éstas fueron muy bajas o francamente negativas con excepción de los años de 1990 y 1994; es decir, el gran crecimiento de los noventa en la inversión, producción, exportación y empleo en la maquila no se compaginó con tasas semejantes de crecimiento de la productividad. Por el contrario, éstas no sólo fueron mediocres sino en muchos años negativas, en espacial a partir del año 2000 se inició otra etapa de crecimiento en general negativa en este indicador; a contracorriente, el índice de remuneraciones reales en la maquila que, después de una caída en 1995 y 1996 relacionada con la crisis de esos años, se ha recuperado sostenidamente, incluyendo los tres primeros años de este siglo, aunque en 2003 experimentó un ligero retroceso.

Otros indicadores económicos para la maquila muestran que hasta el año 2001, año de crisis, la dependencia del valor agregado respecto de los salarios era tan elevado como 80%; sin embargo, en 2002 y 2003 ha disminuido sustancialmente; las ganancias respecto de las remuneraciones decayeron sostenidamente durante casi toda la década del noventa y en general continuaron con esa tendencia hasta los años actuales de crisis. La ganancia respecto del valor agregado, después de cierto repunte a mediados de los noventa, se estancó y ha decrecido en los últimos años. Finalmente, la tasa de ganancia en la maquila ha tenido un comportamiento irregular, alta a inicios de los noventa, disminución con la crisis de mediados de esa década, recuperación de fines de siglo y nueva disminución con la crisis actual. Es decir, los indicadores económicos como los mencionados no hablan de un sector muy saludable desde inicios de la década del noventa, que probablemente ya tenía dificultades productivas antes de la crisis actual, a pesar de que en la década pasada reconoció años de gran demanda por parte del mercado de Estados Unidos.

CUADRO 10. Tasa de crecimiento anual de la productividad del trabajo
e índices de las remuneraciones reales al personal total ocupado
en la manufactura y en la maquila, 1993=100

	Tasa de incremento productividad en manufactura	Índice de remuneraciones totales reales en manufactura	Tasa de incremento productividad en maquila	Índice de remuneraciones reales en maquila
1990	7.0	83.4	14.5	100.4
1991	5.9	88.3	-1.8	98.5
1992	5.9	95.8	1.8	100.2
1993	7.1	100	0.0	100
1994	9.5	104	3.7	104.5
1995	3.7	90.9	0.4	99.9
1996	10.0	81.9	-0.4	93.0
1997	5.0	81.4	-0.5	94.5
1998	4.0	83.7	-0.7	98.3
1999	2.6	85.0	-0.4	100.4
2000	4.9	90.0	0.9	104.7
2001	0.4	96.0	-2.8	113.2
2002	4.5	97.5	1.7	118.3
2003	2.5	94.8	-0.1	117.0

Fuente: ibidem.

En la manufactura, las tasas de productividad promedio entre 1990 y 2003 (5.2%) no se compararon con semejante crecimiento en las remuneraciones reales por persona ocupada, mucho menos con las de los obreros en el sector. En 1994 se llegó al máximo de dichas remuneraciones y a partir de este año disminuyeron en términos reales en 1995, 1996, 1997, luego se recuperaron hasta 2002, sin alcanzar nunca el nivel de 1993, y volvieron a decaer en 2003. En la maquila esas remuneraciones medias por persona ocupada tuvieron un primer máximo en 1994, luego disminuyeron en 1995 y 1996 para posteriormente recuperarse hasta 2002. Es decir, en la maquila la recuperación de las remuneraciones reales en el actual sexenio continuó sostenidamente lo iniciado después de la crisis de 1995.

En el cuadro 12 se muestra la evolución de la productividad entre 1993 y 2002. La evolución de la productividad en la maquila fue de estancamiento entre 1990 y 1993,

CUADRO 11. Tasa de ganancia en la maquila en los noventa

Año	Rem/VA	G/Rem	Tg	G/VA
1990	0.76	0.32	4.2	0.24
1991	0.73	0.37	4.6	0.27
1992	0.81	0.23	3.3	0.19
1993	0.81	0.24	3.2	0.19
1994	0.82	0.22	1.7	0.18
1995	0.78	0.29	2.3	0.22
1996	0.79	0.27	2.3	0.21
1997	0.80	0.25	2.5	0.20
1998	0.78	0.28	2.7	0.22
1999	0.78	0.29	3.0	0.22
2000	0.82	0.22	2.5	0.18
2001	0.80	0.25	3.0	0.20
2002	0.48	0.23	2.8	0.11
2003	0.46			

Fuente: elaboración propia a partir de la Encuesta Nacional de la Industria Maquiladora del INEGI
Tg=ganancia/(Insumos+Remuneraciones+Depreciación).
G=ganancias.
Rem=remuneraciones.
VA=Valor agregado.

CUADRO 12. Índices de productividad en la maquila, 1993=100

Año	Índice
1993	100
1994	103.7
1995	104.0
1996	103.5
1997	97.6
1998	97.1
1999	96.8
2000	97.5
2001	94.5
2002	95.0

Fuente: INEGI, Banco de Información Económica.

crecimiento en 1994, 1995 y 1996 y disminución en general a partir de 1997. Es decir, antes de la crisis iniciada en 2000 el crecimiento en la productividad en la maquila ya enfrentaba obstáculos que antes de 2000 no tenían que ver con la reducción de la demanda de sus productos en el mercado norteamericano, ni todavía con la huida de maquilas a Centroamérica o a China. La dependencia del valor agregado respecto de los salarios, que se mantuvo en la década del noventa en alrededor de 80%, no sólo es un indicador general de escasa automatización sino de dependencia de sus ganancias de la evolución del salario real en la maquila. Por otra parte, se puede afirmar que a partir de 1990 se inició una tendencia a decrecer la tasa de ganancia en la maquila, de 4.5% en 1990 a 2.5% en 2000 (la relación entre ganancias y valor agregado cayó de 27% en 1991 a 20% en el 2001). Esta crisis, originada con anterioridad a la caída en los niveles de producción, exportación y empleo es probable que implicase una crisis de productividad. Es decir, originada en factores internos a los procesos productivos limitantes para elevar la productividad. Estos limitantes pueden en abstracto estar en la tecnología, la organización del trabajo, las relaciones laborales, el perfil de los trabajadores, los encadenamientos y las culturas laborales y gerenciales.

Los salarios reales y las remuneraciones totales en promedio por persona ocupada en la maquila siempre han sido inferiores a la manufactura en general, aunque superiores al salario mínimo. La relación entre remuneraciones en la maquila en términos de número de salarios mínimos se ha incrementado desde 1994 en forma sostenida,

CUADRO 13. Comparaciones salariales de la maquila

	Salario máquila/salario mínimo	Remuneraciones maquila/manufactura (%)
1994	1.88	56
1995	1.94	61
1996	1.94	61
1997	2.07	63
1998	2.10	62
1999	2.18	60
2000	2.26	57
2001	2.55	63
2002	2.53	64.8
2003	2.52	64.9

Fuente: STYPS (2003), Estadísticas laborales.

aunque en 2002 apenas alcanzó 2.02 veces el salario mínimo. En comparación con las remuneraciones en la manufactura se elevaron hasta 1996 representando los de la maquila 67% de los de la manufactura, luego han disminuido y se han estancado, pero el salario real en la maquila se ha incrementado desde 1996 sin decaer en estos últimos años de crisis, a pesar de que la productividad ha tenido tasas anuales negativas.

En octubre de 2002 el salario por hora en la maquila era de 1.1 dólares la hora contra 1.78 en la manufactura. El salario mensual de obreros en la maquila en ese mes, sin considerar prestaciones, era de 3 000.00 pesos al mes.

2
Modelos de producción en la maquila de México: la evidencia empírica a partir de la ENESTYC

Enrique de la Garza Toledo

La bibliografía acerca de la maquila en México es muy abundante, y aunque la mayor parte son estudios de caso, no dejan de aportar a las polémicas mencionadas en la primera sección. En cuanto a la existencia de maquilas posfordistas, hay estudios que lo afirman basados en la presencia de alta tecnología en algunas empresas o segmentos del proceso productivo, así como en aplicaciones parciales de la nuevas formas de organización del trabajo (Wilson, 1996). Ningún estudio demuestra que la tecnología de última generación en las manufacturas caracteriza a la mayoría de las maquilas; en cambio, se han encontrado plantas o puntos de proceso productivos con tecnología microelectrónica. Corona (1994) reporta en 1991 un 74% de maquilas como de ensamble y la Asociación de Maquiladores en 2002 consideró que éstas eran 80 por ciento.

En cuanto a la presencia de nuevas formas de organización del trabajo, los estudios empíricos muestran mayor extensión que las tecnologías de punta. Sin embargo, la mayoría de los autores consideran que se trata de aplicaciones parciales, sobre todo de la calidad total y del justo a tiempo, con poco involucramiento y participación de los trabajadores (Kopinak, 1999). Sklair (1992) encontró en su trabajo de campo que la mayoría de las operaciones que realizan los trabajadores son rutinarias y estandarizadas. Kopinak (1999), por su parte, en su estudio sobre la maquila de Nogales, Sonora, no encontró maquilas posfordistas. Kenney (1998), por su lado, identificó grandes diferencias en el manejo de recursos humanos entre las fábricas en Japón y sus maquilas en México; Melisa Wright (2001) habla de que el taylorismo-fordismo en la maquila es frecuente; Sargent (1999) reconoce que la maquila proporciona mejores empleos que otros de las ciudades maquiladoras, pero para "personas que se esfuerzan en sobrevivir en el escalón económico y social del fondo"

Jorge Carrillo (Carrillo y Hualde, 1997), junto con Arturo Lara (1998) son los principales difusores de la tesis del *upgrading*. El primer autor es el padre del planteamiento acerca de las tres generaciones en la maquila y recientemente habla de una cuarta: la primera sería la originaria maquila de ensamble, basada en la intensificación del trabajo y el bajo salario; la segunda, fundada en la racionalización laboral, con tecnología de nivel más alto, con líneas automatizadas o semiautomatizadas, con un incremento en la proporción de técnicos e ingenieros; la tercera, intensiva en creación de conocimiento, especializada en investigación y desarrollo, con trabajadores de alta calificación, pero también con bajos salarios.

Finalmente, estudios más recientes han tratado de demostrar que la maquila tiende a desarrollar aglomeramientos (*clusters*) de proveedores de insumos y servicios y que a su interior hay procesos importantes de aprendizaje tecnológico. Sin embargo, como apuntamos anteriormente, casi toda la investigación optimista en cuanto al *upgrading* está basada en estudios de caso o cuando mucho en encuestas parciales de la maquila. Ningún estudio ha utilizado, por ejemplo, el módulo de maquila de la ENESTYC de 1999 y el de 2001.

Por el momento podríamos hacer las siguientes consideraciones relacionadas con el *upgrading* y examinar si en la maquila hay relevos evolutivos en modelos de producción:

1. La definición por Patricia Wilson (1996) de las máquinas que utilizan alta tecnología o nuevas formas de organización del trabajo resulta una simplificación excesiva de la discusión internacional acerca de los modelos productivos que seguirían al taylorismo-fordismo y que ignora que hay una mayoría de autores que no aceptan o han abandonado el concepto de posfordismo, como es el caso de sus propios padres fundadores (Boyer y Frayssenet, 2001). Es decir, la discusión teórica acerca del paso al posfordismo está relativamente saldada, en cuanto los autores más serios consideran que están en juego varios modelos de producción y que no han pasado a la historia aquellos basados en los bajos salarios. Además, en la práctica existen modelos de producción híbridos; por tanto, no hay ninguna línea evolutiva del fordismo al posfordismo sino configuraciones productivas que sólo en parte obedecen a presiones genéricas del mercado mundial, a lo que se suman factores nacionales, regionales o locales no universales, así como las concepciones de los actores principales acerca de la restructuración, dentro de las cuales se incluyen las culturas empresariales o gerenciales, y las de otros actores de las relaciones laborales, sin olvidar el peso

de políticas estatales e instituciones nacionales diferenciadas que no han sido estrictamente homogeneizadas por la globalización. En esta medida, resulta simplista postular que la evolución de la maquila por generaciones, dos o tres según el gusto, sería el resultado de los límites de la de ensamble para incrementar productividad y calidad, como límites propios del taylorismo-fordismo. Es simplista al considerar que las presiones globales para incrementar productividad y calidad, en especial para un sector altamente exportador al mercado mundial como es la maquila, sólo puedan satisfacerse a través del posfordismo, que entre paréntesis, en su formulación original incluía también altas calificaciones, salarios, involucramiento y participación de la mano de obra. Este camino, la ruta amable de la restructuración productiva, es probable que no sea la ruta predominante en el mundo desarrollado (Katz, 2002) ni en el subdesarrollado (De la Garza, 2001) y no queda, por tanto, claro por qué habría de serlo para un sector como la maquila que importa la mayoría de sus insumos y produce en un país de bajos salarios y calificaciones.

Por otro lado, el *upgrading* en el Sureste asiático se vio asociado, entre otros factores, a una política de fomento a las exportaciones por parte del Estado que no puede asimilarse a las simples políticas de apertura del neoliberalismo mexicano. Al respecto, dice Corona (1994) que la falta de encadenamientos locales de las maquilas con proveedores se debe a que no hay suficiente oferta mexicana, sobre todo de componentes, porque muchos de estos son de alta tecnología, y que sufren frecuentes innovaciones, a la mala calidad de productos mexicanos y falta de oportunidad en los suministros, a la existencia de contratos de largo plazo entre las maquilas y sus matrices y a los precios de los insumos.

Además, la maquila es de inicio un régimen arancelario –aunque también puede ser una forma de producir y articularse con el mercado internacional y con el contexto local– y las empresas se inscriben como maquila buscando de entrada evitar impuestos de importación, es decir, la competencia de los insumos importados no es sólo por precio o calidad sino que habría que sumar el ahorro por no pago de impuestos. Actualmente es posible que la maquila venda 100% de su producción en el mercado interno; sin embargo, sigue estando eminentemente orientada a enviar su producción al exterior.

2. El problema del evolucionismo en las tesis del *upgrading*. En el capitalismo el cambio en formas productivas se realiza debido a la competencia, pero también debido a condiciones institucionales y comportamientos de los actores locales, nacionales o internacionales. La globalización ha implicado procesos diferenciados de homogeneización (siendo esta mayor en los mercados financieros) también en el arsenal de tecnologías y formas de organización del trabajo. Sin embargo, no hay

duda de que actualmente conviven en el mundo diversos modelos de producción; según el grupo de GERPISA y tan sólo en el caso de la industria automotriz, sloanismo, toyotismo, hondismo y taylorismo-fordismo. Además los contenidos concretos de las formas de organización del trabajo o de las relaciones laborales, aun con nombres semejantes, pueden variar mucho entre países. Esto se muestra en el caso de la investigación de Yolanda Montiel (2002) acerca de los equipos de trabajo en la industria automotriz terminal mexicana y también en algunos estudios sobre la maquila (Kenney, 1998). Es decir, no basta con apuntar que existen ciertas formas de organización comunes entre países, puesto que pueden ser aplicadas con contenidos diversos y, por tanto, apuntar hacia modelos de producción diferentes. Otro tanto sucede con las relaciones laborales: no es suficiente mencionar que también en México tienden hacia la flexibilidad y descentralización, porque los énfasis pueden ser muy diferentes (De la O y Quintero, 1992). Creer que globalización y neoliberalismo sólo admiten un tipo consensual de relaciones laborales es resultado del escaso conocimiento de los fundamentos de estos procesos y de las formas concretas que adquieren (Bensusán, 2003).

En síntesis, la argumentación acerca de las tendencias del *upgrading* en la maquila tiene dos formas: primero, la que toma como ejemplo al Sureste asiático (Gereffi y Bair, 2002) razona por analogía, y segundo, la constatación de que hay casos de empresas de varios niveles tecnológicos, organizacionales, etc. Como veíamos en el punto anterior, las nuevas teorías acerca de la restructuración productiva han abandonado el evolucionismo y por tanto la supuesta crisis del taylorismo-fordismo puede seguir varias vías, en donde la del bajo salario es una de las formas presentes en la restructuración actual. La analogía con el Sureste asiático sólo muestra que en ciertas condiciones es posible el *upgrading* y no que éste es necesario para todo país que empieza con ensamble. La exhibición de casos minoritarios de *upgrading* en las maquilas no es suficiente para definir tendencias; en todo caso falta una reflexión más profunda acerca de por qué ciertas empresas sí dieron el salto y por qué la mayoría no, y especialmente el análisis de si en las primeras el bajo salario sigue siendo importante. Por ejemplo, Carrillo y Hualde (1997) reconocen que en las maquilas de conocimiento el bajo salario de ingenieros es muy importante factor de localización. Además, la mayoría de los estudiosos del tema consideran que no hay determinismo tecnológico en los procesos productivos, es decir, que a tecnología de nivel superior tenga que corresponder nueva organización del trabajo y calificaciones más elevadas. La nueva tecnología puede operarse con una segmentación entre obreros de baja calificación y personal de mantenimiento, técnicos e ingenieros de calificación superior. En síntesis, muchos de los estudios de caso de la maquila reproducen el error de teóricos como Piore y Sabel (1989) de confundir el diagnóstico con la normatividad. Es decir, no queda claro si los casos muestran realmente tendencias o bien son ilustraciones que los actores deben tomar como ejemplos de que es posible realizar ciertas transformaciones.

Por otro lado, es necesario afinar los indicadores de cambio en la maquila. Para observar el cambio tecnológico no basta con hacer una estadística de cuántas maquilas usan equipo microelectrónico, porque éste puede usarse sólo en puntos muy específicos del proceso. Es necesaria una medida más precisa de la amplitud de su uso, por ejemplo, el porcentaje de operaciones de ensamble o transformación que utilizan herramientas, maquinaria sin control automático, con control automático no computarizado o computarizado. Otro tanto sucede con la introducción de las nuevas formas de organización del trabajo. Muchos estudios sólo reportan si en la empresa existen círculos de calidad, equipos de trabajo, células de producción o no, por ejemplo. Pero es necesario medir el porcentaje de trabajadores organizados de esta manera, así como el tipo de tareas que desempeñan; de lo contrario podríamos magnificar las formas sobre los contenidos. Otro tanto podríamos decir del involucramiento, la participación o la calificación. En pocas palabras, los estudios más extensivos sobre estos problemas difícilmente pueden considerarse como concluyentes, por el tipo de indicadores que utilizan, que pueden estar muy sesgados hacia la visión optimista del *upgrading* en la maquila.

Problemas como la tendencia hacia la masculinización en la maquila, a la incorporación de más técnicos y la rotación de personal necesitan ser profundizados en cuanto a medición y en su significado. No necesariamente mayor incorporación de hombres significará mayor calificación, o la introducción de tecnologías modernas; pudiera deberse a la aceptación de los hombres de condiciones de trabajo que estaban reservadas para mujeres o una mayor confianza de los gerentes de que los hombres tampoco darán problemas laborales, o bien a procesos productivos como los de autopartes que requieren de mayor esfuerzo físico (Wilson, 2002). En todo caso, la correlación tiene que probarse empíricamente, no con datos agregados sino relacionando a nivel individual la variable género con la de calificación.

La rotación externa de personal, que es una preocupación de muchos de los estudiosos de la maquila ha generado una multiplicidad de explicaciones que podríamos clasificar en tres tipos:

a) Las que privilegian en la explicación variables sociodemográficas y de la familia: género, edad, escolaridad, estado civil, número de hijos, posición del trabajador en la estructura de la familia, si es migrante o no (González, 1995).

b) Las que dan más importancia a variables del proceso de trabajo: intensidad del trabajo, trabajo tedioso, falta de carreras profesionales, baja capacitación, bajos salarios y prestaciones, malas condiciones de higiene y seguridad, malas condiciones del ambiente físico del lugar de trabajo, falta de una conciencia de clase obrera, trabajo enajenado (De la O y Quintero, 2001).

c) Y las explicaciones que la atribuyen a las malas condiciones de vida, de la vivienda o de los servicios públicos en las ciudades maquiladoras (Barajas, 1989).

Los estudios empíricos en este tema toman la forma de encuesta con traducción cuantitativa en cuadros de varias entradas y entrevistas a profundidad a directivos o trabajadores. En los primeros, que parecieran los más sistemáticos, hay claras demarcaciones por tipos de factores como los sociodemográficos, los del proceso productivo o los de las condiciones de vida, resultado en parte de divisiones disciplinarias que llevan a correlaciones espurias o difícilmente concluyentes. Es decir, los estudios más rigurosos parecieran verificar a través de correlaciones o regresiones, pero sólo lo hacen en el ámbito del tipo de variables a, b o c, quedando en la oscuridad la influencia de campos diferentes.

Acerca de las relaciones laborales y sindicatos pareciera haber más consenso, primero en cuanto a que las relaciones laborales son flexibles, con amplio poder de decisión de la gerencia en el proceso productivo y, segundo, que los sindicatos protegen poco a los trabajadores (De la O y Quintero, 2001). Una excepción pareciera ser el del sindicalismo en la zona de Matamoros, que según Cirila Quintero sería más protector, al menos del puesto de trabajo, con mejores prestaciones y jornada semanal más corta (De la O y Quintero, 2001).

Finalmente, las causas de la crisis actual de la maquila han sido atribuidas a factores externos a la economía mexicana: caída en la demanda norteamericana, competencia de países de más bajos salarios, sobre todo China y Centroamérica; e internos como la elevación que en los años recientes han tenido los salarios reales en la maquila, el burocratismo en los trámites para las empresas, la falta de trabajadores calificados, la alta rotación externa, la falta de infraestructura, la corrupción de funcionarios públicos que gestionan asuntos relacionados con estas empresas. Pero ha faltado una reflexión semejante a aquella que planteó los límites productivos del taylorismo-fordismo, pero ahora para el o los modelos de producción en la maquila en las actuales condiciones del mercado.

Señalamos al inicio que la afirmación de que la maquila es solamente un régimen arancelario, enunciada con la intención de sostener que en la maquila hay una enorme heterogeneidad de procesos, productos, ramas y modelos de producción, no puede ser punto de partida de la investigación, porque la heterogeneidad siempre ha existido en las estructuras de producción y, sin embargo, ha sido posible abstraer modelos de producción como categorías analíticas. Que cada empresa tiene sus particularidades ni duda cabe, en la maquila o fuera de ésta, pero la tarea de la ciencia es tratar de abstraer particularidades secundarias y crear conceptos, en este caso configuraciones productivas que dieran cuenta de los procesos amplios, no de algunas pocas plantas como las tres incluidas en la tercera generación de la maquila por Jorge Carrillo. En una nación, región, rama o sector como la maquila pueden convivir uno o más modelos de producción principales. Es tarea de la investigación descubrirlos y no partir de que hay tal heterogeneidad que no es posible generalizar. En la generalización habrá empresas que como casos muy especiales salgan de la norma, pues en parte por esto existen las herramientas estadísticas, pero lo inverso es todavía más grave: afirmar del todo a partir de pocos casos que pueden ser desviados de la norma y no indicar ninguna tendencia, como es la tercera generación de las maquilas.

Por las dificultades de la relación entre modelo teórico y realidad empírica nosotros preferimos más que el concepto de modelo de producción con atributos establecidos desde la teoría el de configuración sociotécnica de producción, que incluye el nivel de la tecnología, de organización laboral, relaciones de trabajo, perfil de la mano de obra y culturas del trabajo y de la empresa; estas relaciones entre las diversas dimensiones de una configuración sociotécnica pueden ser funcionales entre ellas o no, es decir, no es necesario que se correspondan de acuerdo con una sola lógica funcional –por ejemplo, Graciela Bensusán (2003) cuando critica el proyecto de ley laboral de Abascal concluye que no sirve ni al neoliberalismo ni a la globalización porque piensa que la globalización sólo acepta una sola configuración sociotécnica y de relaciones laborales, cuando éstas son consensuales, con participación e involucramiento. Pero la globalización y el neoliberalismo también funcionan, y muy bien, con los *sweet shops*, los bajos salarios y calificaciones reducidas (Ross, 1997). Podemos entonces concluir, como ya se sabía desde los años setenta, que el funcionalismo no es buen consejero.

Configuraciones sociotécnicas

La mayoría de las maquilas son establecimientos grandes (más de 250 trabajadores), aunque éstos representaron en 1999 el 43.1% del total de establecimientos maquiladores y el resto se repartió en primer lugar entre los de tamaño pequeño y al final los medianos. Con la entrada de la maquila a la crisis, los más afectados fueron los establecimientos grandes que disminuyeron en sólo dos años 6.9 puntos porcentuales. Estos, como veremos, son filiales de grandes corporaciones y tienen una estrategia global de producción, cuentan con la mejor información para relocalizarse internacionalmente y posiblemente las que se fueron a China o a Centroamérica, comparado con el sector manufacturero nacional, en el que los establecimientos grandes no se vieron tan afectados puesto que eran 0.7% del total en 1999 y sólo bajaron a 0.6% en 2001. Salta a la vista, por un lado, la gran concentración en la maquila de los establecimientos grandes respecto de las manufacturas en general y, por el otro, el efecto devastador que sobre éstos ha tenido la crisis de inicios del siglo XXI.

CUADRO 1. Distribución por tamaños de los establecimientos maquiladores

Tamaño	1999	2001
Grande	43.1	36.2
Mediano	23.9	32.1
Pequeño	33.0	31.7

Fuente: ENESTYC (1999, 2001), INEGI.

Una afirmación semejante se puede hacer en cuanto a la importancia de los establecimientos grandes en el personal total ocupado en la maquila. Los establecimientos grandes ocuparon a 87.3% del personal total.

CUADRO 2. Distribución porcentual del personal total ocupado
según tamaño del establecimiento

Tamaño	1999	2001
Grandes	87.3	78.8
Medianas	9.0	15.9
Pequeñas	3.7	5.5

Fuente: ENESTYC (1999, 2001), INEGI.

En la maquila los establecimientos grandes ocuparon 87.3% del total del personal ocupado en el sector en 1999 y disminuyeron a 78.8% en 2001, en tanto que en la manufactura la importancia de las grandes en el personal ocupado pasó de 40.9% a 38% en esos años. La crisis del empleo maquilador fue sobre todo en los establecimientos grandes.

40

CUADRO 3. Importancia de los establecimientos grandes
(más de 250 trabajados) en la maquila de exportación

	1999	2001
Porcentaje del total de establecimientos	43.1	36.2
Porcentaje del personal total ocupado	87.3	78.8
Porcentaje del capital fijo invertido	96.3	76.1
Porcentaje del valor de la producción	82.5	81.1

Fuente: INEGI (199, 2002) ENESTYC.

CUADRO 4. Porcentaje de establecimientos maquiladores
por años de operación

Años de operación	1999	2001
0-3	24.4	5.9
4-15	62.4	66.5
16-25	8.7	20.8
26 y más	4.5	6.8

Fuente: ENESTYC (1999, 2001), INEGI.

La gran mayoría de las maquilas (62.4% del total de establecimientos) tenían entre cuatro y 15 años de operación en 1999, seguidos de lejos de las más jóvenes (de cero a tres años). Con la crisis menos maquilas se instalaron y repercutieron en los porcentajes de las más jóvenes que disminuyeron sustancialmente entre 1999 y 2001 de 24.4% a 5.9%. Las que mejor sortearon la crisis fueron las maquilas más antiguas, de entre 16 y 25 años de operación. Detrás puede haber acumulación de competencias tanto operativas como gerenciales no captadas por la investigación empírica hasta hoy superiores en las antiguas, o bien su ubicación en segmentos diferenciados del mercado del producto que hayan propiciado que las más antiguas permanecieran respecto de las más jóvenes.

CUADRO 5. Distribución del capital de las maquilas (valor de reposición de los activos fijos totales) por propiedad del capital y condición de subsidiaria o no (porcentaje del capital)

Condición	1999	2001
Nacional	3.28	23.7
Extranjera	96.72	76.28
Subsidiaria	98.39	63.65
No subsidiaria extranjera	0.64	12.63

Fuente: ENESTYC (1999, 2001), INEGI.

Una importante proporción del capital en la maquila es capital extranjero, aunque su porcentaje bajó drásticamente con la crisis al pasar de 96.72% a 76.28% del total invertido; al parecer el capital mexicano fue más resistente ante las dificultades económicas, no necesariamente por mayores capacidades competitivas sino posiblemente por tener menos opciones de relocalización internacional. En 1999, 64.1% de las maquilas eran de capital extranjero y con la crisis bajaron a 54.1%. En 1999, 81.4% de las subsidiarias eran de capital extranjero mayoritario, en cambio la mayor parte de las no subsidiarias (68.4%) eran de capital nacional. Asimismo, las extranjeras son en su mayoría subsidiarias de una casa matriz, aunque también disminuyeron éstas su participación en el capital fijo del sector de 98.39% en 1999 a 63.65% en 2001. Es decir, las maquilas que preferentemente cerraron operaciones en México a raíz de la crisis fueron las subsidiarias, manteniéndose las extranjeras que no son subsidiarias de otras.

Nuevamente, los datos anteriores contrastan con los de la manufactura en general; en ésta los de capital extranjero fueron 22.4% en 1999, en tanto que en las maquilas era y es propietario de la mayoría de los establecimientos. Sin embargo, el problema de la subordinación de las maquilas a las decisiones de las matrices en el extranjero se agrava desde el momento en que la mayoría son filiales, pero también porque prácticamente todas son subcontratistas de empresas en el extranjero, desde donde se decide la tecnología por usar, la materia prima y su origen, las características del producto y, por supuesto, el destino de las ventas. Es decir, la maquila hace honor a su nombre en el sentido clásico: empresa que por encargo hace tareas productivas para otra. Como veremos, una desventaja de la maquila será limitar las capacidades empresariales nacionales, desde el momento en que las decisiones principales en la maquila se generan en el extranjero.

CUADRO 6. Porcentaje de establecimientos maquiladores según participación mayoritaria de tipo de capital y condición de ser subsidiarios o no

Tipo	1999	2001
Nacional	35.9	38.5
Extranjero	64.1	58.2
Subsidiaria	65.3	67.9
No subsidiaria	34.7	32.1

Fuente: ENESTYC (1999, 2001), INEGI.

CUADRO 7. Distribución del capital de las maquilas según tamaño de los establecimientos

Tamaño	Porcentaje del capital total +		Porcentaje del valor de los productos		Porcentaje del valor agregado	
	1999	2001	1999	2001	1999	2001
Grandes	96.3	76.1	82.5	81.1	76.9	84.8
Medianos	2.4	12.4	15.5	11.8	22.5	10.0
Pequeños	1.3	11.5	2.0	7.1	0.6	5.2

Fuente: ENESTYC (1999, 2001), INEGI.
+Valor neto de reposición del activo fijo total al 31 de diciembre del año indicado.

El predominio de los establecimientos grandes en la maquila en cuanto al valor de la producción, el capital fijo invertido y el valor agregado generado es claro: 96.3% del valor total del capital fijo, 82.5% del valor de los productos y 76.9% del valor agregado en 1999 correspondía a estas empresas; con la crisis su propiedad del capital total se redujo a 76.1%, su participación en el valor de los productos elaborados casi no cambió y se incrementó a 84.8% su importancia en el valor agregado. Al parecer, los establecimientos grandes cerraron operaciones y se deshicieron de sus activos fijos; en cambio, es probable que los medianos y pequeños con menor capacidad de salir hacia otros países o cambiar de giro se hayan mantenido con porcentajes altos de capacidad instalada ociosa. En esta medida su participación en el valor de la producción y el valor agregado del total de la maquila no aumentaron sino disminuyeron respecto de las grandes. Es decir, se trató de una capacidad de resistencia ficticia, no por mayores competencias sino por mayor inmovilidad.

CUADRO 8. Importancia del capital extranjero en la maquila

	1999	2001
Porcentaje del total de establecimientos	64.1	58.2
Porcentaje del total de capital fijo invertido	96.7	76.28
Porcentaje de subsidiarias respecto de los establecimientos de capital extranjero	98.4	63.7
Establecimiento de los EU respecto de los de capital extranjero	87.4	9.4
Subsidiarias de EU respecto de las subsidiarias extranjeras	87.7	91.0
Porcentaje de capital EU respecto de las de capital extranjero	96.7	76.3
Porcentaje de exportaciones hacia Norteamérica	90.4	95.5
Porcentaje de insumos importados de Norteamérica	82.15	80.2
Porcentaje que representan las exportaciones en el total de ingresos	73.5	85.4
Porcentaje de insumos importados en el total de insumos	87.4	87.1

Fuente: INEGI (1999, 2002), ENESTYC.

El capital extranjero representa la mayoría del capital invertido en la maquila (96.72% en 1999, 76.28% en 2001) y también el capital de las subsidiarias (98.39%). Estas relaciones son más elevadas mientras mayor es el tamaño del establecimiento; sin embargo, en los tamaños medianos y pequeño el predominio del capital extranjero es ampliamente mayoritario también (78.84% en las medianas y 90.94% en las pequeñas en 1999). Otro tanto sucede en cuanto a la importancia de las subsidiarias en relación con las que no lo son: la importancia de las subsidiarias disminuye con el tamaño del establecimiento, pero nunca es menor de 70%. En otras palabras, la industria maquiladora de exportación, en términos de capital invertido, es prácticamente una industria extranjera, aunque la crisis operó un proceso de "nacionalización" ficticia.

Entre los establecimientos maquiladores extranjeros hay un claro predominio del capital norteamericano (87.4% en 1999), asimismo entre las subsidiarias de capital extranjero (87.7%). Habría que agregar que el predominio de este capital es mayor mientras mayor sea el tamaño del establecimiento; también las maquilas de Canadá, Alemania, Francia, Reino Unido, Japón, Suiza, que conforman el grupo principal de

CUADRO 9. Importancia porcentual de establecimientos propiedad
de capitales de los Estados Unidos en la maquiladora de exportación, 1999

Propiedad del capital	Porcentaje de establecimientos	Porcentaje del capital
Total capital extranjero	62.4	96.72
Norteamericano con respecto de las de capital extranjero	87.4	95.45
Subsidiarias de capital norteamericano con respecto de las subsidiarias extranjeras	87.7	95.9

Fuente: ENESTYC (1999) INEGI.

países maquiladores en México, se concentran más en los establecimientos grandes. Si el parámetro para medir la importancia del país de origen es el porcentaje del capital invertido, no queda duda de que el país más importante es Estados Unidos, en el capital total extranjero, y a su vez apabulla en el capital total de la maquila, pero también en cuanto a lo que aquel representa en el capital de las que son subsidiarias extranjeras.

CUADRO 10. Distribución porcentual de las exportaciones
de las maquilas por destino

Destino	1998	2000
Norteamérica	90.39	95.5
Resto del mundo	9.61	4.5

Fuente: ENESTYC (1999, 2001), INEGI.

La maquila es fundamentalmente una industria exportadora hacia Norteamérica (EU y Canadá) en 90.39% del total exportado y en especial hacia Estados Unidos; esta concentración de su exportación se incrementó con la crisis al pasar a 95.5%. Esta situación se presenta sobre todo en los establecimientos grandes y medianos, pero los pequeños exportan la mayor parte de su producción hacia Europa.

Está claro que la gran empresa maquiladora es la que genera la gran mayoría del valor de la producción y del valor agregado, y la que obtiene los mayores ingresos en este sector: 90.4% del total de los ingresos generados en 1998 y 84.9% en 2000. En

CUADRO 11. Porcentaje de ingresos totales en el sector maquilador
según tamaño de los establecimientos

Tamaño de establecimiento	1998	2000
Grande	90.4	84.9
Mediano	7.3	11.2
Pequeño	2.3	13.9

Fuente: ENESTYC (1999, 2001), INEGI.

CUADRO 12. Distribución porcentual de las fuentes de ingreso
de las maquilas en 1998 y 2000

Origen de los ingresos	1998	2000
Exportaciones	73.5	85.4
Ventas en el mercado interno	2.0	2.0
Subcontratación, maquila, servicios de reparación y mantenimiento	23.9	16.1
Otros	0.6	3.5

Fuente: ENESTYC (1999, 2001), INEGI.

este periodo tan corto los medianos y sobre todo los pequeños incrementaron mucho su participación en los ingresos totales de la maquila.

La maquila sigue siendo un sector netamente exportador, aun con la crisis de la demanda en Estados Unidos (73.5% del total de los ingresos fueron por exportaciones en 1999 y subieron a 85.4% en 2000) y la parte de las ventas en el mercado nacional es sumamente pequeño (2%); en cambio, siguen en segundo lugar los ingresos por subcontratación por maquilar a otro establecimiento o bien darle servicios de reparación o mantenimiento. De estos rubros el más importante es el de ingresos por maquilarle a otro, aunque decayeron sustancialmente con la crisis. Es decir, una parte de las maquilas de exportación a su vez son maquilas en el sentido tradicional ibérico: establecimientos que realizan en sus propias instalaciones parte de la transformación para otros establecimientos, que no tiene el significado estricto de encadenamiento productivo para la exportación, porque una parte importante de la maquila

CUADRO 13. Porcentaje de insumos importados por la maquila
según tamaño de establecimiento en 1998 y 2001

Tamaño	Insumos importados 1998	Insumos importados 2001	Importados de Norteamérica	
			1998	2001
Total	87.43	87.10	82.15	80.17
Grandes	89.81	89.21	84.27	81.5
Medianos	70.96	80.89	66.32	78.6
Pequeños	64.19	55.63	64.08	48.8

Fuente: ENESTYC (1999, 2001), INEGI.

que hacen para otros no es para la exportación. Esta situación tendió a cambiar con la crisis, contribuyendo a una mayor desarticulación de estas cadenas.

El porcentaje de insumos importados se mantiene muy alto hacia finales del siglo XX y principios del XXI. El 87.42% del total de los insumos en 1998 eran importados y en 2001 prácticamente no cambiaron, y esta cifra se correlaciona positivamente en cuanto aumenta el tamaño de establecimiento: los grandes son los más importadores de insumos, aunque las cifras para los pequeños también sean muy elevadas (64.19% en 1998 y 55.63% en 2001). Cabe aclarar que este hecho es verificable también en las cifras derivadas de la Encuesta a Establecimientos Maquiladores del INEGI en términos de tendencias, aunque los montos difieran. De acuerdo con esas cifras, la proporción de insumos importados varía por sector, pero no existe en modo alguno una tendencia a una mayor integración nacional.

Lo anterior no es un accidente, puesto que la maquila se define por las ventajas arancelarias para la importación de insumos extranjeros. Sin embargo, es en los establecimientos grandes donde predomina ampliamente el capital extranjero y que son en general subsidiarias las que más importan; en las pequeñas, donde es más importante el capital mexicano, la mayoría del valor de los insumos también son importados, pero en menor proporción que en las grandes. La gran mayoría de los insumos son importados de Norteamérica (82.15% en 1998 y 80.17% en 2001) y este porcentaje es mayor en los establecimientos grandes, disminuyendo en los medianos y pequeños. En la manufactura en general los establecimientos grandes importaron alrededor de 40% de sus insumos, cantidad apreciablemente inferior a las maquilas grandes, y los pequeños en la manufactura solamente importaron 14.1% de sus insumos, muy por debajo de los establecimientos del mismo tamaño en la maquila.

En síntesis, la maquila es un sector de establecimientos netamente manufactureros, con una pequeña proporción de maquilas de servicios, de capital norteamericano, que importa la mayoría de sus insumos, que obtiene la mayor parte de sus ingresos de la exportación, dominado en cuanto a capital y número de trabajadores y exportación por las empresas grandes de más de 250 trabajadores; además una parte importante son subsidiarias de grandes corporaciones. En esta medida no sería extraño que pudiéramos encontrar más que comportamientos erráticos sin tendencias apreciables, estrategias correspondientes a esas grandes corporaciones de globalización, división internacional de sus procesos productivos, énfasis en determinadas ventajas para la localización en el territorio como el mexicano, que otros autores han analizado para los capitales globales y multinacionales. En esta medida, veremos en seguida si es posible definir para la maquila configuraciones sociotécnicas en sus procesos productivos dominantes, en el entendido de que la búsqueda de uniformidad absoluta es inútil en cualquier investigación empírica.

Ahora vamos a examinar algunas de las características de la tecnología y la organización de la maquila, tomando como base informativa las cifras de la ENESTYC, misma que hasta la fecha no había sido explotada en otros estudios. Una parte de la estructura de los activos fijos se puede apreciar en el cuadro siguiente.

CUADRO 14. Participación porcentual de la maquinaria y el equipo
en el valor de los activos fijos totales (1998 y 2001)

Tamaño	1998	2001
Total	55.38	55.63
Grandes	54.88	54.12
Medianos	65.74	65.45
Pequeños	66.28	54.95

Fuente: ENESTYC (1999, 2001), INEGI.

Surge una aparente paradoja: los establecimientos medianos y pequeños son más intensivos en maquinaria y equipo que los grandes, lo cual se explica en parte porque el valor de los edificios y demás construcciones es mayor en las grandes empresas, pero también porque no necesariamente la ventaja mayor de las grandes maquilas en México está basada en su maquinización más intensiva respecto del trabajo.

CUADRO 15. Distribución relativa del valor de la maquinaria y el equipo
en operación en los establecimientos maquiladores en 1998 y 2000

Tipo	Total		Grandes		Medianos		Pequeños	
	1998	2000	1999	2000	1999	2000	1999	2000
Equipo manual	7.3	17.6	5.4	16.9	44	23.1	49.5	20.2
Equipo automático	10.3	36.8	10.1	36.4	25.2	35.1	22.9	31.3
Máquinas herramientas	76	36.0	78.4	36.9	24.5	35.1	26.5	31.3
Máquinas herramientas de control numérico	2.4	3.0	2.5	3.6	2.0	2.5	1.0	0.1
Máquinas herramientas de control numérico computarizado	3.3	4.9	3.3	5.2	2.5	7.6	0.2	0.05
Robots	0.3	1.6	0.3	1.9	1.8	1.6	0.0	0

Fuente: ENESTYC (1999, 2001), INEGI.
Nota: la diferencia de 100% se debe al redondeo.

El predominio en el valor de la maquinaria y el equipo de las máquinas herramientas no automatizadas es claro para el total del valor en el sector (83.22% del valor
total de la maquinaria y equipo en 1998, que se redujo a 53.6% en 2000), y especialmente en los establecimientos grandes (83.8% en 1999, que se redujo a 53.8% en
2000); en cambio, en los medianos y pequeños la mayor parte corresponde a equipo
manual, es decir, ni siquiera podríamos llamar maquinizados a sus procesos en casi la
mitad de los casos. Sin embargo, al parecer las empresas maquiladoras que quebraron se fueron más a las de baja tecnología, aunque los incrementos en la maquinaria
de más alta tecnología como son los robots, y las máquinas herramientas de control
numérico computarizado, no fueron muy elevados. La importancia del equipo automatizado es considerablemente menor que el de las máquinas herramientas en general, en especial en los establecimientos grandes, aunque aumenta en los medianos y
pequeños igualando la importancia en éstos de las máquinas herramientas. Considerando que en medianos y pequeños predomina el equipo manual (reducido en el año
2000), es probable que la importancia del equipo automático corresponda a cadenas
de montaje más que a equipo de última generación. El equipo de alta tecnología,
identificable en los indicadores de esta encuesta sobre todo con las máquinas herramientas de control numérico computarizado y robots significan muy poco en el total
del sector (3.6% del valor total de la maquinaria y el equipo en 1998, que aumentó a

6.5% en 2000), pero son los establecimientos medianos los que utilizan este equipo de punta en mayor proporción que los grandes (4.27% del valor en los medianos contra 3% en los grandes en 1998); en los pequeños la presencia de este tipo de maquinaria y equipo es despreciable. En especial es notable que la presencia proporcional de robots sea 593% superior en los establecimientos medianos que en los grandes en 1998, aunque tendieron a igualarse en 2000. Estas cifras reafirman la idea de que no necesariamente el mayor tamaño de establecimiento significa mayor nivel tecnológico, independientemente de que por las capacidades financieras de estas empresas pueden decidir invertir en tecnología que no sea de punta buscando otras ventajas en el país. La comparación con el equipamiento moderno de la manufactura en general salta a la vista: el equipo automatizado en la manufactura representa 25.7% del valor total de la maquinaria y el equipo contra 10.26% en la maquila en 1998; las máquinas herramientas de control numérico 6.5% contra 2.4%; las de control numérico computarizado 6.2% en comparación con 3.3% en la maquila y los robots 1.3% contra 0.34%; es decir, en términos generales la maquila tiene un nivel tecnológico más bajo que la manufactura en general, aunque con la crisis las cifras muestran un incremento en el porcentaje del equipo moderno; posiblemente hayan sido las plantas con equipo más atrasado las que se vieron más afectadas por el cierre.

De los indicadores anteriores podemos concluir que la mayor parte del equipo y maquinaria en la maquila no es de alta tecnología; que la presencia clara de ésta queda reducida a porcentajes sumamente pequeños; que los establecimientos medianos invierten más en tecnología de punta que los grandes. Si añadimos que son los establecimientos grandes, de capital extranjero, los que generan la mayoría del valor de la producción, exportan, invierten y dan el empleo en la maquila, podemos concluir que no son de alta tecnología sino de un nivel maquinizado, probablemente procesos de ensamble combinado con maquinado mediante máquinas herramientas no automatizadas.

En cuanto a la investigación y desarrollo, 16.9% de los establecimientos maquiladores reportaron en 1998 que lo hicieron en su propio establecimiento; sin embargo, sólo 5.3% hicieron diseño de nuevos productos, o de maquinaria y equipo. En cambio, 59.6% de los establecimientos declararon pagos por transferencia o compra de tecnología.

La principal fuente de tecnología de las maquilas son las casas matrices; esto es particularmente intenso entre los establecimientos grandes (64.3% en 1999), en las medianas baja a 35.7% y en las pequeñas es de sólo 23.5%. La segunda fuente de tecnología es la lectura de literatura, las asesorías y la asistencia a eventos especializados. En las grandes esta fuente es menos importante (0.7%); en cambio, en las medianas es de 38.9% y en las pequeñas de 27.1% en 1999. Es probable que este

CUADRO 16. Porcentaje de establecimientos maquiladores según la forma
más frecuente de proveerse de tecnología en 1999 y 2000

Forma de proveerse de tecnología	1999	2000
Transferencia de la empresa matriz	44.0	37.5
Compra	9.2	10.7
Literatura, asesoría, eventos especiales	22.6	30.3
A empresas consultoras	5.4	7.9
Otra	2.7	3.7
Ninguna	16.1	9.9

Fuente: ENESTYC (1999, 2001), INEGI.

indicador de uso de literatura, asesorías y asistencia a eventos esconda una forma muy tradicional en México de hacerse de tecnología, la copia o la construcción a partir de modelos que no implican pago por transferencia o regalías. Además, la actividad maquiladora es considerada suficientemente volátil como para arriesgar en inversiones tecnológicas de consideración.

CUADRO 17. Porcentaje de los ingresos de las maquilas destinados
a la inversión en tecnología

Tipo de inversión	Establecimientos nacionales		Establecimientos extranjeros	
	1997	2000	1997	2000
Compra de maquinaria y equipo	1.75	1.56	1.12	1.0
Ingeniería básica y asesoría técnica	0.21	0.12	0.04	0.05
Tecnología administrativa	0.03	0.06	0.01	0.08
Otra	0.01	0.0	0.01	
Total	2.0	1.82	1.2	1.15
Investigación y desarrollo	0	0.07	0.00	0.01
Uso de patentes y marcas	0	0	0.01	0.01

Fuente: ENESTYC (1999, 2001), INEGI.

Con el cuadro 12 la situación acerca de la inversión en innovación tecnológica en la maquila se aclara más. La compra de maquinaria y equipo puede considerarse como una forma de innovación, pero si se trata de la compra de maquinaria y equipo convencional debería de estar fuera de estas consideraciones. Por otro lado, se trataría de la versión más simple de la innovación que no supone investigación y desarrollo; es cierto que una maquinaria o equipo nuevo comprado requiere de un aprendizaje tecnológico por parte del personal, pero este proceso no puede compararse con aquellos en los que hay invención e innovación cabal de nuevos proceso o productos. Otro tanto podríamos decir de la inversión en ingeniería básica y asesoría técnica e incluso en la tecnología administrativa que casi siempre se reduce al uso de paquetes computacionales nuevos para la administración.

El uso de patentes y marcas supone alguna forma de asesoría por parte de la empresa que vende al personal de la empresa que compra, pero normalmente los procesos de aprendizaje no pueden compararse a los de aquellas empresas que tienen departamentos de investigación y desarrollo. En este sentido, las inversiones de las empresas maquiladoras nacionales en investigación y desarrollo quedan subsumidas en el irrisorio 0.01% de otros y las extranjeras dedicaron 0% en este rubro; habría que recordar que las maquilas extranjeras significan la mayoría del capital invertido. En 1998 las cifras totales parecen más elevadas porque para las maquilas nacionales la mayor parte correspondió a la compra de maquinaria y equipo; en cambio, el rubro de otros se mantuvo en 0.01%. En las maquilas extranjeras en 1998 se reportaron gastos en investigación y desarrollo de 0.01%, igual que el de las nacionales, en comparación con 0.53% para la manufactura en general. Las únicas que dedican ese despreciable monto de 0.1% de sus ingresos a la investigación y desarrollo son las maquilas grandes, tanto nacionales como extranjeras; las medianas y pequeñas no hacen este tipo de actividades. Siendo tan baja la inversión en investigación y desarrollo, la mayoría de los establecimientos las realizaron a través de la transferencia de sus empresas matrices, lo que significa que prácticamente en las maquilas no se hace investigación y desarrollo; considerando la presencia tan importante de filiales de grandes corporaciones en la maquila es de suponer que no se trata de un resultado azaroso sino una estrategia de división del trabajo con consecuencias empíricas como las reseñadas en tanto las maquilas no son generadoras de la tecnología que utilizan, ni ser ésta de última generación, corriendo a cargo de las transferencias y copias el desarrollo tecnológico de este sector.

La gran mayoría de las maquilas hacen control de calidad y en un nivel intermedio, el preventivo, y tendió a incrementarse entre 1998 y 2000, situación que era de esperarse por ser un sector altamente exportador que tiene que competir en precio y calidad en el mercado internacional. Es decir, 97.5% de las maquilas hicieron algún

CUADRO 18. Indicadores de nivel tecnológico en la maquila

	1999	2001
Porcentaje del valor de equipo manual y máquinas herramientas no automáticas en el total del valor de maquinaria y equipo en operación	83.22	54
Porcentaje de los ingresos destinados a inversión en tecnología	2.0	1.82
Porcentaje de los ingresos dedicados a investigación y desarrollo	0.0	0.07
Porcentaje de establecimiento que se proveen principalmente de tecnología a partir de la casa matriz y por medio de literatura, asesorías y en eventos especiales	66.6	67.8

Fuente: INEGI (1999, 2002), ENESTYC.

CUADRO 19. Tipos de mantenimiento practicados
(porcentaje de establecimientos)

Tipo	1998	2000
Hacen control de calidad	97.5	98.5
Mantenimiento correctivo	27.6	23.9
Mantenimiento preventivo	67.1	72.7
Mantenimiento predictivo	3.5	2.0

Fuente: ENESTYC (1999, 2001), INEGI.

tipo de control de calidad en 1998 y este porcentaje se incrementó a 98.5% en 2000, aunque predomina el nivel tecnológico intermedio del control de calidad, es decir, en parte visual y en parte instrumental. En cambio, el porcentaje de establecimientos que hacen principalmente control instrumental es muy bajo (0.6% de las que hacen control de calidad en 1998) y están todas ellas en establecimientos grandes. Asimismo, del total de establecimientos maquiladores 25.1% tuvieron el certificado ISO-9000 de aseguramiento de la calidad en 1998. Todas estas cifras son superiores a la manufactura en general.

La segunda gran dimensión de lo que estamos considerando las configuraciones sociotécnicas de la maquila es la organización del trabajo. La mayor parte de los establecimientos maquiladores declararon haber hecho cambios en la organización

CUADRO 20. Porcentaje de establecimientos que realizaron cambios
complejos en organización del trabajo

Cambios organizacionales complejos	1999	2001
Justo a tiempo	7.0	8.4
Control estadístico del proceso	7.1	15.6
Control total de la calidad	29.8	24.4

Fuente: ENESTYC (1999, 2001), INEGI.

del trabajo (94.9% en 1999 y casi 100% en el 2001); sin embargo, la mayoría de estos fueron en formas simples como los círculos de calidad o el cambio de *lay out*. En cambio, los que realizaron transformaciones más complejas como el justo a tiempo, el control estadístico del proceso o el control total de la calidad son menos (las cifras no deben sumarse porque un mismo establecimiento pudo hacer todos los cambios a la vez). De cualquier forma, los cambios organizacionales han sido más frecuentes en la maquila que los tecnológicos duros, y las cifras muestran que los cambios en la organización del trabajo, desde sus formas más simples hasta las más complejas, están en la mayoría de las maquilas. Sin embargo, el círculo virtuoso de las nuevas formas de organización del trabajo no se cierra sin impactar las empresas en la conciencia de los trabajadores, sin lograr su identidad con el trabajo y la empresa, su involucramiento y participación. Como veremos más adelante, los elevados índices de rotación externa voluntaria de personal en la década del noventa pudieran relacionarse con la ausencia de este componente moral en las nuevas formas de organización del trabajo por los bajos salarios, el trabajo alienado e intenso, entre otros factores.

La tercera gran dimensión de las configuraciones sociotécnicas son las relaciones laborales; dos aspectos importantes de estas son la bilateralidad con los sindicatos o los trabajadores y la otra la flexibilidad del trabajo.

El porcentaje de establecimientos maquiladores con sindicato es alto (53.9% en 1999 y 56.8% en 2001) y la CTM ocupa el lugar principal, seguida de lejos de la CROC y la CROM. Mientras más grande sea el establecimiento es más probable que tenga sindicato; sin embargo, el porcentaje de establecimientos maquiladores pequeños con sindicato es alto (42.8% en 1999). Comparando con el sector manufacturero en general, los porcentajes de trabajadores sindicalizados son semejantes, 46% en la manufactura contra 42.3% en la maquila en 1999 y 44.6% en 2001. Los especialistas

CUADRO 21. Porcentaje de establecimientos maquiladores que cuentan
con sindicato y peso de las Centrales en 1999 y 2001

Central	Porcentaje de establecimientos con sindicato		Porcentaje de trabajadores sindicalizados	
	1999	2001	1999	2001
Total	53.9	56.8	42.3	44.6
CTM	31.3	34.5	27.8	
CROC	9.8	10.5	8.2	
CROM	3.2	3.8	2.1	
Otra	1.8	7.8	19.6	

Fuente: ENESTYC (1999, 2001) INEGI.

en la maquila han establecido dos modelos de relaciones entre sindicatos y empresas en el sector; por un lado, el modelo que predomina en Tijuana con contratos cercanos a los de protección, con práctica ausencia de los sindicatos de los lugares de trabajo y amplias prerrogativas para organizar el proceso de trabajo y gestionar la mano de obra por parte de las gerencias; por otro lado, un modelo corporativo tradicional presente en la maquila de Matamoros que mantiene el monopolio de la contratación de la mano de obra casi a 100% y obtiene algunas prestaciones económicas adicionales a las de ley. Sin embargo, ambos modelos dejan a las gerencias la gestión del proceso productivo sin injerencias por parte de los sindicatos. En comparación con el sindicalismo en general, ni siquiera el caso de Matamoros se asemeja al tipo de relaciones que han establecido los grandes sindicatos nacionales con las empresas de tipo corporativo, porque estos últimos (petroleros, electricistas de la CFE, textileros, automotrices de la industria terminal) tienen una importante injerencia defensiva dentro del proceso de trabajo y aunque sus contratos en general han sido flexibilizados, el sindicato sigue teniendo presencia en los ascensos, la distribución de tareas, la movilidad interna, la negociación defensiva de la introducción de nuevas tecnologías o formas de organización del trabajo.

No es comparable un contrato colectivo de la maquila de Matamoros con los del núcleo central del corporativismo sindical; están más cerca de Tijuana que de la industria automotriz terminal. En cambio, los contratos de la maquila de Matamoros pudieran asemejarse en prestaciones y bilateralidad entre sindicatos y empresas con los de sindicatos corporativos en empresas manufactureras medianas. Es decir, no basta con considerarlos corporativos tradicionales sino que habría que agregar de bajo perfil de protección y de bilateralidad. En cambio, el otro modelo sindical y de contratación en la maquila se asemeja al de los contratos y sindicatos de protección. En el medio es posible que hayan aparecido sin tener un amplio ni acelerado desarrollo los sindicatos blaquizados corporativos, es decir, la blanquización de sindicatos de centrales del congreso del trabajo, con comportamientos semejantes, por un lado, a los blancos de Monterrey y por otro lado a la CTM. Son sindicatos que realizan tareas de gestión de la mano de obra para la gerencia y a la vez no dejan de participar en el sistema electoral al lado del PRI o encubiertamente del PAN, y mantienen la afiliación y los vínculos con centrales sindicales corporativas.

La flexibilidad laboral tan extendida en las maquilas no significa que estos establecimientos no tengan regulado, normalmente a favor de las gerencias, aspectos fundamentales de cómo se gestiona la fuerza de trabajo. Porque una forma de regulación frecuente es precisamente establecer en los contratos colectivos de trabajo que la decisión será tomada por la gerencia. Es decir, las cifras altas de regulación podrían conceptualizarse como de regulación unilateral en cuanto a decisiones en el proceso de

CUADRO 22. Tasa de regulación laboral en establecimientos maquiladores

Aspecto de las relaciones laborales	1999	2001
Funciones de las categorías laborales	56.70	74
Rotación interna	19.95	45
Cambios en la organización del trabajo	28.97	49.4
Introducción de nuevas tecnologías	18.59	34.2
Calidad y/o productividad	48.02	66.5
Capacitación de personal	67.38	78.8
Promoción de personal	50.11	65.7
Recorte de personal	21.64	48.8
Creación de puestos de confianza	29.11	55.8
Contratación de personal eventual	36.54	51.4
Utilización de trabajo subcontratado	14.85	21.7
Selección de personal	51.48	69.1
Otro	3.28	4.76
Ninguno	13.21	61.9

Fuente: ENESTYC (1999, 2001), INEGI.

trabajo, conservando comúnmente los sindicatos el monopolio de la contratación de personal formalmente, porque en la práctica de la contratación con sindicatos de protección las gerencias tienen amplias prerrogativas también en este renglón.

De cualquier forma la tasa de regulación de relaciones laborales se incrementó con la crisis entre 1999 y 2001; en especial creció el número de establecimientos en los que se regularon las funciones de los puestos, la rotación interna, los cambios en la organización del trabajo, la introducción de las nuevas tecnologías, el recorte de personal y la creación de puestos de confianza, aunque debería decirse que los establecimientos que permanecieron sin cerrar fueron sobre todo aquellos que tenían regulaciones en los rubros mencionados.

CUADRO 23. Porcentaje de establecimientos maquiladores
que contratan trabajo eventual

Contratan eventuales	1999	2001
Sí	28.9	33
No	71.1	67

Fuente: ENESTYC (1999, 2001), INEGI.

La mayoría de los establecimientos maquiladores no emplean trabajadores eventuales, aunque se elevaron un poco entre 1999 y 2001, y cuando lo hacen la causa principal es por aumento en el volumen de la demanda del producto. El porcentaje de eventuales es de 3.2% del total de trabajadores en 1999; de la misma manera los trabajadores subcontratados, por horas y por honorarios son muy escasos hasta la fecha. Pero estas cifras se repiten para la manufactura en general; una posible explicación es que siendo los contratos en la maquila de protecciones mínimas, en muchos aspectos no rebasan las de ley, con mayoría de sindicatos de protección y salarios bajos; además por ser hasta hoy un sector de paz laboral aparente, las empresas pudieran no verse precisadas a buscar subcontratistas o a emplear eventuales, como tampoco buscar la desindicalización.

Lo anterior se relaciona con un aspecto muy importante de la definición de unidad socioeconómica de producción, referida a las relaciones de las empresas con otras hacia delante y hacia atrás, en tanto encadenamientos productivos, y entre clientes y proveedores, con miras a la posibilidad de que el efecto exportador de la maquila se transmita hacia subcontratistas o proveedores dentro del país. La maquila es casi por definición, y empíricamente lo hemos mostrado, un sector altamente importador de insumos, componentes y materias primas; en esta medida y al estar dominado por las filiales de grandes corporaciones es probable que forme parte de una cadena internacional de subcontratación entre matrices y filiales, además de otras empresas. La mayoría de las maquilas mexicanas elaboran productos finales y realizan las últimas fases del proceso de producción, sean ensamble o manufactura.

CUADRO 24. Indicadores de redes entre empresas
y encadenamientos productivos en la maquila

Tipo de encadenamiento productivo	1999	2001
Porcentaje de establecimientos que contrataron maquilas	18.0	0.03
Porcentaje de la producción total que fue maquilada	10.44	14.1
Porcentaje de establecimientos que subcontrataron a otros	4.2	2.8
Porcentaje del valor de la producción realizada por subcontratistas	4.0	5.0
Porcentaje de establecimientos que fueron subcontratados por otros	2.9	2.2
Porcentaje de los ingresos por ser subcontratados respecto a los ingresos totales	6.99	11.56

Fuente: ENESTYC (1999, 2001), INEGI.

Como señalamos al inicio de este informe, hay una polémica en cuanto a la capacidad de arrastre de la maquila por la vía de los encadenamientos o la subcontratación dentro del país. La encuesta ENESTYC denomina hacer maquila para otra empresa a realizar una parte de la transformación fuera de las instalaciones de la contratante y subcontratación cuando la transformación se realiza en las propias instalaciones de la contratante, pero con trabajadores de la subcontratada; en otros estudios ambos serían incluidos en las tareas de subcontratación. En todo caso los encadenamientos productivos pueden implicar que la maquila contrate con otras tareas a su vez de maquila dentro de México o de subcontratación; en este sentido, el porcentaje de establecimientos que contrataron labores de maquila o de subcontratación con otros se redujo sustancialmente a raíz de la crisis; en cambio, en valor aumentó el porcentaje que fue maquilado; el porcentaje del valor de la producción que fue subcontratada a otros aumentó un poco. La otra línea de encadenamiento es cuando la maquila realizó a su vez tareas de maquila o como subcontratista de otras empresas dentro de México. En este aspecto el porcentaje de maquilas que fueron subcontratadas por otras empresas se redujo, aunque aumentaron sus ingresos por tareas de subcontratación. De cualquier manera, estos porcentajes son bajos y no muestran una tendencia hacia el fortalecimiento de encadenamientos; en todo caso, en la crisis han predominado las relativamente más encadenadas.

De la misma forma, la realización de actividades conjuntas con otros establecimientos, aunque no fueran maquilas, son bajas; el porcentaje más alto de estas actividades fue la utilización compartida de maquinaria y equipo (7% de las maquilas lo hicieron en 1999), en tanto que actividades conjuntas de ventas, crédito, investigación y desarrollo fueron mucho más bajas. Diversos factores pueden influir en esta incapacidad de la maquila para establecer encadenamientos productivos amplios en México:

1. Las políticas de las matrices que obligan a la importación de insumos entre filiales como estrategia global o multinacional que mira hacia la rentabilidad de la cadena internacional y no hacia un segmento ubicado en un país en particular, mucho menos hacia el desarrollo del tejido industrial de una nación.
2. Las deficiencias nacionales de las empresas para producir justo a tiempo, con calidad y productividad homogéneas y sostenidas en el tiempo, así como de costos competitivos.
3. El propio régimen jurídico de la maquila que proporciona exención de impuestos de importación de insumos y que con esto no propicia la sustitución de proveedores con empresas dentro del territorio nacional.

La cuarta gran dimensión de las configuraciones sociotécnicas es el perfil de la mano de obra que incluye el sociodemográfico (edad, escolaridad, género, estado civil), el laboral (calificaciones, distribución por categorías ocupacionales, jornada semanal, capacitación, antigüedad) y el salarial (salario base, prestaciones, estímulos y bonos).

El porcentaje del total del personal ocupado que no tiene una especialidad en particular sigue siendo muy alto (61.2% del personal total ocupado en 1999 que se redujo a 58.6% en 2001); si se consideran únicamente los obreros, este porcentaje de obreros no calificados se elevaba a 76% del total de obreros en 1999 y sólo se redujo a 73.6% en 2001; es decir, la maquila sigue siendo el lugar del trabajo no calificado. Por otro lado, la presencia de hombres se ha elevado: en 1999 ya alcanzaban más de 50% del personal total ocupado y se redujo un poco en 2001; aunque en directivos la presencia masculina era apabullante (91% en 1999) tuvo una reducción

CUADRO 25. Distribución porcentual por género y categoría ocupacional

Categoría	Total		Hombres		Mujeres	
	1999	2001	1999	2001	1999	2001
Total	100	100.0	50.7	49.7	49.3	50.3
Directivos	1.4	1.3	91.0	74.2	9.0	25.8
Empleados	18.1	19.1	59.0	54.1	41.0	45.9
Obreros especializados	19.3	21.0	57.5	53.4	42.5	46.6
Obreros generales	61.2	58.6	49.9	46.4	50.1	53.6

Fuente: ENESTYC (1999, 2001), INEGI.

considerable en 2001 a bajar a 74.2%, muy elevada en empleados que son los trabajadores de confianza centrados en técnicos, ingenieros, mandos medios y personal de oficinas, superior al porcentaje de hombres en obreros especializados y ligeramente superior el de mujeres en obreros generales. Comparando con la manufactura, el porcentaje de obreros especializados en ésta es de 33.4% contra 19.3% en la maquila. Todavía hay diferencias en cuanto a composición por género con la manufactura, en la que el personal masculino significaba 71.1% contra 50.7% en la maquila en 1999.

CUADRO 26. Distribución porcentual por grado de instrucción
y categoría ocupacional

Categoría	Primaria incompleta o sin instrucción		Secundaria completa		Bachillerato o técnico		Profesional y posgrado	
	1999	2001	1999	2001	1999	2001	1999	2001
Total	51.1	42.6	31.1	35.5	12.2	15.6	5.6	6.2
Directivos	0.0	1.2	0.0	2.9	12.6	14.1	97.4	81.8
Empleados	23.3	17.0	26.9	8.6	28.3	33.1	21.5	37.9
Obreros especializados	41.3	35.9	37.9	38.2	18.9	22.2	1.9	3.7
Obreros generales	63.7	54.1	31.0	38	5.3	7.5	0.0	0.5

Fuente: ENESTYC (1999, 2001), INEGI.

En el total del personal ocupado en la maquila predominan los trabajadores con sólo primaria completa o menos (51.1% en 1999 y bajó a 42.6% en 2001) seguidos de secundaria completa (31.1% en 1999 que aumentó a 35.5% en 2001). Entre los directivos predominan ampliamente los profesionales, los empleados se reparten entre secundaria completa y bachillerato o carrera técnica, los obreros especializados tienen mayoritariamente primaria y secundaria completas y los obreros generales, que son la gran mayoría del personal ocupado en la maquila, más de la mitad cuando mucho tienen primaria completa y aunque este porcentaje bajó entre 1999 y 2001, todavía más de 50% se encuentran en esta situación. Con esto se desmiente el mito del nivel educativo alto en la maquila que han difundido estudios parciales de este sector.

La crisis en la maquila se ha traducido, como ya hemos visto, en una preferencia de los establecimientos que no cierran por trabajadores con mayor nivel educativo, sin que las tendencias de los noventa se reviertan todavía del predominio de personal ocupado de bajo nivel educativo, en particular entre los obreros. Según la ENESTYC, el de secundaria es el nivel educativo que la mayoría de las maquilas buscan para los obreros especializados y el de primaria completa para los obreros generales; es decir, independientemente de los niveles de educación disponibles en el mercado de trabajo, la política de contratación de las gerencias maquiladoras coincide con los niveles que se encuentran empíricamente en estas empresas, posible indicador de no búsqueda de mayor calificación por las características de los procesos productivos.

A principios de los noventa, en 1991 (Carrillo y Santibáñez, 1993), la tasa mensual de rotación externa en la maquila era de 10%, aunque esta cifra variaba por

CUADRO 27. Distribución porcentual de años de antigüedad
y categoría ocupacional

Categoría	Menos de un año		1 a 3 años		3 a 5 años		5 a 10 años		Más de 10	
	1999	2001	1999	2001	1999	2001	1999	2001	1999	2001
Total	33.5	28.8	33.8	35.4	17.4	18.2	11.3	12.1	3.9	5.5
Directivos	12.0	9.9	23.3	23.5	21.6	21.4	24.1	25.6	19.1	19.6
Empleados	24.0	18.3	32.2	33.9	22.1	19.7	15.8	18.9	5.8	8.3
Obreros especializados	26.0	21.9	34.9	34.5	20.1	24.7	14.7	13.3	0.4	5.6
Obreros generales	38.4	32.6	33.6	34.9	15.7	16.2	9.4	11.7	2.9	4.6

Fuente: ENESTYC (1999, 2001), INEGI.

ciudades y ramas: las de la frontera norte eran las que tenían cifras más altas de rotación (Tijuana 12.7% y Ciudad Juárez 10.9% mensuales), y por ramas, la del vestido 15.8%. Para 1999, la mayoría del personal total ocupado (67.3%) no rebasaba los tres años de antigüedad en el establecimiento, aunque en 2001 han sido ampliamente rebasados por los que tienen entre uno y tres años de antigüedad, En cambio, los directivos se reparten entre aquellos que han durado entre uno y 10 años. Los empleados están concentrados en la antigüedad de uno a cinco años. Los obreros especializados entre cero y cinco años. En cambio, los obreros generales tenían menos de un año en 1999, pero en 2001 ha sido rebasados por los que han durado entre uno y tres años en el trabajo. Sigue siendo cierto que la mayoría de los trabajadores, que son los obreros generales, tienen poca antigüedad en la maquila, menos de tres años el 67.5% y en 32.6% menos de un año en 2001. Las tasas de rotación externa son una de las explicaciones de la brevedad de la antigüedad de la mayoría de los trabajadores en la maquila, en estas condiciones es difícil pensar que pese a que las nuevas formas de organización del trabajo que exigen identidad con la empresa, involucramiento y participación por parte de los trabajadores pudiera darse de manera sincera en la mayoría de esta clase obrera de antigüedad tan breve en una empresa. Sin embargo, la crisis trajo algunos cambios importantes: los trabajadores tienden a rotar menos que antes y los empleadores prefieren conservar personal de mayor antigüedad respecto de los de menor tiempo en la empresa.

Las jornadas semanales siguen siendo muy altas para todas las categorías ocupacionales, lo mismo que en el sector manufacturero, en el que casi 75% de los trabajadores tienen una jornada semanal de más de 40 horas.

Los que recibieron más capacitación fueron los directivos de las maquilas, principalmente en aspectos administrativos y fiscales; siguieron los obreros generales en

CUADRO 28. Duración promedio semanal de la jornada
por categoría ocupacional (horas por semana)

Categoría	1999	2001
Total	47	46
Directivos	47	46
Empleados	47	46
Obreros especializados	47	47
Obreros generales	47	46

Fuente: ENESTYC (1999, 2001), INEGI.

CUADRO 29. Porcentaje de trabajadores capacitados en 1998
por categoría ocupacional

Categoría	1998
Directivos	79.0
Empleados	56.4
Obreros especializados	56.9
Obreros generales	62.9

Fuente: ENESTYC (1999), INEGI.

CUADRO 30. Número de horas de capacitación anuales recibidas
por categoría ocupacional en 1998 y 2000

Categoría	1998	2000
Total directivos	12	15
Empleados	12	13
Obreros especializados	13	15
Obreros generales	11	13
Directivos	18	15

Fuente: ENESTYC (1999, 2001), INEGI.

manejo de materiales, equipo y maquinaria, seguido de seguridad e higiene; luego los obreros especializados en manejo de materiales, maquinaria y equipo, así como seguridad e higiene; finalmente los empleados que fueron capacitados principalmente en manejos administrativos y fiscales.

Es claro cómo los promedios de remuneraciones al personal total ocupado se ven sesgados por los niveles tan altos de los directivos, que representan en promedio 8.2 veces más que los obreros generales en 1999 y 8.7 veces en 2001. El salario base promedio por mes en 1999 para obreros generales y especializados sumados fue de sólo 2 091 pesos; como no se desglosa el de obreros generales, si la diferencia fuera la misma que en las remuneraciones totales entre estas dos categorías (21%) significaría un salario base para obreros generales mensual de 1 652 pesos. Comparando

63

CUADRO 31. Remuneraciones promedio mensuales pagadas por categoría
ocupacional (pesos mensuales de 1999 y de 2001)

Categoría	1999	junio de 2001
Total	4 690	5 483
Directivos	28 100	31 596
Empleados	6 978	9 384
Obreros especializados	4 850	5 634
Obreros generales	3 432	3 627

Fuente: ENESTYC (1999, 2001) INEGI.

con la manufactura, las remuneraciones promedio por persona ocupada en 1999 fueron de 6 100 pesos contra 4 690 en la maquila, es decir, la remuneración en la maquila en promedio sólo alcanzó en ese año 60% de lo pagado en la manufactura; hacia 2002 apenas representaba 62%. A pesar de que los salarios reales aumentaron en los últimos tres años, la maquila sigue siendo un sector de bajos salarios en niveles mexicanos.

Cabe una importante observación: si se usan las cifras de la Encuesta de la Industria Maquiladora de Exportación para comparar el salario por hora de hombres y mujeres obreros, se observa una situación de desventaja para las mujeres en proporciones que oscilan entre +31% de diferencia entre el salario por hora de hombres y mujeres en la actividad de ensamble y reparación de herramienta, equipo y sus partes excepto eléctrico, hasta -3% (a favor de las mujeres) en productos químicos.

CUADRO 32. Distribución porcentual de las remuneraciones
pagadas al personal por rubro

Tipo de remuneración	1999	2001
Sueldos y salarios base	68.5	80.2
Horas extra	10.0	4.5
Prestaciones	18.4	13.8
Otras remuneraciones	3.1	0.5

Fuente: ENESTYC (1999, 2001), INEGI.

También se observa cómo el ingreso de los trabajadores en la industria del vestuario es el menor, tanto para hombres como para mujeres.

La parte gruesa de las remuneraciones la conforman sueldos y salarios base, 68.5% en 1999, que han aumentado considerablemente en 2001 al alcanzar 80.2%; las horas extra constituían 10% del total de remuneraciones en 1999, han bajado en 2001 a 4.5%; las prestaciones sociales también han bajado de 18.4% en 1999 a 13.8% en 2001. Habría que advertir que en otras remuneraciones se encuentran los bonos por asistencia, puntualidad, productividad, etc., entre todos ocupan un porcentaje muy bajo del total de las remuneraciones de 3.1% en 1999 y han caído a la irrisoria cantidad de 0.5% del total de remuneraciones en 2001. Es decir, la crisis en cuanto a remuneraciones y salarios ha sido afrontada por las empresas maquiladoras reduciendo la parte variable, en particular los bonos y estímulos, adquiriendo más importancia la fija, que corresponde a los salarios base.

Casi todas las maquilas cotizan en el IMSS y aportan al SAR y al Infonavit, lo que reafirma el carácter formal de estos establecimientos, a diferencia de muchas de las

CUADRO 33. Porcentaje de establecimiento según tipo
de prestación para los trabajadores

Prestación	1999	2001
Despensa	75.0	80.5
Ayuda para renta	3.0	2.5
Ayuda para transporte	58.1	53.1
Ayuda para útiles escolares	17.3	16.8
Ayuda para comida	38.9	40.1
SAR	93.8	99.6
Infonavit	95.4	100.0
IMSS/ISSSTE	98.0	100.0
Fonacot	45.8	44.2
Fondo de ahorro	45.5	43.5
Fondo para becarios	24.6	21.7
Prima por antigüedad	44.1	44.6
Ayuda para servicios médicos	32.4	n.d.
Ayuda para guarderías	13.2	18.2
Bonos de productividad	58.2	69.2
Bonos por puntualidad y asistencia	80.9	82.2

Fuente: ENESTYC (1999, 2001), INEGI.

maquilas que no son de exportación. Las prestaciones más frecuentes, que rebasan al 50% de los establecimientos maquiladores diferentes de las que imponen leyes federales, son las de bonos por puntualidad y asistencia, bonos por productividad, transporte y despensa. La existencia de un sindicato en el establecimiento respecto de los que no lo tienen no incrementa el porcentaje relativo de establecimientos que otorgaron bonos por productividad (55.7% de los establecimientos con sindicato tienen este tipo de bono contra 58.2% en general para la maquila), tampoco con bonos por puntualidad y asistencia (79.3% de los que tienen sindicato contra 80.9% en general), ni son muy superiores los porcentajes de establecimientos sindicalizados que dieron despensas respecto de los no sindicalizados (79.1%), ni en transporte (57.3%). Es decir, en términos de prestaciones para los trabajadores estar o no sindicalizados no hace la diferencia, aunque con la crisis las cifras de porcentaje de establecimiento con prestaciones se han mantenido altas.

En conclusión, las maquilas de exportación en México, a pesar de los cambios que ha tenido el régimen arancelario, en su mayoría son de capital extranjero, principalmente norteamericano, y específicamente filiales de grandes corporaciones. Se trata de grandes establecimientos que concentran la producción y el empleo, que obtienen la mayor parte de sus ingresos por exportación hacia Norteamérica, que importan la mayor parte de sus insumos y de Norteamérica.

Desde el punto de vista de modelos productivos, la mayoría de las maquilas son ensambladoras, que utilizan tecnología intermedia (maquinizada no automatizada), prácticamente no realizan investigación y desarrollo, sino que la tecnología la obtienen de sus matrices, el control de calidad está muy extendido, pero es de nivel intermedio, preventivo y por medio de observación visual combinada con instrumentos. Han introducido cambios organizacionales, aunque en la mayoría con formas más simples, como los círculos de calidad; es probable que lo que predomine sea el taylorismo-fordismo mezclado con aspectos parciales, comúnmente los más sencillos del toyotismo. La mayoría de las maquilas tienen sindicato, aunque otros estudios sugieren que muchos pueden ser o comportarse como si fueran de protección; la mayoría de los trabajadores son de planta, característica general de las manufacturas en México. Los encadenamientos productivos son escasos. La mano de obra se ha ido masculinizando aunque se ha estabilizado, compartiendo actualmente entre hombres y mujeres porcentajes casi por igual; sin embargo, el crecimiento de los trabajadores masculinos no ha estado aparejado con la calificación y la mayoría son hombres o mujeres no calificados; el nivel de instrucción tendió a aumentar a secundaria, la antigüedad a subir de menos de tres años (entre obreros generales menos de un año) a más de tres; las jornadas de trabajo siguen altas, y el porcentaje que representan los bonos por productividad en el total de las remuneraciones es muy bajo y tendió a ser menor; los salarios siguen siendo bajos, aunque hayan aumentado en términos reales, no suficientes para la subsistencia de una familia promedio.

Es decir, estamos lejos de tener en la maquila no sólo a la tercera generación de que habla Jorge Carrillo, sino que habría dudas sobre la forma que adquiere la segunda; al menos no se presenta con alta tecnología y seguramente con fuertes elementos tayloristas y fordistas, además de una mano de obra mal pagada, de alta rotación externa y poco calificada.

Durante los años de la crisis de la maquila que corresponden a los del actual gobierno se observa una disminución en el total de establecimientos de los grandes, así como del porcentaje de trabajadores empleados en estos; asimismo aumentó la antigüedad de dichos establecimientos; el capital extranjero sigue siendo mayoritario, pero disminuyó apreciablemente. Es decir, las empresas maquiladoras que se fueron o quebraron con la crisis fueron preferentemente las grandes, de capital extranjero, subsidiarias de otras y las más jóvenes. Sin embargo, no ha disminuido su carácter exportador hacia los EU, ni tampoco la proporción de los insumos importados respecto a los totales, no hubo en la crisis una sustitución de insumos extranjeros por nacionales, coincidente con las cifras bajas que se mantuvieron de indicadores de encadenamientos productivos. En cuanto a investigación y desarrollo, no hubo cambios, son casi inexistentes. En cambio, predominaron las maquilas con uso de maquinaria y equipo más moderno, aunque la mayoría del valor de éste en los activos continuó siendo el atrasado. En relaciones laborales no disminuyó el porcentaje de establecimientos con sindicato y el de trabajadores sindicalizados bajó un poco, pero sigue siendo muy alto; las regulaciones del proceso de trabajo aumentaron, aunque no necesariamente los sindicatos ganaron en bilateralidad y los trabajadores de planta siguen predominando, aunque aumentaron los de tiempo y obra determinada. En cuanto a la mano de obra, los obreros generales siguen siendo la mayoría, pero disminuyeron en estos primeros años del siglo; los hombres se mantuvieron casi iguales a las mujeres, aumentó la antigüedad, la jornada se mantuvo alta y los salarios reales aumentaron, pero en los ingresos de los trabajadores tendió a ser más importante la parte rígida del salario base, disminuyendo los ingresos por horas extras y por estímulos y bonos. Hay que aclarar que no se trató de ningún proceso evolutivo de quiebra de las más ineficientes y permanencia de las eficientes, puesto que las más modernas decidieron dejar el territorio nacional, es decir, las que quedaron no fue sólo por eficientes sino también por tener mayores dificultades para emigrar de giro o de país. En general, el nivel tecnológico aumentó en cuanto al tipo de maquinaria y equipo, y los cambios en organización del trabajo; en cambio, las relaciones laborales y gestión del personal tendieron a ser más rígidos y no por presión sindical sino por preferencia de las empresas de conservar a los trabajadores de mayor calificación, antigüedad, nivel educativo. Sin embargo, la mayoría de los trabajadores continuaron de baja calificación, repartidos casi por igual entre hombres y mujeres. Los salarios tendieron también hacia la rigidez al predominar en los ingresos los salarios base y disminuir las partes variables de éstos.

Es probable que los modelos productivos en la maquila se muevan entre dos principales tipos, uno más de corte taylorista-fordista y otro toyotista precario con dosis de taylorismo-fordismo. Como apuntamos, se trata de dos modelos que se interpenetran y que en México no tienen límites muy bien definidos. En todo caso, ambos son intensivos en mano de obra, la tecnología que utilizan en general es maquinizada, pero no automatizada, aplican aspectos parciales de la calidad total, pero con segmentación de tareas entre obreros poco calificados respecto de técnicos e ingenieros. Es difícil pensar que entre la mayoría de estos trabajadores, que corresponden a los obreros generales, con una rotación alta pudiera forjarse identidad con el trabajo, con la empresa o con el sindicato. Además, una de las principales ventajas de la maquila es su régimen fiscal, es decir, la exención de impuestos de importación de insumos, maquinaria y equipo, además del valor agregado, y por el lado de la demanda de sus productos que van principalmente a Estados Unidos, el atenerse mayoritariamente a la regla por la que sólo se cobra como impuesto de importación el valor agregado en México. En estas condiciones no es extraño que las maquilas no remonten los bajos niveles de integración nacional o que establezcan débiles encadenamientos productivos. Las relaciones laborales son aparentemente muy formales y, en efecto, una proporción muy elevada de maquilas y trabajadores tienen sindicato, y las tasas de regulación laboral son muy altas; sin embargo, en la mayoría de los casos se trata de un corporativismo pasivo en el proceso productivo que deja hacer a la gerencia y que no reclama mayores prestaciones que las de ley. Una excepción que vale la pena verificar es la situación en la ciudad de Matamoros, que sin embargo está lejos del núcleo central de las relaciones laborales del modelo de la Revolución Mexicana representado por los grandes sindicatos nacionales de industria, como los petroleros.

Tanto el taylorismo-fordismo como lo que hemos llamado el toyotismo precario, configuraciones dominantes en la maquila, se basan en el bajo salario y en la intensificación del trabajo, y en esta medida se enfrentan como límites: a la resistencia física y mental del trabajador para aumentar la productividad incrementando el desgaste de su fuerza de trabajo, pero sobre todo a la resistencia social que en condiciones diferentes de las de la maquila podría tomar la forma de la huelga, el paro loco o el sabotaje, pero en la maquila ha seguido más el camino de la demanda individual del trabajador en las Juntas de Conciliación y Arbitraje al margen de los sindicatos, y sobre todo la rotación voluntaria externa. Muchas de las causas de la rotación que han sido analizadas por los especialistas (que la hay más entre los jóvenes, solteros, de mayor nivel educativo, hombres, que pudiera ser por hastío, cansancio, malas condiciones de higiene y seguridad, falta de capacitación o de carrera ocupacional e incluso las que la atribuyen a las malas condiciones de vida), pueden resumirse en los modelos de producción imperantes en la maquila y su incapacidad para fijar a la fuerza de trabajo si están basados en la intensidad del trabajo y el bajo salario, con formas de división del trabajo que segmentan las tareas de operación de las de concepción, que en esta medida poco se capacita, y el escalafón es muy corto para los ascensos.

El bajo salario no puede sino asociarse con las malas condiciones de vida, que sólo muy parcialmente dependen de la falta de infraestructura en servicios públicos de la Frontera Norte. Si son los jóvenes, no casados, hombres y de mayor nivel educativo los que más rotan no extraña: son los que tienen menos que perder, los que prefieren la trayectoria laboral nómada a las nuevas cadenas del toyotismo precario. Estas condiciones de operación de los modelos de producción maquiladores, con sus límites en la resistencia de los trabajadores, también impone límites al crecimiento de la productividad, que pudo llegar a conformar una crisis de productividad del sector, porque el círculo toyotista no logró cerrarse; la elevada rotación, con poca identidad, es difícil que se asocie a una auténtica participación e involucramiento de los trabajadores en la lucha por la competitividad y productividad, más aún cuando los montos de los bonos son escasos. Pero los modelos maquiladores en México abarcan más que a las empresas que están formalmente registradas en este régimen arancelario y características como las mencionadas se pueden encontrar en otras empresas, ramas y zonas que formalmente no son maquilas; es probable que los modelos de producción dominantes en la maquila sean a su vez los dominantes en las manufacturas mexicanas y que sus límites sean semejantes a los mencionados (De la Garza, 2003).

Conclusiones

Desde el punto de vista de modelos productivos la mayoría de las maquilas son ensambladoras (80% a nivel nacional, 64% en el centro sureste) (Corona, 1994); utilizan tecnología intermedia y baja (maquinizada no automatizada), prácticamente no realizan investigación y desarrollo, sino que obtienen la tecnología de sus matrices; el control de calidad está muy extendido, pero es de nivel intermedio, preventivo y por medio de observación visual combinada con instrumentos. Han introducido cambios organizacionales, aunque en la mayoría con formas más simples, como los equipos de trabajo. Es decir, es probable que lo que predomine sea el taylorismo-fordismo mezclado con aspectos parciales, comúnmente los más sencillos del toyotismo.

La mayoría de las maquilas tienen sindicato, aunque otros estudios sugieren que muchos pueden ser o comportarse como si fueran de protección; la mayoría de los trabajadores son de planta, característica general de las manufacturas en México.

Los encadenamientos productivos son escasos. La mano de obra se ha ido masculinizando, aunque se ha estabilizado con la crisis, compartiendo actualmente entre hombres y mujeres porcentajes casi por igual; sin embargo, el crecimiento de los trabajadores masculinos no ha estado aparejado con la calificación y la mayoría, hombres o mujeres, no son calificados; el nivel de instrucción sigue siendo el de primaria; con la crisis, la antigüedad llega a menos de un año, a menos de tres, las jornadas de trabajo siguen altas, y el porcentaje que representan los bonos por productividad en el total de las remuneraciones es muy bajo y tendió a ser menor; los salarios siguen siendo bajos, aunque hayan aumentado en términos reales, no suficientes para la subsistencia de una familia promedio dado el costo de una canasta básica.

Es decir, estamos lejos de tener en la maquila no sólo a la tercera generación de que habla Jorge Carrillo, sino que habría dudas de la forma que adquiere la segunda; al menos no se presenta con alta tecnología y seguramente con fuertes elementos tayloristas y fordistas, además de una mano de obra mal pagada, de alta rotación externa y poco calificada. Durante los años de la crisis de la maquila que corresponden a los del actual gobierno se observa una disminución en el total de establecimientos de los grandes, así como del porcentaje de trabajadores empleados en éstos; asimismo aumentó la antigüedad de dichos establecimientos, el capital extranjero sigue siendo mayoritario, pero disminuyó apreciablemente. Es decir, las empresas maquiladoras que se fueron o quebraron con la crisis fueron preferentemente las grandes, de capital extranjero, subsidiarias de otras, así como las más jóvenes. Sin embargo, no ha disminuido su carácter exportador hacia los EU, ni tampoco la proporción de los insumos importados respecto de los totales, no hubo en la crisis sustitución de insumos extranjeros por nacionales, coincidente con las cifras bajas que se mantuvieron de indicadores de encadenamientos productivos. En cuanto a la investigación y desarrollo no hubo cambios, son casi inexistentes. En cambio, aumentó el porcentaje de maquilas con uso de maquinaria y equipo más moderno, aunque la mayoría del valor en los activos continuó siendo el atrasado. En relaciones laborales no disminuyó el porcentaje de establecimientos con sindicato y el de trabajadores sindicalizados bajó un poco, pero sigue siendo muy alto; las regulaciones del proceso de trabajo aumentaron, aunque no necesariamente los sindicatos ganaron en bilateralidad, y los trabajadores de planta siguen predominando, aunque aumentaron los de tiempo y obra determinada. En cuanto a la mano de obra, los obreros generales siguen siendo la mayoría, pero disminuyeron en estos primeros años del siglo; los hombres se mantuvieron casi iguales a las mujeres, aumentó la antigüedad, la jornada se mantuvo alta y los salarios reales se incrementaron, pero en los ingresos de los trabajadores tendió a ser más importante la parte rígida del salario base, disminuyendo los ingresos por horas extra y por estímulos y bonos.

Hay que aclarar que no se trató de ningún proceso evolutivo de quiebra de las más ineficientes y permanencia de las eficientes, puesto que fueron las más grandes y transnacionalizadas las que decidieron dejar el territorio nacional; es decir, las que quedaron no fue sólo por eficientes sino también por tener mayores dificultades para emigrar de giro o de país. Las relaciones laborales y gestión del personal tendieron a ser más regulados y no por presión sindical, sino para garantizar la unilateralidad gerencial y a la vez para conservar a los trabajadores de mayor calificación, antigüedad, nivel educativo. Sin embargo, la mayoría de los trabajadores continuaron siendo de baja calificación. Los salarios tendieron también hacia la rigidez al predominar en los ingresos los salarios base y disminuir las partes variables de éstos.

Es probable que los modelos productivos en la maquila se muevan entre dos principales tipos, uno de corte taylorista-fordista y otro toyotista precario con dosis fuertes de taylorismo-fordismo. Como apuntamos, se trata de dos modelos que se interpenetran y que en México no tienen límites muy bien definidos. En todo caso, ambos son intensivos en mano de obra, la tecnología que utilizan en general es maquinizada, pero no automatizada; aplican aspectos parciales de la calidad total, pero con segmentación de tareas entre obreros poco calificados, con los calificados y técnicos e ingenieros. Es difícil pensar que entre la mayoría de estos trabajadores, que corresponden a los obreros generales, con una rotación alta pudiera forjarse identidad con el trabajo, con la empresa o con el sindicato.

Además, como una de las principales ventajas de la maquila es su régimen fiscal, es decir, la exención de impuestos de importación de insumos, maquinaria y equipo, además del de valor agregado y por el lado de la demanda de sus productos que van principalmente a Estados Unidos, atenerse mayoritariamente a la regla por la que sólo se cobra como impuesto de importación el valor agregado en México, no es extraño que las maquilas no remonten los bajos niveles de integración nacional o que establezcan débiles encadenamientos productivos en México. Las relaciones laborales son aparentemente muy formales y, en efecto, una proporción muy elevada de maquilas y trabajadores tienen sindicato, y las tasas de regulación laboral son muy altas; sin embargo, en la mayoría de los casos se trata de un corporativismo pasivo en el proceso productivo que deja hacer a la gerencia y que no reclama mayores prestaciones que las de ley. Una excepción que vale la pena verificar es la situación en la ciudad de Matamoros, que sin embargo está lejos del núcleo central de las relaciones laborales del modelo de la Revolución mexicana representado por los grandes sindicatos nacionales de industria, como los petroleros.

Tanto el taylorismo-fordismo como lo que hemos llamado el toyotismo precario, configuraciones dominantes en la maquila, se basan en el bajo salario y en la intensificación del trabajo y, en esta medida, enfrentan como límites productivos a la resistencia física y mental del trabajador para aumentar la productividad incrementando el desgaste de su fuerza de trabajo, pero sobre todo a la resistencia social que en condiciones diferentes de las de la maquila podría tomar la forma de la huelga, el paro loco o el sabotaje, pero en la maquila ha seguido más el camino de la demanda individual del trabajador en las Juntas de Conciliación y Arbitraje, al margen de los sindicatos, y sobre todo la rotación voluntaria externa. Muchas de las causas de la rotación que han sido analizadas por los especialistas, que la hay más entre los jóvenes, solteros, de mayor nivel educativo, hombres, que pudiera ser por hastío, cansancio, malas condiciones de higiene y seguridad, falta de capacitación o de carrera ocupacional, e incluso las que la atribuyen a las malas condiciones de vida, pueden resumirse en los modelos de producción imperantes en la maquila y su incapacidad para fijar a la fuerza de trabajo, basados en la intensidad del trabajo y el bajo salario, con formas de división del trabajo que segmentan las tareas de operación de las de concepción, con insuficiente capacitación y escalafones muy cortos que limitan las carreras ocupacionales en las empresas. El bajo salario no puede sino asociarse con las malas condiciones de vida, que sólo parcialmente dependen de la falta de infraestructura en servicios públicos de la frontera norte. Si son los jóvenes, no casados, hombres y de mayor nivel educativo los que más rotan no extraña: son los que tienen menos que perder, los que prefieren la trayectoria laboral nómada a las nuevas cadenas del toyotismo precario. Estas condiciones de operación de los modelos de producción maquiladores, con sus límites en la resistencia de los trabajadores también impone límites al crecimiento de la productividad, y pudo llegar a conformarse desde los noventa una crisis de productividad del sector, que estalló cuando las condiciones del mercado de Estados Unidos decayeron a inicios de este siglo. Esto porque el círculo toyotista no logró cerrarse, la elevada rotación, con poca identidad, es difícil que se asocie a una auténtica participación e involucramiento de los trabajadores en la lucha por la competitividad y la productividad, más aún cuando los salarios y los montos de los bonos son escasos. Pero los modelos de producción maquiladores en México abarcan más que a las empresas que están formalmente registradas en este régimen arancelario y características como las mencionadas se pueden encontrar en otras empresas, ramas y zonas que formalmente no son maquilas, es probable que los modelos de producción dominantes en la maquila sean a su vez los dominantes en las manufacturas mexicanas y que sus límites sean semejantes a los mencionados (De la Garza, 2003).

3
Modelos de producción en la maquila de la zona centro sureste de México

Enrique de la Garza Toledo

Introducción

Este capítulo se basa principalmente en una investigación de campo en maquilas de exportación ubicadas en los estados de Zacatecas, Aguascalientes, Michoacán, Guanajuato, Querétaro, Estado de México, Tlaxcala, Puebla y Yucatán. Al efecto se utilizaron cinco instrumentos de recolección de información aplicados a cada establecimiento: entrevistas a la gerencia, a jefe de departamento, a obrero informante calificado y al dirigente sindical; por otro lado, se aplicó un cuestionario al establecimiento acerca de variables económicas, tecnológicas, organizacionales, de relaciones laborales y del perfil de la mano de obra que llamaremos encuesta EMIM (Encuesta de Modelos de Industrialización en la Maquila); además, se analizaron los contratos colectivos de trabajo, todo esto dentro del marco industrial de cada estado. La información se cruzó entre las diferentes fuentes para discernir su confiabilidad, todo para cada estado. Los que siguen son resultados agregados para la muestra de toda la zona considerada; en capítulos posteriores se analizarán los resultados estado por estado. La información se recabó en el segundo semestre de 2003, pero los datos de la EMIM se refieren al ejercicio de 2002 de los establecimientos.

En la muestra considerada, la mayoría de los establecimientos fueron de más de 250 trabajadores, seguidos de los pequeños y al final de los medianos; no hubo establecimiento micro. Todo esto coincidiendo en general con las distribuciones nacionales que reporta la encuesta ENESTYC en su módulo de maquila.

CUADRO 1. Porcentaje de establecimientos por tamaño
en la muestra para la zona centro sureste

Tamaño	Porcentaje
Grande	30.9
Mediano	26.8
Pequeño	42.3

Fuente: EMIM.

También hubo una coincidencia en términos de tendencia en la muestra y los datos nacionales de la ENESTYC, en tanto que alrededor de la mitad de los establecimientos fueron de origen extranjero; casi tres cuartas partes de los insumos provinieron del exterior (de Estados Unidos el porcentaje de insumos para la maquila fue de 66.3%) y más de 80% de sus ventas se realizan fuera del país.

CUADRO 2. Importancia del capital extranjero en la muestra de la maquila

	Porcentaje de establecimientos
Origen extranjero del capital	48.5
Insumos importados	73.7
Ventas en el extranjero	84.0

Fuente: EMIM.

Se buscó considerar en la muestra de cada estado al menos 10% de los establecimientos maquiladores seleccionados al azar y distribuidos proporcionalmente por tamaño de establecimiento, excepto en estados en los que el número total de maquilas es muy reducido, como Zacatecas y Michoacán, en los que se buscó hacer censo.

En la muestra de establecimientos maquiladores de exportación tomada 61.2% eran ensambladoras, contra 28.6% de transformación y 10.2% de servicios. Estas cifras muestran tendencias semejantes a los datos nacionales, excepto en la importancia de los servicios; de cualquier manera se muestra el predominio de las operaciones de ensamble sobre las de transformación y la escasa presencia de los servicios en la maquila con el predominio de tareas de manufactura.

Consecuente con el predominio del ensamble, la mayoría (95.2% de los establecimientos) clasifica a su tipo de proceso productivo de producción por pieza en lugar de flujo continuo.

CUADRO 3. Principal razón para ubicarse en México como maquila
(porcentaje de establecimientos)

Régimen fiscal	6.7
Costo de la mano de obra	26.0
Relaciones laborales	2.9
Abundancia de mano de obra	14.4
Apoyos del gobierno	6.7
Infraestructura, energía	14.4
Cercanía del mercado	11.5
Calificación de mano de obra	5.8
Otros	4.8

Fuente: EMIM.

La mayoría de los establecimientos señalaron que la razón principal por la cual se registran como maquilas fue por el costo de la mano de obra (26%); otras razones importantes fueron la abundancia de la mano de obra, la cercanía del mercado y la infraestructura y energía. Las apreciaciones de la gerencia de las maquilas de la muestra coinciden con nuestras consideraciones acerca de la importancia del costo de la mano de obra en las operaciones de este sector, a contrapelo de otras investigaciones parciales y declaraciones de empresarios y gerentes. Cuando el costo salarial es tan importante en el valor agregado, como hemos visto en otro capítulo, no resulta inusitada la importancia que las gerencias de la maquila dan al costo de la mano de obra como factor de localización. Por otro lado, se importan los insumos en primer lugar por decisión de la matriz, en segundo por el costo más bajo y en tercero por la mejor calidad de los importados; todas estas consideraciones coinciden con los resultados de la ENESTYC. Hay que destacar el papel que juegan las políticas globales de producción de las grandes corporaciones propietarias de las maquilas más importantes en México en localizar en nuestro país los segmentos sobre todo del ensamble final, intensivo en mano de obra.

En cuanto a las articulaciones de las maquilas con otras empresas dentro del territorio nacional, los datos recabados de la EMIM muestran que la gran mayoría no rea-

CUADRO 4. Porcentaje de establecimientos que no establecen relaciones
con otros en México para realizar diversas actividades

Tipo de cooperación	Porcentaje que no lo tienen
Investigación de mercados y ventas	93.9
Contratación de personal	82.5
Capacitación	77.5
Investigación y desarrollo	91.8
Publicidad	91.8
Compra de materias primas	66.7
Adquisición de maquinaria y equipo	66.3
Utilización compartida de maquinaria y equipo	82.7
Otra	95.9

Fuente: elaboración propia a partir de la encuesta EMIM (2003).

liza investigación de mercados y ventas, contratación de personal, capacitación, investigación y desarrollo, publicidad, compra de materias primas, adquisición de maquinaria y equipo, utilización compartida de maquinaria y equipo o cualquier otra. De estas actividades la compra compartida de maquinaria, equipo o materias primas son las más elevadas, aunque lejanas a 50%. Los datos anteriores son consecuentes en primer término con la importancia de la importación de materias primas, maquinaria y equipo del extranjero –que es una de las razones de ser maquila, por las exenciones de impuestos. Sin embargo, el régimen fiscal no es suficiente para explicar la escasez de otras formas de encadenamiento y cooperación de las maquilas con otras empresas situadas dentro del territorio nacional, para que el porcentaje del valor de la producción que estas maquilas subcontrataron con otras empresas no pasara de 3.7% en 2002 y, a su vez, el porcentaje de los ingresos de las maquilas obtenidos al ser subcontratadas por otros establecimientos no pasaron del 15.6% en ese año.

Nuevamente, las políticas de las matrices pueden ser fundamentales con su visión global de segmentación del proceso productivo.

Aunque las maquilas se autoevalúan muy alto en cuanto al nivel de la tecnología que emplean, en este sector predomina ampliamente el control de calidad visual no por medio de instrumentos, seguido de control con instrumentos no automatizados (14.4%) y al final el control de más alto nivel con instrumentos automatizados en sólo 8.7% de los establecimientos encuestados. La mayoría no utiliza el sistema justo a tiempo para sus suministros, no desarrollan su propia tecnología y no hacen investi-

CUADRO 5. Características de la tecnología

Indicador de nivel tecnológico	Porcentaje de establecimientos
Autoevaluación de tener tecnología atrasada	51.0
Predomina forma de control de calidad visual	76.9
No utiliza el sistema justo a tiempo	61.5
Desarrolla su propia tecnología	14.3
No realiza investigación y desarrollo	82.7
Adquiere tecnología de la casa matriz o la compra a otras empresas	69.4

Fuente: elaboración propia a partir de la encuesta EMIM (2003).

gación y desarrollo. El principal procedimiento para adquirir tecnología es la transferencia de la casa matriz (37.8% de los casos), seguida de la compra a otras empresas (31.6%).

Los resultados anteriores son consecuentes con los datos nacionales de un sector que en general no utiliza la alta tecnología y menos la desarrolla en sus instalaciones como consecuencia de las políticas de las matrices, que localizan en otros países la investigación y el desarrollo.

Considerando el tipo de maquinaria y equipo con el que se realizan las transformaciones en el proceso productivo, salta a la vista que la mayoría de las operaciones (60%) se realizan con equipo no automatizado (herramientas o máquinas y equipo no

CUADRO 6. Porcentaje de operaciones productivas realizadas
por tipo de maquinaria y equipo

	Porcentaje de operaciones en producción
Herramientas manuales	22.88
Maquinaria y equipo no automatizado	37.12
Maquinaria y equipo automatizado no computarizado	20.01
Automatizado computarizado	11.81
Sistemas integrados de manufactura	3.27

Fuente: EMIM (la diferencia de 100% corresponde a otros).

automático); las efectuadas con dispositivos computarizados integrados o no en redes son una minoría notable (15%). Lo anterior reafirma que, independientemente de dónde se desarrolle la tecnología, las maquilas no utilizan en fabricación en general la de más alto nivel, sino aquella más cercana a las necesidades del uso intensivo de la mano de obra.

Considerando de conjunto el tipo de equipo para realizar la transformación o el ensamble, la forma del control de calidad y la inversión en investigación y desarrollo, desarrollamos un índice de nivel tecnológico (ver apéndice metodológico); los resultados pueden verse en el siguiente cuadro: la gran mayoría de los establecimientos maquiladores tienen un nivel tecnológico bajo o medio (89.7% de los establecimientos), dato consecuente con todas nuestras conclusiones acerca de que la maquila no se caracteriza por el empleo de alta tecnología.

CUADRO 7. Nivel tecnológico en los establecimientos maquiladores

Nivel tecnológico	Porcentaje de establecimientos
Bajo	42.3
Medio	47.4
Alto	10.3

Fuente: EMIM.

Al estratificar por tamaño de establecimiento, el nivel tecnológico alto es superior en los de tamaño grande; sin embargo, en todos los estratos predominan los niveles bajo y medio.

CUADRO 8. Nivel tecnológico por tamaño de establecimiento
(porcentaje de establecimientos)

Nivel tecnológico	Pequeño	Mediano	Grande
Bajo	51.3	32	42.3
Mediano	41.0	56	42.3
Alto	7.7	12	15.4

Fuente: EMIM.

Por capital, nacional o extranjero, salta a la vista cómo el nivel tecnológico alto es superior en los nacionales respecto de los extranjeros, aunque los niveles bajo y medio predominan independientemente del tipo de capital, lo cual contradice la tesis de que la maquila se convierte en un medio de transferencia importante de tecnología alta.

CUADRO 9. Nivel tecnológico por origen del capital
(porcentaje de establecimientos)

Nivel tecnológico	Nacional	Extranjero
Bajo	42	44.4
Medio	40	53.3
Alto	18	2.2

Fuente: EMIM.

En cuanto al predominio de los insumos importados o extranjeros, el nivel tecnológico alto es mayor en aquellos establecimientos en que predominan los insumos de origen nacional, aunque los niveles bajo y medio superan a los altos independientemente del origen de esos insumos. Nuevamente, mayores vínculos de la maquila con el exterior no se traducen en transferencia tecnológica superior.

CUADRO 10. Nivel tecnológico según origen de los insumos
(porcentaje de establecimientos)

Nivel tecnológico	Nacional	Extranjero
Bajo	47.8	43.9
Medio	30.4	50.0
Alto	21.7	6.10

Fuente: EMIM.

Por destino de las ventas, nuevamente el nivel tecnológico alto es más frecuente cuando las ventas son hacia el mercado interno, pero los niveles bajo y medio predominan independientemente del destino de dichas ventas.

CUADRO 11. Nivel tecnológico por destino de las ventas
(porcentaje de establecimientos)

Nivel tecnológico	Nacional	Extranjero
Bajo	64.3	40.5
Medio	21.4	50.0
Alto	14.3	9.5

Fuente: EMIM.

CUADRO 12. Características de la organización del trabajo

El control de calidad lo hace un departamento especializado	72.5	Sí*
El examen de habilidades es el principal procedimiento para asignar a un nuevo trabajador a un puesto	55.3	Sí
El examen de habilidades y dominio de tareas es el principal procedimiento para el ascenso de un trabajador	69.3	Sí
Los establecimientos cuentan con manuales de puestos y los utilizan	54.9	Sí
Los establecimientos cuentan con manuales de procedimientos y los utilizan	58.7	Sí
Se realizan estudios de tiempos y movimientos	77.9	Sí
Los trabajadores cumplen cuotas mínimas de producción	81.6	Sí
El personal especializado es el que realiza las tareas de mantenimiento	65.4	Sí
La supervisión que predomina es por medio de jefes y supervisores	82.7	Sí
La forma de comunicación de arriba hacia abajo que predomina es verbal directa por medio de jefes y supervisores	52.3	Sí
La principal forma que predomina de abajo hacia arriba es verbal directa por medio de jefes y supervisores	62.1	Sí

Fuente: elaboración propia a partir de la encuesta EMIM (2002).
*Entrevistas a jefes de departamento, respuesta más frecuente.

Los indicadores de organización del trabajo de la encuesta EMIM, así como las entrevistas a jefes de departamento, no apuntan al predominio de las formas toyotistas de organización del trabajo sino de las tayloristas-fordistas: el mantenimiento, el control de calidad y la supervisión del personal se realizan principalmente a partir de personal especializado en una división de tareas distante de la autosupevisión, el autocontrol de calidad o la realización de tareas combinadas de producción, mantenimiento y control de calidad. Sin embargo, hay que reconocer que el porcentaje de establecimientos que no realiza control de calidad es muy pequeño (1%) y que en alrededor de una cuarta parte es el personal de producción el que efectúa el control de calidad; la proporción de los establecimientos en los que los trabajadores de producción realizan el mantenimiento es pequeño (13.4%), y todavía más limitado el número de aquellos en los que la supervisión del personal se realiza con equipo automatizado (3.8%) o por los propios equipos de trabajo (5.8%). Es decir, en este tipo de división del trabajo hay un predominio claro de las concepciones tayloristas.

La anterior aseveración se refuerza porque la mayoría de los establecimientos tienen y utilizan manuales de puestos y de procedimientos, hacen estudios de tiempos y movimientos y los trabajadores tienen que cumplir cuotas mínimas de producción. Además son los exámenes de habilidades, no de conocimientos, los criterios principales para el ingreso o el ascenso de los trabajadores, con un papel muy marginal de los equipos de trabajo en la selección o promoción del personal. Finalmente, las formas de comunicación son tradicionales en cuanto a que predominan de arriba hacia abajo o de abajo hacia arriba formas orales directas por medio de jefes o supervisores.

Hemos desarrollado un índice integrado de tipo de organización del trabajo (véase apéndice metodológico) que coincide con nuestras consideraciones acerca del predominio taylorista-fordista en la maquila en 76.9% de los establecimientos. Esta forma predominante de organización es consecuente con el uso intensivo de la mano de obra de baja calificación y con tecnologías entre bajas y medias en general no automatizadas.

CUADRO 13. Modelos de organización del trabajo

Taylorista-fordista	76.9
Toyotista	23.1

Fuente: EMIM.

Al estratificar por origen del capital los establecimientos extranjeros tuvieron mayor presencia de organización toyotista respecto de los nacionales, aunque las formas tayloristas-fondistas predominaron independientemente del tipo de capital. En cuanto al origen de los insumos, hubo más toyotismo cuando estos fueron extranjeros que nacionales; en cambio, la relación se invirtió cuando las ventas fueron hacia el mercado nacional. Por lo que respecta al tamaño de los establecimientos, fueron los pequeños los que más aplican el toyotismo, seguidos de los grandes. De cualquier manera, independientemente del origen del capital, de los insumos, de las ventas, y del tamaño del establecimiento predominan las formas de organización tayloristas-fordistas. En otras palabras, el capital internacional en la maquila ha preferido las nuevas formas de organización del trabajo a la inversión en nuevas tecnologías, lo cual es consecuente con el uso mayor de la mano de obra que del capital, empleando técnicas de racionalización del trabajo tayloristas en su mayoría y en segundo toyotistas.

CUADRO 14. Modelos de organización por origen del capital

Modelos de organización	Origen del capital		
	Nacional	Extranjero	Total
Taylorista-fordista	83.7%	66.7%	76.1%
Toyotista	16.3%	33.3%	23.9%
Total	100.0%	100.0%	100.0%

Fuente: EMIM.

CUADRO 15. Modelos de organización por origen de los insumos

Modelos de organización	Origen de los insumos		
	Nacional	Extranjero	Total
Taylorista-fordista	91.7%	72.6%	77.9%
Toyotista	8.3%	27.4%	22.1%
Total	100.0%	100.0%	100.0%

Fuente: EMIM.

CUADRO 16. Modelos de organización por destino de las ventas

Modelos de organización	Destino de las ventas		
	Nacional	Extranjero	Total
Taylorista-fordista	64.3%	78.9%	76.5%
Toyotista	35.7%	21.1%	23.5%
Total	100.0%	100.0%	100.0%

Fuente: EMIM.

Cuadro 17. Modelos de organización por tamaño del establecimiento

Modelos de organización	Tamaño del establecimiento			
	Pequeño	Mediano	Grande	Total
Taylorista-fordista	73.5%	81.8%	79.3%	77.6%
Toyotista	26.5%	18.2%	20.7%	22.4%
Total	100.0%	100.0%	100.0%	100.0%

Fuente: EMIM.

Cuadro 18. Participación del personal en las decisiones

Muy frecuentemente los trabajadores participan en la selección de personal	6.7
Muy frecuentemente los trabajadores participan en la promoción del personal	3.8
Muy frecuentemente los trabajadores participan en la definición de sus cargas de trabajo	7.7
Muy frecuentemente los trabajadores participan en la definición de sanciones a otros trabajadores	2.9
Muy frecuentemente los trabajadores participan en la asignación de premios y bonos	5.8
Muy frecuentemente los trabajadores participan en definir el contenido de la capacitación	4.8
Muy frecuentemente los trabajadores participan en la selección de maquinaria, equipo o herramientas	3.8
Muy frecuentemente los trabajadores participan en la selección de materias primas	2.9
Muy frecuentemente los trabajadores participan en el mejoramiento del método de trabajo	12.5
Muy frecuentemente participan los trabajadores en el diseño de programas de mejoramiento de la productividad	8.7

Fuente: EMIM.

Apuntalando nuestra tesis de poca presencia de las nuevas formas de organización de trabajo en la maquila en contraposición con estudios anteriores, encontramos de nuestra encuesta que la participación de los trabajadores de producción en decisiones como: selección de personal, promoción, cargas de trabajo, sanciones, premios y bonos, capacitación, selección de maquinaria y equipo, materias primas, método de trabajo y programas de mejoramiento de la productividad son muy escasas. Consecuentemente, lo que predomina ampliamente en estos rubros es la no práctica de la intervención, excepto en el método de trabajo. Este debe considerarse un indicador complementario importante del predominio del taylorismo.

CUADRO 19. Control del obrero sobre su trabajo
(entrevistas a obreros informantes calificados, respuestas más frecuentes)

Tipo de control: el obrero decide...	Respuesta más frecuente
El método de trabajo	A veces
Los procedimientos	A veces
El tiempo de intervención	Nunca
La secuencia de las operaciones	Nunca
Ha inventado un método de trabajo	Nunca
Planea sus tareas	Siempre
Con quién consulta problemas de trabajo	El jefe
Quién le asigna las tareas	El supervisor
Quién diseña las funciones de puestos	Departamento de personal
Quién lo evalúa en su desempeño	Supervisores y jefes
Qué se evalúa	Cantidad de trabajo y calidad
Decide el trabajador el ritmo de trabajo	A veces

Fuente: entrevistas a obreros informantes calificados, respuestas más frecuentes.

Lo anterior se compagina con el bajo control del obrero sobre su trabajo, a partir de entrevistas a obreros informantes calificados, que apunta hacia actividades predeterminadas según los esquemas tayloristas-fordistas: a veces el obrero decide sobre el método y los procedimientos, así como el ritmo de trabajo; los demás aspectos le son preestablecidos por supervisores, jefes o el departamento de personal.

CUADRO 20. Nuevas formas de organización del trabajo

Tienen círculos de calidad	73.1
Tienen equipos de trabajo	40.4
Células de producción	30.8
Control total de la calidad	37.5
Reingeniería	15.4
Cero errores	20.2
Control estadístico del proceso	32.7
Kan ban	12.5

Fuente: EMIM.

Lo anterior se compagina con la información de la extensión de los equipos de trabajo, células de producción, control total de la calidad, reingeniería, cero errores, control estadístico del proceso o kan ban, que en la mayoría de las maquilas no se practica, siendo los más utilizados los círculos de calidad, pero, como hemos visto, combinados con escasa delegación de las decisiones en los trabajadores de base.

CUADRO 21. Cuando hay formas grupales de participación de los trabajadores como equipos de trabajo, círculos de calidad, células de producción, cómo participan los trabajadores

Si hay formas grupales	56.3
No participan en la definición de los presupuestos de producción	80.7
Discuten y proponen el ajuste de variables del proceso o de maquinaria	56.1
No participan en los cambios en las especificaciones del producto	54.4
No participan en el control estadístico del proceso	57.9
No participan en el control no estadístico del proceso	52.6
No participan en la relación cliente/proveedor	75.4
Discuten y proponen en la identificación de causas de riesgos de trabajo	65.5
Discuten y proponen en los programas de prevención de riesgos de trabajo	63.2
No participan en el control de ausencias, permisos y horas extras	49.1
Discuten y proponen en la prevención de conflictos laborales	52.6
Discuten y proponen la definición de necesidades de capacitación	52.6
No participan en la elaboración de programas de capacitación	59.5
No participan en los programas de movilidad interna de los trabajadores	68.4

Fuente: EMIM.

Específicamente, cuando hay formas grupales de trabajo como círculos, equipos o células en la mayoría de los establecimientos no participan en decisiones referidas a la producción y puestos de trabajo. La no participación de los trabajadores está seguida de sólo discutir y proponer y en forma muy rezagada aparecen aquellos casos en los que deciden. Excepciones son la participación con opiniones en cómo disminuir accidentes de trabajo y riesgos de trabajo y sus causas y en la prevención de conflictos y en detección de necesidades de capacitación. Es decir, resulta ficticio decir que en la maquila predominan las nuevas formas de organización del trabajo formalmente, pero especialmente en contenido se inclina seguramente hacia el taylorismo-fordismo, aunque a diferencia de la manufactura en general están casi ausentes las formas tradicionales que no obedecen a alguna doctrina gerencial en especial. En cierta manera, la maquila es un sector moderno desde el punto de vista de productividad, calidad, competitividad, exportación, pero corresponde a la llamada vía baja del desarrollo, aquella basada en bajos salarios y baja calificación de la mano de obra.

En cuanto a la flexibilidad del trabajo, no se acostumbra mover frecuentemente a los trabajadores entre puestos o categorías, aunque la ausencia total de movilidad de estos tipos también es muy baja (12.6%), predominan más los niveles esporádico y regular propio de una organización taylorista-fordista en la que se considera mejor que haya para cada puesto un trabajador especializado en el mismo, aunque la movilidad por turnos es frecuente y no se detectó la ausencia de movilidad entre turnos en la encuesta y la rotación entre departamentos de la misma empresa es muy frecuente (65.7%). Es notable el trabajo en días de descanso obligatorio en forma muy frecuente (70.4%) y lo bajo de lo esporádico en este indicador (5.6%), aunque las horas extra son comunes, entre muy frecuentes y regulares, ocupando bajos porcentajes las esporádicas (14.4%).

CUADRO 22. Movilidad interna

	Porcentaje de establecimientos (EMIM)	Entrevistas a jefes de departamento
Los trabajadores son movidos frecuentemente de puesto o categoría	10.7	No
Los trabajadores muy frecuentemente son movidos de turnos	48.1	No
Muy frecuentemente los trabajadores realizan tareas de diferentes puestos	52.3	Sí
El trabajo en horas extra es de nivel intermedio, no frecuentemente	46.7	
Muy frecuentemente los obreros trabajan en días de descanso obligatorios	70.4	
La rotación de turnos es regular (no frecuente)	46.8	
Muy frecuentemente los trabajadores cambian de departamento	65.7	No
Muy frecuentemente cambian de establecimiento de la misma empresa	80.0	No

Fuente: elaboración propia a partir de la encuesta EMIM (2003).
*Entrevistas a jefes de departamento, respuestas más frecuentes.

Sin embargo, la movilidad interna no obedece principalmente a las concepciones toyotistas que implican eliminar la monotonía (1.0% de los establecimientos), el pago por conocimientos (4.9%) o el estímulo de la polivalencia (7.8%), sino por razones vinculadas con el ausentismo, o el aumento en la demanda del producto, situación que coincide con las opiniones de los jefes de departamento entrevistados.

Cuadro 23. Causas de la movilidad interna

Muy frecuentemente el personal es movido por ausentismo	9.6	Sí*
Muy frecuentemente el personal es movido por renuncias	5.8	No
Muy frecuentemente es movido el personal por aumento en la producción	25.0	Sí/No
Muy frecuentemente es movido para estimular la polivalencia	7.8	No
Muy frecuentemente el personal es movido para eliminar la monotonía	1.0	No
Muy frecuentemente el personal es movido para estimular el pago por conocimientos	4.9	No

Fuente: EMIM.
*Entrevistas a jefes de departamento, respuesta más frecuente.

También se constata algo que sabíamos de la ENESTYC: que la mayor parte del ingreso de los trabajadores está constituido por el salario tabulado (68.1%), lo reducido de las horas extra (6.26%) y las prestaciones económicas (13.36%), aunque a diferencia de los datos nacionales, aparecen los estímulos y premios con una importancia de 11.19 por ciento.

Cuadro 24. Distribución del total de ingresos del personal total ocupado

Rubro	Porcentaje en ingreso total
Salario tabulado	68.13
Prestaciones económicas	13.36
Horas extras	6.26
Premios, estímulos	11.19

Fuente: EMIM.

En cuanto al ausentismo se declara la principal causa los problemas familiares, seguida de enfermedades, en tercer lugar la falta de interés por el trabajo y la cuarta el cansancio. En plena crisis de la maquila, que es cuando se levantó la encuesta, salta a la vista cómo el porcentaje de rotación externa (despidos y renuncias voluntarias) en su inmensa mayoría se debió a renuncias voluntarias (80.5%). La tasa de rotación en la encuesta EMIM fue de 31% en 2002.

CUADRO 25. Rotación externa del personal en 2002

	Porcentaje del personal que rotó
Renuncias voluntarias	80.5
Despidos	11.5

Fuente: EMIM.

Se elaboró un índice de flexibilidad que considera las formas numéricas, funcional y salarial, ponderadas a través de un análisis factorial (ver apéndice metodológico). Los resultados muestran el predominio de los niveles bajo y medio en la flexibilidad del trabajo (85.3% de los establecimientos). La flexibilidad alta puede también estar asociada a las nuevas formas de organizar el trabajo; en cambio, las formas tayloristas que implican que para cada puesto hay un operador especializado que dé preferencia no se mueve no favorecen la polivalencia; también juega en contra el predominio de trabajadores de base que hay en la maquila y la limitada importancia en los ingresos de los bonos.

CUADRO 26. Niveles de flexibilidad (porcentaje de establecimientos)

Baja	38.7
Media	46.8
Alta	14.5

Fuente: EMIM.

Al estratificar por tipo de capital, la flexibilidad alta fue superior en los establecimientos extranjeros; por origen de los insumos no hubo diferencia en cuanto a la flexibilidad alta; por destino de las ventas, la alta fue más elevada en los establecimientos que venden en el mercado interno; y por tamaño de establecimiento, la

CUADRO 27. Nivel de flexibilidad por origen del capital
(porcentaje de establecimientos)

Nivel de flexibilidad	Origen del capital		
	Nacional	Extranjero	Total
Baja	50.0%	25.0%	38.7%
Media	41.2%	53.6%	46.8%
Alta	8.8%	21.4%	14.5%
Total	100.0%	100.0%	100.0%

Fuente: EMIM.

CUADRO 28. Nivel de flexibilidad por origen de los insumos
(porcentaje de establecimientos)

Nivel de flexibilidad	Origen de los insumos		
	Nacional	Extranjero	Total
Baja	61.1%	30.2%	39.3%
Media	22.2%	55.8%	45.9%
Alta	16.7%	14.0%	14.8%
Total	100.0%	100.0%	100.0%

Fuente: EMIM.

CUADRO 29. Nivel de flexibilidad por origen de las ventas
(porcentaje de establecimientos)

Nivel de flexibilidad	Destino de las ventas		
	Nacional	Extranjero	Total
Baja	55.6%	36.0%	39.0%
Media	22.2%	50.0%	45.8%
Alta	22.2%	14.0%	15.3%
Total	100.0%	100.0%	100.0%

Fuente: EMIM.

CUADRO 30. Nivel de flexibilidad por tamaño de establecimiento
(porcentaje de establecimientos)

Nivel de flexibilidad	Tamaño del establecimiento			
	Pequeño	Mediano	Grande	Total
Baja	34.6%	52.9%	31.6%	38.7%
Media	46.2%	35.3%	57.9%	46.8%
Alta	19.2%	11.8%	10.5%	14.5%
Total	100.0%	100.0%	100.0%	100.0%

Fuente: EMIM.

flexibilidad alta se correlacionó negativamente con el tamaño del establecimiento. Sin embargo, en todos los estratos predominaron los niveles bajo y medio.

En cuanto a relaciones laborales, se confirma en la muestra que la mayoría de los establecimientos de maquila tienen sindicato y es de suponerse que tienen contrato colectivo de trabajo; sin embargo, 71.1% no han firmado convenios de productividad y los jefes de departamento entrevistados en su mayoría desconocían si la empresa tenía sindicato (70%). A pesar de haber sindicato en la mayoría de los establecimientos, en todos los rubros que se consideraron de bilateralidad la participación del sindicato en ser informado, discutir cambio o aprobar fue ampliamente minoritario; el rubro con mayor porcentaje de participación fue en recorte de personal y en definir estándares de producción o de calidad; otro tanto puede decirse de la intervención del sindicato informalmente en recibir información, discutir con la gerencia o en las decisiones, donde se confirma que los sindicatos en la maquila, con ser abundantes, no son actores de la dinámica laboral o productiva. Tampoco los trabajadores son tomados en cuenta en general en las decisiones de la producción y en la mayoría de los rubros ni siquiera son informados, lo que conforma un panorama de relaciones laborales de profunda unilateralidad, muy distante de las perspectivas optimistas de aprendizaje tecnológico en el sector, que existe, pero seguramente de niveles inferiores a los de otros sectores.

En cuanto al perfil de la mano de obra, las tendencias nacionales se cumplen en términos generales: casi se distribuyen por igual los hombres y mujeres en obreros generales, son más los hombres en obreros calificados y supervisores y más de las tres cuartas partes en profesionales y técnicos, así como en gerencia; en cambio, predominan las mujeres en trabajadores de la administración del los establecimientos.

CUADRO 31. Sindicalización

Sí hay sindicato	60.2
No hay convenio de productividad	71.1
No se hicieron paros técnicos	80.0

Fuente: EMIM.

CUADRO 32. Bilateralidad formal entre empresa sindicato y/o trabajadores: los sindicatos y los trabajadores participan con la empresa en:

	El sindicato participa	Ni sindicato ni trabajadores	Participan sindicato o trabajadores formal o informalmente*
Se informa de cambios tecnológicos	9.7	32.0	A los trabajadores
Discuten y proponen el cambio tecnológico	1.9	74.8	No
En la decisión del cambio tecnológico	0	94.2	No
Evalúan el cambio tecnológico	0	84.5	No
En el mejoramiento del cambio tecnológico	3.9	67.0	No
Se informa de cambio en organización	5.8	30.1 (los trabajadores sí en 49.5%)	A los trabajadores
Discuten y proponen cambio en la organización	5.8	68.9	No
En la decisión del cambio en organización	2.9	88.3	No
Evalúan cambio en organización	1.9	80.6	No
En mejoramiento del cambio en organización	6.8	68.0	No
En selección de personal	9.6	73.1	No
En reajuste de personal	13.5	75.0	No
En decisión empleo eventuales	9.6	77.9	No
En creación de puestos de confianza	2.9	88.5	No
En empleo de subcontratistas	3.8	89.4	No
En definición de manuales de puestos	3.8	75.0	No
En movilidad interna de trabajadores	9.6	74.0	No
Asignación de tareas	2.9	66.3	No
En las sanciones a los trabajadores	16.3	65.4	No
En definición de métodos de trabajo	2.9	69.2	No
En definición de estándares de producción o de calidad	16.0	64.0	No

Fuente: EMIM.
*Entrevista a jefes de departamento, respuesta más frecuente.

CUADRO 33. Bilateralidad informal: sindicato y/o trabajadores
participan informalmente en:

	El sindicato interviene	No interviene el sindicato ni los trabajadores
Se les informa del cambio tecnológico	3.8	35.6 (sí a trabajadores en 48%)
Discuten y proponen el cambio tecnológico	0	76.0
En la decisión del cambio tecnológico	7.7	91.3
En evaluación del cambio tecnológico	1.0	82.7
En mejoramiento del cambio tecnológico	16.3	76.0
Se les informa del cambio organizacional	1.9	38.5 (46% a los trabajadores sí)
Discuten y proponen cambio organizacional	1.9	67.3
En la decisión del cambio organizacional	0	82.7
Evalúan el cambio organizacional	1.0	77.9
En el mejoramiento del cambio organizacional	1.0	75.0
En selección de personal	7.7	68.3
En reajuste de personal	5.8	78.8
En contratación de eventuales	6.7	79.8
En la creación de puestos de confianza	1.0	89.4
En sanciones a los trabajadores	14.4	72.1
En definición de nuevos métodos de trabajo	29.1	68.0
En la definición de estándares de producción y calidad	16.5	81.6
Empleo de subcontratistas	4.0	92.0
Definición de manuales de puestos	2.9	76.0
Movilidad interna	3.9	69.9
Asignación de tareas	8.7	69.9

Fuente: EMIM.

En cuanto a las edades promedio, para los obreros generales lo más frecuente son las edades entre 16 y 25 años, lo mismo en obreros especializados y supervisores; en cambio, la edad promedio aumenta en profesionales y técnicos, administrativos y directivos (de 26 a 40 años). La escolaridad más frecuente entre obreros generales es la primaria incompleta y completa, en obreros especializados y supervisores la secundaria, en profesionistas y técnicos la preparatoria y los estudios superiores, y en gerencia los estudios superiores.

En cuanto a las antigüedades más frecuentes en los establecimientos, para los obreros generales se confirma su corta estancia en cada empresa (menos de dos años); los obreros especializados, supervisores, profesionales y técnicos y administrativos,

CUADRO 34. Porcentaje de establecimiento en que predominan
los hombres por categoría ocupacional

Categoría	Porcentaje de establecimientos
Directivos	79.1
Administrativos	42.0
Profesionales y técnicos	77.5
Supervisores	58.4
Obreros calificados	54.4
Obreros generales	42.6

Fuente: EMIM.

CUADRO 35. Edad más frecuente por categoría ocupacional
(porcentaje de establecimientos)

Categoría	Edad más frecuente
Directivos	26-40 años (57.7%)
Administrativos	26-40 (84.6%)
Profesionales y técnicos	26-40 (69.2%)
Supervisores	16-25 (15.4%)
Obreros especializados	16-25 (37.5%)
Obreros generales	16-25 (48.1%)

Fuente: EMIM.

CUADRO 36. Escolaridad más frecuente por categoría ocupacional
(porcentaje de establecimientos)

Categoría ocupacional	Años de estudio
Directivos	Estudios superiores (80.8%)
Profesionales y técnicos	Preparatoria y estudios superiores (51.9%)
Administrativos	
Supervisores	Secundaria y técnico medio (53.8%)
Obreros especializados	Secundaria
Obreros generales	Primaria incompleta y completa (42.3%)

Fuente: EMIM.

CUADRO 37. Antigüedad más frecuente en el establecimiento
por categoría ocupacional

Categoría ocupacional	Antigüedad en años
Directivos	5-10 (34%)
Administrativos	2-5 (46%)
Profesionales y técnicos	2-5 (41%)
Supervisores	2-5 (48%)
Obreros especializados	2-5 (44%)
Obreros generales	Menos de 2 años (42%) y de 2-5 (34%)

Fuente: EMIM.

siguen con antigüedad entre dos y cinco años y solamente la gerencia es más antigua con cinco a 10 años.

La antigüedad promedio de todo el personal es de cuatro años, es decir, las tendencias nacionales en cuanto a perfil de la mano de obra empleada en la maquila se confirman para la zona centro sureste: actualmente re reparten casi por igual entre hombres y mujeres obreros, su edad es joven, su antigüedad es baja, su escolaridad es baja, la rotación de personal es alta y la percepción entre estos trabajadores de que los salarios son bajos predomina.

CUADRO 38. Perfiles sociotécnicos de los establecimientos
maquiladores en México

Perfil	Porcentaje
Organización fordista, tecnología baja o media, flexibilidad baja o media y calificación de baja a media	47.2%
Organización fordista, tecnología baja o media, flexibilidad baja o media y calificación alta	7.5%
Organización fordista, tecnología baja o media, flexibilidad alta y calificación de baja a media	9.4%
Organización fordista, tecnología baja o media, con flexibilidad y calificación altas	3.8%
Organización fordista, tecnología alta, con flexibilidad y calificación bajas o medias	9.4%
Organización toyotista, con tecnología, flexibilidad y calificación bajas o medias	17.0%
Organización toyotista, con tecnología y flexibilidad bajas o medias y calificación alta	3.8%
Organización toyotista, con tecnología alta, pero con flexibilidad y calificación bajas o medias	1.9%
Total	100.0%

Fuente: EMIM.

Para resumir el análisis de los perfiles sociotécnicos predominantes en la maquila en México, a partir de los microdatos de los establecimientos de la encuesta EMIM, se construyeron los perfiles más frecuentes entre tecnología, organización, flexibilidad y calificación de la mano de obra. No cabe duda de que en la maquila del centro sureste predominan perfiles que articulan organización fordista, tecnología baja o media, flexibilidad baja o media con calificación baja o media (47.2% de los establecimientos), seguido de un toyotismo precario caracterizado por la organización toyotista con calificaciones bajas o medias, sin extensa delegación de decisiones, con tecnología y flexibilidad bajas o medias. Es decir, se confirma que los modelos de producción dominantes son en primer lugar el taylorista-fordista, seguido del toyotismo precario, ambos de calificaciones y tecnologías no altas, de escasa delegación en las decisiones en los trabajadores y de bajas calificaciones y salarios.

Finalmente habría que considerar algunas diferencias en configuraciones sociotécnicas de los estados incluidos en la encuesta EMIM. El nivel tecnológico general para todos los estados es entre bajo y medio, y en todos predomina con diversas intensidades la forma de organización taylorista-fordista. En cuanto a tipo de organización del trabajo las diferencias son de grado, desde el momento en que en todos los estados predomina la forma taylorista-fordista; en cambio, en cuanto a flexibilidad del trabajo los estados se dividen en dos grupos, el primero formado por Aguascalientes, Guanajuato, Querétaro, Puebla y Yucatán, donde la flexibilidad es de nivel medio, a diferencia de Estado de México, Michoacán, Tlaxcala y Zacatecas que resultaron con flexibilidad baja. Los perfiles sociotécnicos resumen las características de los modelos de producción; hay dos claramente definidos: el taylorista-fordista con tecnología, flexibilidad y calificación baja o media, que predomina claramente en Guanajuato, Michoacán, Yucatán y Puebla, y a medias en Aguascalientes, Estado de México, Querétaro, Tlaxcala y Zacatecas, y el toyotista que hemos llamado precario que, aunque incluye nuevas formas de organización del trabajo, la tecnología, flexibilidad y calificación de la mano de obra son de niveles bajos o medios, que se reparten con el primer perfil en Querétaro, Estado de México, Tlaxcala y Zacatecas. Aguascalientes mostró un perfil menos precario en calificación de la mano de obra, no así en tecnología y flexibilidad. Habría que reconocer diferencias regionales en modelos de producción en la maquila, sin olvidar las tendencias generales hacia el taylorismo-fordismo y el toyotismo precario, y profundizar en las causas que las originan, bajo la consideración de que el espacio no es sino la manera sintética de incluir diversas variables estructurales locales e interacciones regionales de actores sociales.

CUADRO 39. Nivel tecnológico de la maquila de exportación
de la zona centro sureste

Nivel	Aguascalientes	Guanajuato	Querétaro	Estado de México	Michoacán	Puebla	Tlaxcala	Yucatán	Zacatecas	Nacional
Bajo	42.9%	50.0%	14.3%	50.0%	80.0%	24.0%	25.0%	60.9%	40.0%	42.4%
Medio	50.0%	40.0%	71.4%	50.0%		56.0%	75.0%	34.8%	60.0%	47.5%
Alto	7.1%	10.0%	14.3%		20.0%	20.0%		4.3%		10.1%
Total	100.0%	100.0%	100.0%	100.0%	100.0%	100.0%	100.0%	100.0%	100.0%	100.0%

Fuente: elaboración propia a partir de la EMIM.

CUADRO 40. Modelos de organización por entidad federativa

Modelos organizacionales	Entidad federativa									
	Aguascalientes	Guanajuato	Querétaro	Edo. México	Michoacán	Puebla	Tlaxcala	Yucatán	Zacatecas	Nacional
Taylorista-fordista	70.0%	87.5%	66.7%	85.7%	100.0%	77.3%	75.0%	75.0%	60.0%	76.9%
Toyotista	30.0%	12.5%	33.3%	14.3%		22.7%	25.0%	25.0%	40.0%	23.1%
Total	100.0%	100.0%	100.0%	100.0%	100.0%	100.0%	100.0%	100.0%	100.0%	100.0%

Fuente: elaboración propia a partir de la EMIM.

CUADRO 41. Nivel de flexibilidad por entidad federativa

Nivel de flexibilidad	Entidad federativa									
	Aguascalientes	Guanajuato	Querétaro	Estado deMéxico	Michoacán	Puebla	Tlaxcala	Yucatán	Zacatecas	Total
Baja	20.0%	20.0%		75.0%	100.0%	30.8%	66.7%	41.2%	33.3%	38.7%
Media	50.0%	80.0%	66.7%			69.2%	33.3%	47.1%		46.8%
Alta	30.0%		33.3%	25.0%				11.8%	66.7%	14.5%
Total	100.0%	100.0%	100.0%	100.0%	100.0%	100.0%	100.0%	100.0%	100.0%	100.0%

Fuente: elaboración propia a partir de la EMIM.

CUADRO 42. Perfiles sociotécnicos de Aguascalientes

Código	Perfil	Porcentaje
1111	Organización fordista, tecnología baja o media, flexibilidad baja o media y calificación de nula a media	25.0%
1121	Organización fordista, tecnología baja o media, flexibilidad alta y calificación de nula a media	12.5%
1122	Organización fordista, tecnología baja o media, con flexibilidad y calificación altas	12.5%
1211	Organización fordista, tecnología alta, con flexibilidad y calificación bajas o medias	12.5%
2111	Organización toyotista, con tecnología, flexibilidad y calificación bajas o medias	12.5%
2112	Organización toyotista, con tecnología, flexibilidad bajas o medias y calificación alta	25.0%
	Total	100.0%

Fuente: elaboración propia a partir de la EMIM.

CUADRO 43. Perfiles sociotécnicos de Guanajuato

Código	Perfil	Porcentaje
1111	Organización fordista, tecnología baja o media, flexibilidad baja o media y calificación de nula a media	60.0%
1112	Organización fordista, tecnología baja o media, flexibilidad baja o media y calificación alta	20.0%
1211	Organización fordista, tecnología alta, con flexibilidad y calificación bajas o medias	20.0%
	Total	100.0%

Fuente: elaboración propia a partir de la EMIM.

CUADRO 44. Perfiles sociotécnicos de Querétaro

Código	Perfil	Porcentaje
1111	Organización fordista, tecnología baja o media, flexibilidad baja o media y calificación de nula a media	50.0%
2111	Organización toyotista, con tecnología, flexibilidad y calificación bajas o medias	50.0%
	Total	100.0%

Fuente: elaboración propia a partir de la EMIM.

CUADRO 45. Perfiles sociotécnicos del Estado de México

Código	Perfil	Porcentaje
1111	Organización fordista, tecnología baja o media, flexibilidad baja o media y calificación de nula a media	33.3%
1121	Organización fordista, tecnología baja o media, flexibilidad alta y calificación de nula a media	33.3%
2111	Organización toyotista, con tecnología, flexibilidad y calificación bajas o medias	33.3%
	Total	100.0%

Fuente: elaboración propia a partir de la EMIM.

CUADRO 46. Perfiles sociotécnicos de Michoacán

Código	Perfil	Porcentaje
1111	Organización fordista, tecnología baja o media, flexibilidad baja o media y calificación de nula a media	75.0%
1211	Organización fordista, tecnología alta, con flexibilidad y calificación bajas o medias	25.0%
	Total	100.0%

Fuente: elaboración propia a partir de la EMIM.

CUADRO 47. Perfiles sociotécnicos de Puebla

Código	Perfil	Porcentaje
1111	Organización fordista, tecnología baja o media, flexibilidad baja o media y calificación de nula a media	58.3%
1112	Organización fordista, tecnología baja o media, flexibilidad baja o media y calificación alta	16.7%
1211	Organización fordista, tecnología alta, con flexibilidad y calificación bajas o medias	16.7%
2111	Organización toyotista, con tecnología, flexibilidad y calificación bajas o medias	8.3%
	Total	100.0%

Fuente: elaboración propia a partir de la EMIM.

CUADRO 48. Perfiles sociotécnicos de Tlaxcala

Código	Perfil	Porcentaje
1112	Organización fordista, tecnología baja o media, flexibilidad baja o media y calificación alta	50.0%
2111	Organización toyotista, con tecnología, flexibilidad y calificación bajas o medias	50.0%
	Total	100.0%

Fuente: elaboración propia a partir de la EMIM.

CUADRO 49. Perfiles sociotécnicos de Yucatán

Código	Perfil	Porcentaje
1111	Organización fordista, tecnología baja o media, flexibilidad baja o media y calificación de nula a media	57.1%
1121	Organización fordista, tecnología baja o media, flexibilidad alta y calificación de nula a media	14.3%
2111	Organización toyotista, con tecnología, flexibilidad y calificación bajas o medias	21.4%
2211	Organización toyotista, con tecnología alta, pero con flexibilidad y calificación bajas o medias	7.1%
	Total	100.0%

Fuente: elaboración propia a partir de la EMIM.

CUADRO 50. Perfiles sociotécnicos de Zacatecas

Código	Perfil	Porcentaje
1121	Organización fordista, tecnología baja o media, flexibilidad alta y calificación de nula a media	33.3%
1122	Organización fordista, tecnología baja o media, con flexibilidad y calificación altas	33.3%
2111	Organización toyotista, con tecnología, flexibilidad y calificación bajas o medias	33.3%
	Total	100.0%

Fuente: elaboración propia a partir de la EMIM.

Anexo: sería interesante comparar los resultados de nuestra investigación para la zona centro sureste de México con datos de las maquilas de la frontera norte, la zona más antigua y supuestamente más desarrollada (la comparación con los datos nacionales se puede hacer a partir de los capítulo II y III). Al respecto, un estudio reciente dirigido por Jorge Carrillo levantó información de alrededor de 200 plantas en las ciudades de Tijuana, Mexicali y Ciudad Juárez en el mismo año de nuestra investigación, 2002 (Carrillo y Gomis, 2004). Algunos de los datos centrales coinciden en tendencia con los de la zona centro sureste: 64.5% de las plantas no tienen ningún centro técnico de investigación y desarrollo en México; 75.3% no hacen investigación y desarrollo; 81.5% no diseñan nuevos productos; la mayoría reportó que los cambios más importantes realizados en los últimos dos años se concretan al ensamble final y en ingeniería de proceso; en 88.8% de las plantas la tecnología es transferida de las matrices en el extranjero; en promedio se consideró automatizado 40% del proceso productivo; 70.2% de las compras son importadas. En cuanto a la mano de obra: 50% son mujeres; obreros, 75.1% y técnicos, 11.8%, con experiencia laboral 69.4%, han trabajado en promedio en 3.1 maquilas en su vida, la antigüedad es de 3.6 años, la edad de 26, la rotación promedio de 9.1% mensual, el principal problema laboral es la falta de responsabilidad de los trabajadores. En esta encuesta, como en nuestra investigación, son interesantes los porcentajes minoritarios que se apartan de las tendencias generales; sin embargo, no hay pruebas de que tiendan a predominar con el transcurso del tiempo.

II
MODELOS DE PRODUCCIÓN EN LA MAQUILA DE LOS ESTADOS DEL CENTRO SURESTE

4
La industria maquiladora en Guanajuato

Adriana Martínez[1]

Introducción

E n las dos últimas décadas la industria maquiladora ha emergido con fuerza en el interior del territorio nacional. Sin embargo, al menos en el caso de Guanajuato, la presencia e importancia de la industria es todavía muy precaria.

El artículo se divide en tres apartados. El primero de ellos, "La industria maquiladora en contexto", retoma los datos proporcionados por el INEGI; su objetivo es contextualizar la presencia de esta industria en las actividades económicas del estado. El segundo, "Modelos de producción de la maquiladora", toma en cuenta los resultados de la investigación realizada. Finalmente, en el tercer apartado, exponemos nuestras conclusiones.

La industria maquiladora en contexto

En Guanajuato existen cuatro grandes áreas urbanas: León, Irapuato, Salamanca y Celaya; además de varias ciudades pequeñas, pero importantes, como son: Guanajuato, Dolores Hidalgo, San Miguel de Allende, San Luis de la Paz y Silao. Guanajuato participa con 3.75 % del Producto Interno Bruto del país; basa su economía en 13

---

[1] Doctora en Estudios Sociales, profesora de Economía del ITESM, Campus León; e-mail: adriana. martinez@itesm.mx

sectores productivos que el gobierno del estado ha clasificado como tradicionales: cuero –calzado, textil–, confección y artesanal; con potencial de crecimiento: automotriz y de autopartes, metalmecánico, químico y petroquímico, agroindustrial y turismo.

De acuerdo con la Secretaría de Desarrollo Económico Sustentable, las ventajas competitivas del estado son el salario competitivo, la estabilidad laboral,[2] la estabilidad política, los costos competitivos, acceso a insumos nacionales, programas de apoyo e incentivos, seguridad social y jurídica, así como el sistema educativo. En este rubro Guanajuato cuenta con 57 instituciones de educación superior y 51 centros de investigación tecnológica e industrial.[3]

En el cuadro 1 se muestra la participación porcentual de los sectores económicos en las exportaciones totales de Guanajuato. Destaca con 79.26 % la aportación del sector autopartes y automotriz, en donde se encuentra ubicada la planta General Motors, complejo Silao. Después las exportaciones se concentran en los sectores agroalimentario, metalmecánico, textil-confección, pieles y cuero, y calzado. Los productos exportados tienen como principal destino Estados Unidos; además se mantienen exportaciones a Canadá, Japón, la Unión Europea, Centro y Sudamérica.

La industria maquiladora de exportación

La presencia de la maquiladora de exportación en estados como Guanajuato es incipiente (Carrillo, 2001; Douglas, 2003), lo que corroboramos con los datos del cuadro 2, en donde podemos ver el desempeño de la maquila en Guanajuato del periodo 1990 a 2002. En el rubro del crecimiento de la producción vemos un repunte de 30.37% en 1991, una caída significativa de 16.1% en 1994 y un repunte significativo de 76.61% en el año 2001 para luego disminuir.

Según cifras del INEGI, en el número de establecimientos registrados, del año 1996 al año 2000 hay una tendencia ascendente[4] que se ve reflejada en un crecimiento de

---

[2] Cifras de la Secretaría de Desarrollo Económico (http://www.sde.guanajuato.gob.mx) señalan que la fuerza laboral del estado supera los 1.9 millones de personas; de estas, el 39 % de la población total es económicamente activa. De 1997 a la fecha sólo se tienen registradas dos huelgas laborales y el promedio de rotación de personal en el estado es de 1.5.

[3] Guanajuato es el estado que concentra la mayor cantidad de centros de investigación y tecnología en el país.

[4] Algunos autores mencionan como factor decisivo de este comportamiento la puesta en vigor del TLCAN (Fullerton y Barraza de Anda, 2003).

CUADRO 1. Exportaciones de Guanajuato por sectores económicos;
periodo: parcial enero-diciembre 2003/p (dólares)

Sector económico	Total	Participación porcentual
Agroalimentario	290 997 173.12	3.37
Artículos de piel y cuero	30 628 211.24	0.36
Autopartes automotriz	6 836 309 049.60	79.26
Calzado	144 782 936.93	1.68
Máquinas, aparatos y materiales eléctricos	388 166 339.58	4.50
Metalmecánica	177 988 373.92	2.06
Otras industrias	9 819 815.09	0.11
Papel y productos editoriales	17 434 114.81	0.20
Pieles y cuero	99 088 028.62	1.15
Productos cerámicos	60 123 081.79	0.70
Productos químicos	82 834 106.42	0.96
Sombrerería y sus partes	9 517 015.64	0.11
Textil y de la confección	444 875 379.96	5.16
Total	8 625 018 461.46	100.00 %

Fuente: COFOCE, con datos de la Administración General de Aduanas.
Nota 1: las exportaciones incluyen fletes más seguros y las importaciones son valor aduanal.
Nota 2: los datos incluyen cifras definitivas, temporales y de maquila.
Nota 3: las cifras totales de las exportaciones del estado de Guanajuato incluyen los montos de las fracciones 87032401, 87043103 y 84181001 de las exportaciones de empresas transnacionales.
Nota 4: cifras elaboradas con base en la nueva Tarifa de Importación y Exportación (TIGIE).
Nota 5: /p cifras preliminares.

95% en el número de establecimientos. A partir del año 2001 comienza la decadencia que nos lleva a contar para el año 2004 con sólo 43 establecimientos registrados.[5]

En el cuadro 4 se muestra la evolución del saldo de la balanza comercial de la maquila en Guanajuato y su participación porcentual respecto al total nacional. Como dato interesante, sobresale la escasa participación de las exportaciones guanajuatenses en el total nacional.

[5] Esta cifra no coincide con el Directorio de Maquila de la Secretaría de Economía, pues de acuerdo con esta dependencia en el año 2003, periodo en que realizamos la investigación de campo, se tenían registradas 59 empresas.

CUADRO 2. Variables macroeconómicas de la maquila en Guanajuato

Periodo	Producción mdp constantes	Crecimiento de la producción %	Consumo intermedio mdp constantes	Crecimiento del consumo intermedio %	Valor agregado bruto mdp constantes	Crecimiento del VAB %
1990	245 242		170 259		74 983	
1991	319 724	30.37	235 737	38.46	83 987	12.01
1992	343 462	7.42	247 082	4.81	96 380	14.76
1993	370 426	7.85	244 122	-1.2	126 304	31.05
1994	310 800	-16.1	211 811	-13.24	98 989	-21.63
1995	376 158	21.02	251 590	18.78	124 568	25.84
1996	521 417	38.62	361 050	43.51	160 367	28.74
1997	581 064	11.44	399 339	10.60	181 725	13.32
1998	626 593	7.84	440 158	10.22	186 435	2.60
1999	766 499	22.33	567 638	28.96	198 861	6.67
2000	1 099 457	43.44	898 185	58.23	201 272	1.21
2001 p/	1 941 771	76.61	1 730 255	92.64	211 516	5.09
2002	2 356 865	21.38	2 146 955	24.08	209 910	-0.76

Fuente: INEGI, Sistema de Cuentas Nacionales. Cifras en miles de pesos constantes.

CUADRO 3. Número de establecimientos

Año	Promedio mensual en el año	Tasa de crecimiento
1996	40	n.d.
1997	46	15
1998	51	10.87
1999	68	33.33
2000	78	14.71
2001	75	-3.84
2002	49	-34.67
2003	46	-6.12
2004p/	43	-6.52

n.d.: no disponible.
p/: cifras preliminares, abarca de enero a mayo.
Fuente: INEGI. Estadística de la Industria Maquiladora de Exportación.

GRÁFICA 1. Evolución mensual del número de establecimientos.
Enero 1996 a mayo 2004

Mes y año

El mayor porcentaje de insumos utilizados en las empresas maquiladoras es importado; esto lo podemos ver en el cuadro 5. Este hecho refuerza la idea de que la maquila ha incidido de manera muy moderada en la consolidación de cadenas productivas nacionales. Este comportamiento se ve acentuado en los últimos dos años.

Durante el año 2002, la composición promedio del empleo total en la maquila en el estado de Guanajuato fue 13 824 obreros y 1 004 empleados administrativos. Estas cifras representan el punto histórico más alto en los niveles de empleo y contrastan con las cifras nacionales, siendo que para éstas en el año 2000 se alcanza el máximo histórico en los indicadores de empleo.

Vemos también una tendencia descendente en la participación de mujeres de 1996 a 2000, año en que más de 90% de los obreros eran hombres, dato que resulta extraño para el tipo de industria, pues como se ha documentado en un sinnúmero de estudios la maquila se caracteriza por una gran participación de mujeres, lo que nos lleva a pensar en un deterioro del mercado laboral.

107

CUADRO 4. Saldo de la balanza comercial

	En miles de pesos a precios corrientes				
Año	Nacional		Guanajuato		
	Total	Variación porcentual anual	Total	Participación nacional anual	Variación porcentual
1997	70 101 412	42.1	775 615	1.1	31.1
1998	96 809 012	38.1	941 292	1.0	21.4
1999	128 434 742	32.7	1 189 577	0.9	26.4
2000	167 938 522	30.8	2 130 559	1.3	79.1
2001	179 840 156	7.1	3 042 075	1.7	42.8
2002	182 080 057	1.2	3 311 295	1.8	8.8

Fuente: Producción, salarios, empleo y productividad de la industria maquiladora de exportación, por región geográfica y entidad federativa 1997-2002, INEGI.

CUADRO 5. Porcentaje de insumos importados respecto
a insumos totales en la maquila de exportación

	(Enero de cada año)		
Año	Insumos totales	Insumos importados	% de participación
1996/01	41 427	28 554	68.93
1997/01	56 641	44 068	77.80
1998/01	59 035	37 054	62.77
1999/01	94 308	76 760	81.39
2000/01	106 264	76 771	72.25
2001/01	178 379	124 341	69.71
2002/01	311 125	209 833	67.44
2003/01	330 212	233 711	70.78
2004/01 p/	312 317	233 208	74.67

p/: cifras preliminares a partir de la fecha que se indica.
Fuente: INEGI, Estadística de la Industria Maquiladora de Exportación.

CUADRO 6. Personal ocupado remunerado en la maquila
de exportación (personas ocupadas) indicadores anuales

Periodo	Total	Obreros	Empleados
1990	4 420	4 155	265
1991	5 374	5 033	341
1992	5 725	5 398	327
1993	7 292	6 876	416
1994	6 306	5 929	377
1995	7 768	7 355	413
1996	9 188	8 778	410
1997	11 064	10 596	468
1998	11 155	10 610	545
1999	12 827	12 161	666
2000	13 418	12 501	917
2001 p/	14 759	13 768	991
2002	14 828	13 824	1 004

p/: cifras preliminares a partir de la fecha que se indica.
Fuente: INEGI, Sistema de Cuentas Nacionales de México.

CUADRO 7. Porcentaje de hombres, de técnicos, de administrativos y de obreros
respecto del personal total ocupado en la maquila de exportación

Año	Enero de cada año			
	Hombres	Administrativos	Técnicos	Obreros
1996	n.d.	4.57	4.15	91.28
1997	27.20	3.60	3.56	92.84
1998	30.47	4.59	3.55	91.87
1999	30.43	4.70	3.94	91.36
2000	28.86	4.71	4.87	90.42
2001	31.84	6.48	7.15	86.37
2002	31.00	6.30	7.40	86.30
2003	32.50	6.83	8.52	84.65
2004 p/	33.82	6.86	8.95	84.20

p/: cifras preliminares.
Fuente: INEGI, Estadística de la Industria Maquiladora de Exportación.

En cuanto a la evolución de la productividad a partir de 1997 la tendencia es descendente, en el año 2002 vemos que el índice de productividad alcanza su mínimo histórico y es del orden de 81.7. ¿Qué factores han incidido en este comportamiento? En el siguiente apartado y a la luz de los datos arrojados por la investigación trataremos de dar una respuesta a esta interrogante.

CUADRO 8. Evolución de la productividad

Año	Personal ocupado (A)	Valor agregado miles de pesos Base 93 (B)	Productividad (C = B/A)	Índice 93 = 100
1990	4 420	74 983	16.96	97.9
1991	5 374	83 987	15.63	90.2
1992	5 725	96 380	16.83	97.2
1993	7 292	126 304	17.32	100
1994	6 306	98 989	15.70	90.6
1995	7 768	124 568	16.04	92.6
1996	9 188	160 367	17.45	100.8
1997	11 064	181 725	16.42	94.8
1998	11 155	186 435	16.71	96.5
1999	12 827	198 861	15.50	89.5
2000	13 418	201 272	15.00	86.6
2001 p/	14 759	211 516	14.33	82.7
2002 /p	14 828	209 910	14.16	81.7

p/: cifras preliminares.
Fuente: INEGI, Sistema de Cuentas Nacionales de México.

Modelos de producción de la maquiladora

[…] México es un país muy grande, un país con muy buena ubicación territorial, es un país perfecto para tener muchísimas más maquiladoras. Yo creo que si el gobierno se preocupara un poquito más por reducir impuestos, y ver la seguridad y algunas facilidades con las empresas maquiladoras sería bueno, porque hay muchas localidades que sí las necesitan. Las maquiladoras ayudan a reducir las necesidades (Director general de empresa maquiladora de la industria textil).

Nuestra fuente de información fue el Directorio Electrónico de Empresas Maquiladoras (2002) de la Secretaría de Economía.[6] De la información referida en este directorio encontramos que la industria maquiladora está presente en 13 de los 46 municipios del estado. Son cuatro principales municipios de Guanajuato los que concentran 75 % de las empresas: León, 40%; Irapuato, 18%; Celaya, 10%; y Salamanca, el 7 por ciento.

Respecto al tamaño de las empresas[7] tenemos la siguiente composición: el 21% de ellas son microempresas, 32% pequeñas, 17% medianas y 30% grandes. El 33% de las empresas se encuentran ubicadas en el sector confección; 7% en industrias manufactureras; 5% se dedican a la preparación y envasado de frutas y verduras; 5% a la fabricación de productos de cuero y piel (no incluye calzado); 5 % son tenerías; otro 5% se dedica a la fabricación de sombreros, gorras y similares. En el registro, 22% de las empresas no tenían especificado el giro al que se dedicaban.

Analizando nuestra información del trabajo de campo,[8] encontramos que 32.5% de las empresas encuestadas señaló que su capital es extranjero. De las razones sobre la ubicación actual las dos que obtuvieron más menciones (20% cada una de ellas) fueron la disposición de abundante mano de obra y el costo de la misma. En segundo lugar estuvieron las buenas relaciones laborales (16.67%) y en tercer lugar, con 13.33%, la cercanía con el mercado. No es sorprendente que el principal factor de mención haya sido la disposición de mano de obra dado que la mayor parte de las empresas, como se verá más adelante, realizan ensamblaje y los productos que generan son de bajo valor agregado.

Cuando abordamos el tema de los beneficios de estar registrados como maquiladoras se mencionaron las siguientes razones:

1. Beneficios fiscales.
2. La calidad.
3. La generación de empleos.
4. Economías de escala.

---

[6] En este directorio encontramos 59 empresas registradas.

[7] Para clasificar a las empresas, según su tamaño, tomamos como criterio el número de trabajadores: microempresas de uno a 15 trabajadores, pequeñas de 16 a 100, medianas de 101 a 250 y grandes más de 250 trabajadores.

[8] La información que presentamos en este apartado es producto de los cinco instrumentos aplicados a cada establecimiento. La muestra representa 22.03% del universo total según datos de la Secretaría de Economía. Las entrevistas realizadas fueron grabadas y transcritas para su análisis, y tuvieron una duración de 20 a 90 minutos.

En cuanto al tema fiscal, se mencionó que se conseguían beneficios del programa Maquila:

[…] pertenecer al programa Maquila significa que mis clientes probablemente me van a mandar su material sin que yo tenga que hacer una inversión de material, importo yo el material sin pago de impuestos, aunque mi compromiso ante el gobierno es justificar de una exportación por la misma cantidad el material que yo importe. ¿Qué significa? Que voy a ser competitivo porque el costo para la empresa extranjera va a ser únicamente el de la mano de obra a bajo costo, ese es el beneficio que obtenemos al registrarnos como maquiladoras, exenciones al pago de impuestos para las importaciones […] (Director administrativo).

Registramos a la compañía como maquiladora para tener los beneficios que se obtienen, beneficios de impuestos que se tienen de importación de materias primas de manera temporal y para cumplir con los programas de la Secretaría de Economía en estos programas (Director general de empresa maquiladora de la industria de la confección).

Hablando del tema de la calidad, una de las empresas había sido trasladada de Puerto Rico a México, porque allá habían dejado de tener calidad y porque los costos se habían elevado. El dueño de dicha empresa había analizado trasladarse a China, pero no lo evaluó como benéfico; en cambio, reconoció que en León se encontraban todos los elementos que se requerían: maquinaria, refacciones, materia prima, trabajadores con experiencia. Esta empresa se encuentra dentro de la división cuero y calzado, actividad tradicional dentro del estado de Guanajuato. El director general de esta empresa nos comentó que priva un mito respecto a China:

[…] He estado en fábricas en China y no creas que son gente que trabajan rapidísimo, trabajan con mucha calma, pero son muchos y ganan poco. Hace 15 días yo hablé con el dueño y de su boca me dijo: "Están haciendo con la misma calidad de China y aquí te va la sorpresa, con el menor precio". El precio global desde que recibimos los materiales hasta que salen las bolsas, el producto final […] (Director general).

En cuanto a la generación de empleos, dos gerentes en las entrevistas señalaron que se hizo un estudio de mercado y se determinó que en León había una gran oferta de mano de obra, por lo que eligieron localizarse aquí. Uno de ellos mencionó que el hecho de constituirse como maquiladora les daba presencia y formalidad, además de que coadyuvaban al crecimiento del nivel económico de la región.

En lo que respecta a economías de escala:

> [...] esas empresas en forma individual no teníamos la capacidad ni los recursos [...] hicimos una asociación en donde juntamos nuestros propios recursos para llegar a un objetivo principal, que es llevar una maquiladora de secado de cuero, de la piel. Y así tener una tecnología de punta con las mejores tecnologías que puedan existir en cualquier parte del mundo en este sector [...] somos una empresa privada que nunca tuvo incentivos para crear este tipo de empresas, nuestros pocos recursos y nuestras propias posibilidades fueron creando esta empresa (Director general de tenería).

La producción

El 55.6% de las empresas encuestadas utiliza como línea principal de producción el ensamble de piezas o componentes, 33.33% realiza procesos de transformación más complejos de materia prima y 11.11% se dedica a la prestación de servicios, lo que nos indica que las actividades realizadas por estas empresas generan un bajo valor agregado.

En cuanto a los insumos utilizados para la producción, 53.9% es importado; la principal fuente de insumos es Estados Unidos, ya que 46.4% provienen de este país y 7.5% provienen de Europa. El 46.1% de los insumos son nacionales, lo que corrobora los datos generales presentados en el capítulo anterior y fundamentan la idea de que el modelo de maquila no ha promocionado el desarrollo de proveedores internos y, por ende, la consolidación de la cadena productiva. Cuando indagamos las razones por las que las empresas recurren a la importación de insumos destacan el costo más bajo y la mayor calidad de los insumos. Al respecto de la proveeduría local, tenemos en el siguiente comentario la presencia de los tres principales rasgos que juegan un papel trascendental en el establecimiento de una relación productor- usuario sólida: la confianza, la calidad y los tiempos de entrega:

> [...] les pedimos un embarque de piel "Oye, lo que me mandas es basura", "Es que se le olvidó al fulano decirte que las primeras 25 hojas van mal, para que las veas y a ver cómo le hacemos y nos arreglamos después". No se puede trabajar así. [...] un problema con los proveedores locales es que no cumplen con los tiempos de entrega, no con la calidad que han estipulado desde el principio, y por tanto esto genera desconfianza, [...] un punto importante es generar lazos de confianza y sobre todo cumplir con las cosas que se prometen al principio de un contrato [...] (Director general de empresa dedicada a la producción de bolsas).

El mercado

El 66.5% de las ventas realizadas por las empresas se destinaron al mercado externo, teniendo como principal destino con 64.5% Estados Unidos, seguido por Europa con 1.5 % y finalmente Canadá con 0.5%. Estas cifras confirman la ya tan conocida dependencia de la industria maquiladora con nuestro principal socio comercial.

Las causas que se señalaron y que justifican la exportación a Estados Unidos son:

1. Menores costos de transportación, dada la cercanía con este país.
2. Miedo a exportar a otros continentes, pues no se tiene la experiencia ni el capital. El gerente general de una de las empresas señalaba que el gobierno mexicano debería financiar los intentos de exportación hacia otros países.
3. La pertinencia; uno de los gerentes mencionó que para qué buscar otros mercados si se es vecino del país con el mercado más grande en el mundo:

   [...] el mercado más fuerte y más poderoso del mundo está aquí al lado, no creo que no pueda yo fabricar 20 mil bolsas al mes y no se puedan vender allá. No con mi marca, sino con la marca de maquila [...] yo no compro, lo único que hago es recibo materias primas, fabrico con calidad y ellos están contentos (Director general de empresa productora de bolsas).

4. El cliente se encuentra localizado en Estados Unidos.
5. Por los rasgos específicos de la maquila: "[...] están puestas única y exclusivamente para maquilar productos, no tienen un departamento administrativo que pueda vender esos productos [...]" (Dueño y director general de empresa productora de prendas de vestir).
6. Falta de capacidad; el gerente de la fábrica que manufactura pantalones señaló que no tiene la capacidad de producción para realizar grandes exportaciones, que su capacidad de producción la tiene cubierta con sus clientes actuales.

El estancamiento de la productividad

Los gerentes atribuyen la caída de la productividad a tres cuestiones: deficiente organización, baja tecnología y calificación, y falta de compromiso del personal.

114

En el aspecto organizacional señalaron la existencia de formas ineficientes de organizar la empresa y lo atribuían a la falta de recursos para contratar a personal capacitado que los ayudara a implementar procesos que elevaran la eficiencia de sus empresas: "[…] no hay mucho presupuesto como para pagar a gente capacitada que nos ayude a introducir nuevas formas de organizar, que aún así nosotros siempre nos hemos esforzado por estar a la vanguardia" (Gerente de producción).

En caunto a tecnología, la maquiladora se encuentra atrasada con respecto al *state of the art*. Esto genera menor productividad, así como mayores costos, además de que pone a las empresas en una posición competitiva débil ante la competencia. La falta de innovación tecnológica no les permite competir contra empresas que cuentan con tecnología de punta. Uno de los gerentes señaló que si introducían maquinaria sofisticada consecuentemente iban a emplear menos personal y esto podría redundar en mayor productividad y menores costos.

Hablando del factor personal, enfatizaron en tres puntos: la alta rotación del personal, la nula inversión en capacitación y la falta de motivación. En cuanto a la alta rotación del personal,[9] salió a la luz de las entrevistas un fenómeno interesante: la emigración. De acuerdo con algunos de los gerentes entrevistados, los trabajadores de la maquila ven su trabajo como transitorio, como un paso necesario antes de cumplir su sueño: emigrar a Estados Unidos. El siguiente comentario destaca lo anterior:

[…] desgraciadamente la población mexicana, el joven mexicano que trabaja en este tipo de establecimientos les es insuficiente el salario, prefieren irse a trabajar a Estados Unidos […] Sí, bastantes, y precisamente tenemos que estar cambiando de personal, tenemos que estar capacitando muy seguido, lo cual nos hace que los niveles de producción disminuyan […] Demandan sueldos más altos, cosa que no les podemos ofrecer.

[9] De acuerdo con el artículo "Emigrar, el sueño de los niños" publicado el 19 de diciembre de 2004 en el diario local *AM* se señala lo siguiente: "La inmigración atrapa también a los niños: entre 1997 y 2002, aproximadamente 54 mil menores de edad guanajuatenses –de entre 15 y 17 años– emigraron hacia EU, según un análisis de la Cámara de Diputados basado en cifras del Consejo Estatal de Población de Guanajuato. […] El Consejo Estatal de Población asegura que más de 74 mil niños guanajuatenses tienen a uno o ambos padres en Estados Unidos. […] A cambio de sus jóvenes migrantes, el estado de Guanajuato recibe una inyección importante de recursos por la vía de las remesas. Hasta septiembre de este año, la entidad recibió 1 172.5 millones de dólares provenientes de EU, una cifra que representa poco más de la mitad del presupuesto anual del estado de 2 000 millones de dólares, según datos del Banco de México y del gobierno estatal. Y de manera directa, las remesas sostuvieron la economía de 175 mil hogares del estado, según la Dirección de Atención a Comunidades Guanajuatenses en el Extranjero".

Aun así, considero que las maquiladoras ofrecemos muy buenos sueldos en comparación con otras industrias.

[…] En Estados Unidos el mercado laboral es muy atractivo para los trabajadores de la región, más que nada que ya está en la cultura del mexicano, sobre todo en El Bajío, que prefieren irse a trabajar a Estados Unidos (Gerente de producción).

El segundo factor que señalaron en el rubro de personal fue la falta de inversión de capacitación en personal, ya que consideran que aunque ofrecen capacitación ésta no es suficiente. En una de las entrevistas se recalcó que los trabajadores no están acostumbrados a trabajar bajo presión, por lo que sería importante capacitarlos en la "costumbre de maquilador". Sin embargo, los gerentes de las maquiladoras que se encuentran en la industria de la confección señalaron que la gente es muy hábil y está calificada para el tipo de trabajo que se le contrata; en este sector los obreros no necesitan ser técnicos o ingenieros, sin embargo todos coincidieron en que el nivel educativo es muy bajo, algunos de los trabajadores no cuentan ni con primaria terminada, lo que lleva a la presencia de una baja autonomía de los trabajadores:

La baja preparación académica, yo a eso se lo achaco. (¿Los hace ser muy dependientes?) Sí, para eso tenemos controles y sistemas ya muy establecidos, en donde tenemos varias jerarquías, y en esas jerarquías los supervisores van ordenándole a la gente lo que tienen que hacer y pasando la producción y todo. La producción aquí, es producción en serie, son fraccionadas, operaciones siempre repetitivas. La gente ya sabe cuál es su fracción, qué pedacito tiene que coser y eso es lo que hacen. No tienen la iniciativa, generalmente hablando; habrá quien la tenga, pero la mayoría no tiene iniciativa de decir "bueno, me cambio y ahora voy hacer esta otra operación" (Dueño y director general de empresa maquiladora de pantalones).

Dentro de la motivación del personal, comentaron que los trabajadores buscan incentivos pecuniarios y que al no ser alcanzados prefieren irse a trabajar a Estados Unidos.[10] Otros señalaron que los incentivos no pecuniarios, como la realización y tener claras las metas, era importante para mantener motivado al personal y que de esta forma contribuyeran en los resultados de la empresa, además de que la capacitación jugaba un papel trascendental. Importante también es la actualización de los salarios y sobre todo del poder adquisitivo que cubra las necesidades básicas de los

---

[10] "One major problem Villeda sees is that many –though not most– maquiladora employees are looking for a temporary job, hoping to cross into the US for a better paying one. China doesn't have this problem" (Castillo, 2002:28).

trabajadores; un trabajador mal alimentado y con problemas económicos no es igual de productivo.

Los tres factores, en orden de importancia, que se mencionaron como causantes de la caída de la actividad productiva a partir del año 2000 fueron: la reducción de la demanda en Estados Unidos (31.58%), la falta de financiamiento con bajas tasas de interés (31.58%) y los bajos salarios en China y Centroamérica. A continuación, también en orden prioritario, se señalaron: la fortaleza del peso (15.79%), la falta de infraestructura (10.53%), la falta de obreros calificados (5.26%) y la política económica de México (5.26%). A continuación hacemos un resumen de los comentarios que se vertieron en torno a los tres principales factores.

La reducción de la demanda en EU

Dada la fuerte dependencia de la industria maquiladora de la economía de Estados Unidos, la reducción de la demanda en este país trajo como consecuencia una caída en la industria en México, caída que se vio mayormente afectada por la creciente presencia en Estados Unidos de los países asiáticos. De acuerdo con los entrevistados, estos países ofrecen mejores incentivos a las maquilas, como una mayor simplificación burocrática, un mejor nivel de educación; los trabajadores no tienen prestaciones ni seguro social, con lo que los costos laborales son más bajos y, por ende, pueden ofrecer precios más competitivos.

La falta de financiamiento

El gobierno no ofrece las facilidades que en otros países obtienen las maquilas; en México se pagan impuestos innecesarios. Hace falta financiamiento con tasas de interés bajas, señalando que uno de los problemas de México es que los productores no pueden acceder a créditos para invertir. No hay congruencia entre las tasas que cobran por un préstamo y los rendimientos de los proyectos de inversión.

Los bajos salarios en China y Centroamérica

Estados Unidos prefiere invertir en países cuyos costos salariales sean menores. En ese aspecto los países asiáticos lo garantizan.

Un punto que mencionaron y que no estaba contemplado en el cuestionario es el de los cambios al Decreto de la Maquiladora, el cual se modifica muy constantemente y les impone nuevas obligaciones. Entre ellos está el realizado al anexo 24, que les obliga a llevar control de los inventarios de acuerdo con el pedimento de importación y la reducción en el tiempo de permanencia de las materias primas en el país; todo esto redunda en controles administrativos que elevan los costos, ya que se tiene que contratar personal dedicado exclusivamente a estos aspectos.

Encadenamientos productivos

Dentro de la política industrial actual[11] uno de los puntos más importantes es la conveniencia del desarrollo de encadenamientos productivos o fomento de *clusters*, e incluso se habla de distritos industriales.

En el estado de Guanajuato, institutos como Cofoce, Secretaría de Economía, ITESM, la Secretaría de Desarrollo Económico, entre otros, están llevando a cabo distintos programas que apuntan hacia la integración de las empresas. Los encadenamientos se pueden referir al establecimiento de redes interempresas, o a redes empresas-instituciones estatales, de investigación, de educación. O a redes geográficas que tienen con ver con los mercados de donde la empresa adquiere insumos o destina sus productos.

Para evaluar el nivel de encadenamientos de las empresas objeto de estudio, tomamos en cuenta actividades que de acuerdo con la teoría de proveedor-usuario podrían convertirse en detonadores de innovación, puesto que pueden permitir el intercambio de información cualitativa y la generación de procesos de aprendizaje que conduzcan a la empresa a innovar. Las actividades seleccionadas pueden verse en la siguiente tabla, en donde también notamos que de una a dos empresas manifestó llevar a cabo actividades conjuntas con otros establecimientos en el país, lo que nos lleva a pensar en un escaso establecimiento de redes.

En cuanto a la proveeduría se mencionaron recurrentemente dos razones por las que no se adquieren los insumos locales: la calidad y el tiempo de entrega. Esto contribuye a una laxa confianza en los proveedores locales, ya que no cumplen con lo

[11] Los ejes conductores de la política de la Secretaría de Economía para el bienio 2005-2006 es la promoción de encadenamientos productivos. En el estado de Guanajuato los tres niveles de gobierno tienen como eje conductor esta política.

estipulado. La dependencia de insumos importados habla de una articulación precaria en la zona.[12] Al respecto tenemos el siguiente comentario:

[...] el pelado al que le compramos piel nos quiere ver la cara de tarugos, nada más porque estamos aquí cerca y somos pacientes. Le pedimos un embarque de piel y nos manda basura, es que se le olvidó al fulano decirte que las primeras 25 hojas van mal, para que las veas y a ver cómo le hacemos y nos arreglemos después. No se puede trabajar así [...] los proveedores locales no cumplen con los tiempos de entrega, ni con la calidad que han estipulado desde el principio, y por tanto, esto genera desconfianza y un punto importante es generar lazos de confianza [...] (Gerente general de empresa productora de bolsas).

CUADRO 9. Construcción de redes de conocimiento

Actividad	Porcentajes	
	Sí	No
Compra de insumos		
Compra de materias primas con otros establecimientos en el país	20.0	80.0
Actividades de investigación y desarrollo		
Investigación de mercados y ventas con otros establecimientos en el país	10.0	90.0
Investigación y desarrollo con otros establecimientos en el país	10.0	90.0
Recursos humanos		
Contratación de personal con otros establecimientos en el país	10.0	90.0
Capacitación del personal con otros establecimientos en el país	20.0	80.0
Mercadotecnia		
Publicidad con otros establecimientos en el país	10.0	90.0
Tecnología		
Adquiere maquinaria y equipo con otros establecimientos en el país	20.0	80.0
Utiliza de manera conjunta maquinaria y equipo con otros establecimientos en el país	10.0	90.0
Otros		
Realiza algún otro tipo de actividad con otros establecimientos	10.0	90.0

Fuente: EMIM.

[12] Una de las características centrales de los llamados distritos industriales consiste en que las pequeñas y medianas empresas de una misma zona están vinculadas entre sí por un significativo nivel de compras de insumos, lo que nos lleva a corroborar la precariedad en los encadenamientos productivos en el estado de Guanajuato.

El 30% de las empresas no adquieren ningún insumo dentro ni fuera del país, sus clientes les envían absolutamente todo el material y, en 20% de las empresas, la maquinaria, por lo que se dedican únicamente al ensamblado de los productos. Por lo tanto, su único costo y factor de maniobrabilidad es el salarial.

Un gerente de producción mencionaba que no hay capacidad de la industria nacional para surtir a las maquiladoras, ya que hay desconocimiento de cómo hacerlo. Esto lo atribuía a factores como la calidad, el tiempo de entrega y los costos. Respecto a la existencia de cadenas productivas tenemos el siguiente comentario:

> […] En la industria de la confección, realmente no compran, no hay cadena productiva. No se incentiva la cadena productiva, es decir, quien vende tela no la vende aquí, ya viene cortada, nada más se exporta la costura. Nacieron una infinidad de compañías de esas, no son compañías que realmente crean en el país, el día del mañana en China hay mejores perspectivas o en República Dominicana o en Ecuador, Honduras y en una de esas y se van de un día para otro, no tienen problema de irse (Gerente de producción de empresa de la confección).

Hablando de tecnología, una de las empresas, ubicada en la industria curtidora, se encuentra conformada por cuatro socios que se vincularon para adquirir maquinaria que no habrían podido comprar de manera individual. Dicha estrategia les ha permitido fortalecer sus competencias, realizar de manera eficiente su producto y de esta forma elevar sus niveles de competitividad.

Tecnología y calidad

El 90% de las empresas encuestadas realizan el proceso productivo a través de piezas, 10% lo lleva a cabo a través de flujo continuo; en estas empresas se utiliza el control automático computarizado.

Hablando de la utilización del equipo, la mayoría de las operaciones de producción se realizan apoyándose con maquinaria o equipo no automatizado. Llama la atención que 14.6% de las actividades se realizan con herramientas manuales, lo que nos lleva a pensar en un bajo nivel tecnológico de las empresas estudiadas.

Tal apreciación se complementa con la percepción que tienen las propias empresas de su tecnología, puesto que 66.7% de ellas la evalúa como atrasada respecto a los estándares internacionales. Ante este escenario, la pregunta forzosa es: ¿por qué no invierten las empresas en tecnología? Al respecto se dieron diferentes razones, que podemos englobar en:

Cuadro 10. Operaciones de producción realizadas

	Promedio del porcentaje
Manualmente por medio de herramientas manuales	14.6
Con maquinaria o equipo no automatizado	65.5
Con equipo automatizado no computarizado	3.8
Con maquinaria o equipo automatizado computarizado	6
Sistemas computarizados de manufactura integrados	0.1

Fuente: EMIM.

a) Las operaciones son sencillas y no se necesita tecnología sofisticada.Las empresas de la industria de la confección señalaron que las máquinas que se utilizan son sencillas y fáciles de operar, que su manejo depende de la práctica. En una de estas empresas se señaló que 90% de la maquinaria es nueva, el cambio se realizó en 1999.

b) Rechazo a la nueva inversión. De acuerdo con uno de los entrevistados, aunque existan las condiciones para invertir, es decir, créditos a tasas atractivas y ventas potenciales, las empresas tienen miedo a invertir por la incertidumbre de la economía en el futuro.

c) La tecnología no es exclusivamente maquinaria; incluye también procesos. En la empresa productora de bolsas la idea de que la tecnología son sólo máquinas sofisticadas es restrictiva; para ellos el hecho de que los trabajadores sean capaces de hacer pequeñas modificaciones que redunden en una mayor rapidez en las operaciones conlleva al cambio tecnológico, por lo que aunque no han invertido en maquinaria han mejorado la tecnología que utilizan:

[...] Una vez vino un japonés a vendernos máquinas automáticas; dijo: "A ver, enséñenme"; entonces, ya le enseñamos la bolsa, dijo: "mira, la máquina que yo te vendo es para esto, pero yo veo que aquí ya tienes máquinas automáticas"; le dije: "no, por qué", me dice "¿a poco esto lo están haciendo a mano?"; sí, es un pespunte que tenía un cierto grado de dificultad, estaba muy uniforme. Le enseñamos cómo dos gentes estaban haciendo esta operación a mano. Aquí otra vez, el concepto de tecnología no me va a dar más, yo te puedo hacer más bolsas, igual con tecnología o sin tecnología; mi problema es venderlas, mi problema es cobrarlas. Muchas veces se gasta en tecnología que te va a redituar más, traes una máquina carísima que te elimina dos obreros y en cuánto tiempo recuperas esta inversión. Mi concepto fundamental es productividad; si yo hago un análisis y maquinaria que tecnológicamente es muy avanzada, pero cara, y que con esta máquina elimino tres gentes, peor al eliminar tres gentes, la máquina me paga en 4-5 años, mejor sigo con los obreros (Director general).

d) No se necesita. No importa el giro en el que se encuentre la empresa, dadas las condiciones actuales de competitividad, si las empresas necesitan una mejor tecnología la adquirirán. Si no lo hacen es porque no lo necesitan. En este punto agregaron que si las maquiladoras que se encuentran en el país no invierten en tecnología, es porque se encuentran en tránsito y de esta forma les es más sencillo emigrar hacia otros países en el momento que lo consideren oportuno. El 60% de las empresas admitió haber obtenido su tecnología a través de la compra de otras empresas. El 30% lo hizo a través del desarrollo propio, el que se refiere a pequeñas adaptaciones que realizan a la maquinaria. El restante 10% se apoyó en consultores.

El 80% de las empresas realizan el control de calidad visualmente, el restante 20% lo realiza a través de instrumentos no automatizados. Esta pertinencia va en relación con el tipo de productos de valor agregado que manufacturan. Es interesante el concepto de control de calidad que se maneja en algunas de las empresas, pues va de la mano con las teorías actuales de la calidad en la que el responsable de la misma debe ser el trabajador; tenemos los siguientes comentarios:

[…] Nosotros lo que manejamos es multiestilo, o sea, […] si la persona que está delante de su operación, lo hace mal, se lo van regresando ellos mismos, para qué, por eso se puede llamar así, ellos mismos se van regresando el trabajo, para no hacerlo, para que al final no llegue mal. […] porque si su operación está mal, quiere decir que él no sigue, quiere decir que tiene que deshacer su operación para poder hacerla bien, por eso ellos mismos se regresan el trabajo, si algo está mal ellos mismos se regresan (entrevista a supervisora de producción).

Ninguna de nuestras empresas utiliza el sistema de suministro de producción "justo a tiempo". Cuando preguntamos al director general (y dueño de la tenería) sobre el sistema de control de inventarios, su respuesta fue la siguiente:

[…] Los ingresos que tiene la maquila son mínimos, la maquiladora prácticamente es para utilizar recursos humanos y al equipo que tiene o sea de posición de equipo, pero no es para comprar materia prima. Nuestra materia prima es a base de recepción. En materia prima prácticamente no tenemos inventarios, inventarios no existe para nosotros (Director general y dueño)

La maquinaria utilizada en las empresas es importada; al respecto, se señaló que no existen proveedores locales de maquinaria y, como razones, la falta de innovación tecnológica. Respecto a los distribuidores locales se mencionaron como punto importante la generación de confianza, la cual se basa en poder contar con el servicio técnico en el momento en que se necesite, así como disponer de las refacciones.

El 30% de las empresas señaló haber realizado investigación y/o desarrollo tecnológico en el año 2002. De éstas, 66.7% lo enfocaron al diseño de nuevos productos, el restante 33.3% a la mejora de la calidad de los productos. El 33.33% de las empresas que realizaron investigación y/o desarrollo tecnológico lo llevaron a cabo en el mismo establecimiento, el otro 33.33 % en empresas consultoras. El restante no contestó la pregunta.

Cuando evaluamos el nivel tecnológico de las empresas tomando en cuenta factores como el origen del capital, el origen de los insumos, el destino de las ventas y el tamaño del establecimiento, en lo que respecta al origen del capital vemos que al menos en una de las empresas con capital nacional tiene un nivel alto. Por origen de los insumos se mantiene el mismo comportamiento. En cuanto al destino de las ventas, una de las empresas que exporta totalmente mantiene un índice alto. Lo mismo se cumple para el establecimiento de tamaño mediano. En términos generales, el nivel tecnológico es bajo (50%). Lo comentado se puede apreciar en el cuadro 11.

Organización del trabajo y capacitación

El 50% de las empresas manifestó que el control de calidad lo realiza el mismo personal de producción. Esto lleva a pensar, inicialmente, en una autonomía de los

CUADRO 11. Nivel tecnológico de las empresas

Nivel tecnológico	Origen del capital			Por origen de los insumos			Destino de las ventas			Tamaño del establecimiento		
	Nal.	Extranjero	Total	Nal.	Extranjero	Total	Nal.	Extranjero	Total	Pequeño	Mediano	Total
Bajo	42.9	66.7	50.0	40.0	60.0	50.0	33.33	57.1	50.0	62.5	0.0	50.0
Medio	42.9	33.3	40.0	40.0	40.0	40.0	66.67	28.6	40.0	37.5	50.0	40.0
Alto	14.3		10.0	20.0	0.0	10.0		14.3	10.0	0.0	50.0	10.0
Total	100.0	100.0	100.0	100.0	100.0	100.0	100.0	100.0	100.0	100.0	100.0	100.0

Fuente: EMIM.

trabajadores que va de la mano con las nuevas tendencias en organización del trabajo, apreciación que debemos matizar dado que el control que se realiza es visual y los productos que se elaboran son de bajo contenido tecnológico. El otro 50% lo realiza personal especializado en calidad: "[…] Tenemos otra persona encargada en calidad y esa persona tiene a su cargo tres personas, esas tres personas checan tres veces al día, le checan a sus compañeras, se van rotando la gente, checan tres veces al día a la gente al azar. La gente que checa trabaja en producción […]" (Supervisor de producción de la empresa productora de bolsas).

Para asignar a un trabajador de nuevo ingreso a un puesto de trabajo los principales mecanismos son la propuesta del jefe inmediato o del departamento de recursos humanos (40%) y el examen de habilidades y aptitudes (30%). Ninguna de las empresas encuestadas realiza examen de conocimientos y sólo 10% señalaron que no existen procedimientos formales. La mayor parte de la capacitación que se realiza en los establecimientos es en el mismo puesto de trabajo (*On the Job Training*), lo cual puede responder a la baja complejidad de las tareas que realizan los operarios. En las entrevistas se señaló que los supervisores son los únicos que reciben cursos formales de capacitación y que sólo las empresas que se encuentran en un proceso de certificación (ISO-9000, GTO-2000) han otorgado cursos formales de capacitación a sus obreros. Asimismo, la media nos dice que 13.6 trabajadores están capacitados para el manejo de maquinaria o equipo modernos y 16.6% para el aprendizaje de nuevas formas de organizar el trabajo.

Respecto a la capacitación se vertieron los siguientes comentarios:

[…] La capacitación es sentarlos ahí y decirles: "es como lo deben de hacer, así es como lo debes de hacer", pero así capacitación especial, particular no, y paciencia: "esta es la operación que vas a hacer, hoy te salió mal, hoy te salió menos mal, esta salió menos mal, ya está, ponte a hacerlo". Qué les vas a enseñar, nada más que pierdan el miedo para hacer las cosas. Y que no necesitamos hacer las cosas rápido, eso es otra cosa, nosotros ahorita tenemos cálculos que en determinados tipos de bolsas, nosotros podemos hacer 900 bolsas al día. Hacíamos 125 bolsas con 50 gentes, con 120 gentes estamos haciendo 800 bolsas al día. Son prácticamente, no los mismos, pero hay muchos que siguen desde el principio. Aquí sí hay un problema en cuanto al tipo de gente que contratas, si la gente no es buena para qué la quieres (Director general de la empresa productora de bolsas).

[…] No hay una elaboración de programas, un programa elaborado no hay, pero dentro de la planta tenemos que, por ejemplo, en mi área son 20 personas, y dentro de estas personas, por ejemplo, hoy entra una persona nueva y nosotros le llamamos a que, por ejemplo, yo soy nueva y ustedes ya tienen mucho tiempo, entonces, una supervisora viene y me dice a mí: "sabes qué, ella va a ser tu ángel de la guarda", esta persona no es a la mejor la que te va a enseñar, pero sí un asociado que te va a estar apoyando (Supervisor de empresa productora de bolsas).

[…] Se le enseña lo que es el proceso del teléfono, dependiendo si entra una persona en lo que es el empaque se le dice cómo se empaca, qué es lo que lleva. Si es una persona de la limpieza y el pulido, cómo se limpia, cómo tiene que quedar el teléfono, todos esos procedimientos. Igual en primera prueba, en última prueba (Técnico primera prueba de empresa ensambladora de teléfonos).

En la promoción de los trabajadores, 30% de las empresas señaló tomar en cuenta el dominio de las operaciones y las tareas. El 20% la antigüedad en el trabajo, 20% la propuesta del jefe inmediato, 10% el examen de habilidades y aptitudes. Nuevamente, no se toma en cuenta el examen de conocimientos. Llama la atención que en 20% de las empresas no se cuente con procedimientos formales.

El 66.7% de las empresas cuentan con manuales de puestos; sin embargo, sólo 44.4 % señala que sí los utilizan. "[…] Sí nos han dado manuales de que lo que tiene que hacer un supervisor y todo eso, pero así que de que se utilicen casi no, a lo mejor no los usamos como debe de ser, pero sí existen, pero a la mejor no los usamos nosotros correctamente" (Supervisora de fábrica americana de pantalones).

Hablando de la codificación del conocimiento a través de los manuales de procedimientos, 60% de las empresas cuentan con éstos, el 10% señala no utilizarlos. El 80% de las empresas realizan estudios de tiempos y movimientos. En 90% de las empresas se establecen cuotas mínimas de producción que deben ser cumplidas por los trabajadores.

El mantenimiento de la maquinaria y equipo es realizado por el mismo personal de producción en 40% de las empresas, lo que responde al tipo de maquinaria que se utiliza. Otro 40% es realizado por personal especializado de producción. En 20% de las empresas, tanto el personal de producción como especializado son los responsables. "Todo tipo, preventivo y correctivo, tenemos un correctivo por día y un preventivo por semana o por mes, dependiendo de la maquinaria; hay maquinaria que necesita preventivo más y hay otros que no necesitan tanto, pero sí se dan mantenimiento" (Supervisora de fábrica americana de pantalones).

Podemos decir que existe una forma taylorista para supervisar a los trabajadores, pues 90% de las empresas lo lleva a cabo a través de un grupo de supervisores o de jefes inmediatos. En 10% de las empresas no existe una forma sistemática de supervisión. No encontramos en ninguna de las empresas la utilización de equipos de trabajo o de equipo automatizado.

[…] Aparte de que soy supervisora soy encargada de área. Dentro de las unidades de todos los módulos y de unidades hay un equipo que se hace cargo de ayudarnos y ellos se están moviendo dentro de las unidades, dentro de los módulos, aparte de que tienen un supervisor entre ellos mismos, hay un equipo que puede mover al equipo […].

[…] Por ejemplo, hay gente que por mucho tiempo, o porque tiene experiencia u otras personas que son muy buenas y otras personas porque tienen disposición, toda esa gente la juntamos dependiendo de cada equipo; si les vemos actitud de que quieren trabajar y que quieren ayudar, las juntamos y ellas son las que nos ayudan a nosotros […] (Supervisor de empresa productora de bolsas).

Los mecanismos de comunicación son verbales y se llevan a cabo, ya sea en forma directa o por medio de los jefes y supervisores. En ninguna de las empresas se realiza de manera escrita, no existe el uso de memoranda o de oficios. El 80% de las empresas señaló que la principal forma de comunicación de los trabajadores con los jefes y directivos se realiza en forma verbal directa. El 20% se comunica por medio de los jefes y supervisores. En ninguna de las empresas encontramos que se utilizaran equipos de trabajo:

[…] En forma verbal directa y también por medio de jefes y supervisores, porque a veces nos comunican a nosotros y nosotros les comunicamos a ellos o a veces ellos hablan directamente con el gerente. Por lo regular en las juntas que nosotros tenemos (las tenemos los jueves a las 6:15) en las juntas a veces asisten ellos, como tienen varios grupos, a veces asisten a una, a veces a otra, o si no a veces le hablan a la gente para platicar con ella. A veces se van a caminar a platicar con los directivos […] (Obrero de empresa productora de bolsas).

Respecto al papel que juega la comunicación dentro de las plantas, la figura del supervisor emergió en las entrevistas como un actor fundamental, el siguiente comentario da cuenta de ello:

[…] Depende a qué supervisores y qué jefes pongan, antes de que metiéramos al pelado que yo me refiero, teníamos a un supervisor excelente, buenísimo, nada más que no podía con la gente, se le rebelaban, simplemente no tenía trato con sus gentes, y eran ocho gentes que tenía que supervisar, se le ponían al brinco, un día estuvieron a punto de agarrarse a golpes. Eso no es culpa de los obreros, es culpa de los supervisores (Director general de empresa productora de bolsas).

Para resolver problemas de producción, en 70% de las empresas se realizan juntas, 20% en equipos de trabajo y 10% en asambleas.

126

[...] Por medio de juntas y en equipos de trabajo. Son los jueves a las 6:15 y aparte tenemos otra junta el equipo, todos los días a las 8:50. Comienzan a laborar a las 8:00, la realizan a las 8:50. Para tener todos los datos, sacar datos de toda la producción que salió, dónde vamos, cada uno reúne sus datos y ya cuando tienen reunidos sus datos, van y los presentan, y entonces, ya sabemos cuánto salió el día anterior y cuánto debemos sacar para el día siguiente [...] (Supervisor de empresa productora de bolsas).

[...] Aquí en la empresa tenemos juntas todos los lunes con los supervisores, con calidad, con todos los jefes departamentales y cada día es decirles la importancia, enseñarles el cumplimiento, los tratamos de involucrar con lo que es directamente la empresa, si hubo pérdidas que la gente sepa [...] (Supervisor de empresa productora de prendas).

De acuerdo con De la Garza (1998:178)

los niveles de movilidad interna y sus principales determinantes pueden indicar la medida en que la organización del trabajo posibilita o estimula la realización de un abanico más o menos amplio de funciones productivas, lo cual podría estar relacionado con la confección de nuevas formas de organización del trabajo flexibles y proclives a un desempeño profesional cercano a la polivalencia.

En las empresas estudiadas se mencionaron como los principales tipos de movilidad interna:

1. Desarrollo de tareas de diferentes puestos.
2. La movilidad entre turnos.
3. El cambio entre departamentos.

De éstos, el primer tipo coadyuvaría a la formación de trabajadores polivalentes. Sin embargo, cuando vemos la razón principal que lleva a las empresas a realizar estos movimientos nos damos cuenta de que la decisión responde a un factor coyuntural: el aumento en los niveles de producción y no a un factor que explicite la formación de trabajadores polivalentes.

Para mover a los trabajadores, 50% de las empresas señaló que toman en cuenta los conocimientos y/o aptitudes, 30% la disposición del trabajador y 20% la historia laboral del trabajador. Llama la atención que en ninguna de las empresas se toma en cuenta la antigüedad.

CUADRO 12. Movilidad interna de los obreros de producción

Tipos de Movilidad interna	Muy frecuente	Regular	Esporádica	No se practica
Son movidos entre puestos de trabajo o categorías	10.0	40.0	40.0	10.0
Son movidos entre turnos	83.3	0.0	16.7	0.0
Desarrollan tareas de diferentes puestos	70.0	20.0	10.0	0.0
Trabajan horas extras	14.3	71.4	14.3	0.0
Trabajan en días de descanso obligatorio	75.0	25.0	0.0	0.0
Rotan turnos	40.0	40.0	20.0	0.0
Cambian de establecimiento de la misma empresa	0.0	100.0	0.0	0.0
Realizan otro tipo de cambio	0.0	100.0	0.0	0.0

Fuente: EMIM.

CUADRO 13. Razones para la movilidad interna

Causas	Muy frecuente	Regular	Esporádica	No se realiza
Ausentismo	10.0	30.0	60.0	0.0
Renuncias frecuentes	0.0	30.0	50.0	20.0
Aumento en la producción	30.0	40.0	30.0	0.0
Estimular la polivalencia	0.0	40.0	30.0	30.0
Eliminar la monotonía	0.0	40.0	30.0	30.0
Promover el pago por conocimientos	0.0	30.0	50.0	20.0
Otro	0.0	0.0	0.0	100.0

Fuente: EMIM.

Apreciamos una escasa participación de los trabajadores en la toma de decisiones; sólo 10% de los establecimientos señaló que éstos participan en la definición de cargas de trabajo y el mejoramiento del método de trabajo de manera frecuente. En términos generales, los trabajadores no participan en decisiones que podrían permitir una mayor formación de ellos mismos. Es notoria la presencia en los establecimientos de una verticalidad en la toma de decisiones.

CUADRO 14. Frecuencia con la que los trabajadores de producción
participan directamente en la toma de decisiones

Aspectos	Muy frecuente	Regular	Esporádica	No se realiza
Selección de personal	0.0	10.0	20.0	70.0
Promoción de personal	0.0	20.0	30.0	50.0
Definición de cargas de trabajo	10.0	0.0	50.0	40.0
Sanciones a los trabajadores	0.0	20.0	20.0	60.0
Asignación de premios y bonos	0.0	10.0	40.0	50.0
Contenidos de programas de capacitación	0.0	30.0	30.0	40.0
Selección de maquinaria, equipo o herramienta	0.0	30.0	30.0	40.0
Selección de materias primas	0.0	10.0	20.0	70.0
Mejoramiento del método de trabajo	10.0	40.0	40.0	10.0
Diseños de programas de mejoramiento de la productividad y la calidad	0.0	20.0	30.0	50.0
Otros aspectos	0.0	0.0	0.0	100.0

Fuente: EMIM.

Nuevas formas de organización del trabajo

Los equipos de trabajo y los sistemas de control total de calidad fueron las dos NFOT
señaladas por las empresas.

CUADRO 15. Nuevas formas de organización del trabajo

Nueva forma de organización	Sí	No
Círculos de calidad	20.0	80.0
Equipos de trabajo	60.0	40.0
Células de producción	20.0	80.0
Control total de calidad	50.0	50.0
Reingeniería	0.0	100.0
Cero errores	0.0	100.0
Control estadístico del proceso	10.0	90.0
Kanban	0.0	100.0

Fuente: EMIM.

El trabajo en equipo no es una forma que satisfaga a los trabajadores; por cuestiones salariales ellos prefieren trabajar a destajo y ser medidos individualmente. Al respecto tenemos el siguiente comentario:

[…] haz de cuenta que hace unos tres años vinieron unas muchachas que de Costa Rica e implantaron sistema modular, entonces, en ese sistema no nos pagaban por lo que hacíamos, el destajo ¡no!, sino en todo el grupo, los pantalones que sacaba todo el módulo, eso nos pagaban. Ella antes estaba aquí, y ella no estuvo de acuerdo en eso, ni nosotros tampoco, porque dijimos "lo vamos a aceptar mientras vemos a ver cómo nos va" pero no nos pareció, porque por decir, una que trabajaba menos que tú ganaba lo mismo y eso era donde no, y se salieron ellas. Otras vez volvimos con el destajo, a mí se me hace mejor en destajo porque ahí si trabajas y si no trabajas no ganas. Sí. Es lo que yo le digo, sí en destajo conviene más porque uno le echa más ganas porque vas a ver que va a ganar uno más, si más trabajas más ganas (Obrera de empresa ensambladora de pantalones).

En relación con diferentes tipos de variables: el origen del capital, el origen de los insumos, el destino de las ventas y el tamaño del establecimiento existe un predominio del modelo taylorista-fordista. Nos llama la atención que el modelo toyotista sea encontrado en las empresas que tienen capital nacional, utilizan insumos locales, sus ventas se destinan al mercado interno y son de tamaño pequeño.

Relaciones laborales

El 10% de las empresas encuestadas manifestó tener sindicato, pero es nula la participación formal o informal de éste en aspectos del cambio tecnológico y organizacional, lo cual puede apreciarse en los dos siguientes cuadros. En cuanto a la

CUADRO 16. Modelos de organización

Modelo	Origen del capital		Origen de los insumos		Destino de ventas		Tamaño del establecimiento	
	Nacional	Extranjero	Nacional	Extranjero	Nacional	Extranjero	Pequeño	Mediano
Taylorista-fordista	83.3%	100.0%	80.0%	100.0%	66.7%	100.0%	85.7%	100.0%
Toyotista	16.7%	0.0%	20.0%	0.0%	33.3%	0.0%	14.3%	0.0%
Total	100.0	100.0	100.0	100.0	100.0	100.0	100.0	100.0

Fuente: EMIM.

participación e intervención de los obreros, nos damos cuenta de que formalmente en 70% de las empresas sólo les informa; informalmente 70 y 60% de las empresas señalaron que sólo les informa.

Respecto al empleo y al proceso de trabajo existe la misma nulidad de la participación de los sindicatos. En cuanto a los obreros, hablando del empleo, 30% de las

CUADRO 17. Participación e intervención formal de los obreros y los sindicatos en aspectos del cambio tecnológico y cambio organizacional

Aspecto	Obreros				Sindicato			
	Cambio tecnológico		Cambio organizacional		Cambio tecnológico		Cambio organizacional	
	Sí	No	Sí	No	Sí	No	Sí	No
Se les informa	70.0	30.0	70.0	30.0	0.0	100.0	0.0	100.0
Discuten y proponen	40.0	60.0	50.0	50.0	0.0	100.0	0.0	100.0
Deciden	30.0	70.0	40.0	60.0	0.0	100.0	0.0	100.0
Evalúan	40.0	60.0	40.0	60.0	0.0	100.0	0.0	100.0
Mejoramiento permanente	50.0	50.0	50.0	50.0	0.0	100.0	0.0	100.0

Fuente: EMIM.

CUADRO 18. Participación e intervención informal de los obreros y los sindicatos en aspectos del cambio tecnológico y cambio organizacional

Aspecto	Cambio tecnológico				Cambio organizacional			
	Obreros		Sindicato		Obreros		Sindicato	
	Sí	No	Sí	No	Sí	No	Sí	No
Se les informa	70.0	30.0	0.0	100.0	60.0	40.0	0.0	100.0
Discuten y proponen	20.0	80.0	0.0	100.0	40.0	60.0	0.0	100.0
Deciden	20.0	80.0	0.0	100.0	40.0	60.0	0.0	100.0
Evalúan	50.0	50.0	0.0	100.0	50.0	50.0	0.0	100.0
Mejoramiento permanente	50.0	50.0	0.0	100.0	30.0	70.0	0.0	100.0

Fuente: EMIM.

empresas señaló que los obreros participan formal e informalmente es el reajuste de personal, el empleo de eventuales y la creación de puestos de confianza.

En cuanto al proceso de trabajo sigue la nula intervención del sindicato. Hablando de los trabajadores, 60% de las empresas señaló que participan formalmente en la movilidad interna y en la asignación de tareas. De manera informal, 40% de las empresas señaló que los trabajadores intervienen en la movilidad interna, la asignación de tareas y definición de los métodos de trabajo. El 40% de las empresas manifestó contar con convenios de productividad con los trabajadores.

Perfil de la mano de obra

Analizando el perfil de la mano de obra, vemos una mayor participación de hombres en el puesto de obreros calificados, así como una mayor participación de mujeres en la categoría de obreros generales.

Respecto a las edades, 90% de los obreros especializados están en el rango de 16 a 40 años. El 100% de los obreros generales cubren dicho rango. En cuanto a la escolaridad, 30% de los obreros especializados terminaron su preparatoria y 40% cuenta con estudios de secundaria o nivel técnico; en cuanto a los obreros generales, 40% tiene la primaria terminada y sólo 10% no terminó sus estudios de primaria. El nivel de escolaridad va de la mano tanto con la complejidad del puesto –a mayor complejidad mayor nivel de preparación escolar–, así como con la edad de los traba-

CUADRO 19. Participación e intervención formal e informal
de los obreros y/o los sindicatos en el empleo

Aspecto	Intervención formal				Intervención informal			
	Obreros		Sindicato		Obreros		Sindicato	
	Sí	No	Sí	No	Sí	No	Sí	No
Selección de personal	20.0	80.0	0	100.0	20.0	80.0	0	100.0
Reajuste de personal	30.0	70.0	0	100.0	30.0	70.0	0	100.0
Empleo de eventuales	30.0	70.0	0	100.0	30.0	70.0	0	100.0
Creación de puestos de confianza	30.0	70.0	0	100.0	30.0	70.0	0	100.0
Empleo de subcontratistas	20.0	80.0	0	100.0	30.0	70.0	0	100.0

Fuente: EMIM.

CUADRO 20. Participación e intervención formal e informal
de los obreros y/o los sindicatos en el proceso de trabajo

Aspecto	Participación formal				Participación informal			
	Obreros		Sindicato		Obreros		Sindicato	
	Sí	No	Sí	No	Sí	No	Sí	No
Definición de manuales de puesto	30.0	70.0	0.0	100.0	30.0	70.0	0.0	100.0
Movilidad interna de trabajadores	60.0	40.0	0.0	100.0	40.0	60.0	0.0	100.0
Asignación de tareas a los obreros	60.0	40.0	0.0	100.0	40.0	60.0	0.0	100.0
Sanciones a los trabajadores	20.0	80.0	0.0	100.0	20.0	80.0	0.0	100.0
Definición de los métodos de trabajo	30.0	70.0	0.0	100.0	40.0	60.0	0.0	100.0
Definición de estándares de producción y calidad	40.0	60.0	0.0	100.0	30.0	70.0	0.0	100.0

Fuente: EMIM.

CUADRO 21. Estadísticos descriptivos de los porcentajes por sexo
de las distintas categorías ocupacionales

Categorías ocupacionales	Hombres		Mujeres	
	Promedio	Desviación estándar	Promedio	Desviación estándar
Directivos y directivas	74.3	22.9	25.7	22.9
Administrativos y administrativas	26.8	29.3	73.2	29.3
Profesionales, técnicos y técnicas	77.8	36.3	22.2	36.3
Supervisores y supervisoras	66.7	38.4	33.3	38.4
Obreros y obreras calificados	79.9	33.7	20.1	33.7
Obreros y obreras generales	42.4	44.9	57.6	44.9

Fuente: EMIM.

jadores –a mayor edad menor grado de preparación escolar –. En cuanto a la antigüedad de los obreros generales, 40% tienen menos de dos años en los establecimientos, lo que nos llevaría a reflexionar en las apreciaciones señaladas en uno de los apartados respecto a que los trabajadores ven sus puestos de trabajo como temporales en lo que reúnen el dinero para poder emigrar hacia Estados Unidos. Persiste una mayor estabilidad de los obreros especializados, pues observamos que 30% de ellos cuentan con una antigüedad mayor a los cinco años.

De las remuneraciones pagadas, 69.20% corresponde a salarios, 18.86% a prestaciones pagadas, 3.38% al pago de horas extra y días de descanso; y sólo 8.48% de las remuneraciones tiene que ver con premios, estímulos y bonos de producción.

[…] Sí tienen un sueldo fijo, nosotros lo que pagamos son tres maneras: un sueldo fijo base, un premio por puntualidad y un premio por asistencia. También eso es importante, llegas tarde compañero pierdes, faltas un día pierdes el de puntualidad, pierdes el de asistencia. Tú los tienes, ese dinero lo tienes ganado, el problema es que no cumplen y lo pierden. Eso les significa una porción fuerte en su salario. Cuando a mí me dijeron que querían entrar a las 7:30 a.m., dije "aquí en León los quiero ver", créeme que el ausentismo y nivel de grado de retraso es bajo, complementado con el sistema de transporte. Te estoy dando todas las facilidades, pasó por ti, pasa tiempo y lo pierdes, "compañero es porque eres muy burro". Ahí es donde te digo que hay que ser justos, yo sí estuve dispuesto en invertir en eso para lograr lo que logramos (Director general de empresa productora de bolsas).

La importancia de los incentivos en el desempeño de los trabajadores es primordial. De acuerdo con las teorías de la organización, los incentivos son un factor que motiva a los trabajadores en la obtención de una mayor productividad y calidad.

[…] No le digo que llevamos un modelo americano, pero a lo que voy, el hecho de que esta persona traiga una mente innovadora y motivante, permite que el empleado esté a gusto en su trabajo y que aparte siempre tienen trabajo; les manejamos motivantes como es el descanso, se han tomado análisis y estadísticas, ¿a qué nos han llevado? A que, por ejemplo, nosotros sabemos la cantidad de trabajo que puede hacer un ser humano con determinada capacidad, una capacidad regular; si alguien no está sacando eso es porque realmente no quiere trabajar, entonces, si ellos sacan más de una capacidad normal por supuesto se les motiva en forma mitad. Nosotros tenemos aquí cada viernes (no es viernes social) nosotros tenemos un convivio a nivel empresa donde se les da un pequeño obsequio a todos los que cumplen años en ese mes, se hace un convivio de darles comida (su hora de comida), pero la empresa trae la comida y todo eso, ellos se sienten más partícipes de la empresa. No tienen capataz, aquí no hay capataz, los jefes de producción y todo eso, pero como le digo son personas que están a gusto, ahora, el personal siempre le va a decir "quiero ganar, quiero ganar más", es normal (Director administrativa de empresa productora de cinturones).

[…] Los incentivos que tenemos es: premio en puntualidad el 10%, tienen que llegar cinco minutos antes de la hora, es una (042), yo les digo que la obligación es llegar a las ocho, es su obligación, pero para que tenga el premio tienen que llegar cinco minutos antes, ya vestidos y listos en la máquina. Sí lo hacen, la mayoría tienen el premio de puntualidad y si no llega se le quita. Otro incentivo es cada mes hay cinco calificaciones de los supervisores de la parte administrativa, yo tengo el voto de calidad, en donde en cada una de las secciones se les da un premio por el mejor trabajador y se les da el 10% de lo que ganaban al inicio. Hay que llevar un puntaje, si trabaja en ese puntaje y quedan en primer lugar se les da el premio. Y al año el que tenga más premios se les da (050) el 10%, segundo y tercer lugar también tienen un premio. Tienen su despensa, tienen fondo de ahorro, esos son los incentivos en la empresa (Director general de tenería).

[...] Yo lo que quiero transmitir es que sí podemos en determinados productos, hay que tener paciencia y lo fundamental es: disciplina y ser justo con los trabajadores. ¿Qué es lo que ha hecho el cambio con la gente? Tres cosas, darles transporte, tienen la seguridad de que los recogemos y los llevamos; dos, ser justos con todos, y tres, implementar un sistema de incentivos de productividad con base en estudios de tiempos y movimientos muy sencillos (Director general de empresa productora de bolsas).

Numerosos estudios han dado cuenta de que la rotación de personal es un problema característico de la maquila. Nuestro estudio no fue la excepción; se mencionaron las siguientes razones como sus causas: aparece como número uno los bajos salarios, seguida por las pocas prestaciones económicas y la falta de bonos de productividad. Respecto a los salarios tenemos el siguiente comentario que denota, por una parte, la falta de lealtad de los trabajadores y por otra la precaria presencia de la cámara de la industria maquiladora en la región: "[...] La competencia, si se pone una fábrica allá y les paga cinco pesos más, la gente se mueve allá. Yo conozco otros países en donde las empresas textiles tienen asociaciones y tienen un presidente y hacen juntas y pagan más o menos lo mismo, así la gente no tiende a correr de un lado a otro. Pero aquí no hay eso" (Gerente de producción de empresa textil).

CUADRO 22. Causas del abandono voluntario del trabajo por los obreros

Causas	Orden de importancia				
	Primera	Segunda	Tercera	Cuarta	No fue mencionada
Bajos salarios	20.0	20.0	20.0		40.0
Pocas prestaciones económicas		10.0	10.0	10.0	70.0
Falta de bonos de productividad	10.0	10.0		20.0	60.0
Falta de oportunidades de ascenso		10.0			60.0
Intensidad del trabajo			10.0	10.0	60.0
Repetitivo del trabajo	20.0		10.0		60.0

Fuente: elaboración propia.

En cuanto a las causas de ausentismo, como número uno tenemos los problemas familiares, seguida por enfermedades y en tercer lugar la falta de interés por el trabajo.

Los resultados en cuanto a la flexibilidad del trabajo nos muestran un predominio de los niveles bajo y medio; para el caso de Guanajuato esto representa 100%, lo que va de la mano con modelos fordistas-tayloristas de organización del trabajo.

El siguiente cuadro hace referencia a los perfiles sociotécnicos de la maquila en Guanajuato; vemos la predominancia de una organización fordista, con tecnología baja (80%) y con flexibilidad baja (80%), y con una preponderante calificación nula (60%).

CUADRO 23. Causas de ausentismo entre obreros

Causas	Orden de importancia				
	Primera	Segunda	Tercera	Cuarta	No fue mencionada
Bajos salarios	20.0	20.0	20.0		40.0
Problemas familiares	80.0	10.0	10.0		
Enfermedades	10.0	70.0			20.0
Falta de interés por el trabajo		10.0	40.0	30.0	20.0
Cansancio			20.0	30.0	40.0

Fuente: elaboración propia.

CUADRO 24. Niveles de flexibilidad

Nivel tecnológico	Origen del capital			Por origen de los insumos			Destino de las ventas			Tamaño del establecimiento		
	Nacional	Extranjero	Total	Nacional	Extranjero	Total	Nacional	Extranjero	Total	Pequeño	Mediano	Total
Bajo	25.0	0.0	20.0	33.3%	0.0	20.0	0.0	25.0	20.0	0.0	100.0	20.0
Medio	75.0	100.0	80.0	66.7%	100.0	80.0	100.0	75.0	80.0	100.0	0.0	80.0
Total	100.0	100.0	100.0	100.0	100.0	100.0	100.0	100.0	100.0	100.0	100.0	100.0

Fuente: EMIM.

CUADRO 25. Perfiles sociotécnicos en la maquila de Guanajuato

Perfil	Porcentaje
Organización fordista, tecnología baja o media, flexibilidad baja o media y calificación de nula a media	60.0%
Organización fordista, tecnología baja o media, flexibilidad baja o media y calificación alta	20.0%
Organización fordista, tecnología alta, con flexibilidad y calificación bajas o medias	20.0%
Total	100.0%

Fuente: EMIM.

Conclusiones

Las primeras conclusiones que surgen a la luz de la investigación realizada son:

1. Hay una débil influencia de la industria maquiladora en el estado de Guanajuato. Encontramos empresas que sólo se dieron de alta para aprovechar los incentivos fiscales del régimen de la maquila.
2. En el plano laboral, gran parte de las empresas coincidió en que los trabajadores ven los puestos que ocupan en la industria como temporales, es decir, los puestos de trabajo se convierten en un trampolín por medio del cual los trabajadores pueden hacerse de recursos económicos para posteriormente emigrar a Estados Unidos.
3. Lo anterior nos lleva a que uno de los principales problemas que enfrenta la industria es la alta rotación de trabajadores, lo que lleva a las empresas, según nuestro punto de vista, a no capacitar a los obreros debido a la externalidad negativa que se deriva en el momento en que éstos dejan de laborar en la empresa.
4. Otro de los problemas tiene que ver con la importación de insumos; en las empresas se señaló que no hay una calidad estandarizada de la proveeduría local y cumplimientos en el tiempo de entrega, lo que lleva a las empresas a importar los principales insumos. Esto nos lleva a una débil consolidación de las cadenas productivas en la región.
5. El perfil sociotécnico dominante es una combinación de fordismo con flexibilidad y tecnología baja o media, y calificaciones bajas.

Bibliografía

Carrillo, Jorge (2001), "Maquiladoras de exportación y la formación de empresas mexicanas exitosas", en Enrique Dussel Peters (coord.), *Integración exitosa de las pequeñas y medianas empresas en México*, México, Editorial JUS.

Castillo Mireles, Ricardo (2002), "Chinese Maquiladoras Threaten Mexico", *Transportation & Distribution*, vol. 43, núm. 11, ABI/INFORM Global, noviembre, pp. 26-28.

De la Garza, Enrique (coord.) (1998), *Modelos de industrialización en México*, México, UAM.

Douglas, Taylor, Lawrence Hansen (2003), "Los orígenes de la industria maquiladora", *Comercio Exterior,* México, vol. 53, núm. 11.

Fullerton, T. y M.P. Barraza de Anda (2003), "Maquiladora Prospects in a Global Enviroment", *Texas Business Review,* octubre, pp. 1-6.

Páginas electrónicas

http://www.economia.gob.mx
http://www.inegi.gob.mx
http://www.sde.guanajuato.gob.mx

5
El comportamiento de la maquila en Querétaro

Marco Antonio Carrillo
José Juan Martínez Juárez
Jorge Antonio Lara[1]

La industria en Querétaro

La nueva administración del estado de Querétaro iniciada en 2003 formuló, en el Plan de Desarrollo 2004-2009 (Sedesu, 2004) el objetivo de impulsar la competitividad a nivel industrial para promover mayores inversiones, derrama económica y una búsqueda por generar más y mejores empleos. Una de las líneas estratégicas significativas fue la de fomentar el vínculo entre las empresas con la finalidad de que el desarrollo y la transferencia de tecnología quedaran al alcance de las micro y pequeñas empresas. La atracción de empresas se viene manifestando en los esfuerzos por convertir a la entidad en un polo de innovación científica y tecnológica, y el asentamiento de importantes centros de investigación, lo cual quedó de manifiesto con el notable incremento en el número de establecimientos industriales

---

[1] Maestro en Psicología Educativa por la Facultad de Psicología de la Universidad Autónoma de México; profesor de tiempo completo de la Facultad de Psicología de la Universidad Autónoma de Querétaro; email: marco@uaq.mx. Maestro en Psicología del Trabajo por la Facultad de Psicología de la Universidad Autónoma de Querétaro, profesor de tiempo completo de la Facultad de Psicología de la Universidad Autónoma de Querétaro; email: jjuan@uaq.mx. Maestría en Sociología por la Universidad de Guadalajara; profesor de tiempo completo de la Facultad de Psicología de la Universidad Autónoma de Querétaro; email: ovalar@uaq.mx

en el año 2000 (4 195) en donde las micro y pequeñas industrias representan 72.7%, mientras que las medianas y grandes 27.3 por ciento.

Si bien los establecimientos industriales se encuentran diversificados en cuanto al tipo de producto, tomando en cuenta el monto del valor agregado, el personal ocupado y las remuneraciones pagadas (Sedec, 1991; Sedesu, 2003), desde la década de los noventa se mantiene la presencia importante del subsector de maquinaria y equipo, seguido del subsector de alimentos y bebidas. Respecto a los trabajadores, hay un total de 204 796 trabajadores, de los cuales 140 101 (68.41%) son obreros y 64 695 (31.59%) empleados, lo que da una proporción de 2.2 obreros por empleado. Además, hay una elevada concentración del personal ocupado en los cinco municipios del corredor industrial Querétaro-San Juan del Río, pues agrupan a 96.4% del total (Sedesu, 2003).

La captación de la Inversión Extranjera Directa (IED) constituye una fuente primordial de recursos para el crecimiento de la entidad. La puesta en vigor del TLC generó fuertes expectativas en el crecimiento de empresas orientadas a la exportación y en la expansión del capital privado extranjero. De acuerdo con las entrevistas realizadas, los empresarios mencionan que el TLC generó una alta demanda de sus productos, por lo que se convirtió en una oportunidad para que varias empresas de este género vinieran a instalarse en el estado; trajo también la posibilidad de diversificar y ampliar las relaciones con clientes del extranjero, además de adquirir la experiencia y conocimientos de las empresas que se trasladaron a nuestro país.

No obstante, el sector no experimentó los grandes cambios augurados, ya que el comportamiento del sector siguió siendo semejante a los años anteriores a la apertura comercial. Según los datos de la Secretaría de Economía, para el primer trimestre de 2004, el estado contaba con 441 empresas que recibieron inversión extranjera; este número representó 1.5% de un total de 29 229 empresas registradas en el país que recibieron este tipo de inversión. La proporción más considerable de la inversión extranjera fue destinada al sector manufacturero; sin embargo, tanto el sector servicios como el de comercio han recibido una importante inversión sobre todo en los últimos años. En el otro extremo, resalta la escasa inversión destinada al sector agropecuario.

En lo que respecta al comportamiento de la IED a lo largo del periodo de 1999 hasta las cifras correspondientes al primer trimestre de 2004, las empresas ubicadas en el estado de Querétaro recibieron una inversión extranjera de 600.7 millones de dólares (mdd), cifra que corresponde a 0.7% de la IED que para toda esta etapa se realizó en el país y cuyo total fue de 87 358.3 mdd. Es importante mencionar que se incrementó significativamente la IED respecto al periodo anterior (1994-1999), donde se obtuvo una captación de 377 millones de dólares; dicho incremento se explica, en parte, por la fuerte participación de los capitales en las maquiladoras y la atractividad que el estado representa para la inversión. En referencia a la maquila de exportación, la Secretaría de Economía Delegación Querétaro para el año 2004 contiene un registro de 19 empresas maquiladoras cuyo producto está destinado principalmente a la exportación; la producción se orienta a las ramas textil, metálica y autopartes, eléctrica y electrónica; para todas ellas su mercado preferente es el estadounidense.

A inicios de los años noventa las políticas gubernamentales estatales inician la atracción decidida de maquiladoras (Sedec, 1991); posteriormente, al sobrevenir la crisis de 1994-1995 (Salas, 2003), la maquila logró esquivar los efectos negativos debido, en parte, a la apertura comercial a través del TLC y por sus ventas hacia Estados Unidos, que no estaba en crisis (Carrillo, Martínez y Lara, 2004a). En los años subsiguientes (1996-2000), se pretendió dar un mayor impulso a este sector, puesto que representaba una oportunidad para generar nuevos empleos y consolidar la industria del vestido y de la confección con miras a la exportación.

Sin embargo, hay una queja generalizada de los excesivos trámites burocráticos para instalarse en el estado; al respecto, uno de los empresarios entrevistados comentó lo siguiente:

Abrir una empresa maquiladora en México es difícil, para hacerlo se deben obtener toda una serie de permisos especiales de importaciones temporales en donde el tiempo de respuesta de las autoridades es demasiado lento y problemático; en cualquiera de las actividades productivas el tiempo juega un papel muy importante debido a que el mercado es muy dinámico y no se le puede o debe pedir al cliente tiempos de espera largos para la entrega de los pedidos, sobre todo, cuando ese tiempo tiene que ver con la solicitud de ciertos trámites, en el mejor de los casos son veinte días hábiles los que tienen que transcurrir para saber si se otorga la autorización para la importación de los insumos o para la exportación de las mercancías producidas.

En octubre de 1997, con el arribo al gobierno estatal del Partido Acción Nacional (PAN), se anunció la política económica de la administración (Gobierno del Estado, 1998); en primer término, se estableció la prioridad de impulsar estrategias regionales que equilibraran el desarrollo del estado donde las diferencias entre la industria y el campo no fueran tan marcadas; en segundo lugar, se fijó la posición gubernamental de apoyar la instalación de empresas demandantes de mucha mano de obra. Apoyados en ambos criterios se implantaron las condiciones para fortalecer la inversión de empresas maquiladoras tanto en los corredores industriales existentes como en las regiones más apartadas de la geografía queretana. En el Plan de Desarrollo (http// www.querétaro.gob.mx.) se menciona el objetivo de impulsar planes de instalación de empresas maquiladoras en todas las regiones del estado; sin embargo, las empre-

CUADRO 1. Maquila de exportación en Querétaro
por rama económica, 1991-2004

Rama	1991	1992	1993	1994	1995	1996	1997	1998	1999	2000	2001	2002	2003	2004
Alimentos y bebidas	1	1	1	1	1	1	1	1	1	0	0	0	0	1
Eléctrica y electrónica	1	2	2	2	2	1	1	1	0	4	2	2	3	3
Madera	0	1	1	0	1	0	1	0	0	0	0	0	0	0
Papel, imprenta y editorial	0	0	0	0	0	0	1	0	0	1	0	0	0	0
Productos metálicos y autopartes	2	2	2	3	1	3	4	5	4	3	4	5	3	4
Química, caucho y plástico	1	0	0	0	1	0	1	1	1	2	0	0	1	1
Textil	11	13	13	13	20	26	41	33	5	5	3	4	6	8
Otras industrias	0	0	0	0	0	1	0	1	1	3	5	8	6	6
Total	16	19	19	19	26	32	50	42	12	18	14	19	19	23

Fuente: Para el año de 1991: Sedec (1991), *Anuario Económico 1991*, Gobierno del Estado, p. 196; para 1992 y 1993: Sedec (1994), *Anuario Económico 1994*, Gobierno del Estado, p. 191; para 1994-2002, Sedesu (2003), *Anuario Económico 2003*, Gobierno del Estado, p. 198; para los años 2003 y 2004, elaboración propia con base en información de la Secretaría de Economía, Delegación Querétaro y de las propias empresas.

sas se concentraron en el centro del estado y no se interesaron en invertir en la zona serrana que es la más deprimida de la entidad, profundizando la centralización en la Zona Metropolitana de la Ciudad de Querétaro (ZMCQ) y en el corredor San Juan del Río-Tequisquiapan.

El comportamiento de la instalación y continuidad de maquiladoras ha sido errático: de 16 registradas en 1991 se pasó al máximo histórico de 50 maquiladoras establecidas en 1997 (de las cuales 41 correspondían a la rama textil); un año después se inició la caída y en 1999 se presentaba la situación más crítica al reducirse drásticamente el número de establecimientos, de 42 en 1998 a 12, siendo la rama textil la más afectada al disminuir su número de 33 a cinco. En 2000 se contabilizan 18, que disminuyeron a 14 en el año siguiente y subieron a 19 maquiladoras en 2004.

Características de la maquila en Querétaro

Del conjunto de empresas maquiladoras estudiadas en nuestra investigación de campo, 31.6% corresponde a la rama textil y 15.8% a la metalmecánica; en la misma proporción (15.8%) está la rama eléctrica y electrónica, 5.2% en la rama química y 31.6% en otras industrias. Por ubicación geográfica, 82.4% se concentran en el municipio de Querétaro, 11.8% en el de San Juan del Río y 5.9% en el municipio de Ezequiel Montes. Las líneas principales de producción son el ensamble de piezas (42.9%), transformación de materias primas (42.9%) y servicios (14.3%).

La maquila en Querétaro tiene poco peso en el contexto de la manufactura, tanto en el valor de la producción como en el empleo (2 864 empleados en 2002). Las razones principales por las que las empresas decidieron instalarse en la entidad están relacionadas con la mano de obra, su abundancia y su costo. Un gerente nos comentó:

En la maquila yo se qué no se necesita (al obrero calificado), si no es casi en general, el tipo de trabajo que desarrolla el obrero lo aprende en un mes, o sea dominar el trabajo, realmente dominarlo a lo mejor un mes, entonces ahí lo que uno debe de buscar, yo creo, es que desde la selección, las personas tengan la capacidad nada más, pero la calificación en nuestro caso, nosotros no contratamos obreros calificados, el 90% de la gente que contratamos es su primer trabajo.

También consideran importante la disposición de infraestructura, energía, comunicaciones y transportes, así como los apoyos gubernamentales para la adquisición de terrenos, exención de impuestos y las características de los parques industriales. Prácticamente no se realizan trabajos de subcontratación; el promedio del porcentaje del valor de la producción que corresponde a la subcontratación no alcanza 3 por ciento.

Las maquiladoras asentadas en los distintos parques industriales de la entidad tienen como tipo de proceso principal la producción por piezas. El 71.4% considera que la tecnología usada es de vanguardia, a la par de la que se utiliza internacionalmente. Asimismo, tienen instrumentados esquemas de control de calidad con predominio de los métodos visuales (71.4%); solamente 14.3% realiza el control de calidad por medio de instrumentos automatizados. Son empresas que compiten internacionalmente, de ahí el interés y la necesidad por mantener un elevado control de calidad. El 85.7% de las empresas cuentan con departamentos especializados para este propósito; sin embargo, es significativo el predominio de métodos visuales y muy escaso el uso de instrumentos automatizados. Resalta el escaso uso de máquinas-herramientas de alta tecnología, las de control numérico computarizado (MHCNC) y robots, utilizados solamente por dos empresas y en porcentajes relativamente bajos (10 y 30%); en el extremo inferior, todas salvo una utilizan herramientas manuales en porcentajes que van de 10 a 75%; de hecho, las tecnologías intermedias (maquinaria o equipo automatizado no computarizado, maquinaria o equipo computarizado) son las que marcan cierto dominio en su aplicación. Lo destacable es que no existe empresa alguna que utilice al 100% un sólo tipo de tecnología, debido a que las empresas, de acuerdo con sus necesidades, combinan maquinaria automatizada, computarizada, sistemas CAD-CAM, o cualquier tipo de tecnología, ya sea mecánica o automática, que responda a sus requerimientos de producción. Siguiendo los comentarios de los gerentes se puede mencionar que muchas empresas decidieron exigir a sus proveedores un incremento en su nivel tecnológico para garantizar la calidad de los productos, así como su entrega a tiempo. Un entrevistado señaló:

> Muchas maquiladoras compran a empresas mexicanas que producen los insumos que requieren, por lo que son éstas las que tienen que hacer las inversiones necesarias en la compra del equipo más adecuado, algunas de ellas, sólo invierten en ciertas áreas o determinados departamentos, hay otras que constantemente están renovando su aparato productivo y están a la vanguardia en equipos de alta tecnología para producir en mejores condiciones.

CUADRO 2. Nivel tecnológico por tamaño del establecimiento

Nivel tecnológico	Tamaño del establecimiento			
	Pequeño	Mediano	Grande	Total
Bajo	50.0%	0.0%	0.0%	20.0%
Medio	50.0%	100.0%	50.0%	60.0%
Alto	0.0%	0.0%	50.0%	20.0%
Total	100.0%	100.0%	100.0%	100.0%

Fuente: encuesta EMIM 2003.

El 60% de las empresas están en el nivel medio de tecnología utilizada. Las grandes empresas se mueven entre el nivel medio y el de alta tecnología, mientras que las pequeñas lo hacen en los niveles bajo y medio; en este caso sólo la empresa mediana se mueve en el nivel medio. Es un hecho que las empresas combinan los niveles tecnológicos de acuerdo con el tipo de proceso que llevaron a cabo; esta situación

CUADRO 3. Nivel tecnológico por origen del capital

Nivel tecnológico	Origen del capital		
	Nacional	Extranjero	Total
Bajo	0.0	25.0	16.7
Medio	50.0	75.0	66.7
Alto	50.0	0.0	16.7
Total	100.0	100.0	100.0

Fuente: encuesta EMIM 2003.

genera la necesidad de contar con fuerza de trabajo experimentada para adaptarse a las desiguales condiciones tecnológicas que se presentan al interior de ellas. En este sentido adquiere importancia contar con un perfil de la mano de obra que cubra características técnicas y de conducta al interior de la planta, referidas a actitudes, manejo de emociones, disposición ante el trabajo, relaciones con los superiores, etcétera.

El 66.7% de las empresas utiliza tecnología media. Resulta significativo, más allá de lo que demuestra la clasificación de nivel medio en el uso de tecnología, que las de capital extranjero sean las que se muevan entre los niveles bajo y medio, mientras que las de origen nacional lo hagan entre medio y alto. Una explicación se asocia a las estrategias de las grandes empresas transnacionales que privilegian la tecnología alta en la planta matriz, dejando un tipo de proceso menos complejo para realizarse en las empresas que maquilan parte de la producción y aprovechan la fuerza de trabajo de manera intensiva para reducir costos. Por otra parte, se tiene la información sobre los sistemas de suministro de insumos para la producción. Es una cuestión cruzada entre el uso de tecnología y las formas de organización del trabajo. La instrumentación de los sistemas del "justo a tiempo" para el suministro de producción no alcanza a generalizarse; el 57% no lo utiliza, lo cual indica que los sistemas de control de inventarios no son avanzados; las demás empresas trabajan con esquemas tradicionales para el suministro y control de los inventarios. Además, ninguna utiliza de manera conjunta maquinaria y equipo con otros establecimientos del país, cuestión que refleja una cierta desarticulación y acentúa el carácter transitorio de las plantas maquiladoras; su alta volatilidad hace que algunas de ellas no arriesguen inversiones y operen cautelosamente.

Un rubro importante que testimonia las condiciones tecnológicas de las empresas es el relativo a la investigación y desarrollo. En México, las políticas de impulso a la

CUADRO 4. Principal procedimiento para adquirir tecnología

Principal procedimiento para adquirir tecnología	Porcentaje
Compra de patentes	
De consultores	14.3
De la casa matriz	71.4
De desarrollo propio	
La compra a otras empresas	
Otras	14.3
Total	100.0

Fuente: encuesta EMIM 2002.

ciencia y la tecnología son muy pobres; se requiere que tanto el sector público como el privado fortalezcan estos elementos, puesto que son cruciales para el desarrollo económico del país. El 71.4% adquiere tecnología de la casa matriz, siendo ésta la fuente principal y que denota una condición de dependencia tecnológica. No se tiene diseño de maquinaria y equipo, solamente se transfiere la tecnología por medio de la casa matriz. En Querétaro la investigación y desarrollo se reduce a su forma más sencilla y elemental, aquella que no implica la innovación tecnológica; las grandes corporaciones se encargan de enviarles lo que consideran pertinente o propicio para satisfacer sus propias necesidades. Otra posible interpretación supone la estrategia de las grandes corporaciones de dividir el trabajo por zonas geográficas; una más es la respuesta de algunas empresas de que obtienen la tecnología por medio de revistas especializadas, lo que supone modificaciones en el diseño para su adaptación al proceso en concreto.

Cuando se preguntó a los gerentes respecto a la posibilidad de desarrollar tecnología propia, la respuesta fue que no había necesidad porque ya la casa matriz se hacía cargo de eso y les mandaba lo que se requería para el buen funcionamiento de la planta. Al respecto, la opinión gerencial es interesante:

Nosotros lo que tenemos que hacer es ser más productivos con lo que tenemos, es una ventaja, pero la razón de la maquila es que hacemos trabajos que necesitan un alto porcentaje de mano de obra, esa es la razón de la maquila que es un producto que necesita un alto porcentaje de mano de obra y por eso se ensambla en un lugar en donde la mano de obra es más barata.

Para la organización del trabajo la encuesta examina aspectos como la división y la formalización del trabajo, el mantenimiento y la supervisión, la comunicación, movilidad interna, el involucramiento en la toma de decisiones y las nuevas formas de organización del trabajo. Con ello se trata de establecer la dinámica en que se mueve la empresa, donde la organización del trabajo contribuye a especificar el modelo de producción que priva en la maquila.

Las maquiladoras cuentan con una división del trabajo por departamentos para atender los distintos aspectos del proceso de trabajo; las categorías de obreros en producción varían de empresa a empresa: se detectaron de tres a siete niveles y cuentan con áreas especializadas para el mantenimiento y la supervisión.

Cuidan las formalidades en materia de procedimientos de ingreso y promoción de los trabajadores, cuentan con manuales de puestos y procedimientos, se cumplen cuotas de producción, se realiza mantenimiento, se hacen estudios de tiempos y movimientos y se supervisa el trabajo; en todos los casos la heterogeneidad es el signo del comportamiento.

Si bien la información indica el cumplimiento de estas actividades, es de mencionarse que en algunas empresas no existen procedimientos formales para la asignación

CUADRO 5. Principales formas de organización del trabajo

Rubro	Tipo de respuesta
Principal procedimiento para asignar puesto a un trabajador recién contratado	Examen de habilidades y aptitudes (57.1%) No existen procedimientos formales (14.3%)
Principal procedimiento para promover a un trabajador en producción	Antigüedad, examen de habilidades y aptitudes y dominio de operaciones y tarea (cada uno con 28.6%)
Se cuenta con manuales de puestos	Sí y se utilizan (85.7%)
Se cuenta con manuales de procedimientos	Sí y se utilizan (100%)
Se realizan estudios de tiempos y movimientos	Sí (57.1%); no (42.9%)
Los trabajadores cumplen cuotas mínimas de producción	Sí (71.4%) No (28.6%)
Personal que realiza el mantenimiento	El mismo personal de producción (42.9%); personal especializado de producción (57.1%)
Principal forma de supervisión de los trabajadores en producción.	Mediante equipos de trabajo (42.9%) Mediante un grupo de supervisores o jefes (28.6%) No hay forma sistemática de supervisión (14.3)

Fuente: encuesta EMIM 2002.

del puesto a los recién contratados, o bien, que no esté presente una forma sistemática de supervisión. Un aspecto importante es la caracterización sobre la prevalencia en la organización del trabajo de algún tipo de modelo productivo (taylorista-fordista, toyotista). Los resultados de la encuesta comparan los modelos taylorista-fordista y toyotista considerando el tamaño del establecimiento y el origen del capital en la medida en que son las formas predominantes que se han detectado en las maquiladoras a nivel nacional y que en la presente encuesta volvieron a manifestarse.

Hay un predominio del modelo taylorista-fordista; 75% de las empresas asumen este modelo contra 25% que se mueve bajo la organización toyotista. La tendencia indica que mientras mayor sea el tamaño del establecimiento crece la orientación hacia la organización toyotista.

En este cuadro se observa la orientación del capital nacional hacia el modelo taylorista-fordista, mientras que las empresas extranjeras son las que introducen modelos de organización toyotista en tanto que las nacionales no cuentan con ese modelo de organización.

CUADRO 6. Modelo de organización por tamaño
del establecimiento (porcentajes)

Modelo de organización	Pequeño	Grande	Total
Taylorista-fordista	100.0	50.0	75.0
Toyotista		50.0	25.0
Total	100.0	100.0	100.0

Fuente: encuesta EMIM 2003.

CUADRO 7. Modelo de organización por origen del capital (porcentajes)

Modelo de organización	Origen del capital		
	Nacional	*Extranjero*	*Total*
Taylorista-fordista	100.0	33.3	60.0
Toyotista		66.7	40.0
Total	100.0	100.0	100.0

Fuente: encuesta EMIM 2003.

CUADRO 8. Nuevas formas de organización del trabajo

Nuevas formas de organización del trabajo	Tipo de respuesta (%)	
	Sí	No
Círculos de calidad	14.3	85.7
Equipos de trabajo	42.9	57.1
Células de producción	28.6	71.4
Control de calidad como NFOT	42.9	57.1
Reingeniería	14.3	85.7
Cero errores	28.6	71.4
Control estadístico de proceso	57.1	42.9
Kanban	42.9	57.1

Fuente: encuesta EMIM 2003.

Algunas de las nuevas formas de organización del trabajo (NFOT) van ligadas principalmente a los modelos provenientes de Japón (modelo Toyota) que combinan el control total de calidad con el justo a tiempo y sus posteriores ramificaciones. En el caso de las empresas maquiladoras encontramos hasta ocho nuevas formas de organización del trabajo, salvo el control estadístico del proceso y el Kanban, con una utilización porcentual dentro de los procesos productivos de 57.1% a 14.3%, aunque la mayor parte de las maquilas no utiliza ninguna de estas formas nuevas de organización. Además, su aplicación es muy localizada dentro de la empresa, se aplican en pequeñas actividades dentro de los departamentos y no constituyen la forma de organización predominante.

Actualmente, algunas gerencias impulsan estas nuevas formas organizativas tratando de incorporarlas dentro de lo que llaman la *nueva cultura laboral*; empero, las formas de implantación de estos modelos no deben aplicarse en abstracto, sin atender a las particularidades de cada una de las empresas y, mucho menos, sin considerar el perfil de trabajadores en sus condiciones escolares y subjetivas (Hernández, 2003). Es evidente que falta un mayor conocimiento respecto a las posibilidades reales de instrumentación de estas nuevas formas de organización del trabajo, cuestión que atraviesa el complejo tema de comprender a la cultura de las organizaciones no como suma de normas y valores para constituir un sistema que llega desde afuera y donde los actores del proceso productivo sólo tienen la opción de adecuarse a ellas; por el contrario, se debe entender el fenómeno cultural como proceso histórico de acumula-

CUADRO 9. Formas de participación de los trabajadores

Participación	Tipo de respuesta (%)		
	Discuten y proponen	Deciden	No participa
En presupuestos de producción			100.0
Ajuste de maquinaria o de variable de proceso		66.7	33.3
Cambios en la especificación del producto		33.3	66.7
Control estadístico de proceso	33.3	33.3	33.4
Control no estadístico de proceso		66.7	33.3
En la relación cliente-proveedor		33.3	66.7
Identificación de causas de riesgo		66.7	33.3
Programas de prevención		33.3	66.7
Control de ausencias, premios, horas extra			100.0
Prevención de conflictos laborales			100.0
Detección de necesidades de capacitación		66.7	33.3
Elaboración de programas de capacitación		33.3	66.7
Programas de movilidad interna		33.3	66.7

Fuente: encuesta EMIM 2003.

ción de significados donde los actores tienen capacidad de reinterpretarlos y darles sentido, construyendo las formas culturales propias de la situación concreta.

Ahora bien, los modelos de las NFOT implican la participación y el involucramiento de los trabajadores para el incremento de la productividad del trabajo, cuestión que supone una mayor autonomía en la toma de decisiones por parte de los trabajadores. En la entidad el esquema es diseñar formas de organización que en el papel consideren la participación del obrero como algo fundamental en el logro de la estrategia; no obstante, cuando se indagó sobre las formas de participación de los trabajadores se descubrió otra realidad en aspectos relacionados directamente con el proceso de trabajo, como cambios en la especificación del producto, control no estadístico de proceso, y en temas como programas de prevención, resolución de conflictos, el control de las horas extra; en todas estas funciones la participación es mínima. Las entrevistas a los empresarios muestran, en este aspecto, que la falta de formas modernas de organizar en la empresa impactó sobre todo en el sentido de no comprender el significado de brindar un buen servicio al cliente, entregar sin retrasos, justo a tiempo, y de llevar un amplio y continuo proceso de comunicación con los clientes.

En general hay una muy buena opinión de los gerentes hacia los trabajadores de ambos sexos; se les considera participativos, responsables, con voluntad y disposición al trabajo, con muchas ganas de prepararse y capacitarse para realizar nuevas operaciones.

En algunos casos se compara el comportamiento y el rendimiento del trabajador mexicano con el de otros países y se considera que los mexicanos son más productivos y hacen mejor las cosas; cuando se les capacita se ve de inmediato su disposición, la limpieza con que trabajan y el cuidado que ponen para evitar los errores.

Ligado a lo anterior están los temas de la comunicación y el involucramiento. La comunicación es un componente que puede dar fluidez a los procesos productivos; constituye un tema siempre presente en los discursos, discusiones y decisiones gerenciales; es un espacio subjetivamente importante para el trabajador al ser un primer paso para sentirse considerado y comprometido con la actividad que realiza. Sin embargo, en muchos casos la forma de abordarlo se reduce a actualizar fórmulas ya probadas; en consecuencia, su efecto no llega a tener trascendencia en el mejoramiento de las formas de comunicación. El personal directivo y administrativo en general utiliza como principal forma de comunicación con los trabajadores de producción la verbal y directa en 71.4%; por su lado, los trabajadores utilizan esta forma

CUADRO 10. Involucramiento en la toma de decisiones (porcentajes)

Frecuencia de participación	Tipo de respuesta				
	Muy frecuente	Regular	Esporádico	No se realiza	Total
En selección de personal			14.3	85.7	100.0
En la promoción de personal			14.3	85.7	100.0
Para definir cargas de trabajo			28.6	71.4	100.0
Para establecer sanciones a obreros			14.3	85.7	100.0
Para asignar premios y bonos			14.3	85.7	100.0
Para definir contenidos de capacitación	42.9		28.6	28.6	100.0
En la definición de selección de maquinaria, equipo y herramienta	14.3		14.3	71.4	100.0
En la definición de selección de materias primas	14.3			85.7	100.0
En la definición de mejoramiento de métodos de trabajo	42.9		14.3	42.9	100.0
En la definición de diseño de programas de mejoramiento de la calidad	28.6			71.4	100.0

Fuente: encuesta EMIM 2003.

de comunicación como la principal en 42.9%, pero además lo hacen por medio de jefes y supervisores, y mediante grupos o equipos de trabajo con 28.6% en ambos casos. Los directivos han estimulado la comunicación entre los trabajadores para resolver los diferentes problemas que se presentan en la producción por medio de juntas (57.1%) y en equipos de trabajo (42.9%). Los resultados indican un escaso involucramiento en la toma de decisiones por parte de los trabajadores de producción, pues sólo en dos preguntas, "frecuencia con la que participan los trabajadores en definir contenidos de capacitación" (42.9%), y "frecuencia con la que participan los trabajadores en la definición de mejoramiento del método de trabajo" (42.9%) la respuesta "regular" se ubicó en primer lugar. En el resto de las preguntas (nueve) aparece como primera opción "no se realiza" y como segunda "esporádica".

Otro rubro importante que dibuja las formas de organización del trabajo es la movilidad interna, referida a los traslados de trabajadores entre puestos y categorías, rotación de turnos, polivalencia y movilidad geográfica. La información obtenida permite plantear la presencia de una cierta tendencia hacia ella, de rompimiento de los puestos de trabajo rígidos y en donde se obliga al sindicato a introducir la movilidad en los contratos colectivos de trabajo. Este es un tema que se tratará con mayor detalle en la parte correspondiente a las relaciones laborales, pero expresa un tipo de organización del trabajo encaminado a la flexibilidad laboral, mediante la cual la figura del obrero se modifica sustancialmente, del obrero especializado y

CUADRO 11. Movilidad interna

Frecuencia de participación	Tipo de respuesta(%)				
	Muy frecuente	Regular	Esporádico	No se realiza	Total
En selección de personal			14.3	85.7	100.0
Movimiento de puestos y categorías		14.3	57.1	28.6	100.0
Movimiento de turnos	33.3	33.3	33.4		100.0
Desarrollan tareas de diferentes puestos	66.7	33.3			100.0
Trabajan horas extra	20.0	60.0	20.0		100.0
Rotación de turnos	33.3	33.3	33.4		100.0
Cambio de departamento	66.7	33.3			100.0
Movimiento por aumento en la producción		28.6	14.3	57.1	100.0
Para estimular la polivalencia		57.1	14.3	28.6	100.0
Para eliminar la monotonía		42.9	14.3	42.9	100.0

Fuente: encuesta EMIM 2003.

con funciones inamovibles a otro que circula dentro de la fábrica de acuerdo con las necesidades de la planta. La movilidad interna es una de las formas novedosas que se han introducido en los espacios productivos; su instrumentación impacta sobre el incremento en la productividad del trabajo. En este sentido, las estrategias empresariales buscan que los trabajadores se involucren más con la empresa e incrementen su productividad a través del desarrollo de otras capacidades y habilidades en diferentes puestos de trabajo.

La investigación aborda dos puntos de interés en cuanto a las relaciones laborales: primero, el relativo a la negociación colectiva y el papel de los sindicatos y, en segundo, la flexibilidad laboral. En la encuesta se identifica la participación formal e informal tanto del sindicato como de los trabajadores en lo tocante a los cambios tecnológicos, en la organización del trabajo, en el empleo y en el proceso de trabajo.

De las 18 empresas maquiladoras registradas ante la Junta Local de Conciliación y Arbitraje, 17 tienen contratos colectivos de trabajo depositados en ella; los titulares de los contratos son la Confederación de Trabajadores de México (CTM) con 50%, le sigue la Federación de Trabajadores del Estado de Querétaro (FTEQ) con 33.3% y la Confederación Regional de Obreros y Campesinos (CROC) con 16.7%. La relación sindical se mantiene corporativizada y el control sindical sigue en manos de las organizaciones que tradicionalmente han dominado el panorama sindical mexicano. Lo real es que el sindicato en la mayoría de las maquiladoras se ha convertido en algo etéreo, no existe físicamente entre los trabajadores, los obreros no conocen a sus líderes; los gerentes saben que hay sindicato, pero no tienen contacto con los delegados; la única presencia es la formal al momento de firmar los contratos y cuando corresponde establecer los nuevos salarios, pero esto se hace en la Junta de Conciliación y Arbitraje. El sindicato no tiene una estructura al interior de las empresas maquiladoras, los representantes no son trabajadores de las empresas, son actores externos. Evidentemente, eso permite a la empresa tomar decisiones sin tener que enfrentar al sindicato y a los trabajadores, y puede entenderse como una forma de flexibilizar las relaciones laborales.

El diseño de la encuesta ayuda a confrontar los procedimientos formales e informales en la participación de los trabajadores en los rubros de organización del trabajo, innovación tecnológica, empleo y proceso de trabajo; esta comparación es relevante en la medida en que contribuye a introducirse en el campo de las prácticas (conscientes o no) concretas que se siguen al interior de la empresa y que dan un sello característico propio a las estrategias desarrolladas por los empresarios, las cuales encuentran respuestas subjetivas de los trabajadores, algunas que favorecen la actividad laboral y otras que tienden a entorpecerlo y a generar conflictos entre los distintos actores de la producción.

CUADRO 12. Intervención en la organización del trabajo (porcentajes)

Intervienen en	Sindicato		Trabajadores		Ambos		No participa		Total	
	F	I	F	I	F	I	F	I	F	I
Información sobre el cambio	28.6	28.6	42.9	28.6	14.3	14.3	14.3	28.6	100	100
Discusión y propuestas de cambio	14.3		28.6		14.3	14.3	42.9	85.7	100	100
Toma de decisiones en el cambio							100.0	100.0	100	100
Evaluación del cambio			14.3		14.3		71.4	100.0	100	100
Mejoramiento permanente del cambio	14.3		14.3	14.3	71.4			85.7	100	100

Siglas: F = Intervención formal; I = Intervención informal.
Fuente: encuesta EMIM 2003.

Es clara la tendencia de las maquiladoras queretanas a generar estrategias en las que el sindicato y los trabajadores tengan niveles mínimos de participación, sean éstos formales o informales; la presencia de empresas flexibles es un hecho comprobable empíricamente. La información expresa con claridad que puede haber algún tipo de intervención en temas de información, en la evaluación, en la elaboración de propuestas, pero cuando se trata de tomar la decisión, ésta queda en manos de la empresa. Comparando el comportamiento en términos de los discursos de la importancia del involucramiento de los trabajadores y su instrumentación real, se observa una brecha muy amplia entre ambos.

La flexibilidad es alta en el rubro del cambio tecnológico; los niveles de participación por parte del sindicato están reducidos al ámbito de la información. Si a nivel de

CUADRO 13. Intervención en el cambio tecnológico (porcentajes)

Intervienen en	Sindicato		Trabajadores		Ambos		No participa		Total	
	F	I	F	I	F	I	F	I	F	I
Información sobre el cambio	28.6	28.6	28.6	28.6	28.6	14.3	14.3	28.6	100	100
Discusión y propuestas de cambio			14.3		14.3		71.4	100.0	100	100
Toma de decisiones en el cambio							100.0	100.0	100	100
Evaluación del cambio			14.3	14.3			85.7	85.7	100	100
Mejoramiento permanente del cambio					14.3		85.7		100	100

Siglas: F = Intervención formal; I = Intervención informal.
Fuente: encuesta EMIM 2003.

la organización del trabajo se permite cierta participación, cuando se pasa al cambio tecnológico el asunto es más hermético. La base tecnológica es competencia exclusiva de las altas gerencias, las exigencias de diversificación del producto, el cuidado en las líneas de producción y el indispensable éxito a la hora de decidir el tipo de tecnología por emplear, conducen a la empresa a tratar de evitar discusiones y posibles obstáculos que el sindicato y los trabajadores pudieran poner ante una intervención reglamentada. Esta misma lógica predomina respecto de la intervención de los trabajadores: prevalece cierta desconfianza entre los mandos medios y superiores en las posibles aportaciones del trabajador hacia el mejoramiento del proceso de producción.

En referencia a la participación del sindicato sobre esta temática el argumento es contundente: en los hechos no existe, sólo aparece en épocas de negociación formal de contrato colectivo con el propósito de obtener ventajas para la central sindical a la que esté afiliado.

En materia de empleo resalta la subcontratación, en donde los trabajadores no tienen intervención en ninguna de las empresas, ni formal ni informalmente. En cuestiones de reajuste de personal es donde debería haber una mayor participación y en donde se debería presionar a las empresas para que éstas no minen la planta sindical. Los resultados expresan una participación ínfima; a ello se debe agregar el desinterés del sindicato por hacer suyos este tipo de conflictos. Lo mismo ocurre en el rubro de creación de puestos de confianza: la gerencia tiene plenos poderes en 85% de los casos para determinar si contrata o no a más trabajadores de confianza. Vale la pena comentar que aunque la subcontratación no es una práctica extendida todavía en las maquiladoras de la entidad, queda explícita la intención de preservar para sí un aspecto que se viene incrementando en el ámbito laboral y que conviene observar su comportamiento en los próximos años.

CUADRO 14. Intervención en cuestiones de empleo (porcentajes)

Intervienen en	Sindicato		Trabajadores		Ambos		No participa		Total	
	F	I	F	I	F	I	F	I	F	I
Reajuste de personal	14.3	42.9					85.7	57.1	100	100
Contratación de eventuales	14.3	14.3					85.7	85.7	100	100
Creación de puestos de confianza			14.3	14.3			85.7	85.7	100	100
Subcontratación							100.0	100.0	100	100

Siglas: F = Intervención formal; I = Intervención informal.
Fuente: encuesta EMIM 2003.

CUADRO 15. Intervención en el proceso de trabajo (porcentajes)

Intervienen en	Sindicato		Trabajadores		Ambos		No participa		Total	
	F	I	F	I	F	I	F	I	F	I
Reajuste de personal	14.3	42.9					85.7	57.1	100	100
Definición de manual de puestos	14.3	14.3					85.7	85.7	100	100
Movilidad interna	28.6			14.3			71.4	85.7	100	100
Asignación de tareas			14.3	28.6			85.7	71.4	100	100
Sanciones	42.9	28.6					71.4	71.4	100	100
Definición de métodos de trabajo			14.3	28.6			85.7	71.4	100	100
Definición de estándares de producción y calidad			14.3	14.3			85.7	85.7	100	100

Siglas: F = Intervención formal; I = Intervención informal.
Fuente: encuesta EMIM 2003.

Nuevamente se presenta una clara tendencia a la no participación tanto del sindicato como de los trabajadores en cuestiones relacionadas con el propio proceso de trabajo y las funciones que realizan al interior de él; donde se observa una mayor participación del sindicato es en el rubro de las sanciones (42.9%); en cambio, en la definición de estándares de producción y calidad la participación formal e informal del sindicato es nula y la de los trabajadores es mínima.

En cuanto a las características de los trabajadores de las empresas maquiladoras, específicamente en lo que se refiere a género, edad, nivel de escolaridad y antigüedad en el empleo, es evidente que el perfil de la mano de obra tiene una incidencia importante en relación con las características técnicas y socioculturales de los actores; ello permite entender ciertas conductas que se siguen en las rutinas laborales; clementos como la cdad y el nivel de escolaridad tienen efectos en las prácticas que realizan los trabajadores en cuanto al grado de aceptación de una actividad determinada; asimismo, la información sobre el género indica las tendencias de empleo. La antigüedad es un indicador de la estabilidad en el trabajo.

El sector maquilador ha sido tradicionalmente un espacio de trabajo femenino; para el caso del estado de Querétaro esto ya no es así, pues en casi todas las categorías predomina el trabajo masculino, incluso en el de *obreras y obreros* generales (44.6% contra 55.4%). Atrae la atención que muy pocas mujeres (6.7%) se encuentren al frente de las empresas ocupando altos cargos directivos; de hecho, es en este rubro donde se presenta la mayor desproporción; sería interesente observar a futuro la tendencia de comportamiento en la relación hombre/mujer para poder aproximar

CUADRO 16. Género por categoría ocupacional (porcentajes)

Categoría ocupacional	Mujeres	Hombres	Total
Directivas y directivos	6.7	93.3	100.0
Administrativas y administrativos	60.4	39.6	100.0
Profesionales y técnicas y técnicos	17.3	82.7	100.0
Supervisoras y supervisores	18.7	81.3	100.0
Obreras y obreros especializados	17.4	82.6	100.0
Obreras y obreros generales	44.6	55.4	100.0

Fuente: encuesta EMIM 2003.

una interpretación más certera del fenómeno estudiado, en la medida en que la encuesta no permite inferir acerca de las causas y condiciones específicas en las que ocurrieron esas transformaciones.

Aquí se encuentran dos tipos de perfiles claramente diferenciados: por un lado, en las categorías de mandos medios y directivos el rango de edad predominante es el de 26 a 40 años; por el otro, la existencia de población joven en el rubro de *obreros generales,* cuyas edades fluctúan entre los 16 y 25 años. Por su ubicación geográfica las empresas, asentadas principalmente en las zonas de Querétaro y San Juan del Río, constituyen polos atractivos para los jóvenes que con poca escolaridad y baja calificación buscan insertarse en actividades remuneradas.

CUADRO 17. Edad por categoría ocupacional (porcentajes)

Categoría ocupacional	16-25 años	26-40 años	No contesta	Total
Directivos		85.7	14.3	100.0
Administrativos		85.7	14.3	100.0
Profesionales y técnicos	28.6	57.1	14.3	100.0
Supervisores		85.7	14.3	100.0
Obreros especializados	14.3	71.4	14.3	100.0
Obreros generales	71.4	14.3	14.3	100.0

Fuente: encuesta EMIM 2003.

CUADRO 18. Escolaridad por categoría ocupacional (porcentajes)

Categoría ocupacional	Primaria	Secundaria	Técnico	Preparatoria	Estudios superiores	No contesta	Total
Directivos					85.7	14.3	100.0
Administrativos				42.9	42.9	14.3	100.0
Profesionales y técnicos			14.3	28.6	42.9	14.3	100.0
Supervisores			28.6	42.9	14.3	14.3	100.0
Obreros especializados		71.4	14.3			14.3	100.0
Obreros generales	28.6	42.9	14.3			14.3	100.0

Fuente: encuesta EMIM 2003.

Hay una división evidente entre los mandos medios y directivos respecto de los *obreros especializados y generales*. En un extremo están las categorías ocupacionales altas que se corresponden con los estudios superiores; en el otro, 28.6% de los obreros generales tienen primaria como máximo nivel de estudios y ninguno cuenta con estudios de preparatoria o universitarios.

En general, los trabajadores de las maquiladoras en Querétaro tienen poca antigüedad producto del corto tiempo que tienen de haberse asentado, por las situaciones fluctuantes de crisis de la mitad de la década de 1990 que obligó al cierre de empresas y por la política gubernamental de abandono que se ha hecho patente desde inicios del año 2000. La encuesta indagó sobre el tipo de capacitación que se recibe; en general, los obreros que respondieron a la encuesta señalaron estar bien capacitados para el trabajo que realizan, tienen posibilidades de ascender de categoría por la vía

CUADRO 19. Antigüedad por categoría ocupacional (porcentajes)

Categoría ocupacional	Menos de 2 años	2-5 años	5-10 años	No contesta	Total
Directivos	42.9	28.6	14.3	14.3	100.0
Administrativos	28.6	42.9	14.3	14.3	100.0
Profesionales y técnicos	42.9	42.9		14.3	100.0
Supervisores	28.6	57.1		14.3	100.0
Obreros especializados	28.6	57.1		14.3	100.0
Obreros generales	42.9	42.9		14.3	100.0

Fuente: encuesta EMIM 2003.

de la capacitación, puesto que existen programas de capacitación acordes con las necesidades de aprendizaje de las nuevas formas de organización del trabajo.

El tema de la flexibilidad cobró importancia en la década de 1980 con la tentativa gubernamental de reestructuración productiva y la llamada reconversión industrial. En este apartado se presentan los resultados de la encuesta y el análisis de los contratos colectivos obtenidos en la Junta Local de Conciliación y Arbitraje. En Querétaro los contratos colectivos nacieron flexibles, por lo que los procesos productivos asumen una estructura igualmente flexible. Las tendencias hacia la flexibilidad responden a una lógica que no necesariamente ha tenido que pasar por ajustes estructurales para establecer la flexibilidad en la industria queretana (véase al respecto los trabajos de Carrillo, Martínez y Lara, 2003, 2004a y 2004b).

La encuesta abordó los niveles de flexibilidad por origen de capital y por tamaño del establecimiento, con la finalidad de determinar la flexibilidad laboral de las empresas. En particular se puede afirmar que la flexibilidad está totalmente incorporada a las formas de funcionamiento de las empresas maquiladoras.

Vale la pena señalar que los resultados obtenidos en la encuesta muestran ciertas diferencias respecto de lo encontrado en los contratos colectivos de trabajo registrados ante la Junta Local de Conciliación y Arbitraje. Esto, lejos de mostrar incongruencias analíticas, refleja la distancia que separa a lo pactado de lo real. En general, a nivel de los contratos colectivos se tiene una flexibilidad alta en prácticamente todas las empresas; sin embargo, las gerencias no la aplican en su totalidad, prefieren entrar en un mayor proceso de negociación.

En este caso se puede observar que las empresas de capital nacional tienen un mayor grado de flexibilidad que las de capital extranjero: 66.7% contra 33.3% tienen un nivel alto de flexibilidad.

CUADRO 20. Nivel de flexibilidad por origen del capital (porcentajes)

Nivel de flexibilidad	Origen del capital	
	Nacional	Extranjero
Media	33.3	66.7
Alta	66.7	33.3
Total	100.0	100

Fuente: encuesta EMIM 2003.

CUADRO 21. Nivel de flexibilidad por tamaño
del establecimiento (porcentajes)

Nivel de flexibilidad	Tamaño del establecimiento			
	Pequeño	Mediano	Grande	Total
Media	50.0	100.0		50.0
Alta	50.0		100.0	50.0
Total	100.0	100.0	100.0	100.0

Fuente: encuesta EMIM 2003.

Las pequeñas empresas muestran que 50% están en el nivel medio de flexibilidad y el otro 50% en el nivel alto; la empresa mediana se maneja a 100% en el nivel medio y la gran empresa tiene flexibilidad alta en 100%. Parece una situación lógica que las grandes empresas sean las que logren integrar una máxima flexibilidad al ser las que tienen los mayores recursos y las formas organizativas más avanzadas para poder establecer las medidas internas sin que encuentren obstáculos para su instrumentación.

Para el análisis de los 17 contratos colectivos registrados en la Junta Local de Conciliación y Arbitraje, seguimos la metodología de clasificar en cuatro tipos de flexibilidad: la flexibilidad en el nivel tecnológico, flexibilidad numérica, funcional y salarial. Señalamos que el dato de "no especificado" es asumido como que "la empresa determina" en virtud de que es una especie de *modus operandi* a nivel de las empresas; es decir, lo que no figura en los contratos colectivos queda al manejo discrecional de ellas.

Sabemos por las tendencias del sindicalismo mexicano y por la información verbal de trabajadores, supervisores y gerentes de las empresas en estudio, que los sindicatos son prácticamente inexistentes en la maquila asentada en el estado, lo cual reafirma la idea de que los contratos depositados en la Junta Local de Conciliación y Arbitraje son formatos preestablecidos con mínimas adecuaciones que los funcionarios sindicales (aquellos que representan a muchos sindicatos a la vez) acuerdan sin consultar a los trabajadores; por otra parte, el hecho de que estén depositados en la Junta Local no implica que se revisen en los tiempos marcados por la ley y, en muchos casos, la temporalidad de los contratos no está debidamente especificada, situación que impide la secuencia de las revisiones, dificultando el seguimiento puntual de los cambios establecidos en las diferentes cláusulas, por lo que la participación

CUADRO 22. Flexibilidad laboral. Innovaciones tecnológicas (porcentajes)

Rubro	La empresa determina	Interviene el sindicato	No especificado	Total
Cambio tecnológico	35.3	—	64.7	100.0
Nuevos métodos de trabajo	29.4	5.9	64.7	100.0
Intensidad del trabajo	35.3	5.9	58.8	100.0

Fuente: elaboración propia con base en los contratos colectivos de trabajo de las empresas maquiladoras del estado de Querétaro depositados en la Junta Local de Conciliación y Arbitraje, Secretaría del Trabajo del Gobierno del Estado de Querétaro.

sindical está orientada a las necesidades salariales perdiendo el fondo de lo que representa la defensa de las distintas cláusulas que componen el contrato colectivo; con ello, el sindicato se convierte en una figura pasiva, preocupada solamente por las cuestiones de carácter económico y dejando a un lado el control del contrato colectivo en manos de la dirección de la empresa.

Se afirma que en todas las empresas maquiladoras el margen de maniobra de la empresa para decidir respecto a cambios tecnológicos, métodos e intensidad en el trabajo, es casi absoluto. Como se ha establecido en otro trabajo (Carrillo, Martínez y Lara, 2004a), los contratos colectivos en Querétaro son flexibles desde su origen, sea por acción unilateral planeada por la empresa, sea por un acuerdo expreso entre sindicato y empresa. Lo firmado en el contrato colectivo es semejante a lo encontrado en las encuestas cuando se preguntó sobre los procedimientos formales e informales. Aquí es evidente que la pasividad sindical no contribuye a establecer un diálogo productivo entre los actores involucrados en la actividad laboral. Los trabajadores, por su parte, desconocen la posibilidad de establecer este tipo de diálogos y a los gerentes les interesa mantener un estricto control sobre el proceso de trabajo, de tal manera que cuando se realizan es por iniciativa de la parte empresarial.

Se define a la flexibilidad numérica como la capacidad de decisión que tienen las empresas para determinar el número de trabajadores de acuerdo con los requerimientos del proceso de trabajo. La contratación de empleados de confianza, contratación de eventuales, el empleo de subcontratistas y el reajuste de obreros, son los aspectos que se revisaron en los contratos colectivos. El resultado señala que si bien la flexibilidad no es absoluta como en el caso del *uso y adecuación de tecnología*, se mantiene una tendencia hacia una flexibilidad alta. Sin embargo, se observa una incongruencia

CUADRO 23. Flexibilidad numérica porcentajes

Rubro	La empresa determina	Interviene el sindicato	No especificado	Total
Contratación de eventuales	47.1	41.1	11.8	100.0
Empleo de subcontratistas	41.2	5.9	52.9	100.0
Contratación de trabajadores de confianza	58.8	23.5	17.6	100.0
Reajuste de personal	23.5	76.5		100.0

Fuente: elaboración propia con base en los contratos colectivos de trabajo de las empresas maquiladoras del estado de Querétaro depositados en la Junta Local de Conciliación y Arbitraje, Secretaría del Trabajo del Gobierno del Estado de Querétaro.

entre lo establecido en el contrato colectivo y los procedimientos formales e informales respecto a estos ítems; si se comparan los datos obtenidos en los contratos colectivos con el cuadro 15 (procedimientos formales e informales respecto al empleo), se verá que más allá de lo pactado la realidad es de una flexibilidad de casi 100%. La no participación en los rubros de *contratación de eventuales, empleados de confianza y reajuste de personal* es en 85.7% de los casos y en la subcontratación la empresa tiene el control total, es decir, el sindicato no interviene.

En el caso de la flexibilidad funcional se incluyen los aspectos que modifican las funciones que realizan los trabajadores de acuerdo con el puesto y la categoría, per-

CUADRO 24. Flexibilidad funcional (porcentajes)

Rubro	La empresa determina	Interviene el sindicato	No especificado	Total
Movilidad entre puestos y categorías	64.7	17.6	17.6	100.0
Movilidad entre turnos	76.4	11.8	11.8	100.0
Movilidad geográfica	23.5		76.5	100.0
Polivalencia	17.6	11.8	70.6	100.0

Fuente: elaboración propia con base en los contratos colectivos de trabajo de las empresas maquiladoras del estado de Querétaro depositados en la Junta Local de Conciliación y Arbitraje, Secretaría del Trabajo del Gobierno del Estado de Querétaro.

mitiendo que la capacidad de decisión empresarial de mover a los trabajadores entre puestos, turnos, horarios de trabajo, incluso geográficamente, sea lo más amplia posible. Un punto importante surgido por las propuestas provenientes de las nuevas formas de organización del trabajo es la del obrero polivalente, capacitado e involucrado en su actividad de tal forma que alcance metas de incremento de la productividad y mayor eficiencia en su trabajo.

Se encontró que las cláusulas pactadas en los contratos colectivos favorecen la toma de decisiones de la empresa, es decir, las estrategias empresariales no tienen el obstáculo de la negociación con el sindicato para instrumentar las medidas que consideren más adecuadas para el crecimiento de la empresa. En los hechos hay aspectos que algunas maquiladoras no tienen como prácticas establecidas y otras lo realizan esporádicamente (véase cuadro 11); por ejemplo, la movilidad de puestos o la movilidad geográfica, lo significativo es que desde el contrato se tiene la libertad para tomar este tipo de decisiones.

Hay otros tres temas que los contratos colectivos consignan en sus cláusulas referidas al criterio principal de ascenso, el trabajo en horas extra y en días de descanso obligatorio. El criterio principal de ascenso es por capacidad demostrada en el trabajo, el *trabajo en horas extra y en días de descanso* son mayoritariamente obligatorios para los trabajadores (70.6% y 64.7% de los casos). Ello vuelve a demostrar la amplia capacidad de decisión de la empresa.

De acuerdo con los resultados obtenidos en el análisis de los contratos colectivos de las maquiladoras en Querétaro, la forma predominante de establecer el salario es por día, semana, quincena o mes en 94.1% de los casos; por obra determinada alcanza 5.9%. La modalidad de los bonos como forma de complemento salarial viene desde el año de 1992 cuando se firman los convenios bilaterales de productividad; a partir de entonces, en los contratos colectivos se incluyen cláusulas para el otorga-

CUADRO 25. Flexibilidad salarial (porcentajes)

Tipo de bono	Sí	No especificado	Total
Por puntualidad o asistencia	52.9	47.1	100.0
Por productividad o calidad	32.5	76.5	100.0
Otro tipo de bonos	35.3	64.7	100.0

Fuente: elaboración propia con base en los contratos colectivos de trabajo de las empresas maquiladoras del estado de Querétaro depositados en la Junta Local de Conciliación y Arbitraje, Secretaría del Trabajo del Gobierno del Estado de Querétaro.

miento de *bonos por asistencia, puntualidad, productividad o bonos por calidad o cualquier otro tipo de bono* (principalmente vales de despensa). La idea de entregar bonos de productividad radica en pagar más a quien demuestre ser más productivo; empero, siempre se ha manejado unilateralmente, es más, el sistema de bonos incide negativamente en el resto de las prestaciones del trabajador en la medida en que no se consideran parte del salario y, por tanto, no entran en el cálculo de jubilación, pensiones o pago de aguinaldo.

En general se observa que el salario es un tema central para el sindicato y para la empresa; de ahí que el salario se pacte por día o por mes y es fijo, no está amarrado a la productividad, ni a las condiciones económicas de la industria. A juzgar por los datos obtenidos, la negociación del salario es el aspecto más bilateral (por decirlo de algún modo) del conjunto de aspectos que se tratan en términos contractuales.

En conclusión, lo firmado contractualmente se caracteriza por la amplia libertad de la empresa para decidir las estrategias por seguir en cuestiones tecnológicas, organizativas y funcionales; en materia salarial está obligada a negociar con el sindicato los aumentos, las formas del salario y los bonos asignados. Las prácticas cotidianas rescatadas de las encuestas señalan cierta permisividad empresarial a la hora de aplicar la normatividad establecida en los contratos colectivos.

Conclusiones

La investigación sobre las condiciones de las maquiladoras en el estado de Querétaro deja un conjunto de elementos dignos de reflexión. Podemos abrir dos grandes espacios para la discusión sobre el tema. El primero está referido al contexto estatal en el que se mueven las empresas maquiladoras. El segundo alude directamente al rubro de los modelos productivos.

En Querétaro se apostó por el lado del crecimiento de las maquiladoras de exportación, a través de una política económica que priorizó estrategias regionales para su instalación masiva; adicionalmente se fijó la posición de apoyar la instalación de empresas demandantes de mucha mano de obra. Bajo estos dos criterios, el gobierno estatal durante la década de los noventa generó las condiciones necesarias para establecer y fortalecer la inversión de empresas maquiladoras, tanto en los corredores industriales existentes como en las regiones más apartadas de la geografía queretana.

Sin embargo, los embates de la crisis han llevado a las maquiladoras a una situación de crisis que, para el estado de Querétaro, está significando el estancamiento y su eventual extinción. El hecho de que solamente 19 empresas maquiladoras continúen actualmente en el estado es muestra de la compleja situación del sector en su conjunto.

La no concordancia entre los supuestos de la teoría y los resultados abren un abismo difícil de cerrar. La realidad ha exhibido en los casos de México y Querétaro que este proyecto ha conducido una y otra vez al desequilibrio de la balanza comercial, que en cuanto sobrevienen procesos de recuperación económica y las condiciones internacionales son favorables, crezca irracionalmente la importación de insumos industriales cuyo impacto negativo en la balanza de pagos conduce a los capitales a privilegiar el capital especulativo, produciendo efectos negativos sobre la política monetaria. El pretendido círculo virtuoso del neoliberalismo es, más bien, vicioso.

Las empresas maquiladoras asentadas en el estado de Querétaro son de historia reciente; es propiamente a fines de la década de los ochenta cuando cobran importancia y su presencia se convierte en parte del desarrollo económico de la entidad, derivado de la preocupación por reconvertir a la industria para que se adecuara a las condiciones internacionales que las políticas neoliberales venían fomentando y dieran respuesta a las necesidades del gran capital. Esto viene aparejado a la inquietud gubernamental de consolidar el proyecto de maquiladoras por considerar que serían fuente creciente de creación de empleos y riqueza para la entidad, mientras en los medios académicos se desarrolla la polémica en torno a la situación y características que se adoptaban en las maquiladoras del norte del país, lugar en el que se inició y desarrolló el programa de maquiladoras desde mediados de los años sesenta del siglo pasado.

Con base en el análisis de la información obtenida a partir de la aplicación de las encuestas, es posible señalar algunos rasgos generales para vislumbrar la tendencia de los modelos productivos que se presentan en la industria maquiladora queretana (véase cuadro siguiente). Es evidente que falta mucho por indagar para tener un panorama completo de la situación y ser más categóricos en las afirmaciones.

CUADRO 26. Perfiles sociotécnicos (porcentajes)

Perfil	Porcentaje
Organización fordista, tecnología baja o media, flexibilidad baja o media y calificación de nula a media	50.0
Organización toyotista, con tecnología, flexibilidad y calificación bajas o medias	50.0
Total	100.0

Fuente: encuesta EMIM 2003.

165

Las maquilas queretanas son en su mayoría ensambladoras; el uso de la tecnología es heterogénea con un cierto dominio de maquinas no automatizadas, ninguna realiza investigación y desarrollo, y obtienen la tecnología de las plantas matrices. Prácticamente todas las empresas han realizado cambios organizacionales que pretenden acercarse al modelo toyotista, aunque en la mayoría las formas más simples, como los círculos de calidad, tienen poca aplicación; se observa, por tanto, una mezcla de taylorismo-fordismo (50%) combinado con la organización toyotista (50%).

Por otra parte, una de la finalidades de las empresas encuestadas ha sido la total satisfacción a sus respectivos clientes; la estrategia varía de acuerdo con los planes establecidos al interior de cada una de ellas; por ejemplo, una empresa que se desenvuelve en la rama textil otorga al cliente la posibilidad de elegir entre diferentes alternativas dentro de un conjunto de servicios que abarcan la tela, diseño, corte, confección, acabado y empaque. Así, la satisfacción al cliente queda garantizada al ofrecerle un conjunto de posibilidades donde él pueda elegir aquella que satisfaga sus necesidades con el respectivo soporte técnico y con la atención personalizada para los casos de nuevos clientes.

En la actualidad, salvo una de las empresas maquiladoras, se encuentran distribuidas en diferentes parques industriales con los que cuenta el estado, que por su infraestructura, fácil acceso y funcionalidad, les permite desarrollar sus actividades de manera óptima y funcional.

La mayoría de las empresas maquiladoras tienen sindicato y cuentan con un contrato colectivo de trabajo flexible; la mayor parte de los trabajadores son de planta y la opinión generalizada de los gerentes es que los trabajadores están bien calificados, hay mucho reconocimiento para ellos y no hay quejas acerca de su desempeño en el trabajo que realizan.

Bibliografía

Carrillo, M., J. Martínez y J. Lara (2003), "La polémica sobre la nueva Ley Federal del Trabajo", *Revista Superación Académica*, núm. 29, México, SUPAUAQ.

_____ (2004a), "El papel de los sindicatos en la flexibilización de los contratos colectivos, la experiencia queretana", ponencia presentada en el Primer Encuentro de Investigadores de la Región centro Occidente sobre Desarrollo Social y Trabajo en el Marco de la Globalización, realizado en la ciudad de Guadalajara, 30-31 de agosto.

_____ (2004b), *Estrategias de cambio industrial en Querétaro. Tres estudios de caso,* México, UAQ.

De la Garza Toledo, Enrique, Carlos Salas (coords.) (2003), *La situación del Trabajo en México, 2003*, México, Plaza y Valdés, UAM.

Gobierno del Estado de Querétaro (1998), *Plan estatal de desarrollo 1997-2003*, http//www.querétaro.gob.mx

Hernández, M. (2003), *Subjetividad y cultura en la toma de decisiones empresariales. Tres estudios de caso en Aguascalientes*, México, UAA, Plaza y Valdés.

SEDEC (1991), *Anuario económico 1991*, Gobierno del Estado de Querétaro, México.

_____ (1994), *Anuario económico 1993-1994*, Gobierno del Estado de Querétaro, México.

SEDESU (2003), *Anuario económico 2003*, Gobierno del Estado de Querétaro, México.

_____ (2004), *Anuario económico 2004*, Gobierno del Estado de Querétaro, México.

6

La maquila en Aguascalientes: parodia de un modelo exitoso

Marcela A. Hernández
Octavio Maza[1]

Contexto y surgimiento de la maquila en Aguascalientes

El desarrollo y consolidación industrial de Aguascalientes se concentra en la etapa que va de 1980 a 2000. Dentro de este periodo podemos distinguir tres momentos que marcan y definen el proceso de industrialización de los últimos 20 años. El primero, que va de 1980 a 1990, es un periodo enmarcado, por un lado, en el cambio de los programas del gobierno mexicano de una política industrial basada en la sustitución de importaciones a otro de fomento a la exportación, ligado también al plan de desarrollo estatal de apoyo a la industrialización, el cual consistió en atraer capital nacional y extranjero ofreciendo las ventajas laborales, financieras y fiscales para su instalación y crecimiento. De 1990 a 1994 se puede hablar de un periodo de crisis en los sistemas productivos, que corresponde al comienzo de una serie de estrategias de modernización por parte de algunas firmas. Este proceso de restructuración se da bajo el contexto de nuevas políticas económicas enmarcadas en la apertura de los mercados y en la posibilidad de sobrevivir a la crisis. A partir de

[1] Profesora-investigadora del posgrado en Estudios Sociales UAM-Iztapalapa, doctora en Estudios Sociales, email: *mahernan7@hotmail.com*; Profesor de la UAA; doctor en Estudios Sociales por la UAM-Iztapalapa, email: octaviomaza@hotmail.com

1995 el gobierno de Aguascalientes vio como alternativa para sortear la crisis atraer nuevas inversiones, extender las ya existentes y fomentar una política de búsqueda de mercados externos; en este contexto es que repunta la industria maquiladora de exportación junto con el resurgimiento de industria tradicional textil y del vestido.

El dinamismo que alcanzó este modelo en el periodo que va de 1994 a 1999 se observa en los 164 proyectos de inversión en maquila con un total de 6 598.14 millones de pesos, que vinieron a representar 90.32% del total de las inversiones en el estado, generando 30 961 nuevos empleos (Hernández, 2003: 121). Esto es explicable por las inversiones nacionales y extranjeras ligadas a la capacidad exportadora. Así, la participación de Aguascalientes respecto al total de exportaciones manufactureras en 1992 fue de 0.9%; para 1997 alcanzó 2.0% corresponde en un alto porcentaje a Estados Unidos.

Las razones de la instalación o creación de industria maquiladora y la orientación hacia la rama textil, de la metalmecánica y más recientemente a la electrónica, las podemos entender en principio bajo diferentes circunstancias: la experiencia empresarial e industrial de la localidad (la industria local tradicionalmente se desarrolló en la industria textil y del vestido, y en los ochenta se instala la gran planta automotriz terminal de Nissan), y como resultado de la política de gobierno de maquilización del estado. Para esto se promocionó a la localidad en el extranjero con base en la experiencia industrial del estado (ya se había dado a principios de la década de 1980 una importante llegada de empresas de capital nacional y transnacional, pero no maquiladoras; en los censos económicos no se registra ninguna maquila antes de 1996). Habría que agregar la "paz social" existente en el estado, la abundancia y costo de la mano de obra y la infraestructura carretera y de servicios. El resultado fue que Aguascalientes se sumó como parte de la política económica nacional al auge de la maquila. Por su parte, los directivos maquiladores entrevistados manifestaron que las causas de su preferencia por Aguascalientes son, por orden de importancia, *1)* el régimen fiscal, *2)* costo de la mano de obra, *3)* las relaciones laborales y el sindicalismo, y *4)* la cercanía con Estados Unidos. Sin embargo, lo interesante de las respuestas está, por un lado, en el sentido de que a la vez los factores mencionados como positivos y de atracción se vuelven la causa de la crisis posteriormente y, por otro lado, en el desplazamiento que hacen los informantes a un lugar secundario de los costos laborales. En 1994, Alemán, Hernández y Gutiérrez (1966) encontraron que la llegada de nuevas empresas manufactureras nacionales y extranjeras no maquiladoras respondía, de acuerdo con los empresarios y directores entrevistados en dicho estudio: 1. A las condiciones favorables que les proporcionaban las relaciones laborales y el tipo de sindicalismo. El gobierno promocionaban en el extranjero, como ya se mencionó, y a nivel nacional al estado como el ideal de la paz social: en 30 años no se

170

había realizado ninguna huelga, lo cual garantizaba un sindicalismo acorde con los intereses de las empresas; y 2. A la abundancia de la mano de obra y su calificación. A casi 10 años de este estudio y a diferencia de las empresas manufactureras estudiadas en 1994, para las maquiladoras el sindicalismo y las relaciones laborales pasan a tercer lugar dentro de los aspectos importantes por tomar en cuenta, lo cual nos puede indicar una generalización de estas condiciones laborales a nivel nacional (sindicatos no combativos, la inexistencia de ellos, sindicatos de protección y el involucramiento del estado en el aseguramiento de la "paz laboral") (Hernández, 2003), y una especie de institucionalización de estas prácticas, por lo que no se vuelve el elemento clave para su instalación, pues en la mayor parte del país se pueden encontrar estas condiciones.

Crisis de la maquila

Sin embargo, para el año 2000 la historia de la maquila empezaba a cambiar en Aguascalientes y se darían las primeras manifestaciones de inestabilidad del modelo; por primera vez no había crecimiento sino estancamiento. Para 2001 la crisis se hace patente a nivel nacional y local, y si bien en otros periodos Aguascalientes había logrado sortearla y mantener un crecimiento sostenido por encima de la media nacional, ahora la inestabilidad se manifestaba en cierre de establecimientos y despido de obreros, que implicó una reducción de empleos en casi 30% entre 2001 y 2002 (cuadros 1 y 2).

CUADRO 1. Establecimientos maquiladores en activo
en Aguascalientes, 1996-2004

Periodo	Total nacional	Aguascalientes	Porcentaje en relación al total nacional
1996	2 411	49	2.03
1997	2 717	65	2.39
1998	2 983	73	2.45
1999	3 297	89	2.70
2000	3 590	89	2.48
2001	3 630	85	2.34
2002	3 003	53	1.76
2003	2 860	49	1.71
2004	2 811	34	1.20

Fuente: INEGI (2004), La industria maquiladora de exportación.

CUADRO 2. Relación de obreros en la maquila entre
el personal total ocupado en Aguascalientes, 1996-2003

	Total	Obreros	% de obreros de maquila sobre el total
1996	12 411	11 145	89.80
1997	17 377	15 510	89.26
1998	19 856	17 729	89.29
1999	24 506	21 497	87.72
2000	26 130	22 509	86.14
2001	23 036	19 615	85.15
2002	17 742	15 182	85.57
2003	17 911	15 066	84.12

Fuente: INEGI (2004), La industria maquiladora de exportación.

Aguascalientes desde 2001 vive la crisis con incertidumbre, se debate en el terreno político y empresarial acerca de cuál será la mejor opción para sortearla. La instauración del modelo maquilador desde sus inicios, a mediados de los noventa, no fue bien acogida por una parte de los empresarios locales, cuestionando la falta de apoyo por parte del gobierno para sacar adelante a las empresas locales no maquiladoras; por su parte, el gobierno alegaba que sólo era una etapa de transición para sortear la crisis de 1995, era una manera también de adquirir experiencia en exportar y de ciertas capacidades empresariales y laborales (conocimiento y aprendizaje tecnológico, gestión empresarial y un nuevo perfil de obrero más calificado y con una diversificada experiencia productiva, etc.) que permitiría en el futuro lograr el paquete completo, es decir, diseñar, producir y comercializar su marca propia; además el proceso llevaría a la integración de cadenas productivas. Se presentaba así como el modelo que daría ciertas ventajas competitivas y un valor agregado superior (*El Hidrocálido*, 15 de junio de 2002) (Sedec, 1999). Para los maquiladores encuestados, estos aspectos no se lograron, dado que las causas que aducen para explicar la caída en la productividad son el encarecimiento de la mano de obra, el poco apoyo del gobierno, la lentitud en aspectos administrativos, la caída de la demanda en Estados Unidos, la falta de mano de obra calificada y la calidad en los productos generados. Los tres primeros aspectos hacen alusión a factores estructurales, mientras los dos últimos hacen referencia a la configuración productiva de las empresas. Estos últimos aspectos se analizarán más adelante.

En el terreno de las ideas, De la Garza (véase cap. 1) propone la hipótesis de que la maquila es más que un régimen arancelario y lo define como un modelo de producción e industrialización que está en crisis de productividad desde los años noventa (escaso crecimiento de la productividad), donde persiste el taylorismo-fordismo junto a un toyotismo precario, siendo estas características lo que definen al modelo productivo maquilador. En otras palabras, la industria maquiladora no transita hacia nuevos modelos productivos y descansa en el costo y la intensificación en el uso de la mano de obra.

Los datos que analizamos a continuación son relativos a la encuesta aplicada como parte del proyecto Modelos Productivos de la Maquila en el Centro y Sureste de México (EMIM)".

Conformación actual de la maquila de Aguascalientes

Para 2002 la maquila estaba conformada por 57 establecimientos registrados por el INEGI, los cuales daban empleo a 20 764 trabajadores y representaban 29.01% de participación de la industria maquiladora en el total de empleos generados por las manufacturas (71 559), según datos oficiales del IMSS. Para 2003 el número de establecimientos maquiladores descendieron a 49, según los datos registrados por el INEGI, los cuales daban empleo a 15 066 personas. La composición de la fuerza de trabajo para 2003 sigue recayendo en la mano de obra femenina (62.75%) aunque con una disminución fuerte, pues de acuerdo con el INEGI en 1997 representaba 72.53% de la fuerza de trabajo.

CUADRO 3. Porcentaje de mujeres en el total de trabajadores en la maquila

	Total	Mujeres	% de mujeres
1997	15 510	11 250	72.53
1998	17 729	12 542	70.74
1999	21 497	14 720	68.47
2000	22 509	15 000	66.64
2001	19 615	12 852	65.52
2002	15 182	9 789	64.48
2003	15 066	9 454	62.75

Fuente. INEGI (2004), La industria maquiladora de exportación.

Las características generales de la producción de la maquila en Aguascalientes responden, por un lado, a empresas de ensamble de piezas o componentes (textil, electrónica, metalmecánica) y, por otro lado, a actividades de transformación de materia prima. En su mayoría son empresas grandes con más de 250 trabajadores (véase gráfica 1). La mitad de la inversión proviene de capital nacional (46.3%). Las ventas se dirigen al exterior en 86.16%, su principal destino es el mercado estadounidense, y tan sólo 13.84% se consume en el mercado interno. La maquila en Aguascalientes sigue siendo básicamente de exportación para la misma empresa que las contrata y 85.8% de los ingresos fueron por exportación. A esto habría que agregar que la subcontratación por maquilar a otras representa la segunda fuente de ingresos, aunque ésta tampoco logra impactar de manera importante en su economía.

Encadenamientos productivos

El tipo de encadenamiento productivo que se da en Aguascalientes es débil y se da básicamente como resultado de la subcontratación, que se puede explicar principalmente como resultado de una vinculación entre la maquila de capital nacional que subcontrata a otra empresa mexicana para que realice alguna parte del proceso productivo para el mercado interno. Por otro lado, en la vinculación que se da con el entorno a través de la compra compartida entre empresas de materia prima, la capacitación compartida tiene cierta importancia, aunque se da entre empresas y maquila de capitales locales, de acuerdo con nuestros entrevistados.

CUADRO 4. Indicadores de encadenamientos productivos

	Porcentaje
Porcentaje de ingresos por maquilar	0 .47%
Porcentaje de ingresos provenientes de subcontratación	14.29%
Porcentaje de establecimientos que realizan contratación conjunta de personal	16.7%
Porcentaje de establecimientos que realizan capacitación conjunta	16.7%

Fuente: EMIM (2003).

174

Los datos del INEGI muestran que el porcentaje de insumos importados en el total de insumos (cuadro 5) en 2003 eran de 95%, disminuyendo ligeramente en los años de mayor crisis, que es el periodo comprendido entre 2000 y 2001 (89.73% y 91.40%, respectivamente); esto nos indica que ni antes de la crisis ni después de ésta se da una tendencia hacia una integración nacional.

CUADRO 5. Porcentaje de insumos importados entre insumos totales

Año	Total de insumos	Insumos importados	Porcentaje de insumos importados
1997	1 668 646	1 543 846	92.521
1998	2 390 710	2 226 863	93.147
1999	3 482 984	3 243 659	93.129
2000	3 356 555	3 011 910	89.732
2001	2 777 702	2 539 021	91.407
2002	6 292 710	6 046 732	96.091
2003	7 213 355	6 910 608	95.803

Fuente. INEGI (2004), La industria maquiladora de exportación.

De acuerdo con los datos obtenidos de la EMIM, tenemos que los insumos en 86% provienen de la misma empresa, de los cuales 68% son importados, dejando sólo 23.64% a la adquisición de insumos nacionales de otras empresas privadas, confirmando con esto la tendencia expresada en los datos del INEGI. La explicación dada por los maquiladores entrevistados sobre la preferencia por la compra de insumos en el exterior es en razón del aprovechamiento de la exención de impuestos (50% de los entrevistados) y la calidad (14.3%); el resto se divide entre acuerdo con la matriz y el costo más bajo. Esto refuerza la idea de no integración y esta práctica manifiesta en parte el resultado de un régimen arancelario y fiscal que es aprovechado por los maquiladores; por otro lado, la compra de insumos nacionales responde preferentemente a la relación entre la industria maquiladora de capital nacional y empresas locales no exportadoras. En las entrevistas realizadas a los directivos, manifestaron que no se logró generar proveedores nacionales que produjeran de acuerdo con la calidad requerida por las firmas contratantes y no superaron tampoco el alto costo en relación con los importados.

Aprendizaje tecnológico y desarrollo de capacidades empresariales

Si tratamos de establecer cuál ha sido el aprovechamiento de la industria maquiladora en cuanto a conocimiento tecnológico, integración y desarrollo de capacidades empresariales y la mayor calificación y autonomía en los trabajadores, veremos que ha sido muy limitado. Analicemos la relación que se da entre tecnología y capacitación. La EMIM muestra que 15.93% de las operaciones de producción de las maquiladoras se realizan de manera manual, 59.64% las realizan con maquinaria y equipo no computarizado, 13.93% con equipo automatizado no computarizado, sólo 1.07% con maquinaria o equipo computarizado y 2.29% con sistemas computarizados de manufactura integrados, lo cual habla de manera general de un nivel medio-bajo en tecnología dura. Por otra parte, no se realiza investigación y desarrollo en ninguna de las plantas donde se realizaron las entrevistas. Si a esto agregamos que en el valor agregado ocupan un alto porcentaje los salarios, lleva a la hipótesis de que la productividad se sostiene con base en la intensificación del trabajo y no por la vía de la alta tecnología. Otro aspecto que refuerza la anterior hipótesis tiene que ver con la forma como se adquiere la tecnología; se centra sólo en dos opciones y responde a la situación que guarde la maquila con la empresa contratante: el 83.3% declaró que la adquiría de la casa matriz y 16.7% es de desarrollo propio. La tecnología en la mayoría de los casos responde estrictamente a los requisitos impuestos por el contratante y que se encuentran por lo general plasmados en el convenio establecido entre las dos firmas. El tipo de producto y la parte del proceso que maquilan o ensamblen también influye en el tipo de tecnología que implementan las maquiladoras; si el establecimiento realiza gran parte del proceso productivo (si en textiles corta, confecciona, faltando sólo realizar el lavado y planchado de la prenda) y se trata de una mercancía clave que el mercado identifica con la marca de la matriz, este tipo de establecimiento utiliza alta tecnología combinada con baja; existen otras empresas donde el proceso que realizan es tan simple y sólo corresponde a una parte del ensamble (corte o entre-corte) que le resulta más económico realizar con base en la intensificación de la mano de obra. En este sentido se puede decir que la especificidad del producto y el tipo de contratación que se guarde con la matriz dará en cierta medida el tipo de tecnología que utilizan las maquiladoras. En síntesis, los datos expuestos nos permiten decir, primero, que la tecnología que se utiliza en el proceso productivo en general no corresponde a un nivel alto y sí a un uso intensivo de la mano de obra; segundo, que no son los maquiladores los que deciden en la mayoría de los casos el tipo de tecnología por implementar, lo que nos lleva a suponer que probablemente el empresario asuma una posición pasiva respecto a la gestión de nueva tecnología y por tanto el aprendizaje que pudiera surgir de esa relación entre proveedor y cliente sea muy limitado; y, tercero, al no ser alta tecnología, el aprendizaje y la calificación que pueden tener los trabajadores se ven reducidos. Esto se refuerza con los datos obtenidos del INEGI y de la EMIM, que nos muestran que la población trabajadora la componen básicamente obreros generales y un porcentaje muy bajo de técnicos especializados (véase gráfica 1).

Por otro lado, la EMIM muestra que el control de calidad es realizado mayoritariamente (76.9%) por un departamento especializado y se hace de forma visual en 87.5% de los casos; sólo 21.4% realiza actividades de mantenimiento preventivo de la maquinaria, y en 42.9% las realiza un departamento especializado.

Dentro de los aspectos que los maquiladores expresaron como causa de la crisis de la maquila, están los del proceso productivo: la falta de calidad en los productos, así como en la mano de obra (calificación) y la carencia de innovación tecnológica, es decir, se confirma que el modelo maquilador no logró generar un desarrollo por la vía de una "tercera generación". La generación de un valor agregado más elevado que produciría un trabajador con más calificación utilizando equipos y maquinaria de alta tecnología parece que no se cumple.

GRÁFICA 1. Personal ocupado por clasificación
de la mano de obra

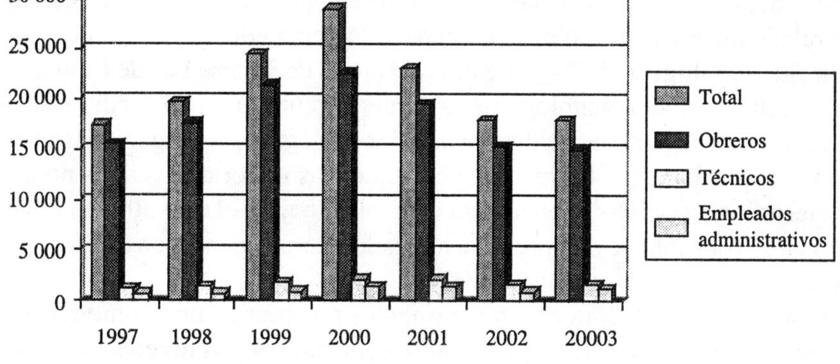

Fuente: INEGI (2004), La industria maquiladora de exportación.

177

Configuraciones sociotécnicas de la maquila en Aguascalientes

A continuación haremos el análisis de las configuraciones sociotécnicas de la maquila en Aguascalientes a partir de las dimensiones que tienen que ver con el nivel de la tecnología (tipo de máquinas y/o equipos); la organización del trabajo (taylorismo-fordismo, las nuevas formas de organización del trabajo que rompen con los principios tayloristas entre concepción y ejecución, con tareas segmentadas entre producción y mantenimiento, entre calidad y producción), las relaciones laborales (flexibilización de las relaciones capital/trabajo, y unilateralidad-bilateralidad en las decisiones referidas a la producción) y el perfil de la mano de obra.

Los niveles tecnológicos con base en los resultados obtenidos de la EMIM, considerando el tipo de instrumentos, equipo o maquinaria predominante en las diferentes fases del proceso productivo pueden ser bajo, medio y alto; en el primero se clasificó a las operaciones que se hacen de manera manual o con equipo automatizado no computarizado; nivel medio sería aquel cuyas actividades de producción se realizan con maquinaria y equipo automatizado computarizado; nivel alto cuando se realiza el proceso de producción con maquinaria y equipo automatizado o sistemas que integren las máquinas herramientas de control numérico computarizado, el Cad Cam o los robots.

Por tamaño de empresa se encontró que la mediana viene a ser la que muestra más homogeneidad en el tipo de tecnología que utiliza, concentrándose de manera importante en el nivel medio (100%), mientras que la pequeña empresa se distingue por combinar el nivel bajo y medio; la grande se reparte entre los tres niveles, bajo 40%, medio 40% y sólo 20% con alta tecnología, Sin embargo, al hacer el cruce por origen de capital encontramos que las maquiladoras de capital nacional cuentan con un porcentaje relativamente más alto en el nivel tecnológico medio (50%), y relativamente bajo con alta tecnología (12.5%), mientras el bajo es de 37.5%. Las de capital extranjero no cuentan con alta tecnología; ésta se divide entre el nivel medio (50%) y el bajo (50%). Por otra parte, al analizar el nivel tecnológico por origen de los insumos encontramos que de nuevo las maquiladoras que más importan insumos no introducen alta tecnología (el 50% se encuentra en el nivel bajo y el otro 50% en el medio), mientras que lo que más se compre en el mercado interno cuenta con 33.3% de tecnología alta.

La industria maquiladora en Aguascalientes no muestra una homogeneidad en sus niveles tecnológicos, que aun cuando se concentra en los niveles medio y bajo, existe un porcentaje pequeño que cuenta con alta tecnología. Sin embargo, el predominio de los niveles tecnológicos no altos hace que gran parte de las empresas finquen su productividad y calidad para exportar en el uso intensivo de la mano de obra sin innovar en este rubro. Lo datos también nos llevan a concluir que las empresas extranjeras no propician el desarrollo tecnológico de sus contrapartes en México en el proceso de producción, ni fomentan el desarrollo de investigación y desarrollo. Esto también se puede ver en el bajo porcentaje utilizado como resultado de las ventas en investigación y desarrollo, que es de 0.017% y además, esta cantidad se destina a mejoras en el proceso y producto y no al desarrollo e innovación de nueva tecnología.

CUADRO 6. Nivel tecnológico por tamaño del establecimiento

Nivel tecnológico	Tamaño del establecimiento			
	Pequeño	Mediano	Grande	Total
Bajo	80.0%	0.0%	40.0%	46.2%
Medio	20.0%	100.0%	40.0%	46.2%
Alto	0.0%	0.0%	20.0%	7.7%
Total	100.0%	100.0%	100.0%	100.0%

Fuente: EMIM (2003).

CUADRO 7. Nivel tecnológico por origen por capital

Nivel tecnológico	Origen del capital		
	Nacional	Extranjero	Total
Bajo	37.5%	50.0%	42.9%
Medio	50.0%	50.0%	50.0%
Alto	12.5%	0.0%	7.1%
Total	100.0%	100.0%	100.0%

Fuente: EMIM (2003).

CUADRO 8. Nivel tecnológico por origen de los insumos

Nivel tecnológico	Origen de los insumos		
	Nacional	Extranjero	Total
Bajo	33.3%	50.0%	46.1%
Medio	33.3%	50.0%	46.2%
Alto	33.3%	0.0%	7.7%
Total	100.0%	100.0%	100.0%

Fuente: EMIM (2003).

CUADRO 9. Nivel tecnológico por destino de las ventas

Nivel tecnológico	Destino de las ventas		
	Nacional	Extranjero	Total
Bajo	100.0%	33.3%	42.9%
Medio	0.0%	58.3%	50.0%
Alto	0.0%	8.3%	7.1%
Total	100.0%	100.0%	100.0%

Fuente: EMIM (2003).

Organización del trabajo

La industria maquiladora de Aguascalientes manifiesta características muy propias en lo que se refiere a su organización del trabajo. Desde la perspectiva de la división del trabajo vemos que se sustenta en una diversificación de categorías. Esta división del trabajo se expresa en el control de calidad y supervisión, ya que la industria maquiladora separa ambas tareas y al hacerlo establece una separación entre el personal que realiza la producción y el que realiza el control de calidad y la supervisión, lo que señala que la operación que realiza cada trabajador es segmentada.

La formalización en el trabajo es una de las dimensiones que caracterizan al taylorismo y que se manifiesta en la implementación de actividades de los trabajadores con base en manuales de puestos y procedimientos. Los datos obtenidos de la EMIM indican que 57.1% de las empresas cuentan con ellos y los usan (cuadro 10). Otros aspectos que forman parte de este tipo de organización del trabajo es la utilización de tiempos y movimientos, así como la regulación de cuotas mínimas de producción; ambos elementos se implementan en 78.6% de los establecimientos maquiladores. Debe anotarse que algunos establecimientos pagan al destajo, lo que pone en juego otros aspectos en cuanto al ritmo y cuotas de producción.

El principal criterio para promover a un trabajador entre categorías, de acuerdo con la EMIM, se divide entre la habilidad (28.6%) y el dominio de las operaciones (28.6%); sin embargo resulta interesante observar que en 21.6% recae en la decisión del jefe, el cual puede o no tomar en cuenta la habilidad o el manejo de las operaciones que tenga el trabajador, a que debe agregarse que en 14.3% no existen procedimientos para la promoción. Los datos indican que si bien las maquilas han superado la vía de los ascensos por antigüedad (escalafón ciego) esto no quiere decir que ahora se encuentren en camino de implementar nuevas formas de organización del trabajo en cuanto a la promoción. Quizás esta diversificación mostrada en la forma de ascender se pueda explicar en parte por condiciones generadas del propio modelo maquilador: los gerentes de las maquiladoras declaran que 96.6% de las bajas dadas en el año se dieron por voluntad propia de los trabajadores (rotación voluntaria), y que el promedio de antigüedad de los obreros generales sea de dos años nos hace pensar que difícilmente se pudiera promocionar vía la antigüedad al trabajador en la categoría de obrero general. Otra explicación pudiera ser también la mezcla de estructuras productivas (empresas tradicionales combinadas con aspectos de NFOT), aspecto que será tratado más adelante.

La manera de comunicarse la dirección con los trabajadores juega entre favorecer el rompimiento de las jerarquías al establecer la comunicación verbal y directa en

CUADRO 10. El establecimiento cuenta con manuales de puestos

Sí y se utilizan	57.1%
Sí, pero no se utilizan	14.3%
No	28.6%
Total	100.0%

Fuente: EMIM (2003).

53.8% de los casos; sin embargo, en un porcentaje relativamente alto (46.2%) se da a través del jefe inmediato, lo que indica la prevalencia de jerarquías en la comunicación, mientras que la comunicación de los trabajadores hacia los directivos es más directa y de forma verbal (61.5%), lo que da un sello de más informalidad a la relación y una tendencia por parte de los trabajadores de romper las jerarquías, pese a la formalidad establecida por la empresa.

La forma en que la organización trata de estimular la comunicación en producción es por medio de las juntas (69.2%), elemento que habla más de una formalidad que de un acercamiento a la participación de los trabajadores de manera espontánea. Cabe mencionar la poca formación de equipos de trabajo, así como su ausencia en la resolución de problemas de la producción al intervenir sólo en 15.7%, lo que muestra una constancia y predilección por una manera formal y tradicional de comunicarse y resolver problemas en el área de producción.

En el cuadro 11 se muestra que la movilidad por cambio de turno (75%) y cambio de departamento (71.4%) es elevada; en menor proporción se da entre puestos (33.3%) y categorías (30.8%).

La polivalencia se práctica de manera regular en 61.5% de los establecimientos; sin embargo, ésta no responde al deseo de fomentar el conocimiento (en 53.8% no se realiza por este motivo), ni como resultado de estimular el enriquecimiento del puesto de trabajo frente a la monotonía (en 46.1% no se practica por esta causa), lo que lleva a suponer que se debe a la contingencia en la producción (aumento en la producción) o a la alta existencia de la alta rotación voluntaria que caracteriza a la maquila.

La influencia del supervisor en las decisiones que implican a la organización del trabajo es contundente y no sólo como un facilitador del trabajo, sino como autoridad que controla el proceso de trabajo. Es así que la actividad que desarrolla el trabajador en el puesto de trabajo está sujeta al control del supervisor (pieza clave en el

CUADRO 11. Movilidad interna

	De categorías	De turno	De tareas/puestos	De departamento
No se practica	7.7	0	0	0
Esporádicamente	23.1	0	25	0
Regular	38.5	25	41.7	28.6
Muy frecuente	30.8	75	33.3	71.4

Fuente: EMIM (2003).

Cuadro 12. Movilidad por polivalencia, monotonía,
conocimiento y otros (%)

	Polivalencia	Monotonía	Más conocimiento	Otros
Muy frecuentes	7.7	7.7	7.7	0
Regular	61.5	23.1	15.4	0
Esporádicamente	0	23.1	23.1	0
No se practica	30.8	46.1	53.8	63.6
Total	100	100	100	63.6

Fuente: EMIM (2003).

taylorismo), pues de acuerdo con los obreros informantes calificados entrevistados, cuando tienen dificultades en el proceso de trabajo, no deciden ellos como solucionarlo, sino que se consulta al jefe inmediato, además de que, como se ve en el cuadro 13, en 93.3% de los establecimientos el supervisor les asigna las tareas, en 80% diseña los puestos y son evaluados por el supervisor en 71.4%.

Uno de los aspectos que nos muestran el ahorro en inversión en tecnología y una intensificación del trabajo con alto rendimiento productivo para la maquila es el número de horas trabajadas y la obligatoriedad a trabajar en días de descanso, y las horas extra. Como se puede observar en el cuadro 14, los tres aspectos forman parte de la estrategia de las maquilas para sacar adelante la producción con bajos costos. En relación con el primer punto, se tiene que el promedio de horas trabajadas es de 44 horas/semana, el 75% de los obreros trabaja horas extra y 100% trabajan muy frecuentemente los días obligatorios de descanso.

La participación de los trabajadores en aspectos relacionados con las decisiones en el proceso de producción es limitada. La intervención tiene que ver con aspectos de su saber hacer, es decir, con aquellos aspectos que da la experiencia y que no

Cuadro 13. Control del trabajo por el supervisor

Asignación de tareas	Comunicación	Carga de trabajo	Evaluación	Diseño de puestos
80%	86.7%	93.0%	71.4%	80.0%

Fuente: EMIM (2003).

CUADRO 14. Intensificación del trabajo

	Rotación de turnos	Turnos extra	Trabajan días de descanso
Muy frecuente	50%	75%	100%
Regular	50%	25%	0
Esporádicamente	0	0	0

Fuente: EMIM (2003).

requieren entrenamiento por parte de la empresa, como es mejorar un procedimiento o método de trabajo. Sin embargo, en aspectos que pudieran permitir obtener un espacio de poder al trabajador, como sería decidir sobre el tipo de maquinaria, la compra de materia prima, definir mejor las cargas de trabajo, o el tipo de capacitación por impartir, su participación es restringida o esporádica, como se puede observar en el cuadro 15.

Los espacios de mayor autonomía para las gerencias siguen siendo lo referente a los aspectos que conforman la gestión del personal (selección y promoción del personal, la definición de cargas de trabajo, la aplicación de sanciones, así como la asignación de premios y bonos, la justificación o no de las ausencias (permisos) y la decisión sobre el presupuesto que se invertirá en producción, aspectos en los cuales los trabajadores no tienen intervención o es muy baja (véase cuadros 16 y 17).

CUADRO 15. Participación de los equipos de trabajo

	Métodos de trabajo	Diseños de mejoras	Programas de capacitación	Selección de maquinaria	Selección de materia prima
Muy frecuente	14.3	14.3	7.1	0	0
Regular	42.9	50	14.3	35.7	14.3
Esporádicamente	28.6	14.3	35.7	7.2	7.1
No se realiza	14.2	21.4	42.9	57.1	78.6
	100	100	100	100	100

Fuente: EMIM (2003).

CUADRO 16. Participación de trabajadores en las decisiones (porcentaje)

	Selección de personal	Promoción de personal	Sanciones	Premios en bonos
Muy frecuente	0	0	0	0
Regular	14.3	35.7	14.3	21.4
Esporádicamente	28.6	21.4	21.4	14.3
No se realiza	57.1	42.9	64.3	64.3
	100	100	100	100

Fuente: EMIM (2003).

CUADRO 17. Involucramiento de los trabajadores
en decisiones (porcentaje)

	Ausencias, permisos y horas extra	Presupuesto de producción
Discuten y proponen	44.4	11.1
Deciden	11.2	11.1
No participan	44.4	77.8
Total	100	100

Fuente: EMIM (2003).

Nuevas formas de organización del trabajo (NFOT)

La implementación de NFOT implica una profunda reorganización que se traduce en una nueva visión sobre el concepto de los trabajadores; supuestamente estos deben ser participativos e involucrarse en las decisiones que atañen al proceso productivo (descentralización de las decisiones en los trabajadores en el proceso de trabajo); en síntesis, implica una nueva concepción de lo que debe ser la vida laboral y productiva. Las NFOT implican también la integración de ciertas técnicas de calidad, la capacitación de los trabajadores en técnicas de calidad total, la conformación de equipos de trabajo y de círculos de calidad, así como el establecimiento del Kan Ban, etc.

Empero, los datos obtenidos de la EMIM (cuadro 18) muestran que la industria maquiladora pareciera que no transita de manera decisiva hacia nuevas formas de organización. Los únicos aspectos que se implementan de manera más clara son los equipos de trabajo y los círculos de calidad, mostrando una heterogeneidad organizativa al interno de las empresas, ya que mantienen un esquema tradicional de organización taylorista-fordista con la introducción de algunas técnicas de las NFOT.

En cuanto al involucramiento de los trabajadores y su participación en las decisiones, ésta es mínima. Discuten y proponen en porcentajes relativamente altos, pero en el momento de decidir sólo lo hacen en cuanto al uso de maquinaria en el proceso productivo y en un porcentaje relativamente bajo (33%). En los demás aspectos, las decisiones quedan supeditadas a las gerencias (véanse cuadros 19 y 20).

CUADRO 18. Establecimiento de NFOT por la empresa

	Sí	No
Círculos de calidad	42.9	57.1
Equipos de trabajo	57.1	42.9
Células de producción	28.6	71.4
Cero errores	28.6	71.4
Control estadístico	28.6	71.4
Establecimiento del Kan Ban	21.4	78.6
Control de calidad	28.6	71.4
Reingeniería	21.4	78.6

Fuente: EMIM (2003).

CUADRO 19. Involucramiento de los trabajadores en el control estadístico del proceso y control no estadístico del proceso

Discuten y proponen	55.6
Deciden	0
No participan	44.4
Total	100

Fuente: EMIM (2003).

Cuadro 20. Involucramiento de trabajadoras de forma grupal en decisiones

	Compra de maquinaria	Especificaciones del producto	Movilidad interna	Relación cliente-proveedor
Discuten y proponen	55.6	33.3	55.6	11.1
Deciden	33.3	0	0	11.1
No participan	11.1	66.7	44.4	77.8
Total	100	100	100	100

Fuente: EMIM (2003).

Flexibilidad en el trabajo

La flexibilidad en el trabajo se analizará a través de un índice (véase apéndice), para saber cómo se comporta la industria maquiladora por origen del capital, origen de los insumos, por destino de las ventas y el tamaño de la empresa. De manera general, en los establecimientos encontramos heterogeneidad en los niveles de flexibilidad (véanse los cuadros 21, 22 y 23); por tamaño de empresa, las más flexibles son las pequeñas, con un 67.7% en el nivel alto y 33.3% en el nivel medio, mientras que la mediana se reparte en porcentajes iguales en los tres niveles (33.3%); por otra parte, la grande cuenta con un nivel de flexibilidad medio (75%) combinándolo en 25% con el nivel bajo. Por el origen de los insumos, las que compran en el mercado interno se concentran en el nivel bajo en 100%, mientras las que adquieren los insumos en el extranjero se dividen entre el nivel medio (62.5%) y el alto (37.5%). El origen del capital cruzado con el nivel de flexibilidad muestra de nuevo la tendencia general del índice, es decir, la no homogeneidad: el capital nacional se reparte en los tres niveles, siendo el de mayor porcentaje el medio con 50%, en el alto 16.6% y en el bajo 33.3%; mientras que las extranjeras se dividen entre el nivel alto y el medio con 50% por ciento.

Finalmente podemos concluir que la flexibilidad en el trabajo en la industria maquiladora de Aguascalientes es heterogénea.

Perfil sociodemográfico de la fuerza de trabajo en la maquila

La composición del personal maquilador se distingue por el alto porcentaje de mano de obra femenina y por una concentración de la población trabajadora en la categoría

CUADRO 21. Nivel de flexibilidad por tamaño del establecimiento

Nivel de flexibilidad	Tamaño del establecimiento			
	Pequeño	Mediano	Grande	Total
Baja		33.3%	25.0%	20.0%
Media	33.3%	33.3%	75.0%	50.0%
Alta	66.7%	33.3%		30.0%
Total	100.0%	100.0%	100.0%	100.0%

Fuente: EMIM (2003).

CUADRO 22. Nivel de flexibilidad por destino de las ventas

Nivel de flexibilidad	Destino de las ventas		
	Nacional	Extranjero	Total
Baja		22.2%	20.0%
Media		55.6%	50.0%
Alta	100.0%	22.2%	30.0%
Total	100.0%	100.0%	100.0%

Fuente: EMIM (2003).

CUADRO 23. Nivel de flexibilidad por origen de los insumos

Nivel de flexibilidad	Origen de los insumos		
	Nacional	Extranjero	Total
Baja	100.0%		20.0%
Media		62.5%	50.0%
Alta		37.5%	30.0%
Total	100.0%	100.0%	100.0%

Fuente: EMIM (2003).

CUADRO 24. Nivel de fexibilidad por origen del capital

Nivel de flexibilidad	Origen del capital		
	Nacional	Extranjero	Total
Baja	33.3%		20.0%
Media	50.0%	50.0%	50.0%
Alta	16.7%	50.0%	30.0%
Total	100.0%	100.0%	100.0%

Fuente: EMIM (2003).

de obreros generales. En cuanto a la edad de la población que labora en la industria maquiladora, en general es joven siendo más notorio en los obreros generales y especializados, que oscila entre los 16 y 25 años. Al respecto podemos decir que la clase trabajadora está constituida por obreros jóvenes, probablemente bajo un contexto de oferta de trabajadores abundante y como consecuencia de la migración que se dio en Aguascalientes con el *boom* de la maquila, además de la colindancia del estado con poblaciones de alta expulsión de mano de obra como son Zacatecas, Jalisco y San Luis Potosí. Los técnicos especializados presentan mayor edad que los obreros generales; quizás se deba a que su incursión en la industria maquiladora sea el resultado de su salida de la industria manufacturera que entró en crisis en 1995.

CUADRO 25. Edad por categoría ocupacional en la maquila

	Porcentaje
Directivos: 26-más de 40 años	42.9%
Administrativos: 26-40 años	64.3%
Técnicos de producción: 26-40 años	57.1%
Supervisores de producción: 26-40 años	78.6%
Obreros especializados: 16-25 años	57.1%
Obreros generales: 16-25 años	50%

Fuente: EMIM (2003).

La instrucción que presentan los obreros generales, de acuerdo con la EMIM, oscila entre primaria completa (28.6%) y primaria incompleta (14.3%); el resto no declaró tener alguna instrucción. Los obreros especializados declaran contar con un nivel de instrucción de primaria en 35.7% y de secundaria un 28.6%. Por el contrario, los administrativos cuentan con estudios superiores en 71.4%, los técnicos profesionales cuentan en 50% con estudios medios. Hay que aclarar que los administrativos y técnicos especializados tienen poca presencia en cuanto al total del personal contratado. Considerando los datos anteriores, parece ser que la maquila sigue prefiriendo a un trabajador con poca instrucción, lo cual nos lleva a la siguiente reflexión: 1. Que la política del gobierno en cuanto a fomentar la creación de escuelas técnicas como son los Cebetis, para proporcionar mano de obra con calificación al sector productivo en general parece ser una política errada, pues al menos en la maquila no se observa de manera contundente la inclusión de mano de obra calificada, lo que puede llevar a la segunda reflexión a manera de hipótesis: 2. No contratar trabajadores calificados forma parte de una política de los empresarios maquiladores acorde con el nivel de la tecnología y la forma predominante de organizar el trabajo.

La antigüedad promedio de los obreros generales de la industria maquiladora es en forma general muy reducida; la antigüedad de la planta laboral oscila entre dos y cinco años, lo que habla de poca estabilización del personal que labora en la maquila. Los obreros especializados no se distinguen tampoco por la permanencia en la empresa, pues 64.3% oscila entre los dos y cinco años (dos a cinco años 35.7%-de dos años 28.6%). La manifestación de una antigüedad reducida puede deberse a que son maquiladoras de incipiente creación o porque se da una alta rotación, o ambas cosas. En los directivos el mayor porcentaje de antigüedad (35.7%) se ubica entre dos y cinco años, siguiéndole con 28.6% de cinco a 10 años. Algo parecido sucede con los administrativos, donde el porcentaje más amplio (57.1%) son de antigüedad de dos a cinco años. Los técnicos son los trabajadores que se supone poseen más calificación y se invierte más en su capacitación y que por tanto deberían ser los que contaran con más antigüedad al volverse pieza clave en la producción. Sin embargo, el porcentaje más alto (42.9%) se ubica entre los dos y los cinco años, siguiendo en importancia un porcentaje más bajo (21.4%) que cuenta con estabilidad en la empresa de entre cinco y 10 años; el resto cuenta con una antigüedad de menos de dos años. En cuanto a los supervisores, el 50% se ubica entre los dos y los cinco años de permanencia en la empresa y 21.4% con más de 10 años.

De esta manera encontramos que el perfil sociodemográfico de la fuerza de trabajo de la industria maquiladora en Aguascalientes se caracteriza por lo siguiente: una población joven y mayoritariamente femenina, con un nivel de instrucción bajo (primaria completa e incompleta); los trabajadores llamados "calificados" cuentan con una instrucción básica (primaria). La antigüedad se ubica en un promedio general de cuatro años tomando a la planta laboral en general (para los obreros generales el promedio es de dos años), lo que nos indica poca estabilidad en el empleo.

Salario

Los salarios en la ciudad de Aguascalientes han desempeñado un importante papel en el crecimiento de la industria, pues siempre han sido bajos; sin embargo, a pesar de la crisis de inicios del siglo XXI éste no decreció, sino que se mantuvo y en algunos casos aumentaron, como es el caso de la industria maquiladora. El nivel salarial de los trabajadores de la maquila puede ser establecido con mayor exactitud al considerar aspectos como salario tabulado, prestaciones, premios y estímulos, pagos por horas extra y otros ingresos.

El porcentaje de prestaciones pagadas a obreros en producción representa 16.63% sobre el total de su ingreso. En cuanto al porcentaje de premios y estímulos, bono de productividad, sobre los ingresos totales de los trabajadores, tampoco son un porcentaje significativo (13.33%). Hay que aclarar que dentro de los bonos de producción se incluye la asistencia y llegar a tiempo a laborar. Las horas extra y días de descanso representan la posibilidad de incrementar el salario de los obreros. En los trabajadores de la industria maquiladora el ingreso extra por este concepto es muy bajo, pues representa sólo 5.39% del ingreso.

Se puede decir que la diversificación de formas de ingreso en la maquila de Aguascalientes es realmente baja; los trabajadores viven prácticamente de su salario tabulado y éste osciló entre 64.64 y 66.00 pesos diarios en 2003.

Sindicalismo y relaciones laborales

La EMIM muestra que 65.1% de los establecimientos manifestaron contar con sindicato; de éstos 50% pertenece a la CTM, el 25% a la CROC y el resto al Justo Sierra. Sin embargo, no sorprende que 34.9% no cuente con sindicato, dado que los empresarios de Aguascalientes se han distinguido por su oposición a la creación de sindicatos. El comportamiento de los sindicatos con referencia a su participación tanto de manera formal como informal en aspectos que tienen que ver con la producción como son el cambio tecnológico, la organización del trabajo y aspectos diversos de la gestión de la mano de obra, es nula, siendo los trabajadores a los que la gerencia toma en cuenta;

191

sin embargo, este espacio de intervención se limita a proponer y discutir, mas no a decidir. Se puede decir que el modelo maquilador también se configura con un tipo de sindicalismo y de relaciones laborales "controlables" por la empresa y el Estado a favòr de los intereses de las empresas, donde el salario bajo forma parte de este àrreglo y define en parte importante la instalación y permanencia de las maquilas. Se puede argumentar además que las políticas del Estado mexicano y de los gobiernos locales optaron por esta vía para la consolidación del modelo económico basado en la maquila. Empero, frente a esta inmovilidad y aletargamiento del sindicalismo, los obreros encuentran maneras de mostrar su descontento (resistencia) frente a las pesadas y malas condiciones de trabajo.

Condiciones de trabajo y resistencia en el proceso de trabajo

Hay gran variedad de formas de manifestación del descontento del trabajador: de manera individual (actitudes o acciones que no necesariamente paralizan a la producción, pero sí generan tensión) o colectiva (la huelga, la manifestación colectiva que afecta directamente a la producción). Una de las formas de mostrar inconformidad por parte de los trabajadores de manera individual para con la empresa por las condiciones de trabajo pesadas (ritmo de trabajo intenso, salarios bajos, autoritarismo, monotonía y rutinización de las actividades, etc.,) es la rotación voluntaria. De acuerdo con los datos de la EMIM, 96% de las bajas en la maquila fueron por voluntad propia de los trabajadores; por otro lado, a la pregunta expresa de cuáles eran las causas por las que se ausentan del trabajo los obreros, las respuestas dieron como primera causa el desinterés por el trabajo, seguida del cansancio provocado por el trabajo y finalmente por problemas familiares. Por su parte, los maquiladores también manifestaron que los trabajadores mostraban actitudes y prácticas de rechazo al ignorar las recomendaciones sobre la manera de realizar la producción: disimulan errores producidos por ellos en la producción, pasan el producto al siguiente proceso sin los estándares de calidad requeridos, además de sustraer materia prima y mostrar indisciplina sobre todo en el orden y limpieza en el lugar de trabajo. Este comportamiento de los trabajadores puede ser entendido dentro del concepto de resistencia. Este tipo de manifestaciones no paralizan la producción, pero sí generan retrasos en ésta, aumentan los desperdicios y crean tensión entre la gerencia y los trabajadores, y dado que no pueden ser tratados como un conflicto abierto implican una negociación diferente. Esta es implícita, como dice uno de los directores entrevistado: "Nos hacemos tontos, no nos queda de otra". En otras palabras, se puede decir, a reserva de

CUADRO 26. Causas principales del ausentismo entre obreros

Causas de ausentismo	1a.	2a.	3a.	4a.	Total
Falta de interés por el trabajo	36.4%	45.5%		18.1%	100.0%
Problemas familiares	15.3%	38.5%	23.1%	23.1%	100.0%
Enfermedades	27.3%	27.3%	27.3%	18.1%	100.0%
Por cansancio del trabajo	33.3%	44.4%		22.3%	100.0%

Fuente: EMIM (2003).

profundizar más al respecto, que las condiciones de trabajo que prevalecen en la maquila conforman una resistencia obrera individual que se vuelve social al rotar de manera voluntaria y al realizar prácticas comunes de resistencia en el proceso productivo, como consecuencia del descontento por las condiciones de trabajo. Es más, se puede decir, a manera de conclusión, que este tipo de resistencia se vuelve parte del modelo productivo de la maquila en Aguascalientes que afecta la productividad.

Identificación con la empresa

Este aspecto se vuelve delicado al tratar de interpretar las respuestas dadas por los trabajadores en la EMIM; primero, si se toma en cuenta que la antigüedad en general oscila entre los dos y cinco años, con una rotación alta y un desgano por el trabajo se esperaría que hubiera un total rechazo hacia la empresa. Sin embargo, las respuestas denotan contradicción: a la hora de preguntarles sobre si estarían dispuestos a trabajar más por la empresa el 86.7% dice que sí, pero al comparar esta respuesta con el hecho de que si rechazaría otro empleo con mayor pago a fin de permanecer en la empresa en la que se encuentra laborando actualmente, el 66.7% está en desacuerdo; cuando se les cuestiona si la empresa vale tanto como la familia, las respuestas se dividen entre 53.3% que está de acuerdo y 46.7% en desacuerdo. En Aguascalientes la familia viene a ser el valor principal y motor del trabajo, es decir, se trabaja en bien de y por la familia (Hernández, 2003). Quizás la explicación sea en el sentido de que conservar el empleo es importante y más en periodos de crisis y, por tanto, se está dispuesto a trabajar duro para mantenerlo. Cuando lo que está en juego es el salario, éste se vuelve más importante que su permanencia o identificación con la empresa, pues de él depende cubrir las necesidades familiares. En cuanto a la equivalencia entre familia y empresa (no trabajo) ésta se encuentra dividida, dado que les es difícil disociar lo que se vuelve un medio de subsistencia familiar (reproducción) y la familia como elemento que los obliga (motiva) a integrarse a un trabajo, lo cual no quiere decir que no estén inconformes con sus condiciones de trabajo, como lo manifiestan las diversas formas de resistencia presentadas. Lo anterior nos lleva a suponer que la identificación con la empresa es parcial y que tiende a tomar diferentes intensidades dependiendo lo que se afecte o beneficie. De todos modos, consideramos que habría que profundizar más al respecto.

El mundo de la empresa en su aspecto cultural se construye en parte en la relación entre los directivos y los trabajadores de piso y una visión del mundo manifiesta en la práctica empresarial. En cuanto a la gestión empresarial en los aspectos de innovación (investigación y desarrollo, implementación de nueva tecnología, cambios en la organización del trabajo) como en la gestión de personal, búsqueda de nuevos mercados, diversificación de la producción, encontramos que los directivos que operan en las maquilas entrevistadas manifiestan una cultura empresarial de la conformidad. Hernández (2003) encuentra esta configuración empresarial en Aguascalientes en empresas manufactureras locales. Son empresarios que no reinvierten, no modernizan su empresa, al no incorporar alta tecnología o implementar cambios en la organización del trabajo. Mantienen una práctica de atesoramiento y les da miedo el riesgo; sólo ven a la empresa como un medio para obtener un medio de vida, en otras palabras, son empresarios ricos con empresas pobres. Podría extenderse esta configuración a los empresarios maquiladores, que ven el modelo maquila como un medio para salir de la crisis, donde los riesgos no corren por su cuenta; ellos sólo tienen que preocuparse por conseguir clientes y mantenerlos, sosteniendo un esquema de mano de obra barata y buscando cumplir con la calidad. La materia prima, la tecnología, el diseño, la distribución y comercialización corresponden a la casa matriz, quien se las proporciona de acuerdo con sus intereses y exigencias. Por tanto, no es su responsabilidad. Para estos empresarios resulta rentable y cómodo ser maquiladores.

Analicemos al respecto algunos extractos de las entrevistas realizadas a los directivos:

¿Por qué no buscan otros clientes aparte de mantener a Estados Unidos como el principal?

Entrevistado 1. No me lo había preguntado, estamos muy tranquilos con el cliente, mientras ellos nos den más clientes.

Entrevistado 2. Es más difícil la gestión empresarial, no coincidimos en horarios, aquí es de día cuando allá es de noche.

Entrevistado 3. El mercado de Europa está muy protegido y en Asia los precios son muy bajos.
Entrevistado 4. La maquila va a seguir con Estados Unidos, es una ventaja la cercanía.

Uno de los aspectos a los que los directivos hicieron más referencia como causa de la crisis de la maquila fue la falta de calidad en los productos, así como en la mano de obra calificada y la falta de inversión en tecnología. Sin embargo, ellos mismos dicen que no lo hacen porque la inversión sería cuantiosa y eso significaría perder ganancia (no se recupera de manera rápida la inversión) o la parte del proceso es tan simple que no requiere de alta tecnología. De nuevo, estas declaraciones nos hacen pensar en la cultura del conformismo y la pasividad, vista ésta como parte de un modelo generado por el propio modelo maquilador. Así, la ventaja competitiva que supuestamente brinda la cercanía con Estados Unidos en lugar de exaltar a ser más competitivos (capacitar a los trabajadores, innovar la tecnología, buscar nuevos clientes) los vuelve pasivos y sujetos a un crecimiento por la vía baja, y a lo que demande el país vecino, no generando un empuje u ofensiva empresarial por parte de los maquiladores en Aguascalientes.

Por otro lado, la visión que tienen los empresarios maquiladores de los trabajadores hace referencia a la poca iniciativa, a no hacer las cosas bien, a que no atienden las indicaciones de cómo realizar su trabajo en producción, a que son mañosos y tramposos, sucios y descuidados, no cuentan con experiencia laboral, además de mostrar odio hacia los supervisores; pero aclaran que no son conflictivos. Dos reflexiones nos motivan tales aseveraciones: aunque la idea del no conflicto prevalece, hay una idea del trabajador que realiza su trabajo, pero no participa ni le interesa lo que suceda en la empresa. Esta concepción del "no pasa nada" mientras no se manifieste de manera conflictiva y colectiva, es un signo cultural de la sociedad de Aguascalientes y es lo que permite hablar de una "paz laboral".

Podemos dividir a los trabajadores de piso en dos tipos, por su experiencia en el trabajo y por su origen: trabajadores del campo sin experiencia en trabajo manufacturero y con experiencia industrial previa. Para uno de los entrevistados, esto hace la diferencia en la relación que se establece con la empresa y en especial con los jefes; en los primeros, de acuerdo con el entrevistado, el trabajador es más noble y trabaja duro, en cambio los de la textil y confección con trayectoria manufacturera son mañosos. De manera general, se puede decir que la cultura laboral de los trabajadores no es de conflicto abierto, pero sí individual y encubierto a través de prácticas como no realizar las cosas como se las ordenan y en el tiempo que se les indica. Mantener sucio su lugar de trabajo, el ausentismo, no hacer caso de las indicaciones parecen apuntar a que estas prácticas dentro de su individualidad adquieren una manifestación social que puede ser interpretada como una manifestación cultural del trabajo, cuyo sentido es generado por las malas condiciones laborales en la maquila y que empata con ciertos códigos culturales de la sociedad de Aguascalientes, como es el encubrimiento del conflicto, el rechazo al conflicto abierto.

Conclusiones

El tipo de maquila que se estableció en la entidad es muy diversa en el nivel de la configuración productiva. Así, tenemos maquiladoras que se instalan con plantas que combinan con una tecnología media y una organización del trabajo taylorista-fordista, en contraposición con empresas locales que se convierten en maquiladoras conservando las viejas estructuras productivas en tecnología y organización del trabajo, y otras que al establecer relaciones con industrias extranjeras elevan su tecnología. En este sentido se puede decir que el proceso de maquilización del estado es heterogéneo y polarizado en el nivel de configuración productiva (véase cuadro 27). Por tanto, tenemos que la industria local tradicional, dado su proceso productivo y el sector al que pertenece (textil principalmente), sigue siendo la que se encuentra en condiciones más frágiles y desventajosas para su desarrollo, dependiendo básicamente de la inversión extranjera para su crecimiento por su carácter de subcontratista.

En cuanto a la crisis por la que pasa la maquila en Aguascalientes, para Crece (Centro Regional para la Competitividad Empresarial) la crisis actual sólo demuestra

CUADRO 27. Perfiles sociotécnicos de Aguascalientes

Perfil	Porcentaje
Organización fordista, tecnología baja o media, flexibilidad baja o media y calificación de nula a media	25.0%
Organización fordista, tecnología baja o media, flexibilidad alta y calificación de nula a media	12.5%
Organización fordista, tecnología baja o media, con flexibilidad y calificación altas	12.5%
Organización fordista, tecnología alta, con flexibilidad y calificación bajas o medias	12.5%
Organización toyotista, con tecnología, flexibilidad y calificación bajas o medias	12.5%
Organización toyotista, con tecnología y flexibilidad bajas o medias y calificación alta	25.0%
Total	100.0%

Fuente: EMIM (2003).

196

que los industriales de la confección se dejaron llevar con la idea equivocada de que la mejor opción era la maquila; se perdió la marca propia y los clientes (mercado interno) con que tradicionalmente contaba el sector (*El Hidrocálido,* 16 de junio de 2002). En otras palabras, de nuevo se pone y está en el centro del debate el "éxito" y la pertinencia o no de continuar con el modelo maquilador en cuanto a los beneficios que supuestamente otorgaría tal modelo a la economía en general y al desarrollo de capacidades empresariales (experiencia en exportar, en gestión empresarial, aprendizaje tecnológico, encadenamientos productivos, conocer y entablar relación con diferentes tipos de mercados, establecer estrategias de crecimiento, etcétera).

Como nosotros pudimos observar, las perspectivas optimistas no se llegaron a concretar; en sus inicios el modelo maquilador permitió paliar la crisis para un grupo de empresarios y para el gobierno fue una salida para generar empleos; empero éstos fueron de baja calidad, tanto en el desarrollo de nuevas competitividades como en el salario. Con la crisis actual se dio el desempleo, el cierre de empresas y la pérdida de contratos en las maquilas y el repunte hasta ahora no llega, o como dice uno de los periódicos de la localidad: "La recuperación de la maquila: flor de un día" (*El Hidrocálido,* 15 de junio de 2002). Actualmente el gobierno no sabe si dar el giro a los servicios o mantener un modelo económico con base en la industria, sea ésta de manufactura o maquiladora. Por lo pronto, la maquila mantiene su descenso y pareciera que nada lo puede parar.

Bibliografía

Alemán López, R., Marcela Hernández R., D. Gutiérrez (1996), *La heterogeneidad productiva en la industria de Aguascalientes*, México, UAA.

Sedec (1999), *La maquila en Aguascalientes*, Aguascalientes, Sedec.

Hernández Romo, Marcela A. (2003), *Subjetividad y cultura en la toma de decisiones empresariales*, México, Plaza y Valdés/UAA.

7
La industria maquiladora de exportación
en el Estado de México

Rosa Arciniega[1]

Características de la industria maquiladora
de exportación en el Estado de México

Aun cuando la actividad maquiladora constituyó en los noventa el sector más dinámico de la economía mexicana (con base en las maquiladoras fronterizas), en el Estado de México, caracterizado por ser una región de gran tradición industrial, en 2003 se registran 43 empresas maquiladoras y 4 429 trabajadores de una PEA de 5.7 millones, 1 380 352 asegurados en el IMSS (Fidepar, agosto de 2004). La participación de la industria maquiladora de exportación en el producto interno bruto de la Industria manufacturera del estado fue de 3.06% en 2002 (véase cuadro 1).

La actividad maquiladora aparece en el Estado de México hacia inicios de 1990. Las estadísticas reportan en ese año 20 empresas, entre el Estado de México y el DF.[2] Durante toda la década del noventa la actividad maquiladora en el Estado de México se presenta en proceso de expansión, incrementándose el número de establecimien-

---

[1] Profesora de la Facultad de Geografía de la Universidad Autónoma del Estado de México; doctora en Sociología, email: rsarciniega@yahoo.com.mx

[2] Hasta 1996 las estadísticas de INEGI sobre la industria maquiladora de exportación mostraron al Estado de México junto con el Distrito Federal, y es recién a partir de 1997 que el INEGI los muestra por separado, por lo que a partir de dicho año en los cuadros se están presentando ambas entidades y la suma de éstas.

CUADRO 1. Participación de la industria maquiladora en el producto interno bruto del Estado de México

Concepto	1997	1998	1999	2000	2001	2002
Total	100.00%	100.00%	100.00%	100.00%	100.00%	100.00%
G.D. 1 Agropecuaria, silvicultura y pesca	2.89%	2.83%	3.24%	2.93%	3.33%	3.14%
G.D. 2 Minería	0.46%	0.43%	0.42%	0.42%	0.40%	0.45%
G.D. 3 Industria manufacturera	32.64%	32.93%	32.96%	32.75%	32.10%	31.04%
G.D. 4 Construcción	4.39%	4.12%	4.25%	3.82%	2.79%	2.71%
G.D. 5 Electricidad, gas y agua	0.81%	0.78%	0.83%	0.77%	0.80%	0.79%
G.D. 6 Comercio, restaurantes y hoteles	20.03%	20.33%	20.15%	21.51%	21.59%	21.54%
G.D. 7 Transporte, almacenaje y comunicaciones	9.85%	10.03%	9.61%	9.99%	10.39%	10.71%
G.D. 8 Serv. financieros, seguros, actividades inmobiliarias y de alquiler	14.15%	14.59%	14.73%	14.42%	15.18%	15.75%
G.D. 9 Servicios comunales, sociales y personales	15.61%	15.12%	15.02%	14.54%	14.71%	15.05%
Menos: Cargo por los servicios bancarios imputados	-0.82%	-1.15%	-1.21%	-1.15%	-1.29%	-1.19%
G.D. 3 Industria manufacturera	100.00%	100.00%	100.00%	100.00%	100.00%	100.00%
División I: productos alimenticios, bebidas y tabaco	22.48%	22.71%	22.92%	22.27%	23.79%	25.63%
División II: textiles, prendas de vestir e industria del cuero	8.63%	8.36%	8.14%	7.95%	6.90%	6.67%
División III: industria de la madera y productos de madera	1.77%	1.86%	1.80%	1.78%	1.68%	1.69%
División IV: papel, productos de papel, imprentas y editoriales	4.92%	5.16%	5.20%	5.12%	4.73%	4.69%
División V: sustancias químicas; deriv. petróleo; prod. caucho, plásticos	17.67%	17.95%	18.14%	17.12%	17.05%	17.20%
División VI: prod. de minerales no met. excepto deriv. petróleo y carbón	6.67%	6.52%	6.48%	6.08%	6.60%	7.34%
División VII: industrias metálicas básicas	4.61%	4.88%	4.59%	4.18%	4.08%	4.50%
División VIII: productos metálicos, maquinaria y equipo	31.38%	30.65%	30.80%	33.59%	33.15%	30.00%
División IX: otras industrias manufactureras	1.86%	1.89%	1.93%	1.90%	2.02%	2.27%
Industria Maquiladora de Exportación	1.94%	2.71%	3.23%	3.88%	3.39%	3.06%

Fuente: INEGI, Sistema de Cuentas Nacionales de México.

tos, de trabajadores, el valor de la producción y el valor agregado, llegando a alcanzar en 2000 su mayor dinamismo con 58 empresas y 13 832 trabajadores. Sin embargo, a partir de ese año se observa una contracción de estas variables, en especial del empleo, que se reduce en 68%, mientras el número de establecimientos desciende 36.7% (véase cuadro 2). En la producción, se observa un fuerte incremento entre 1990 y 2000 de 162 623 000 pesos a 1 973 967 000 pesos, reduciéndose a 1 472 866 000 pesos en 2002. Y el valor agregado también tuvo un fuerte incremento hasta el año 2000 en que alcanzó 1 312 212 000 pesos, y comienza a reducirse a partir de ese año llegando a 999 102 000 pesos en 2003. En lo que se refiere a las remuneraciones la tendencia es similar alcanzando su máximo en 2000 con 206 046 000 pesos y reduciéndose a 137 304 000 pesos en 2003.

La localización de la IME en el Estado de México se circunscribe principalmente a los municipios de Toluca, Lerma, Naucalpan y Tlanepantla. En 1998, Toluca y Lerma albergaban 29.2% de los establecimientos, el 46.1% del empleo, el 51.9% de las remuneraciones y 39.6% del valor agregado de la maquila del Estado de México. La IME se concentra en las zonas tradicionalmente reconocidas como las de mayor industrialización en el Estado de México. La infraestructura, así como las condiciones

CUADRO 2. Número de establecimientos, personal ocupado, producción, valor agregado y remuneraciones en la maquila de exportación del Estado de México* en miles de pesos constantes de 1993

Año	Núm. de establecimientos [1]		Personal ocupado [1]		Valor de la producción[2]		Valor agregado[2]		Remuneraciones[2]	
	Núm.	% incr.	Núm.	% incr.	Valor	% incr.	Valor	% incr.	Valor	% incr.
1997	44		9 225		846 382		695 414		115 327	
1998	48	9.1%	9 728	5.5%	1 249 384	47.6%	948 413	36.4%	146 403	26.9%
1999	53	10.4%	11 985	23.2%	1 546 298	23.8%	1 049 498	10.7%	182 676	24.8%
2000	58	9.4%	13 828	15.4%	1 973 967	27.7%	1 312 212	25.0%	206 046	12.8%
2001	51	-12.1%	11 987	-13.3%	1 709 298	-13.4%	1 341 642	2.2%	199 407	-3.2%
2002	47	-7.8%	7 894	-34.1%	1 472 866	-13.8%	1 074 753	-19.9%	169 330	-15.1%
2003	43	-8.5%	7 014	-11.1%	S/D		999 102	-7.0%	137 304	-18.9%
2004P	37		4 429		S/D		371 560		38 209	

[1] Promedio mensual del año.
[2] En miles de pesos constantes de 1993.
Fuente: estadística de la Industria Maquiladora de Exportación-INEGI.
* Hasta 1996 las Estadísticas de INEGI mostraron al DF junto con el Estado de México.
P A julio, cifras preliminares.

Cuadro 3. Empresas según actividad económica en la industria
maquiladora de exportación del Estado de México

Actividad económica	Núm. empresas	% del total
División I: productos alimenticios, bebidas y tabaco	2	5%
División II: textiles, prendas de vestir e industria del cuero	11	27%
División III: industria de la madera y productos de madera	0	0%
División IV: papel, productos de papel, imprentas y editoriales	0	0%
División V: sustancias químicas; deriv. petróleo; prod. caucho, plásticos	0	0%
División VI: prod. de minerales no met. excepto deriv. petróleo y carbón	1	2%
División VII: industrias metálicas básicas	0	0%
División VIII: productos metálicos, maquinaria y equipo	13	32%
División IX: otras industrias manufactureras	6	15%
Servicios	8	20%
Total empresas	41	100%

Fuente: directorio de la Secretaría de Economía del Estado de México.

del mercado de trabajo, son los mayores atractivos para los inversores. El papel del gobierno del estado parece no ser tan fundamental, pues como incentivos reconoce que sólo son federales, y más se resaltan como factores de peso la disponibilidad y capacidad de la mano de obra, así como la paz laboral que es reconocida en la zona (Fidepar, octubre de 2004). El 32% de las empresas maquiladoras de exportación del Estado de México pertenecen a la División VIII: productos metálicos, maquinaria y equipo; el 27% pertenecen a la División II: textiles, prendas de vestir e industria del cuero; el 20% son de servicios y 15% pertenecen a la División IX: otras industrias manufactureras.

A partir de 2001 la industria maquiladora empieza a mostrar una importante desaceleración en su ritmo de crecimiento, tal como se puede apreciar a través de la caída del número de establecimientos.

La industria maquiladora ha generado un buen número de empleos, pero a partir de 2001 empieza su contracción. En julio de 2004, en el Estado de México sólo se cuentan 33 establecimientos y 4 429 trabajadores; es decir, de enero de 2001 a julio de 2004 se presentó el cierre de 25 establecimientos y la desaparición de 9 403 empleos. Si bien la contracción de la IME es a nivel nacional, el Estado de México figura entre las entidades federativas con mayor contracción del empleo (Vargas, 2003). En cuanto a la composición del personal ocupado, distinguiendo entre obreros, técnicos y administrativos, en el cuadro 5 podemos observar que en 1997 la proporción de

CUADRO 4. Núm. De establecimientos en la IME
del Estado de México*

Año	Núm. de establecimientos (promedio mensual del año)
1997	44
1998	48
1999	53
2000	58
2001	51
2002	47
2003	43
2004ᴾ	37

Fuente: estadística de la Industria Maquiladora de Exportación-INEGI.
* Hasta 1996 las estadísticas del INEGI mostraron al DF junto con el Estado de México.
ᴾ A julio, cifras preliminares.

GRÁFICA 1. Núm. de establecimientos en la IME del Estado de México
(promedio mensual del año)

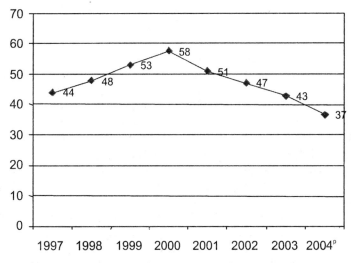

Fuente: estadística de la Industria Maquiladora de Exportación-INEGI.
ᴾ A julio, cifras preliminares.

obreros fue de 82.6%, la de los técnicos de 8.4% y de los administrativos de 9% respecto al total ocupado. En 2000, año en que se alcanza la máxima ocupación de 11 454 obreros, 852 técnicos y 1 522 administrativos, dicha proporción es de 82.8%, 6.2% y 11%, respectivamente.

En cuanto a la composición de los obreros por sexo, podemos apreciar que en la IME del Estado de México la ocupación de las mujeres es mayoritaria; sin embargo, la participación masculina se ha ido incrementando.

En 1997, de 7 621 obreros el 70.8% son mujeres, hasta alcanzar 53.8% en 2004. El incremento en la participación masculina pasó de 29.2% en 1997 a 46.2% en 2004, lo que muestra que en el Estado de México se tiene la misma tendencia que se ha presentado a nivel nacional en cuanto a incremento de la participación masculina. En cuanto al valor de la producción, éste fue aumentando desde 1990 a 2000. Sin embargo, a partir del año 2001, como ha sucedido con el número de establecimientos y el personal ocupado, se comienza a reducir la producción en -13.4% de 2000 a 2001 y en -13.8% de 2001 a 2002. Y en lo que se refiere al valor de la producción por ramas, tenemos que en 2002 en la industria maquiladora de exportación del Estado de México 87.7% de la industria tiende a concentrarse en la División II: textiles,

CUADRO 5. Personal ocupado en la industria maquiladora
de exportacion del Estado de México*

Año	Total PO	Obreros		Técnicos y administrativos		Técnicos		Administrativos	
	Total PO	Total obreros	% del total	Total téc. y adm.	% del total	Total téc.	% del total	Total adm.	% del total
1997	9 225	7 621	82.6%	1 604	17.4%	771	8.4%	833	9.0%
1998	9 728	8 109	83.4%	1 620	16.7%	568	5.8%	1 052	10.8%
1999	11 985	10 071	84.0%	1 914	16.0%	677	5.6%	1 237	10.3%
2000	13 828	11 454	82.8%	2 374	17.2%	852	6.2%	1 522	11.0%
2001	11 987	10 007	83.5%	1 980	16.5%	796	6.6%	1 184	9.9%
2002	7 894	6 603	83.6%	1 292	16.4%	551	7.0%	741	9.4%
2003	7 014	5 574	79.5%	1 440	20.5%	582	8.3%	858	12.2%
2004P	4 429	3 404	76.9%	1 015	22.9%	326	7.4%	689	15.6%

Fuente: estadística de la Industria Maquiladora de Exportación-INEGI.
* Hasta 1996 las estadísticas del INEGI mostraron al DF junto con el Estado de México.
P A julio, cifras preliminares.

CUADRO 6. Obreros en la industria maquiladora de exportacion
del Estado de México*

Año	Total obreros		Obreros hombres		Obreros mujeres	
	Total obreros	% del total ocupado	Total obreros hombres	% de hombres del total	Total obreros mujeres	% de mujeres del total
1997	7 621	82.6%	2 229	29.2%	5 392	70.8%
1998	8 109	83.4%	2 642	32.6%	5 467	67.4%
1999	10 071	84.0%	3 307	32.8%	6 764	67.2%
2000	11 454	82.8%	4 169	36.4%	7 285	63.6%
2001	10 007	83.5%	3 809	38.1%	6 197	61.9%
2002	6 603	83.6%	2 626	39.8%	3 977	60.2%
2003	5 574	79.5%	2 458	44.1%	3 116	55.9%
2004P	3 404	76.9%	1 572	46.2%	1 832	53.8%

Fuente: estadística de la Industria Maquiladora de Exportación-INEGI.
* Hasta 1996 las estadísticas del INEGI mostraron al DF junto con el Estado de México.
P A julio, cifras preliminares.

prendas de vestir e industria del cuero y en la División VIII: productos metálicos, maquinaria y equipo. La proporción de insumos importados en el total de insumos consumidos por la industria maquiladora de exportación del Estado de México es bastante alta. En 1997 fue de 76.7%, reduciéndose paulatinamente hasta alcanzar en 2001 el 42.5%, para volver a incrementarse hasta 73.4% en 2004.

Modelos de producción en la industria maquiladora de exportación del Estado de México

En esta parte se aborda el tema de los modelos de producción en empresas maquiladoras de exportación que se localizan en el Valle Toluca-Lerma.[3] En 1998, Toluca y Lerma

[3] Del total de maquiladoras del Estado de México aceptaron participar en el proyecto 50% de las empresas de la zona Toluca-Lerma. En estas empresas se aplicaron los instrumentos de recolección de información, como son la encuesta sobre modelos de industrialización en la maquila (EMIM), cuestionarios a supervisores, cuestionarios a obreros calificados, entrevistas a gerentes generales y revisión de los contratos colectivos de trabajo.

albergaban 46.1% del empleo maquilador estatal y 29.0% de los establecimientos. El estudio inicia señalando las características generales de las empresas que participaron en el proyecto y luego se divide en cuatro secciones. En la primera se precisan las características tecnológicas de las empresas; en la segunda las nuevas formas de organización de la producción; en la tercera las relaciones laborales; y en la cuarta se analiza el empleo, resaltando el perfil de la mano de obra y la rotación de personal.

Características generales de las empresas

Las empresas que participan en esta investigación resaltan por su heterogeneidad en cuanto al giro y tamaño. Las empresas pertenecen a diferentes ramas industriales, sobresaliendo la División VIII: productos metálicos, maquinaria y equipo, y la División II: textiles, prendas de vestir e industria del cuero. Dentro de la primera figuran aquellas que se dedican a la fabricación de carrocerías, partes y accesorios para automóviles, fabricación de partes para equipo de comunicaciones, conexiones para mangueras y ensamble y reparación de motores no eléctricos.

Las plantas presentan condiciones semejantes en cuanto a propiedad: en su mayoría son de capital extranjero. De las empresas encuestadas 85.7% son 100% de capital extranjero y 14.3% son de capital mixto.

Las pautas de localización de las industrias maquiladoras de exportación no obedecen exclusivamente a la cercanía con Estados Unidos. Entre las razones por las cuales las empresas se instalaron en el Valle Toluca-Lerma del Estado de México, la mayoría de las empresas mencionan como principal causa de su ubicación en la zona el costo y la disposición de abundante mano de obra, así como las buenas relaciones laborales y la cercanía del mercado del producto, siendo la calificación de la mano de

CUADRO 7. Empresas encuestadas por rama de actividad

Actividad económica	% del total
División VIII: productos metálicos, maquinaria y equipo	57.1%
División II: textiles, prendas de vestir e industria del cuero	28.6%
División I: productos alimenticios, bebidas y tabaco	14.3%
Total de empresas	100.0%

Fuente: EMIM (2003).

CUADRO 8. Tipo de capital

Tipo de capital	%
100% de capital extranjero	85.7%
49% de capital extranjero y 51% de capital nacional	14.3%
Total	100.0%

Fuente: EMIM 2003.

obra la causa que consideraron menos importante para su ubicación. Si bien todas entrenan y capacitan posteriormente a su personal, no manifiestan como necesidad requerir mayores niveles de calificación en la mano de obra. Un aspecto que juega un papel importante en la forma de organización es el tipo o modalidad de empresa maquiladora. El 57.1% de las empresas encuestadas son ensambladoras; sólo 28.6% realizan actividades de manufactura y 14.3% son de servicios.

En cuanto a los insumos utilizados en su mayoría provienen del exterior; la principal fuente de insumos es Estados Unidos, de donde proviene 55% del valor de los insumos.

El 50% de las empresas tienen como principal razón para importar los insumos el acuerdo con su casa matriz, el 33.3% el costo más bajo y sólo 16.7% para gozar de exención de impuestos. De las ventas realizadas por las empresas 97% es para la exportación. El 95% de las ventas se destina al mercado de Estados Unidos, el 3% al mercado interno mexicano y sólo 1% a Europa y Canadá. Y de las exportaciones a Estados Unidos, el 50% se destina a la casa matriz.

CUADRO 9. Línea principal de producción

Línea principal de producción	%
Ensamble de piezas o componentes	57.1%
Transformación de materia prima	28.6%
Servicios	14.3%
Total	100.0%

Fuente: EMIM (2003).

CUADRO 10. Procedencia de los insumos

País de procedencia	% promedio
Estados Unidos	55.0%
Mercado interno mexicano	40.0%
Europa	3.5%
Canadá	1.5%
Total	100.0%

Fuente: EMIM (2003).

CUADRO 11. Destino de las ventas

País	% promedio
Estados Unidos	95.0%
Mercado interno mexicano	3.0%
Europa	1.0%
Canadá	1.0%
Total	100.0%

Fuente: EMIM (2003).

Hay un mínimo de actividades conjuntas con otros establecimientos en el país. Entre las actividades que se realizan en forma conjunta con otras empresas resalta la compra de algunas materias primas, la contratación de personal y la capacitación, aunque no es una situación que se presente en la mayoría de empresas. Predominan las que adquieren sus insumos fuera del país, así como su maquinaria y equipo, e investigación y desarrollo, entre otros.

Tecnología

Tipo de proceso

El 100% de las empresas encuestadas realizan el proceso productivo a través de piezas; por ejemplo, condensadores, playeras, reparación de motores, etc., donde el producto es por unidades diferenciales.

CUADRO 12. Tipo de proceso en la línea principal de producción

Tipo de proceso	%
Por pieza	100.0%
Flujo continuo (producto y materia prima fluida)	0.0%

Fuente: EMIM (2003).

En cuanto a la utilización del equipo, el proceso se realiza en su mayoría por medio de herramientas manuales. El 67.2% de las operaciones se realizan manualmente y 28.7% con maquinaria o equipo automatizado no computarizado.

La transformación del producto implica que predomina el obrero al que se le asigna un trabajo o una operación que repite de modo simplificado utilizando sus herramientas manuales, lo que indica un bajo nivel tecnológico en las empresas estudiadas. El personal que le sigue serían los técnicos que manejan equipo automatizado no computarizado. Este dato se vincula además con el tipo de maquila que predomina en la zona, ensambladoras que dependen o son intensivas en mano de obra y que por consiguiente no se caracterizan por presentar alta tecnología y si el requerimiento o uso intensivo de mano de obra, que por lo demás es poco calificada.

La mayoría de empresas aparece técnicamente rezagada. En la autoevaluación que realizan las empresas de su tecnología, el 57.1% de ellas consideran que tienen una tecnología atrasada respecto a los estándares internacionales y 42.9% considera que tiene una tecnología a la vanguardia a nivel internacional. Al distinguir los esta-

CUADRO 13. Forma de operación en la línea principal de producción

Forma de operación	%
a) Manualmente. Por medio de herramientas manuales	67.2%
b) Con maquinaria o equipo no automatizado	8.2%
c) Con maquinaria o equipo automatizado no computarizado	28.7%
d) Con maquinaria o equipo computarizado	12.0%
e) Por medio de sistemas computarizados de manufactura integrados	14.5%

Fuente: EMIM (2003).

blecimientos a la vanguardia de tecnología, sobresalen las manufactureras, en que la modernización ha incluido la automatización de la maquinaria, en especial para asegurar los estándares de calidad y la reducción del tiempo de producción. Aun así, manifiestan que no ocurre de modo general, sino que opera de modo parcial. En 85.7% de las empresas el control de calidad se realiza visualmente y en 14.3% por medio de instrumentos no automatizados. En ninguna se reporta control de calidad por medio de instrumentos automatizados.

En lo que se refiere al sistema justo a tiempo en el suministro a producción, en 85.7% de las empresas no se utiliza.

La adquisición de la tecnología en 85.7% es por medio de la casa matriz, no se suele recurrir a consultores o asesorías, ni compra de patentes. Prácticamente no se realiza investigación y/o desarrollo tecnológico, pues la tecnología la obtienen de sus matrices.

CUADRO 14. Principal forma de control de calidad

Cómo se realiza el control de calidad	%
Visualmente	85.7%
Por medio de instrumentos no automatizados	14.3%
Por medio de instrumentos automatizados	0.0%
No se realiza control de calidad	0.0%
Total	100.0%

Fuente: EMIM (2003).

CUADRO 15. Utilización del sistema justo a tiempo
en el suministro a producción

Se utiliza el sistema justo a tiempo	%
Sí	14.3%
No	85.7%
Total	100.0%

Fuente: EMIM (2003).

CUADRO 16. Forma de adquisición de tecnología

Forma de adquisición de tecnología	%
De la casa matriz	85.7%
Desarrollo propio	14.3%
De consultores	0.0%
Compra de patentes	0.0%
Compra a otras empresas	0.0%
Total	100.0%

Fuente: EMIM (2003).

Organización del trabajo

En todas las empresas encuestadas se realiza control de calidad. En 71.4% de los casos es realizado por un departamento o personal especializado y en 28.6% por el mismo personal de producción. Como vimos, este control se realiza en forma predominantemente visual.

El principal procedimiento para asignar puesto a un trabajador recién contratado es por propuesta del jefe inmediato o del departamento de recursos humanos. En 14.3% no existen procedimientos formales, mientras que la aprobación de cursos de capacitación, las propuestas de los equipos de trabajo y otros procedimientos para asignar puesto no cuentan.

CUADRO 17. Personal que realiza el control de calidad

Tipo de personal	%
Existe un departamento o personal especializado	71.4%
El mismo personal de producción	28.6%
No se realiza control de calidad	0.0%
Total	100.0%

Fuente: EMIM (2003).

CUADRO 18. Principal procedimiento para asignar puesto
a un trabajador recién contratado

Principal procedimiento	%
Propuesta del jefe inmediato o del departamento de recursos humanos	42.9%
Examen de habilidades y aptitudes	28.6%
Examen de conocimientos	14.3%
No existen procedimientos formales	14.3%
Aprobación de cursos de capacitación	0.0%
Por propuesta del equipo de trabajo	0.0%
Otra forma	0.0%
Total	100.0%

Fuente: EMIM (2003).

En cuanto al principal procedimiento para promover a un trabajador de producción resalta ligeramente el dominio de operaciones y tareas; le sigue examen de habilidades y aptitudes, así como examen de conocimientos, pero también propuesta del jefe inmediato. En algunas prima incluso antigüedad en el trabajo y la no existencia de procedimientos formales. Lo que sí es inexistente es la promoción a través de la aprobación de cursos de capacitación, propuestas del equipo de trabajo u otras formas. El uso de manuales de puestos no está muy generalizado, pero los manuales de procedimientos sí, y el uso tiende a hacerse más frecuente por la normatividad de la ISO.

CUADRO 19. Principal procedimiento para promover
a un trabajador de producción

Principal procedimiento	%
Dominio de operaciones y tareas	28.6%
Examen de habilidades y aptitudes	14.3%
Examen de conocimientos	14.3%
Propuesta del jefe inmediato	14.3%
Antigüedad en el trabajo	14.3%
No existen procedimientos formales	14.3%
Aprobación de cursos de capacitación	0.0%
Por propuesta del equipo de trabajo	0.0%
Otra forma	0.0%
Total	100.0%

Fuente: EMÍM (2003).

La mayoría de las empresas encuestadas no realiza estudio de tiempos y movimientos (57.1%) y no tiene que cumplir con cuotas mínimas de producción (57.1%). En cuanto al mantenimiento de la maquinaria y el equipo, el 57.1% es realizado por un departamento o personal especializado.

La mayoría del personal de producción no está especializado ni tiene acceso a labores de mantenimiento. La mayor parte de las empresas controla la producción a través de un grupo de supervisores o de jefes inmediatos. No hay control mediante equipo automatizado. La presencia clave del supervisor en el control de la producción refleja el mantenimiento de las formas tradicionales de control como la escasa participación de los equipos de trabajo en esta labor. En el supervisor se concentran las decisiones importantes sobre el trabajo, como las actitudes de los trabajadores de permanente consulta hacia los supervisores, y las formas de asignación de las tareas. También determina la cantidad de trabajo y realiza las actividades de evaluación del trabajo, siendo importante en las decisiones sobre la asignación de puestos y la movilidad vertical del trabajador. Entre las obligaciones de los trabajadores figura de manera específica "no separarse de su lugar de trabajo sin avisar a su jefe inmediato" (cláusula 34 RIT, Empresa 5).

En el caso de los permisos, su participación también es importante: "Los trabajadores están obligados a solicitar los permisos para faltar a sus labores por conducto de sus jefes inmediatos, toda falta no amparada por permiso escrito y previo a la misma, se computará como injustificada" (cláusula 29 RIT, Empresa 5).

Sólo en una empresa de la muestra encontramos el compromiso de "favorecer la transición de supervisor autoritario, a supervisor facilitador y coordinador del trabajo" y "actualizar la calidad de las relaciones humanas de los mandos medios", comprometiendo al sindicato a "promover métodos que ayuden a combatir el ausentismo y la impuntualidad" y "promover campañas de motivación al trabajador que favorezcan el cumplimiento de los programas de trabajo acordados entre Empresa y sindicato" (art. 36 Empresa 2).

La principal forma de comunicación de los directivos y gerentes con los trabajadores de producción es en forma verbal directa; prácticamente a este nivel desaparece la labor mediadora de los jefes y supervisores.

Asimismo, la principal forma de comunicación de los trabajadores de producción con los directivos y gerentes es en forma verbal directa. Las formas que adquiere esta comunicación son predominantemente a través de juntas y otras formas de comunicación sobre asuntos de la producción, no pasando necesariamente a través de equipos de trabajo.

Entre las nuevas formas de organización del trabajo figura la movilidad entre puestos o categorías, el desarrollo de tareas de diferentes puestos, trabajo en horas

CUADRO 20. Principal forma de supervisión
de los trabajadores de producción

Principal forma de supervisión	%
Mediante un grupo de supervisores o jefes	71.4%
Mediante equipos de trabajo	14.3%
No hay forma sistemática de supervisión	14.3%
Mediante equipo automatizado	0.0%
Otros	0.0%
Total	100.0%

Fuente: EMIM (2003).

extra, movilidad entre turnos y cambio entre departamentos. También trabajan en días de descanso obligatorio y rotan turnos.

En cuanto a las causas para mover internamente al personal de producción en todas las empresas, son por aumento en la producción, en menor grado para estimular la polivalencia, para eliminar la monotonía o por renuncias frecuentes, es decir, poco tienen que ver con la formación de trabajadores con determinadas características.

CUADRO 21. Movilidad interna de los obreros de producción

Formas de movilidad interna del personal de producción	Sí	No
Movilidad entre puestos o categorías	100.0%	0.0%
Desarrollan tareas de diferentes puestos	85.7%	14.3%
Trabajan horas extras	85.7%	14.3%
Movilidad entre turnos	57.1%	42.9%
Cambio entre departamentos	71.4%	28.6%
Trabajan en días de descanso obligatorio	57.1%	42.9%
Rotación de turnos	57.1%	42.9%
Cambio de establecimiento de la misma empresa	0.0%	100.0%
Otra movilidad	0.0%	100.0%

Fuente: EMIM (2003).

Sobre las características de los trabajadores de producción movilizados priman los conocimientos o aptitudes, y la disposición del trabajador, y menos la antigüedad o la historia laboral del trabajador.

A los trabajadores de producción se busca involucrarlos en aspectos que atañen directamente a las funciones productivas que realizan, principalmente en el mejoramiento del método de trabajo; en proporción menor se les involucra en la selección de maquinaria, equipo o herramienta, o selección de materias primas, mejoramiento de la productividad y calidad. Es muy poco su involucramiento en aspectos de carácter más administrativo como selección de personal, promoción de personal, sanciones a los trabajadores o asignación de premios y bonos, donde prevalecen criterios de las gerencias.

No se visualizan profundos cambios en la forma de organizar las empresas. Más que formas grupales de organización del trabajo, en las empresas predomina el trabajo individual, aunque ya se observa la presencia de equipos de trabajo. En una de las empresas de la muestra figura en su contrato colectivo una alusión directa a los equipos de trabajo:

> La empresa establecerá libremente los sistemas de organización del trabajo, el cual se desarrollará principalmente en grupos o equipos de trabajo, quienes serán una organización muy flexible, que operará dentro del concepto de Calidad Total, por lo que se requiere una completa cooperación entre los trabajadores para lograr productos de alta calidad, entregados a tiempo y con el menor costo para los clientes de la empresa.

Para asegurar la óptima utilización de los recursos existirá una completa movilidad y flexibilidad de los trabajadores. Los equipos de trabajo serán autosupervisados, mantendrán y mejorarán continuamente la calidad, la productividad, flexibilidad y movilidad, limpieza de sus áreas y en general de las normas y estándares de trabajo.

De acuerdo con lo anterior, "los trabajadores desempeñarán cualquier labor o actividad en cualquier departamento que se encuentre dentro de sus habilidades, experiencia, capacidad o entrenamiento" (art. 24, Empresa 2).

Los círculos de calidad, control total de la calidad, cero errores, control estadístico del proceso, Kan Ban prácticamente se desconocen.

Si la mayoría de empresas manifiestan haber adoptado grupos de trabajo de participación en la producción, es más que nada por la forma secuencial que tiene el trabajo en las maquiladoras ensambladoras, o para actuar en situaciones muy específicas, como en la identificación de causas de riesgo en el trabajo, elaboración de programas de previsión de riesgos o detección de necesidades de capacitación.

CUADRO 22. Nuevas formas grupales de organización del trabajo

En el establecimiento existen las siguientes nuevas formas grupales de organización del trabajo	Sí	No
Células de producción	42.9%	57.1%
Equipos de trabajo	28.6%	71.4%
Círculos de calidad	14.3%	85.7%
Control total de la calidad	14.3%	85.7%
Cero errores	14.3%	85.7%
Control estadístico del proceso	14.3%	85.7%
Kan Ban	14.3%	85.7%
Reingeniería	0.0%	100.0%

Fuente: EMIM (2003).

Relaciones laborales

A diferencia de otras zonas, donde no prosperan los intentos por registrar sindicatos, en el Estado de México prácticamente todas las plantas maquiladoras están sindicalizadas, sean establecimientos pequeños o de gran tamaño, o pertenezcan a los diferentes sectores de actividad. El porcentaje de establecimientos con sindicato es bastante elevado.

Las organizaciones sindicales de las empresas maquiladoras de Toluca se caracterizan por pertenecer al corporativismo tradicional, es decir, organizaciones adheridas de manera institucional al Partido Revolucionario Institucional (PRI), ocupando un lugar de predominancia la CTM, que es la central más importante en la región. Las

CUADRO 23. Existencia de sindicato en el establecimiento

¿Existe sindicato en el establecimiento?	%
Sí	85.7%
No	14.3%
Total	100.0%

Fuente: EMIM (2003).

secciones sindicales maquiladoras forman parte de federaciones y confederaciones ya existentes y reconocidas en la zona; otras se vinculan directamente a sindicatos nacionales de la ciudad de México.

En la CTM se encuentra el Sindicato de Trabajadores de la Industria Metalúrgica y Similares del Estado de México y el Sindicato Nacional de Trabajadores de la Industria Automotriz, Partes y Refacciones Plásticas y Similares de la República Mexicana. Aparte de la CTM figuran sindicatos de maquiladoras afiliados a la CTC (Confederación de Trabajadores y Campesinos), miembro de la FROT (Federación Renovadora de Obreros y Trabajadores), como el Sindicato de Trabajadores de la Confección, Limpieza, Manufactura de la Ropa en el Estado de México.

También tiene presencia la FOM (Federación Obrera de México), con el denominado Sindicato de Trabajadores de la Industria Transformadora del Metal, Plástico y de Aparatos Eléctricos, Similares y Conexos del Estado de México. Estos sindicatos, que tienen años de operación en la zona, continúan con la misma estructura, política y procedimientos internos. El Sindicato de Trabajadores de la Industria Metalúrgica y Similares del Estado de México data de los años sesenta y cuenta con un secretario general único para todas las empresas (señor Arnulfo García Pichardo) y un asesor sindical diferente por cada empresa.

También cuenta con comités seccionales o Comité Ejecutivo Local en cada una de las empresas (secretario general, secretario del trabajo, secretario de organización, secretario de actas y secretario tesorero).

Por su lado, el sindicato vinculado a la FROT se organiza a partir del Secretario General de la FROT (señor Juan Ramírez Rodríguez) y el Secretario General del Sindicato. Este sindicato miembro de esa federación y de la CTC es también de línea corporativa (PRI) y se afirma que surge para contrarrestar el poder de la CTM cuando un gobierno estatal empieza a dar importancia a la CTC.

En el Estado de México y en especial en las zonas industriales del Valle de Toluca se afirma que la CTC sí es importante, en especial la FROT. Se reporta que fueron dos hermanos quienes iniciaron esa organización hacia los años setenta, sobresaliendo don Leonel Domínguez Rivero.

En el caso del sindicato afiliado a la FOM se organiza a partir del secretario general de la FOM (señor Francisco García Romero) y delegados sindicales que se eligen entre los trabajadores de la empresa. La federación está afiliada al PRI y se reconoce que también tiene significativa presencia en Toluca, en especial porque a esa federación pertenece el complejo industrial Industrias Unidas S.A. (IUSA-Industrias Pasteje), herederos de don Alejo Peralta, con sede en el municipio de Jocotitlán. Pasteje tiene más de 5 000 trabajadores, con una presencia regional muy importante.

Funcionarios del trabajo resaltan el carácter de "institución familiar" de estos sindicatos regionales; por ejemplo, el Sindicato de Trabajadores de la Industria Metalúrgica es miembro de la Federación Regional de Trabajadores del Valle de Toluca, CTM, formada también en los años sesenta, cuando empiezan a organizarse don Jesús, Antonio y Agustín García Lovera. Asimismo, resaltan sus vínculos con el poder político. Don Jesús fue diputado local y federal, regidor en algunos ayuntamientos y secretario general por décadas de General Motors, así como otras empresas grandes y chicas. El actual Secretario General del Sindicato, hijo de Jesús García Lovera, hace dos años fallecido ("quien asumió el cargo después de conflictos interfamiliares", "es el heredero de ese sindicato, es así en estas regiones..."), se reconoce que es el líder sindical de mayor presencia en el Valle de Toluca. A su vez, una de sus hijas es abogada y senadora suplente del ex gobernador del Estado de México.

Todos estos sindicatos son los que se negocian los distintos acuerdos laborales con las empresas maquiladoras, o bien no tienen presencia en los lugares de trabajo, o bien son sindicatos que dividen sus funciones: realizan determinadas tareas de gestión de la mano de obra para la gerencia y mantienen los vínculos con las centrales sindicales corporativas. En este último caso, se trata de un corporativismo pasivo en el proceso productivo (dejan a las gerencias la gestión del proceso productivo) y muy activo en cuanto a afiliación sindical. Funcionarios de la Delegación del Trabajo resaltan más que una supuesta crisis de este tipo de corporativismo la gran organización del sindicato (en el sentido de aparato organizativo con el que cuenta: "tienen mucha gente", "los secretarios generales presentes en las empresas son gente que han estado formando ellos, se reúnen todos los miércoles alrededor de 100, se están preparando en lo que se refiere a temas como reparto de utilidades, nueva cultura laboral, administración, organización, tienen todo un aparato en Toluca, Ixtlahuaca, Lerma") y su dinamismo ("se están modernizando", "son muy conocedores, su secretario general ha viajado a Estados Unidos, Canadá, Este asiático, Europa, en especial Alemania... visitan sindicatos..."). El representante sindical local de una de las empresas de la muestra confirma esta versión, incidiendo en el carácter específico de sus actividades, como organización de asambleas para nombramiento de comisiones para la festividad del 12 de diciembre, la organización de peregrinaciones de ciclistas al Señor de Chalma, organización de convivios y misas, etcétera.

Sin embargo, en los contratos colectivos se evidencia la incapacidad sindical para influir en el diseño y en la aplicación de políticas novedosas respecto a la organización del trabajo y en las condiciones de vida y trabajo de sus agremiados. Explícitamente han renunciado a intervenir en la gestión del proceso de trabajo y en la incorporación de nuevas tecnologías (sólo se les informa); por otro lado, no se refleja mejoría en las condiciones de vida y trabajo.

La contratación colectiva en las maquiladoras de Toluca-Lerma

Los sindicatos presentes en las empresas maquiladoras han desempeñado un papel importante en la flexibilización de los contratos colectivos, ya que la flexibilidad no ha sido establecida unilateralmente por las empresas, sino que ha sido pactada con estas organizaciones sindicales.

No se ha recurrido a actores no tradicionales ni a instituciones distintas, ni se han presentado estrategias unilaterales o de confrontación.

Los contratos colectivos en las plantas maquiladoras siguen un patrón con tres elementos comunes: en primer lugar, convertir el ámbito de la producción en un espacio exclusivo de la empresa, y no en un espacio de negociación y concertación ni con trabajadores ni con sindicatos. De allí la ausencia de normas que muestren algunas políticas conjuntas en relación con la tecnología o con la organización del trabajo dentro de las instalaciones productivas.

"Corresponde a la Empresa, el derecho exclusivo de administrar libremente su negocio y por consiguiente, ni los trabajadores ni el Sindicato o sus Representantes tendrán injerencia alguna a este respecto" (art. 3, Empresa 4).

"El Sindicato reconoce expresamente que la dirección y administración de la empresa y del personal que en ella laboran corresponde exclusivamente a ésta, sin más limitación que imponga la Ley o este Contrato" (art. 4, Empresa 2).

Un segundo elemento es el reconocimiento de los sindicatos oficiales como representantes legales de los trabajadores de las empresas, pero con una clara definición de sus espacios de acción. Las empresas reconocen la labor sindical en un campo específico: vinculado con la administración del personal y con el reconocimiento a las cláusulas administrativas tradicionales de los sindicatos, como el mantenimiento de la cláusula de exclusión, con el consecuente apoyo a sus actividades.

La Empresa reconoce al Sindicato como el único Representante del interés profesional de los trabajadores a su servicio, amparados por el presente Contrato Colectivo de Trabajo y en consecuencia, toda diferencia o conflicto de carácter laboral relacionado con aquellos, será tratado con el Sindicato por conducto de sus representantes debidamente autorizados (art. 2, Empresa 4).

La empresa reconoce que el Sindicato representa a los trabajadores sindicalizados que laboran en la empresa y por lo mismo, reconocen la personalidad jurídica de éste y se obliga a tratar todo lo relacionado con el interés colectivo de los trabajadores sindicalizados y que se encuentran afiliados al mismo (declaración 6, Empresa 2).

La empresa reconoce que el Sindicato es la única organización que representa el interés colectivo de los trabajadores sindicalizados a su servicio. El Sindicato, como representante de los trabajadores, es uno de los miembros de la estructura que existe entre clientes, proveedores y Empresa (art. 2, Empresa 2).

En tercer lugar, los contratos colectivos brindan flexibilidad sea a través de la autorización explícita a las empresas para modificar las condiciones de trabajo (los horarios, cargas de trabajo, y en general, cualquier cambio que considere necesario), o bien a través de la indefinición escrita de determinada normatividad laboral. Se busca la total disposición del personal en función de las necesidades empresariales, prestando muy poca atención a otras cuestiones, como la participación.

A pesar de esta conjunción de intereses entre empresas y sindicatos, llama la atención la firma de contratos colectivos de estos mismos sindicatos con empresas que manifiestan el mismo domicilio fiscal, los mismos representantes legales, pero diferente nombre de la maquiladora registrada. En términos contractuales, la situación laboral del personal queda bajo responsabilidad no de la maquiladora, sino de otra empresa. Vale decir, la maquila delega o transfiere toda obligación legal a una empresa con la cual no la liga ni siquiera una relación de subcontratismo. De este modo, la empresa maquiladora evade responsabilidad laboral en caso de presentarse alguna contingencia, como procesos de reajuste de personal o problemas por revisión contractual, quedando en duda quién asume la personalidad patronal para estos trabajadores.

También encontramos una empresa con apenas cuatro trabajadores registrados, pero con sindicato constituido, cuando la normatividad remarca la presencia mínima de 20 trabajadores.

En cuanto a las respuestas de los empresarios respecto a estos sindicatos, manifiestan el nulo o poco interés que tienen en los asuntos de la productividad, a pesar de que la flexibilidad laboral está planteada en la negociación de los contratos colectivos, como base en la reducción de los costos de producción para la obtención de mayores y mejores estándares de calidad y de productividad, pues se asume que la modernización de los procesos productivos requiere que las relaciones laborales se adapten con rapidez a los nuevos sistemas. Las empresas con sindicatos oficiales se muestran descontentas con este tipo de sindicatos.

El estudio de la flexibilidad laboral que se presenta se centra en el análisis de los contratos colectivos de seis empresas maquiladoras de la zona de Toluca-Lerma que se obtuvieron a través de la Secretaría del Trabajo.

Flexibilidad numérica

Los contratos colectivos de las empresas maquiladoras de Toluca muestran los requisitos de ingreso como la política laboral en cuanto a la estabilidad en el empleo. Los contratos mantienen la intervención del sindicato en el procedimiento de ingreso de los trabajadores, pero las normas se orientan a estrechar cada vez más los márgenes de interferencia sindical en las decisiones de ingreso a la empresa, por ejemplo, al empezar a incidir en necesarios exámenes de conocimientos y aprobación de cursos de capacitación.

En lo que se refiere al reclutamiento y contratación del personal que se emplea en las maquiladoras de Toluca, las empresas se obligan a admitir únicamente trabajadores que sean proporcionados por el sindicato (cláusula de exclusión al momento de la contratación, según la cual para poder trabajar en la empresa es condición pertenecer al sindicato que representa los obreros de éste, art. 395 LFT). Es necesaria la solicitud de las empresas al sindicato contratante y la afiliación sindical es obligatoria. Las empresas solicitan al sindicato dicho personal y si en un plazo determinado no lo proporciona puede contratar a los trabajadores directamente, pero de inmediato los mandará afiliarse al sindicato. Entre los requisitos para ingresar a las empresas figura ser miembros del sindicato.

> La Empresa se obliga a no aceptar en lo futuro a ningún trabajador que no pertenezca al Sindicato contratante, por tanto cuando la Empresa necesite aumentar el personal o cubrir vacantes que llegaren a presentarse éstas serán cubiertas por los trabajadores que proporciona el Sindicato, en la inteligencia de que el mismo disfrutará de 48 horas a partir de la solicitud por escrito de la Empresa para proporcionarlo (art. 5, Empresa 6).
>
> Todo el personal que desee la empresa, deberá solicitarlo por pacto colectivo al Sindicato, toda vez que queda entendido que en la Empresa sólo laborarán trabajadores miembros activos del Sindicato... a) De darse el caso de que la Empresa por una sola vez contratara directamente a trabajador alguno no miembro activo del Sindicato, tiene la obligación de afiliarlo a la Organización en un término no mayor de 72 horas (art. 10, Empresa 5).

En algunos contratos no se mencionan requisitos de ingreso salvo la necesaria afiliación sindical; en otras sí se establecen otros requisitos para el ingreso en donde destacan la edad (mínimo 16 o 18 años); en algunas figura un mínimo de escolaridad (instrucción secundaria terminada) o estar capacitado tanto física como intelectualmente para desempeñar las labores que les sean encomendadas; hay que aprobar satisfactoriamente los exámenes de admisión que las empresas estimen convenientes (entre ellos examen de conocimientos y pasar satisfactoriamente el examen médico).

221

No se incide en habilidades o competencias específicas, no se mencionan preferencias en cuanto al género (a pesar de que las mujeres llegaron a representar en 1997 el 70.8% del total de obreros); tampoco figura algún requerimiento de experiencia laboral previa, aunque sí cumplir con los programas de capacitación.

El sistema de selección de personal exige en general ser miembro del sindicato, pero aparte de ello se redefinen otros atributos de los trabajadores:

Para ingresar al servicio en la empresa, los trabajadores deben cumplir los siguientes requisitos:

a) Ser miembros del Sindicato o afiliarse a él, en los términos de la cláusula anterior
b) Proporcionar con verdad los datos requeridos para su ingreso.
c) Tener más de 16 años.
d) Someterse al examen médico con el profesionista que señale y proporcione la empresa, debiendo manifestar en forma veraz los datos o informes que se le pida y resultar satisfactoriamente aprobado.
e) Los hombres en edad de servicio militar obligatorio, deberán acreditar haber cumplido éste, con el documento correspondiente (cartilla).
f) Aprobar satisfactoriamente los exámenes de admisión que la empresa estime convenientes.
g) Estar capacitado tanto física como intelectualmente para desempeñar las labores que les sean encomendadas.
h) Cumplir con los programas, cursos, sesiones y actividades que formen parte del plan de capacitación y adiestramiento.
i) En general, contar con la capacidad y el deseo para adaptarse a la flexibilidad laboral requerida por la empresa (art. 8, Empresa 2).

Posteriormente se señala que el trabajador será sometido a un periodo de 30 días de inducción y prueba, o de 90 días si el tipo de trabajo requiere adiestramiento, después del cual podrá ser considerado como trabajador de planta o separado sin responsabilidad si no posee el perfil requerido. Quiere decir que la base se les otorga según su desempeño.

"Todo trabajador que ingrese al servicio de la empresa, quedará sujeto a un período de inducción hasta por noventa días, dentro de cuyo plazo la empresa podrá prescindir de sus servicios sin responsabilidad, cuando a su juicio el trabajador no resulte apto para desempeñar sus labores" (art. 10, Empresa 4).

La empresa podrá negarse a aceptar a un trabajador proporcionado por el sindicato cuando no llene los requisitos; será facultad de la empresa rechazar a un trabajador propuesto por el sindicato si en un examen preliminar del mismo se estima que el trabajador no está capacitado para prestar su servicio para el cual fue solicitado (art. 9f, Empresa 4), o si en el transcurso de la etapa de prueba no demuestra su aptitud (arts. 10 y 11, Empresa 3).

En general encontramos mayor control del empleo por parte de las empresas, aunque se mantiene la intervención sindical en la etapa del reclutamiento. Los espacios de la acción sindical nacen de la cláusula de exclusión que aparece en todos los contratos colectivos en el aspecto de ingreso, pues en primera instancia es el sindicato el que propone trabajadores; además, los trabajadores tienen que afiliarse al sindicato al empezar a trabajar. Por otro lado, la empresa se reserva la facultad para contratar personal eventual, temporal o por tiempo determinado en los casos que sea necesaria esta temporalidad. En los contratos colectivos cabe la posibilidad de introducción de personal eventual, pues se distingue entre trabajadores de planta y trabajadores temporales, y no se especifican formas ni límites, salvo en pocos casos que se menciona la necesidad de firmas de convenios para implementar su ingreso.

La contratación de eventuales se fija como libre para algunas empresas, simplemente atendiendo a sus necesidades de producción o por la naturaleza de las actividades a que se dedica la empresa:

La empresa podrá contratar trabajadores temporales o transitorios, para obra determinada o por tiempo determinado, en los casos que sea necesaria esta temporalidad, conforme a los artículos 36 y 37 relativos de la ley. Estos contratos y las relaciones de trabajo correspondientes quedarán terminados automáticamente, sin ninguna responsabilidad para la empresa, al concluir el objeto o término de los mismos, sin necesidad de aviso o notificación alguna (cláusula 11, Empresa 2).

Dada la naturaleza de las actividades a que se dedica la empresa, ésta utilizará con frecuencia trabajadores eventuales, los cuales serán contratados por tiempo fijo o para obra determinada, según sea más conveniente, quienes causarán baja automática al terminar sus respectivos contratos... (art. 9, Empresa 1).

En otros casos queda establecido que la contratación de trabajadores eventuales es por acuerdo entre la empresa y el sindicato.

Los trabajos de naturaleza temporal, eventual, por obra determinada, se efectuarán con personal contratado con el Sindicato para tal efecto, se formularán los contratos en los que se señalará la temporalidad como eventual, por tiempo fijo o por obra determinada. (art. 33, Empresa 3).

La empresa comunicará al sindicato con 24 horas de anticipación, la aceptación o separación al término de los contratos, por obra determinada, tiempo fijo o eventuales y entregará al mismo, una copia de dichos contratos y otra al trabajador interesado (art. 10, Empresa 3).

serán trabajadores eventuales los que contraten por tiempo determinado o para la ejecución de una obra hasta su terminación de acuerdo con la Empresa, se contraten a destajo estando de acuerdo ambas partes, comprometiéndose el Contratante a los requisitos que la Empresa señale (art. 7, Empresa 5).

En lo que se refiere al ajuste del empleo, en los contratos colectivos se reconocen las causas consignadas por la LFT: "La empresa podrá despedir justificadamente y sin ninguna responsabilidad a aquel trabajador que incurra en alguna de las causales establecidas en el artículo 47 de la Ley, o por alguna de las conductas o abstención que sea igualmente grave y de consecuencia semejante" (art. 35, Empresa 2).

En los reglamentos internos de trabajo se añaden otras causales: "Son causa de rescisión del contrato de trabajo: m) abandonar la empresa en horas de trabajo, sin permiso escrito correspondiente" (RIT, Empresa 3, art. 23).

En dos empresas encontramos vinculación entre recorte de personal y cuestiones productivas, en una especificando una compensación económica y en la otra una necesaria convención con el sindicato:

Cuando por implantación de maquinaria o de nuevas instalaciones y procedimientos de trabajo, la Empresa tenga necesidad de disminuir su personal, podrá dar por terminados los contratos de trabajo de los trabajadores que resulten afectados, pagándoles una indemnización equivalente a cuatro meses de salario, más veinte días por cada año de servicios prestados, además los días que le corresponda por pago de prima de antigüedad. A) cuando se trate de reducir personal por causas distintas a las señaladas con anterioridad, la indemnización será de tres meses de salario, veinte días por año y doce días por año como · prima de antigüedad, con el salario que tenga el trabajador al momento de la liquidación. (art. 43, Empresa 3).

La empresa convendrá con el sindicato, en la forma de llevar a cabo el reajuste de trabajadores por exceso de personal, implantación de maquinaria, u otros motivos que a juicio de la empresa pongan en peligro la estabilidad de la fuente de trabajo. Para el caso de que la empresa y el sindicato no se pusieran de acuerdo, se procederá en los términos de la Ley Federal del Trabajo (art. 30, Empresa 1).

Más que encontrar cláusulas que vinculen al empleo con la demanda fluctuante del producto, encontramos que en todos los contratos se determina la salida del trabajador en caso de aplicarse la cláusula de exclusión.

Se instituye la cláusula de exclusión e) tiene el deber y la obligación la Empresa de separar del trabajo al o a los trabajadores que sancione el Sindicato o expulse del mismo, con la aplicación de la cláusula de exclusión (art.20 e), Empresa 5).

La empresa acepta suspender al trabajador o trabajadores cuando el Sindicato lo solicite, precisamente por escrito, manifestando haber aplicado la exclusión de acuerdo con sus Estatutos o que hubiese ocurrido la renuncia del trabajador (art. 6, Empresa 6).

La empresa a solicitud del Comité Ejecutivo de Sindicato separará del trabajo a los miembros del Sindicato que renuncien a él o sean expulsados del mismo. Al ejercer la Empresa la petición del Sindicato en dicho sentido, no incurrirá en responsabilidad alguna, basta que el Sindicato lo comunique precisamente por escrito. La Empresa comunicará por escrito al Sindicato los despidos por parte de ésta (art. 14, Empresa 3).

Los sindicatos no logran mantener la seguridad en el empleo, pero logran que se mantenga el encuadramiento sindical para trabajadores de planta y trabajadores eventuales.

En cuanto al subcontratismo, sólo en una empresa encontramos que ésta se reserva la facultad de subcontratar personal para todas aquellas funciones distintas del objeto de la planta. Se mencionan así una serie de tareas que en vez de desarrollarse con personal propio pasan a manos de terceros, constituidas por otras empresas especializadas. No existe mayor precisión respecto a la temporalidad de estos puestos ni al tipo de sindicalización de este personal.

Cuando se trate de trabajos eventuales de naturaleza distinta a los desempeñados normalmente en la empresa, o que no corresponden a las actividades y objeto social de la misma tales como construcción, reparaciones, instalación, modificación y cambio de maquinaria, obras de albañilería, de instalaciones eléctricas, mecánica y de servicio y similares a las anteriores, la empresa y el Sindicato elaborarán un convenio particular que tendrá por objeto definir el pago que se hará al Sindicato por concepto de Cuota Sindical o bien la cooperación correspondiente al Comité Ejecutivo Sindical (art. 12, Empresa 2).

Finalmente, la contratación de trabajadores de confianza es libre para las empresas.

Flexibilidad funcional

En cuanto al uso flexible de la fuerza de trabajo dentro de los procesos productivos, encontramos una regulación que otorga una alta discrecionalidad a las empresas en el uso y disposición de la fuerza de trabajo. Entre los principales aspectos que se han adecuado a las demandas de la producción flexible figuran: jornada de trabajo, movilidad entre puestos y categorías, movilidad entre turnos, criterio principal de ascenso, trabajo en horas extras, trabajo en días de descanso obligatorio.

Jornada de trabajo

La jornada de trabajo en las empresas es de ocho horas diarias para la jornada diurna, de 7.5 para la mixta y de siete horas para la jornada nocturna, o sea una jornada semanal de 48, 45 y 42 horas, respectivamente (art. 12, Empresa 4; art. 15, Empresa 2; art. 23, Empresa 3). Los horarios de labores, los periodos de descanso y los turnos de trabajo naturalmente son establecidos por las empresas, sólo que los podrá modificar libremente, de acuerdo con las necesidades de producción. En algún caso, se especifica incluso que el tiempo destinado para tomar alimentos no será considerado dentro de la jornada de trabajo.

> Los horarios de labores y los turnos de trabajo serán establecidos por la empresa, de acuerdo con las necesidades de producción. Para al efecto, las partes convienen las siguientes modalidades:
>
> a) La empresa podrá modificar los horarios, turnos y los periodos de descanso, si las necesidades de la producción o de la productividad así lo hicieran necesario, otorgando el Sindicato y los trabajadores su conformidad con esta condición colectiva especial del trabajo con la firma de este Contrato.
> b) Los trabajadores disfrutarán de un periodo intermedio dentro de la jornada diaria de trabajo para descansar y tomar sus alimentos. Considerando que podrán salir del lugar donde prestan sus servicios, este lapso no será considerado ni computado como tiempo efectivo de la jornada de trabajo.
> c) Podrán establecerse jornadas o turnos flexibles, incluyendo jornada reducida discontinua o cualquier modalidad que las operaciones de cada departamento requieran (art. 16, Empresa 2).
>
> El horario de entrada y salida del trabajo será el especificado en la cláusula séptima con la salvedad siguiente: el horario señalado en el párrafo anteriormente señalado, podrá ser modificado a petición de la Empresa y por necesidades de la misma cuando así lo estime pertinente, sin mayor trámite (art. 11 RIT, Empresa 5).

La consideración de si el descanso para tomar alimentos se considera dentro de la jornada de trabajo es diferente en las empresas. En la mayoría se consideran dentro de la jornada de trabajo, pero en algunos casos fuera de ella.

> [...] durante la jornada de trabajo, se concederá al trabajador un descanso de media hora y si desean tomar sus alimentos o descansar, entendiéndose que esa media hora es computable dentro de la jornada de trabajo (art. 12, Empresa 4).

Convienen las partes que la jornada de trabajo será de 48 horas semanarias para la jornada diurna [...] dentro de las horas de servicio, los trabajadores disfrutarán de 35 minutos para tomar sus alimentos (art. 23, Empresa 3).

Movilidad entre puestos y categorías

La movilidad interna en puestos de trabajo y departamentos en algunos casos está mediada por el sindicato y en otros ya es libre para las empresas. El trabajador puede ser desplazado a lo largo de distintas funciones de su línea de producción; sólo en algún caso se especifica que es por falta temporal de trabajo o reparación de maquinaria, necesidad de la producción y productividad.

En los contratos se establece que cuando se requieran cambios de personal de un departamento a otro, la empresa está facultada para realizar estos cambios de puesto, pero previo convenio con el sindicato.

La Empresa y el Sindicato convienen que por necesidad de la producción y productividad la empresa podrá modificar, siempre sin menoscabo del salario, y previo convenio particular que se celebre con el Sindicato, cualquier condición del trabajo o modalidad de la prestación de los servicios, tales como horario, puesto o actividad de trabajo, domicilio del centro de trabajo, lugar de la prestación personal del trabajo, distribución de jornada semanal del trabajo, etc. De acuerdo con lo anterior, y con la firma de este Contrato el Sindicato y los trabajadores que representan otorgan desde ahora su consentimiento y con-

CUADRO 24. Movilidad entre puestos y categorías

Movilidad	%
Libre para la empresa	33.3%
No especificada	33.3%
Por acuerdo entre empresa y sindicato	16.7%
Limitación por el contrato colectivo	16.7%
Prohibida para la empresa	0.0%
Total	100.0%

Fuente: contratos colectivos de trabajo.

227

formidad expresa con esta posibilidad de cambios, lo que viene a constituir una modalidad contractual y condición especial de la relación colectiva de trabajo (art. 25, Empresa 2).

Esta postura se remarca en el reglamento interno de trabajo:

Los trabajadores se obligan a desempeñar sus labores en el lugar que la Empresa designe de acuerdo con su especialidad, quedando la Empresa facultada para cambiar de lugar o departamento, siempre y cuando tales cambios sean sin perjuicio de sus salarios, prestaciones e incentivos con previo aviso y de común acuerdo con el Sindicato (art. 10 RIT, Empresa 2).

En otros casos tal libertad no está sujeta a convenio previo:

En los casos en que por falta temporal de trabajo, debido a reparación de maquinaria y otras causas y no fuera posible a la Empresa utilizar los servicios de todos o parte de los trabajadores, en labores ordinarias, podrá la Empresa ocuparlos en otros trabajos y los trabajadores acatarán las órdenes, en la inteligencia que serán sin perjuicio a los salarios que perciban. Además la Empresa se obliga a no ocupar a los trabajadores calificados en trabajos de carga y descarga de materias primas que la Empresa requiera para la elaboración de sus productos, salvo en causas de fuerza mayor (art.76, Empresa 3).

El Sindicato manifiesta su expresa conformidad para que cuando a juicio de la Empresa las necesidades del servicio así lo requieran, esta última podrá cambiar temporalmente a los trabajadores del lugar, puesto o turno en que normalmente laboran, sin perjuicio del salario que tengan asignado, pero en la inteligencia de que si pasan a desempeñar un trabajo superior en categoría se les cubrirá la diferencia que resulte de todo el tiempo que desempeñen dicho trabajo, sin que por ese motivo se consideren titulares del puesto (art. 12, Empresa 1).

La Empresa podrá cambiar temporalmente o permanentemente a sus trabajadores por necesidades del servicio de un puesto a otro, ya sea dentro de un mismo departamento o enviándolos a desempeñar otros puestos a cualquiera de sus otros departamentos. Si la ocupación a que fuera enviado el trabajador tuviese asignado un salario mayor del que disfruta, se le cubrirá la diferencia que corresponda, siempre que demuestre la capacidad del perfil del puesto en cuestión, pero en caso de que el puesto tuviese asignado inferior salario, el del trabajador movilizado, no será afectado. Al regresar a su puesto anterior, el trabajador continuará percibiendo el mismo salario correspondiente a dicho puesto (art. 19, Empresa 4).

Movilidad entre turnos

CUADRO 25. Movilidad entre turnos

Movilidad	%
Libre para la empresa	33.3%
No especificada	50.0%
Por acuerdo entre empresa y sindicato	16.7%
Limitación por el contrato colectivo	0.0%
Prohibida para la empresa	0.0%
Total	100.0%

Fuente: contratos colectivos de trabajo.

El Sindicato manifiesta su expresa conformidad para que cuando a juicio de la Empresa las necesidades del servicio así lo requieran, esta última podrá cambiar temporalmente a los trabajadores del lugar, puesto o turno en que normalmente laboran [...] (art. 12, Empresa 1).

Todo el personal cumplirá cuidadosamente con las siguientes disposiciones para mayor disciplina y orden en el establecimiento:

b) Los trabajadores se comprometen a trabajar turnos rolados, los cuales serán fijados por la Empresa (art. 21 RIT, Empresa 3).

Los horarios de labores y los turnos de trabajo serán establecidos por la empresa, de acuerdo con las necesidades de producción. Para tal efecto, las partes convienen las siguientes modalidades:

a) La empresa podrá modificar los horarios, turnos y los periodos de descanso, si las necesidades de la producción o de la productividad así lo hicieran necesario, otorgando el Sindicato y los trabajadores su conformidad con esta condición colectiva especial de trabajo con la firma de este Contrato.

b) Podrán establecerse jornadas o turnos flexibles, incluyendo jornada reducida discontinua o cualquier modalidad que las operaciones de cada departamento requieran (art. 16, Empresa 2).

Criterio principal de ascenso (movilidad vertical)

CUADRO 26. Criterio principal de ascenso

Criterio principal	%
No especificada	66.7%
Mixto (con antigüedad)	33.3%
Antigüedad	0.0%
Capacidad	0.0%
Capacitación	0.0%
Escolaridad	0.0%
Total	100.0%

Fuente: contratos colectivos de trabajo.

Los ascensos no son exclusivamente por conocimientos demostrados, habilidades, experiencias adquiridas o por capacitación. Consideran como variables fundamentales la capacidad y la antigüedad: "La capacidad de los trabajadores para desempeñar sus respectivos puestos, así como su antigüedad al servicio de la Empresa, se tomarán en cuenta, respectivamente, para los ascensos en caso de que la Empresa decida llenar las vacantes que se presenten, ya sean definitivas o temporales" (art. 10, Empresa 1).

No se observa una ruptura con los términos altamente restrictivos para ascender a los niveles superiores; los mecanismos de promoción reportan la mediación sindical para la promoción de los trabajadores; además se especifica que si el trabajador progresa de un nivel a otro será para la categoría inmediata superior: "El Sindicato solicitará a la Empresa, promociones de categoría para trabajadores con base en méritos, capacidades y antigüedad en el trabajo, para que sean promovidos a la categoría inmediata superior, de acuerdo con los escalafones establecidos en el tabulador de salarios" (art. 44, Empresa 3).

Los contratos que especifican en el ascenso describen el mecanismo previsto para que un trabajador progrese de un nivel a otro. El trabajador debe cumplir determinados requisitos, atendiendo a los méritos y trayectoria de los candidatos: "[...] la Empresa seguirá usando el sistema de calificación de méritos para que periódicamente estudie la reclasificación del personal sindicalizado y estudiará las peticiones que el Sindicato le presente" (art. 10, Empresa 3).

Al ocurrir una vacante definitiva, si fuera necesario cubrirla, pasará a ocupar el puesto el trabajador a quien corresponda, de acuerdo con su competencia y antigüedad, al cual se le dará un adiestramiento y capacitación en lo relacionado con el puesto que será como máximo de 90 días cubriendo la diferencia de sueldo, al final de esto, se le hará un examen teórico-práctico y en caso de no aprobar regresará a su puesto anterior (art. 40, Empresa 3).

Los trabajadores que no demuestren en las pruebas de competencia su capacidad en el trabajo, de las vacantes a que hayan sido promovidos, volverán a sus puestos de origen y lugar que ocupaban con anterioridad, así como los demás trabajadores que ascendieron con motivo del movimiento que se hubiese efectuado, cubriendo el puesto otro trabajador a quien corresponda en el escalafón y quedará sujeto a las mismas condiciones interviniendo en estos casos el Secretario del Trabajo y el Secretario General indistintamente del Comité Ejecutivo del Sindicato (art. 42, Empresa 3).

Trabajo en horas extra

CUADRO 27. Trabajo en horas extra

Tipo	%
Obligatorio	66.7%
No especificado	33.3%
Voluntario	0.0%
Convenio entre empresa y sindicato	0.0%
Total	100.0%

Fuente: contratos colectivos de trabajo.

En la mayoría de las empresas pueden exigir el cumplimiento de horas extra cuando así se necesite, en cuanto se especifica que son obligatorias.

Cuando por circunstancias extraordinarias se prolongue la jornada ordinaria de trabajo, los servicios prestados durante el tiempo excedente se considerará como extraordinario y se pagará en un 100% más del salario que corresponde a las horas de la jornada ordinaria, en la inteligencia de que existe prohibición expresa para que los trabajadores laboren tiempo extraordinario sin que haya orden expresa por escrito del representante autorizado de la empresa. Cuando exista una necesidad por incremento en la producción o necesidades de algún cliente, los trabajadores necesarios deberán laborar en el periodo extraordinario que se requiera mediante el pago arriba mencionado (art. 17, Empresa 2).

Ningún trabajador podrá negarse a prestar servicios extraordinarios, cuando para ello fuera requerido por la Empresa, por la limitación prevista por el Artículo 66, 67 y 68 de la Ley (art. 13, Empresa 4).

Trabajo en días de descanso obligatorio

CUADRO 28. Trabajo en días de descanso obligatorio

Tipo	%
Obligatorio	50.0%
No especificado	50.0%
Voluntario	0.0%
Convenio entre empresa y sindicato	0.0%
Total	100.0%

Fuente: contratos colectivos de trabajo.

Los trabajadores podrán ser llamados a laborar en sus días de descanso semanal o días de descanso obligatorio.

La Empresa otorgará el día de descanso semanal, que de preferencia será el día domingo, y para los trabajadores que lleguen a trabajar el día de descanso semanal, recibirán una prima del 25% de su salario ordinario, independientemente del tiempo extra que llegaran a laborar" (art. 21, Empresa 4).

Los trabajadores disfrutarán de un día de descanso semanal por cada seis días de trabajo, el cual se procurará sea el domingo de cada semana. La empresa pagará el salario correspondiente a ese día en su proporción a los días trabajados en esa misma semana o en su caso, integrando en la cuota por hora o destajo que se pacta en el tabulador (art. 19, Empresa 2).

La Empresa otorgará a los trabajadores como días de descanso obligatorio con goce de salario íntegro los siguientes: [...] los trabajadores que sean llamados para prestar sus servicios en cualquiera de los días señalados como descanso obligatorio, se les pagará con salario doble independientemente del que les corresponda en su día de descanso (art. 22, Empresa 4).

Vacaciones

En cuanto a las vacaciones, son las empresas las que fijan los calendarios de vacaciones a los trabajadores, con base en sus necesidades de producción.

"La empresa proporcionará vacaciones a sus trabajadores en los términos a lo dispuesto [...] las que se disfrutarán de acuerdo con el calendario que para ello la empresa formule con base en sus necesidades de producción" (art. 21, Empresa 2).

En síntesis, los sindicatos no adquieren ni buscan espacios de participación en los procesos productivos; esto revela que el tipo de flexibilización que se introduce no está relacionado ni con la apertura de nuevos espacios para los sindicatos (por ejemplo, el cambio en los sistemas productivos y su derecho de verificar cargas de trabajo o propuestas respecto a cambios tecnológicos, la productividad y la calidad) ni con la apertura de nuevos espacios para los trabajadores (no existen cláusulas ni proyectos que impliquen la participación de los trabajadores en la organización de las empresas y en los procesos productivos).

La regulación existente otorga gran discrecionalidad a las empresas en el uso y disposición de la fuerza de trabajo. La libertad de las empresas en el empleo y en el control del proceso de trabajo refleja una concepción bastante flexible en aspectos organizativos y laborales. Esto revela prácticamente la ausencia de los sindicatos de la gestión interna de las empresas, con lo que diversos aspectos del trabajo ya no se dirimen en negociación ni con el sindicato y menos con los trabajadores: son decididos exclusivamente por la dirección de las empresas.

Flexibilidad salarial

Los contratos colectivos de trabajo fijan los salarios que regirán en las empresas: tiempo normal trabajado, horas extra, turnos. Incrementa el monto salarial las prestaciones económico-sociales como días festivos, aguinaldo y vacaciones, así como prestaciones sin mayor repercusión: permisos con goce de salario en caso de defunción de familiar, alumbramiento de la esposa del trabajador, cuando el trabajador contraiga matrimonio, ropa de trabajo, becas, donación para el fomento de actividades deportivas, ayuda económica para la compra de útiles escolares para los hijos de los trabajadores, donación para festejo con motivo del 12 de diciembre con los trabajadores y su familia, ayuda económica por concepto de vales de despensa equivalente a 5% sobre el salario nominal mensual, comedor (apoyo de 75%). En los contratos colectivos revisados no encontramos los denominados bonos o incentivos por asistencia y puntualidad, o por productividad y calidad. Los salarios que perciben los trabajadores como remuneración por sus servicios son los consignados en el tabulador anexo a los contratos colectivos. Un trabajador de nuevo ingreso sin mayor conocimiento se colocará en el nivel más bajo de la estructura salarial.

Las prestaciones comprenden normalmente las previstas en la Ley Federal del Trabajo y varían entre las empresas:

- Días de descanso obligatorio (desde siete, 12, 14, hasta 15 días).
- Vacaciones (los que hayan cumplido un año de servicio disfrutarán de seis días, en otras siete días laborales de descanso con pago de ocho días de salario).
- Aguinaldo (desde 15, 23, 25 hasta 37 días de salario).

Algunas pocas empresas de la muestra diseñan cláusulas de productividad ofreciendo que se estudiará el otorgamiento de bonos:

La Empresa y el Sindicato, con la finalidad de dar total cumplimiento al acuerdo núm. 15 del Pacto para la Estabilidad, la Competitividad y el Empleo... forman una Comisión Mixta de Productividad y Calidad a fin de que la misma se encargue de darle seguimiento al programa que se elabore para el efecto y de acuerdo con las necesidades de la Empresa. El programa deberá contener las formas, métodos de evaluación y criterios de medición y productividad, eficiencia y calidad del trabajo, así como la de fijar sus criterios y metas, así como de instrumentar el otorgamiento de bonos e incentivos que estimulen y permitan el esfuerzo personal, departamental o general, que convengan las partes y que permitan a los trabajadores incrementar sus remuneraciones y a la Empresa le permita una mayor integración en la economía nacional e internacional (art. 36, Empresa 2).

Del bono de productividad y calidad

La Empresa a fin de lograr la mejor eficiencia en el desempeño de las labores encomendadas a los trabajadores que le prestan sus servicios, así como elevar la productividad y calidad de los servicios de ésta, se compromete con el Sindicato a realiza los estudios necesarios para instituir en un futuro un "Bono de Productividad y Calidad".

Para tal efecto, las partes establecen como objetivos y metas por alcanzar las siguientes:

a) Que los trabajadores pongan un mayor empeño en la realización de las labores que cada uno de ellos tiene encomendada.

b) Que en un esfuerzo llevado a cabo en forma conjunta, se abata el índice de ausentismo de los trabajadores.

c) Que los trabajadores cumplan en forma más estricta con su jornada diaria de trabajo, observando una mayor puntualidad en las horas de inicio y terminación de ella, evitando los "tiempos muertos" durante dicha jornada.

d) Observar con mayor interés el cumplimiento de las medidas de seguridad e higiene que rige el desempeño de las labores.

e) Adoptar una mejor actitud de colaboración para con sus jefes y compañeros de trabajo, con objeto de eficientar el proceso productivo.

f) Optimizar el correcto aprovechamiento de los elementos de trabajo con que realizan sus labores, a fin de eliminar las mermas o desperdicios de ellos; y

g) En general, todas aquellas modalidades que tiendan a lograr alcanzar el concepto de "Calidad Total" que las partes pudieren determinar en lo futuro (art. 43, Empresa 1).

h) Una vez que se cuente con los estudios respectivos para determinar los criterios de medición de la productividad y calidad, se diseñará el "Bono de Productividad y Calidad" en cuestión, el cual deberá constituir un estímulo al mejor desempeño de los trabajadores en su conjunto, por lo que tal bono procederá en forma general, es decir, se entregará a todos los trabajadores o a ninguno (art. 44, Empresa 1).

La tendencia general que observamos es que los salarios constituyen el núcleo de los contratos colectivos de trabajo. Hay rigidez acentuada al predominar el salario semanal fijo por categoría. No se ha normado como obligación en los contratos colectivos introducir incentivos económicos por productividad, asistencia o puntualidad, resultando política común de las empresas centrarse en los salarios de los tabuladores y en las prestaciones reconocidas por la Ley Federal del Trabajo, por lo que las fuertes tendencias hacia la flexibilidad numérica y funcional que manifiestan las empresas no tienen su contraparte salarial.

Según la EMIM, al analizar la estructura de las remuneraciones, se observa que el porcentaje que representan los salarios tabulados es bastante alto (90%). Asimismo se observa un cierto porcentaje que representan los bonos por productividad en el total de remuneraciones, que si bien es muy bajo parece que existe informalmente.

Empleo

Categoría ocupacional y sexo de todo el personal

Los hombres son los que predominan en todas las categorías ocupacionales, salvo administrativos y obreros generales, donde predominan las mujeres. La presencia de hombres en los cargos directivos y supervisores de producción es bastante alta.

CUADRO 29. Categoría ocupacional y sexo

Categoría ocupacional	Hombres	Mujeres
Directivos (gerencia)	95.8%	4.2%
Administrativos (oficinas)	45.4%	54.6%
Profesionales y técnicos en producción	55.0%	45.0%
Supervisores de producción	84.0%	16.0%
Obreros calificados	100.0%	0.0%
Obreros generales	35.7%	64.3%

Fuente: EMIM (2003).

Categoría ocupacional y edad de todo el personal

Entre los directivos, administrativos, profesionales y supervisores predominan los mayores de 26 años, y entre los obreros predominan los menores de 25 años.

CUADRO 30. Categoría ocupacional y edad

Categoría ocupacional	Edad			
	16-25 años	26-40 años	+ de 40 años	No contestó
Directivos (gerencia)	0.0%	57.1%	42.9%	0.0%
Administrativos (oficinas)	14.3%	71.4%	0.0%	14.3%
Profesionales y técnicos en producción	0.0%	57.1%	0.0%	42.9%
Supervisores de producción	14.3%	57.1%	14.3%	14.3%
Obreros especializados	42.9%	14.3%	28.6%	14.3%
Obreros generales	57.1%	28.6%	0.0%	14.3%

Fuente: EMIM (2003).

Categoría ocupacional y nivel escolar de todo el personal

Entre los directivos, administrativos, profesionales y supervisores predominan los estudios superiores, y entre los obreros predominan los estudios primarios y secundarios.

CUADRO 31. Categoría ocupacional y nivel escolar

Categoría ocupacional	Nivel de escolaridad					
	Primaria	Secundaria	Técnico medio	Preparatoria Superiores	Estudios	No contestó
Directivos (gerencia)					100.0%	
Administrativos (oficinas)			14.3%		71.4%	14.3%
Profesionales y técnicos en producción			14.3%	14.3%	42.9%	28.6%
Supervisores de producción	14.3%	14.3%	14.3%	14.3%	28.6%	14.3%
Obreros especializados	28.6%	28.6%	28.6%			14.3%
Obreros generales	42.9%	42.9%				14.3%

Fuente: EMIM (2003).

Categoría ocupacional y antigüedad de todo el personal

Entre los directivos predominan aquellos con más de cinco años de antigüedad; entre los administrativos, supervisores y obreros especializados predominan aquellos con más de dos años de antigüedad, y entre los obreros generales y los profesionales los menores y mayores de dos años tienen la misma proporción.

CUADRO 32. Categoría ocupacional y antigüedad

Categoría ocupacional	Antigüedad					
	- de 2 años	2–5 años	5-10 años	10-20 años	+ de 20 años	No contestó
Directivos (gerencia)	28.6%		28.6%	42.9%		
Administrativos (oficinas)	14.3%	28.6%	28.6%	14.3%		14.3%
Profesionales y técnicos en producción	28.6%	14.3%	14.3%			42.9%
Supervisores de producción	14.3%	28.6%	28.6%	14.3%		14.3%
Obreros especializados	28.6%	28.6%	28.6%			14.3%
Obreros generales	42.9%	42.9%				14.3%

Fuente: EMIM (2003).

Remuneraciones de los obreros de producción

Las remuneraciones de los obreros de producción se concentran significativamente en sus salarios tabulados. Las posibilidades de mejorar sus condiciones laborales a través de prestaciones, premios o bonos de producción, y hasta horas extra y días de descanso trabajados son bajas. Además se confirma lo que reflejan los contratos colectivos: las empresas no están obligadas a ofrecer prestaciones adicionales, y si se registran algunos premios o estímulos, son informales.

Rotación de personal

Los obreros cambian constantemente de trabajo en busca de mejorar sus condiciones laborales, provocando un determinado índice de rotación. Pero lo que resalta es que son despedidos y ello atendiendo a las necesidades de la producción.

CUADRO 33. Motivo de la rotación de los obreros de producción

Motivo	%
Renunciaron voluntariamente	6.83
Fueron despedidos	71.5

Fuente: EMIM (2003).

En cuanto a las causas de renuncia voluntaria de los obreros de producción se identifican como primera, en varias de las empresas encuestadas, los bajos salarios y las pocas prestaciones económicas, así como la falta de oportunidades de ascenso. Es decir, prevalece su falta de posibilidades de mejorar sus condiciones económicas, por sobre la intensidad o las características del trabajo.

Bibliografía

FIDEPAR (2004), *Fideicomiso para el desarrollo de parques y zonas industriales en el Estado de México*, Secretaría de Desarrollo Económico, Gobierno del Estado de México, agosto, http://www.edomex.gob.mx/fidepar

Vargas, María Ruth (2003), "Industria maquiladora de exportación. ¿Hacia dónde va el empleo?", *Papeles de Población,* México, núm. 37, julio-septiembre, UAEM.

8
Industrialización y maquila en Michoacán

Octavio M. Maza
Pablo M. Chouca[1]

D ebe advertirse que la Industria Maquiladora de Exportación (IME) es prácticamente inexistente en Michoacán y de poca incidencia en la estructura económica e industrial de la entidad. No obstante, pensamos que los resultados obtenidos permiten explicar las especificidades de la actividad maquiladora de exportación en esta parte del país y las diferencias o semejanzas que pudiera tener con otras entidades.

Contexto estatal

Michoacán es un estado con débil vocación industrial, más orientado a actividades comerciales y de servicios (INEGI, 1999). No ha desarrollado una industria fuerte (en promedio 18.40% del PIB estatal).[2] Sus principales recursos se generan a partir de los sectores primario (34.90%) y terciario (46.57%), donde predominan actividades tales como la agricultura, la ganadería, la silvicultura, el comercio y servicios turísticos.

---

[1] Profesor de la UAAC, doctor en Estudios Sociales por la UAM-Iztapalapa, email: octaviomaza@ hotmail.com; profesor-investigador de la Escuela de Economía de la Universidad Michoacana de San Nicolás de Hidalgo, doctor en Ciencias, con especialidad en Ciencias Administrativas por el IPN, email: pchauca@zeus.umich.mx
[2] La Industria Maquiladora de Exportación (IME) sólo tiene reportadas formalmente cuatro empresas en el estado, según datos de la delegación federal de la Secretaría de Economía.

En la actividad minera, Michoacán destaca por recursos abundantes de cobre, hierro, plata, oro, manganeso, antimonio, mercurio, estaño, caolín y arenas sílicas (R. Raya, 2004:30).

La condición de Michoacán refleja una diversidad de condiciones, pero todas con el sello de un desarrollo económico que genera fuertes tendencias a formas de trabajo divergentes del modelo tradicional. Una población con altos índices de marginación y, por tanto, con mayores dificultades para acceder a puestos de trabajo que requieran mayores calificaciones y que brinden mejores condiciones laborales se conjuga con un estado en el que el desarrollo económico y la creación de fuentes de trabajo parecen paralizados por las diversas condiciones que la conforman.

La base de la industria en Michoacán es la transformación de materias primas, de manera preponderante en lo que se refiere a la industria de alimentos y de la madera, condición que refleja una alta relación entre el desarrollo manufacturero y la existencia de materias primas naturales. Michoacán se caracteriza por ser un estado donde la actividad manufacturera[3] es relativamente menos importante que la agropecuaria,

CUADRO 1. Michoacán: unidades económicas (UE) y personal ocupado (PO) por sector de actividad 1993-1998 (porcentajes)

Sector	1993: UE	1993: PO	1998: UE	1998: PO
Manufacturero	14.7	19.0	14.9	18.3
Comercio	51.8	30.9	48.4	30.0
Servicios	33.2	48.1	36.2	49.4
Resto de sectores*	0.3	2.0	0.5	2.3
Total	100.0	100.0	100.0	100.0
	(109 084)	(367 703)	(137 245)	(480 075)

Fuente: elaboración propia con base en: INEGI. Michoacán: Censos Económicos 1999, enumeración integral, resultados oportunos, p. 1. (*) Comprende los sectores: pesca, electricidad, minería y construcción.

[3] Pero el sector manufacturero siempre ha tenido su importancia en el desarrollo económico estatal. Basta recordar que a inicios del siglo XIX existían grupos de artesanos y trabajadores de los obrajes de Zinapécuaro, Taximaroa, Carácuaro y Tiquicheo, que manufacturaban el algodón, lana y en menor medida la seda, cuyos productos abastecían a trabajadores mineros y agrícolas. Luego, a fines de ese siglo, la industria textil michoacana floreció en Santa Ana Maya, Acuitzio, Cherán y Quiroga. Desde fines de los sesenta del siglo XX, la industria siderúrgica ha sido determinante en el desarrollo industrial de la entidad y del país. Véase J.A. Uribe, 1983:41, 270. J.J. Martínez, 1974: 32-41.

comercial y de servicios. Por ejemplo, en 1998, de las 137 245 unidades económicas registradas por el INEGI, el 48.4% correspondieron al sector comercio; el 36.2% al sector servicios; y sólo 14.9% al sector manufacturero. En cuanto al personal ocupado 79.4% se ubica en la actividad comercial y de servicios, y 18.3% en la manufacturera.[4]

Debe destacarse que el sector servicios ha venido incrementando su importancia relativa, sobre todo en cuanto al personal ocupado, sobresaliendo los servicios privados no financieros (en particular, restaurantes y bares), mientras que el sector comercio es el que concentra el mayor porcentaje de las unidades económicas, en especial las de productos alimenticios al por menor (abarrotes, carnicerías, pollerías y otros). Asimismo, entre 1993 y 1998, el sector que tuvo mayor tasa de crecimiento en su personal ocupado fue el de servicios (6.0%), le sigue el de comercio (4.8%) y el menos dinámico fue el sector manufacturero (4.7%) (INEGI, Michoacán, 1999:1, 9, 15). Según la participación en el producto interno bruto (PIB) estatal[5] en 1998, el sector agropecuario, silvicultura y pesca es el de mayor trascendencia (19.9%). Le siguen muy de cerca los sectores de servicios financieros, seguros, actividades inmobiliarias y de alquiler (18.5%), y servicios comunales y personales (17.1%). Enseguida está el sector comercio, restaurantes y hoteles (15.5%). La industria manufacturera registra una participación relativa de 13.6%. Para 2001, no se aprecian cambios significativos. Vale decir que los sectores de servicios y comercio tienen más nítida su importancia en cuanto a unidades económicas y generación de empleos. Pero su aporte relativo al PIB estatal no es muy claro, o por lo menos no tiene similares dimensiones que en las otras variables. Esto puede reflejar algunos problemas de productividad en dichos sectores en tanto tienen alta participación en el número de establecimientos y en el personal ocupado, pero aportan relativamente poco al producto estatal.

En cuanto al número de unidades económicas y al personal ocupado, la industria manufacturera michoacana se concentra en cuatro ramas: muebles de madera, tortillerías, alfarería y cerámica, y estructuras metálicas (cuadro 3), aunque debe resaltarse que la concentración es menor que a nivel nacional (P. Chauca, 2003:63). Cabe añadir que la industria michoacana no tiene capacidad de generar fuertes rela-

---

[4] Recuérdese que en toda la República Mexicana es muy intenso el fenómeno de la informalización de las actividades económicas –en particular en pequeñas y microempresas–, lo que puede dar lugar a una importante limitación de los censos económicos del INEGI como fuentes de información, porque pueden subestimar particularmente a dicho tamaño empresarial, más aún del sector comercial y de servicios.

[5] Estimaciones realizadas con base en INEGI, *Anuario Estadístico del Estado de Michoacán de Ocampo* 2001, p. 436.

ciones interindustriales tanto por la falta de una política industrial estatal que las incentive como debido a que las relaciones interempresariales que se tejen configuran principalmente redes de proveedurías más fuera de la entidad, sin producir importantes encadenamientos productivos hacia atrás y hacia delante al interior de la entidad. Según el tamaño empresarial,[6] la importancia de la microindustria ha aumentado entre 1993 y 2001 tanto en términos de unidades económicas como del personal ocupado (cuadro 2).[7]

En el año 2001, las micro y pequeñas industrias representaron 99.7% de las unidades económicas, que generaron 72% de los empleos, que es prácticamente la misma importancia relativa que observaban en 1993.Hay que destacar que las industrias de tamaño pequeño y grande han venido perdiendo importancia relativa en ambas variables. En ese periodo, México experimenta la crisis de 1995-1996 y luego una leve recuperación económica relativa que afectan a la dinámica económica de la entidad, lo que devino en una mayor presencia de industrias cada vez de menor tamaño. Esto puede significar que se están adoptando estrategias de reducción de costos vía la operación de plantas a menor escala (las grandes se hacen medianas y las pequeñas se

CUADRO 2. Michoacán: unidades económicas (UE)
de la industria manufacturera por tamaño 1993-2001

Tamaño	1993: UE	%	1998: UE	%	2001: UE	%
Micro	15 629	97.6	20 045	98.0	20 152	98.5
Pequeño	324	2.0	342	1.7	235	1.2
Mediano	44	0.3	49	0.2	68	0.3
Grande	22	0.1	29	0.1	10	ns
Total	16 019	100.0	20 465	100.0	20 465	100.0

Fuente: elaboración propia con base en INEGI, Michoacán: Censos Económicos 1999, enumeración integral, resultados oportunos, p. 6. *Anuario estadístico del Estado de Michoacán de Ocampo*, 2001, 499. ns = no significativo.

[6] Para uniformizar y compatibilizar los datos, se aplicaron los criterios de estratificación vigentes en 1993. Microindustria hasta 15 trabajadores. Pequeña industria de 16 a 100 trabajadores. Mediana industria de 101 a 250 trabajadores. Gran industria de 251 en adelante. Véase *Diario Oficial de la Federación* del 3 de diciembre de 1993.

[7] Llama la atención que entre 1998 y 2001, el total de unidades económicas y de personal ocupado se mantiene; lo que cambia es la participación por tamaño empresarial.

242

hacen micros) que tengan más flexibilidad y capacidad para acomodarse a los cambios en el mercado, o simplemente es una reacción frente a la amenaza de mayores presiones fiscales o regulaciones gubernamentales.

La segunda opción es la que más se da en el caso de Michoacán. Esto podría ser consecuencia de que las empresas industriales que se localizan en el estado privilegian los factores tradicionales de localización (mano de obra, materias primas y servicios urbanos a bajos precios en relación con otros estados como Jalisco, Estado de México y Querétaro), en lugar de los factores modernos de localización (mano de obra especializada, innovación y desarrollo tecnológico y sólida infraestructura financiera).[8]

La información estadística revisada da cuenta de la poca importancia del sector industrial en la estructura económica del estado, además de su alta concentración en pocas ramas industriales. También es de resaltarse la fuerte presencia de micro y pequeñas empresas industriales de carácter tradicional-familiar, con débiles tendencias a establecer encadenamientos productivos y con poco interés por la IME. Si para evaluar la industria michoacana tomamos dos elementos: *a*) la relación entre el número de establecimientos y el personal ocupado, lo que indica el tamaño promedio de las empresas; y *b*) el valor agregado por establecimiento, lo que es indicador de productividad, se identifican los siguientes puntos problemáticos:

CUADRO 3. Michoacán: personal ocupado (PO) de la industria manufacturera por tamaño, 1993-2001

Tamaño	1993: PO	%	1998: PO	%	2001: PO	%
Micro	38 629	55.3	1 451	58.5	53 390	60.7
Pequeño	11 343	16.3	11 923	13.6	9 984	11.3
Mediano	6 822	9.8	7 493	8.5	14 210	16.2
Grande	13 000	18.6	17 051	19.4	10 334	11.8
Total	69 794	100.0	87 918	100.0	87 918	100.0

Fuente: elaboración propia con base en: INEGI, Michoacán: Censos Económicos 1999, enumeración integral, resultados oportunos, p. 7. *Anuario estadístico del Estado de Michoacán de Ocampo*, 2001, p. 499.

[8] Los factores tradicionales de localización reflejan mejores condiciones para los procesos de producción tradicionales, como los bienes de consumo inmediato, que son los que más predominan en Michoacán. Una discusión interesante acerca de los factores de localización de la industria michoacana, principalmente en la ciudad de Morelia, se puede hallar en R. Raya, 2004.

a) En lo referente al tamaño de los establecimientos encontramos que entre 1980 y 1993 se triplicó el número de establecimientos manufactureros, mientras que el empleo se incrementó en una proporción menor, lo que se refleja en un indicador de personal ocupado por establecimiento cada vez menor (pasa de seis a cinco trabajadores por establecimiento en promedio) (P. Chauca, 2003:79). Para 1998 la situación se agrava (el promedio de trabajadores por establecimiento es de cuatro).[9] La información mencionada implica que el tamaño de las empresas se ha venido reduciendo y es muy probable que el índice de productividad haya tenido un comportamiento similar.

Presenciamos una tendencia que tiene su origen en los años setenta y que se ha concretado en el predominio de la microempresa de capital regional y local, que utiliza de manera extensiva la mano de obra. El porcentaje de PYMES (micro, pequeña y mediana empresa) bordea 99%, mientras que 1% restante corresponde a empresas grandes ubicadas preferentemente en la zona de Lázaro Cárdenas.[10] Se observa que la mayor parte de la actividad económica manufacturera es resultado de la transformación de los productos propios de la región (Chauca, 1999).

b) Se descubre una alta incidencia de empresas conformadas por capital regional y local que utilizan de manera intensiva la mano de obra debido a que cuenta con muy bajo nivel en tecnología, ya que se trata del procesamiento de productos obtenidos en la región, lo que conlleva al predominio de la producción de alimentos, bebidas y tabaco, mientras que lo referente a la industria metálica básica se refiere a las actividades realizadas en Lázaro Cárdenas (INEGI, 1999). La producción artesanal es fundamental en el estado, pero al ser un aspecto que excede nuestro tema sólo se le menciona. El problema que se genera a partir de las actividades artesanales es el poco valor que reciben quienes la trabajan, siendo una actividad de alta explotación (Vargas, 1985). Es importante presentar algunos otros campos problemáticos, pues puede contribuir a comprender mejor la situación de la región y los factores que intervienen en nuestro problema de estudio. Hemos propuesto un panorama general de la actividad económica, pero hay que añadir los aspectos relativos a la marginación y las desigualdades sociales como elementos fundamentales de nuestra reflexión. En este sentido, el trabajo de Tapia ha resultado útil para establecer dos líneas analíticas (Tapia, 1997):

---

[9] Estimaciones a partir de INEGI, 2003:459.
[10] Cabe aclarar que el puerto de Lázaro Cárdenas se encuentra en una profunda crisis y experimenta transformaciones importantes (Martínez Aparicio, 2003).

Primero, hay un desarrollo dispar, ya que dentro del estado existen zonas con un alto grado de desarrollo y bienestar mientras que otras muestran los más bajos niveles en relación con el resto del país. Esta disparidad tiene que ver con la dificultad de comunicación entre las regiones del estado, así como con la carencia de un poder capaz de articular los intereses de las diversas burguesías locales, lo que produce un espacio parcelado, en el que no se percibe aún un proyecto regional que logre agrupar los esfuerzos de los diversos grupos empresariales, aunque es posible detectar algunos grupos en zonas como Morelia, Uruapan o Zamora. El estado representa una conformación que se articula a partir del control de algunas ciudades con cierto poder: Morelia, Uruapan, Zamora, Zitácuaro, Ciudad Hidalgo, Lázaro Cárdenas, Apatzingán, La Piedad, Sahuayo, Jiquilpan, Zacapu, Pátzcuaro.

Segundo, debido a promedios de PIB, índice de desarrollo, nivel de bienestar y de marginación siempre por debajo de los promedios nacionales, podemos considerar a Michoacán como uno de los estados más pobres del país, aunque a pesar de la crisis de la agricultura a nivel nacional el estado ha logrado crecimientos en la producción de ciertos productos y enclaves, es decir, se han desarrollado ciertas zonas agrícolas mediante el uso de tecnología y capital intensivo. Estos desarrollos contrastan con las zonas de la agricultura tradicional, mismas que, en apoyo al punto anterior, no son influenciadas o estimuladas por las zonas que han logrado mayor desarrollo. La razón fundamental de esto es la imposibilidad constante de generar articulaciones al interior, pues hasta ahora se ha trabajado con proyectos que pretenden vincularse hacia el exterior (Tapia, 1997).

Estas condiciones han favorecido el desarrollo de una economía en la que crece el desempleo y el subempleo, donde la economía informal devora a la formal y, repetimos, los niveles de bienestar son de los más bajos de todo el país (Tapia, 1997). Las condiciones de trabajo en el sector industrial predominantes en el estado se pueden tipificar con el concepto de precariedad, que da cuenta de un proceso que afecta las formas de contratación, la conformación de las jornadas, las modificaciones en los lugares de trabajo, las modalidades de pago, las formas de control, garantías sóciales y estabilidad del vínculo laboral. De tal forma, en el caso de Michoacán se trata de aspectos que incluyen la inestabilidad, la carencia de protección, la inseguridad y las debilidades sociales y económicas, planteando que se trata de una conjunción de factores que se articulan de maneras diversas y conforman la precariedad del trabajo industrial. Es claro que la maquila presenta condiciones de trabajo que pueden tener ciertos rasgos de estabilidad y en este sentido no se trata de trabajo precario en forma estricta. No obstante, es posible afirmar que las diversas formas de trabajo se afectan mutuamente.

En este sentido es de destacar:

1. La poca participación de la mano de obra en las decisiones de la producción y la capacitación.
2. La no implementación de sistemas modernos de trabajo.
3. La tendencia a utilizar equipo de bajo nivel tecnológico.
4. La poca participación de la mano de obra en las decisiones de la producción y la capacitación.
5. La no implementación de sistemas modernos de trabajo.
6. La tendencia a utilizar equipo de bajo nivel tecnológico.
7. El perfil del empresario michoacano debe ser discutido en cuanto a su capacidad de presentar y articular proyectos que le permitan construir empresas que logren el paso de la gestión familiar a la gestión profesional especializada.
8. La ausencia de articulaciones entre diversas empresas, ya que las redes empresariales que se establecen son en su gran mayoría con empresas de otros estados que tienen el mercado y la disponibilidad de materias primas y maquinaria y equipo.
9. El reconocimiento que la ventaja competitiva está en la mano de obra barata con pocas expectativas, condición que permite que el estado compita con las regiones que han logrado un mayor desarrollo industrial como podría ser la zona de Moroleón y Uriangato en Guanajuato y con Guadalajara en Jalisco.

Finalmente, priva una tradición de lucha que en el estado se manifiesta por las actividades de los grupos magisteriales, lo que genera que en ciertas zonas del estado el ambiente se torne más conflictivo. De ninguna manera se puede asumir que se trata de una tendencia a los conflictos por los conflictos mismos, antes bien puede ser una respuesta a condiciones de explotación que han estado presentes a lo largo de la historia local, afectando entre otros al campo laboral.

Los modelos de producción en la maquila de Michoacán

De las empresas estudiadas durante esta investigación una gran mayoría son del ramo textil y sólo una está ubicada en el denominado de productos metálicos, maquinaria y equipo. Podría decirse que en las empresas textileras predominan métodos tradicionales de producción y administración al estilo taylorista-fordista, mientras que en la otra coexisten métodos tradicionales con rasgos tecnológicos de producción flexible y especializada.

De las empresas estudiadas ninguna tiene capital extranjero, es decir, todas son de capital 100% mexicano, sin la participación del Estado; además, en la mayoría de los casos con una conformación de empresa familiar o con un propietario-administrador de carácter patriarcal, lo que tiene sentido en empresas pequeñas o medianas.

Recordemos que Michoacán es una entidad que no ha logrado ser atractiva para la ubicación de empresas industriales (ni maquiladoras ni de otro tipo), lo que se explica por la insuficiencia y deficiencia de factores estimuladores de localización industrial y el ambiente de inestabilidad provocado por la situación política y social que con frecuencia entorpece el desarrollo de las actividades económicas.

Una entrevista permite ver este aspecto:

[…] Yo hablaría de varios trabajadores michoacanos. Por ejemplo hablaría del trabajador de Michoacán de la zona costera concretamente de la ciudad de Lázaro Cárdenas. Ese trabajador es altamente politizado, altamente ideologizado, con muchos años de expectativas y de conocimientos familiares tal vez hasta de explotación que llevan como resultado todos estos elementos... hacen una banda mental del trabajador y el resultado es simple y sencillo: ven en los empleadores a unos explotadores […] Después está el trabajador que se dedica a la cuestión agraria; bueno, pues ahí es un trabajador empeñado, virtuoso porque es generoso en su tiempo en su entrega, amoroso a la tierra, pero que ahora no tienen instrumentos ni herramientas que les permitan sacar el mayor provecho al arar […] Después hay otro tipo de empleados que también se puede decir que están tanto en la parte de la costa como en municipios como Zacapu, Uruapan, un poquito en Morelia, Zamora, La Piedad, que son trabajadores altamente capacitados en esas ramas industriales, ya sea de metalúrgicos, ya sea de producción de telilla y de trabajos básicamente industriales, son procesos que ya tienen mucho tiempo que han sido capacitados y que son casi expertos en ese tipo de materias […] Después hay otro tipo de trabajadores que son los que se dedican básicamente al área de comercio y del turismo, son gente preparada medianamente, la media es prepa-secundaria; hay sus excepciones con maestrías […]

El tema del tipo de trabajador michoacano es un asunto relevante, ya que nos permite ver diversas dimensiones de análisis. En este sentido se puede mencionar que la única empresa que aparece como suspendida en el régimen maquilador representa una historia de conflictos y luchas en los que se combinan formas de corrupción, así como la irrupción de formas de trabajadores con alto grado de activismo.

Las empresas estudiadas tienen, en su gran mayoría, el mercado interno como fuente de sus insumos. De manera especial destaca que obtienen sus insumos de otras empresas privadas. De las respuestas obtenidas sólo 20% proviene de fuera del país; regularmente se trata de los productos que son exigidos por el contratante. En cuanto a la relación con el mercado externo encontramos una gran variedad: desde empresas que dedican toda su producción al mercado exterior, particularmente EU, hasta empresas que sólo reportan exportaciones mínimas.

Por otra parte, las ventas al gobierno son casi inexistentes y quienes venden al mercado local lo hacen a empresas privadas o directamente. Dentro de las ventas a empresas que no son privadas destacan las ventas a empresas paraestatales. Cabe aclarar que las entrevistas y visitas a las empresas mostraron que se considera que el mercado interno es de los espacios más constreñidos y el que ha sido más fuertemente invadido por los productos asiáticos (recordemos la importancia de empresas textiles en esta muestra), lo que explica que le ofrezca mayores garantías el mercado de EU.

Debe resaltarse que las entrevistas nos permiten ver que la inscripción en los programas de maquila han permitido formas de incorporación al mercado internacional, aunque en algunos casos se trata de empresas que sólo cuentan con un solo cliente, o empresas en el régimen de maquila por sus beneficios tributarios y arancelarios. De tal forma, consideramos conveniente mencionar dos casos relevantes que se ejemplifican a partir de las entrevistas realizadas.

Caso 1:
Bueno, la primera y la más importante fue porque el giro de nuestro trabajo, teníamos que importar turbinas para reparación, entonces no hay en la cuestión internacional una regla muy clara para empresas como nosotros que importamos temporalmente para reparar y volver a exportar para el sector reparador [...] lo que hacíamos antes era importar definitivamente las turbinas, se reparaban y la exportábamos definitivamente, utilizando algo que se llamaba la cuenta aduanera. Sin embargo, en el año de 2002 se derogó esa parte en la Ley Aduanera, y nos dejaron a nosotros bailando [...] ellos propusieron registrarnos como maquiladora, en la cual se nos permitía importar temporalmente, sin pagar ningún tipo de impuestos más que los derechos de trámite aduanero y estas cuestiones, pero ya evitamos pagar IVA, y evitamos pagar algún arancel.

Caso 2
[...] nosotros estamos registrados desde 1995, cuando entra el Tratado de Libre Comercio, y cuando en México realmente entramos en una situación dentro de la rama textil, pocos pedidos, pocos clientes, la situación doméstica en cuanto a pagos era realmente mal [...] entonces definitivamente empezamos a exportar nosotros desde 1995 [...]

Los casos anteriores muestran que las empresas construyen estrategias diversas que justifican su incorporación al programa de maquila; la diversidad de formas y estilos de empresas, aun en una muestra tan pequeña como la presentada, da cuenta de la riqueza del objeto de estudio en cuanto al nivel tecnológico y el sistema de producción.

CUADRO 4. Nivel tecnológico por destino de las ventas

Nivel tecnológico	Destino de las ventas		
	Nacional	Extranjero	Total
Bajo	75.0%	100.0%	80.0%
Medio	25.0%	0.0%	20.0%
Alto	0.0%	0.0%	0.0%
Total	100.0%	100.0%	100.0%

Fuente: elaboración propia con base en encuestas y entrevistas del trabajo de campo.

La maquila de exportación en Michoacán en cuanto al origen de su capital se encuentra en nivel bajo, ya que 80% de las empresas muestran esas características, y sólo 20% fue considerada media.

En lo referente al destino de las ventas, el porcentaje se mueve ligeramente, ya que algunas empresas tienen como destino único de sus ventas el mercado externo, pero finalmente mantiene 80% como nivel tecnológico bajo y 20% el nivel medio.

Como puede observarse en el cuadro anterior, si bien existen empresas que declaran ventas al extranjero, éstas son en su mayoría de nivel tecnológico bajo; sólo en 25% de los casos de nivel medio. Con referencia al tamaño de las empresas, las consideradas de nivel tecnológico medio son en su totalidad medianas.

En cuanto a las operaciones de producción encontramos que existen empresas cuyas actividades se realizan mediante herramientas manuales. En la muestra conviven empresas que desarrollan sus actividades con herramientas manuales con empresas altamente tecnologizadas, lo cual se explica en función del producto al que se dedican.

Los sistemas de suministro se encuentran altamente organizados; de manera particular el sistema justo a tiempo se aplica en buena parte de los procesos, así que existen empresas en las que se aplica en 100% del proceso y en otras sólo en 40%. La aplicación de los sistemas justo a tiempo destaca en la atención a clientes, ya que las empresas que menos lo hacen lo aplican con 70% y en otras en 100% lo que nos brinda una media de 85%. Se trata, entonces, de formas de organización sólo parcialmente modernas que abordan ciertos aspectos, pero descuidan otros, lo que genera configuraciones con alto grado de diversidad.

En 80% de las empresas estudiadas los trabajadores se encuentran capacitados para el manejo de equipo moderno –o el equipo disponible–; en la otra no hay personal con estas calificaciones, de tal forma que existen trabajadores calificados para manejar los equipos modernos y una empresa no los tiene; sin embargo, cabe recordar que buena parte de las empresas no utiliza equipo de alta tecnología.

Esto da cuenta de lo heterogénea que es la conformación de las empresas, además de las propias diferencias que se gestan al interior de las empresas. Una distribución muy semejante resulta de los trabajadores que están capacitados para el aprendizaje de nuevas formas de organizar el trabajo.

Los sistemas de producción nos remiten a la forma en que se organiza el trabajo en el piso de la fábrica; a partir de los datos obtenidos formulamos un panorama general del sistema de producción de las empresas estudiadas:

El 50% de las empresas encuestadas se dedica al ensamble de piezas o componentes, el resto se divide entre transformación de materia prima y servicios. Las razones para recurrir a la importación temporal de insumos es porque tienen un costo más bajo que los nacionales, a lo que debemos añadir las exigencias de los contratantes o la calidad y formalidad de los proveedores. Atención aparte merecen las pocas posibilidades de articulaciones regionales.

Ninguna de las empresas consultadas realiza investigación de mercados. Sólo 20% de las empresas realiza investigación tecnológica. Es decir, hay muy poco interés en la construcción de conocimiento; queda pendiente para un trabajo posterior conocer la forma en que las empresas desarrollan sus productos, de lo que se derivan cuestiones tales como el origen de los nuevos productos. Por otra parte, el 40% de las empresas realiza investigación y desarrollo tecnológico, donde la mejora de los procesos y la calidad son las principales fuentes de atención. Quienes desarrollan tecnología lo hacen en el mismo establecimiento.

El 40% realiza publicidad. Son pocas las empresas que dedican atención a la publicidad, lo cual se explica por el vínculo que tienen con su mercado. Las que realizan publicidad se ocupan de ropa deportiva, incluso algunas están involucradas en la promoción de equipos de futbol profesional. Mientras que otras no requieren publicidad por el carácter de sus productos.

El 60% compra materias primas con otros establecimientos en el país. El 20% adquiere maquinaria y equipo con otros establecimientos en el país. El 20% utiliza maquinaria conjunta con otros establecimientos del país. En términos generales se trata de poco interés por establecer vínculos con otras empresas y en las entrevistas pudimos escuchar que los empresarios requieren establecer vínculos con otros, pero no han encontrado la forma operativa o cultural de realizar tales relaciones.

La gran mayoría de las empresas trabaja por pieza, pues sus actividades son textiles o mecánicas. La tecnología sólo en uno de los casos es considerada actual, el resto la autoevalúa como atrasada. El 50% compra su maquinaria a otras empresas, sólo 20% lo hace mediante desarrollo propio. Las entrevistas nos permitieron reconocer que en buena medida el equipo que poseen se ha comprado de segunda mano de empresas mexicanas o extranjeras.

La gran mayoría de las empresas realizan el control de calidad de manera visual, sólo 20% utiliza instrumentos automatizados. En 80% de los casos se realiza por el mismo personal, sólo una empresa tiene un departamento especializado. Este último tiene que ver con los procesos propios de la empresa; en los casos que se trata de actividades de alta precisión se requiere de un tipo de revisión acorde con las necesidades del producto, mientras que las prendas de vestir pueden ser cubiertas por la revisión visual, en algunos casos realizada por el propietario o los propios contratantes. En este sentido las visitas realizadas dentro del trabajo de campo nos permitieron observar casos como el de una empresa en la que el control de calidad lo realizaban el patrón y una persona enviada por los clientes estadounidenses; se trata de una verificación pieza por pieza y de manera visual. Por su parte, la supervisión se realiza mediante supervisores y jefes en 60% de los casos y el resto mediante equipo informatizado.

Los puestos en la totalidad de las empresas se asignan en función de exámenes de habilidades y actitudes. De igual manera es un instrumento que sirve para promover a los trabajadores, aunque 20% utiliza las propuestas de los jefes inmediatos superiores.

En cuanto a los manuales de puestos encontramos que 40% sí los tiene y los utiliza, el 20% sí los tiene, pero no los utiliza y 40% no los tiene. Los manuales de procedimientos sólo se tienen en 40% de las empresas, lo que da cuenta de procedimientos poco estandarizados, con un alto grado de improvisación. El 80% de los establecimientos investigados realizan estudios de tiempos y movimientos para lograr hacer más eficientes sus procesos.

Las formas de comunicación son en 60% de forma oral y directa y en 40% por medio de jefes y supervisores. Los problemas de la producción se resuelven en la mayoría de los casos por medio de juntas y en 20% mediante equipos de trabajo.

Los datos de la encuesta indican que esporádicamente los obreros son movidos de puesto o categoría, y que los cambios de turno son realizados muy frecuentemente. En las entrevistas realizadas en algunas de las empresas textiles encontramos que este último hecho es uno de los que afectan con mayor intensidad la vida de los trabajadores, ya que cada quincena es probable que los cambien de turnos, lo que deviene en relaciones de sometimiento y clientelismo por parte de quienes asignan los horarios de trabajo. De igual manera es muy frecuente que los obreros desarrollen actividades diferentes de las de sus puestos; esto podría significar que se conforma un obrero multifuncional; pero desde condiciones de precariedad y debido más a formas arcaicas que a nuevos modelos de organización.

En este mismo sentido de las encuestas se ve que la mayoría de las empresas no aceptan que aplican la polivalencia (60%) y tampoco establecen sistemas para evitar la monotonía en el trabajo. Este parece ser uno de los problemas fundamentales de las empresas. La visita a éstas nos permitió observar que los trabajadores conforman estrategias para evitar la monotonía, como podría ser la música, que suena durante todo el día en la planta. Los dos elementos que se consideran fundamentales para favorecer la movilidad interna son los conocimientos y actitudes (80%) y en menos grado la disposición del trabajador (20%). La incidencia de que los trabajadores laboren horas extras resultó que muy frecuente en 67% de los casos. Muy frecuentemente tienen que trabajar los días de descanso obligatorio.

En cuanto a la participación de los trabajadores encontramos que esporádicamente los trabajadores participan en la selección del personal. En todos los casos en que hay selección de personal los trabajadores participan en mayor o menor medida. La consulta a los trabajadores en cuanto a las cargas de trabajo tiende a ser mínima, las decisiones son tomadas de manera central y de manera específica en función de las necesidades de la producción. De igual manera, los trabajadores no participan en el establecimiento de sanciones a sus compañeros.

En la mayoría de los casos la comunicación es oral y por medio de los supervisores, ambas en la misma proporción de 40% cada una, lo cual se entiende como un sistema poco formalizado y que da cuenta de organizaciones de corte tradicional. La forma de comunicación entre los trabajadores de producción y los gerentes es preferentemente oral, lo que da cuenta de configuraciones de empresa que hacen pensar en empresas poco burocratizadas con una organización más horizontal o más simple, en las que el dueño/director es parte de la misma empresa y realiza una constante vigilancia. La estrategia para promover la comunicación entre los trabajadores es mediante juntas (80%) y en un pequeño grupo se percibe que no las estimulan. Aquí cabe aclarar que las alternativas eran los equipos de trabajo o las asambleas. Al parecer la idea de que las juntas favorecen la comunicación entre los diversos integrantes de la empresa debería ser revisada.

La gran mayoría (80%) de los trabajadores reconoce que no participa en la selección del personal. En la misma proporción no participan en la promoción del personal ni en la asignación de premios o bonos. En 80% de los casos no se participa en la definición de las cargas de trabajo, en las sanciones a sus compañeros, en el diseño de los programas de capacitación y en la selección de la maquinaria; pero en 40% de los casos participan en la selección de la materia prima. En 60% participan los trabajadores en el mejoramiento de los métodos de trabajo. Los trabajadores no participan en el diseño de programas de mejoramiento de la calidad y la productividad.

La mayoría de las empresas no registra capacitación y en las que se realiza no se toma en cuenta a los trabajadores al diseñar los cursos y sus contenidos. En suma, los trabajadores no se involucran en las decisiones de la empresa. Los trabajadores tampoco participan en la selección de las materias primas. En cuanto a la definición del método de trabajo se encuentra participación por lo menos en 20% de los casos. La gran mayoría no participa en programas de mejoramiento de la productividad, especialmente porque no los hay.

La mayoría de las empresas indican que no otorgan bonos y en las que se hace no hay participación de los trabajadores para definir las políticas de asignación. Sin embargo, en los trabajadores entrevistados no hay registro de que alguno haya recibido bono de productividad, ni por puntualidad y asistencia, ni ningún tipo de bono. Esto se puede explicar por el desconocimiento de los trabajadores de la forma en la que asignan los bonos.

En términos generales las empresas encuestadas se dedican al ensamble de piezas; en su gran mayoría son empresas que no realizan investigación de ningún tipo y logran establecer encadenamientos con otras empresas de la región. Los sistemas de control de calidad son en su mayoría de forma visual, lo que se explica por el carácter de los productos que generan. Se trata de empresas que no presentan sistemas de trabajo formalizados mediante manuales de puestos, o si bien existen, no son utilizados. En este sentido se debe destacar que la comunicación se realiza de forma oral y se busca solucionar los problemas mediante juntas; la implementación de los equipos de trabajo no parece ser la alternativa más socorrida. La participación de los trabajadores es muy reducida en los diversos ámbitos de la producción y del funcionamiento de la empresa.

En cuanto a la organización del trabajo

Un 80% encontró satisfactorio su trabajo en tanto le permitía adquirir nuevos conocimientos. Además consideraron que tienen mucha libertad (80%) para realizar su trabajo, lo que resulta interesante –y contradictorio desde nuestro punto de vista– cuando los datos de la encuesta indican que existe muy poca consideración de los trabajadores en la organización de la propia producción.

En cuanto a la autonomía que los trabajadores tienen para realizar sus actividades encontramos que 60% de los trabajadores considera que entre siempre y a veces puede tomar decisiones sin consultar a sus supervisores, en cuanto a la selección de la herramienta. Esta cifra se invierte en cuanto a los procedimientos por seguir, ya que 60% nunca toma las decisiones en ese sentido. En cuanto a la secuencia de las operaciones, un 60% nunca lo hace; 40% de los trabajadores reconoce haber usado herramientas; 60% ha inventado o modificado procedimientos; y 40% ha generado nuevas formas de coordinar el trabajo de sus compañeros.

Si se trata de trabajadores que realizan una planeación de sus actividades, 40% siempre lo hace, 60% a veces lo hace. Por su parte, en 60% el supervisor es quien asigna las tareas por realizar; los jefes directos diseñan los puestos y sus funciones en 60% de los casos.

La evaluación del trabajo es realizada tanto por los jefes directos como por los supervisores.

En 60% de los casos se evalúa en función del desempeño individual; sólo en algunos casos se evalúa tanto de manera colectiva como individual.

La cantidad es fundamental para la evaluación de los trabajadores pues, como se ha visto, buena parte de los trabajadores tienen cuotas mínimas; de igual manera resulta fundamental la calidad del trabajo. Creemos en este sentido que la importancia será relativa al tipo de empresa, ya que en las orientadas al mercado externo los productos pasan por diversos momentos de control de calidad; también en los procesos de alta tecnología en los que la precisión es fundamental para el fin de la producción.

La evaluación es considerada como importante para los ascensos de categoría en 80% de las empresas. En la mayoría de los casos (60%) se evalúa a diario el trabajo. El 40% de los trabajadores consideran que nunca tiene la posibilidad de decidir el ritmo de sus tareas. Sin embargo, en 60% de los casos es el jefe quien determina la cantidad de trabajo que debe realizar.

Todos los entrevistados consideraron que el trato con sus supervisores era agradable. El 80% de los trabajadores considera que las órdenes de sus jefes a veces son adecuadas. Sin embargo, consideramos que existen diversos espacios de conflicto que se ocultan en los discursos de los trabajadores.

Como sabemos, el trabajo se convierte día a día en un bien en extinción; esto obliga a que los compromisos que asumen ciertos trabajadores con la empresa tomen conformaciones que parecerían inusuales: los trabajadores indican que están de acuerdo con trabajar más duro para que la empresa salga adelante; un 40% aceptaría cualquier puesto con tal de seguir trabajando en la empresa; 80% estaría de acuerdo en cambiarse a cualquier departamento con tal de seguir trabajando en la empresa. En el mismo orden de ideas, un 60% está orgulloso de trabajar en su empresa y 40% aunque le ofrecieran más sueldo no se iría a otra empresa, lo cual estará mediado por el prestigio que tienen las empresas en cada región, además de la antigüedad que pueden tener dentro de la organización.

Al parecer hay una imagen agradable del trabajo, pues la totalidad de los encuestados considera que su trabajo no es aburrido, 40% considera que tiene posibilidades de ascender a una mejor categoría. El 80% se considera bien capacitado para realizar su trabajo, al 60% le conviene el horario de trabajo que tiene. Sin embargo, el 60% no está de acuerdo con que le pagan bien, y 80% considera que el poco pago es motivo de desidia en el trabajo, mientras que 20% considera que la flojera de los trabajadores es una causa de que se abandone el trabajo.

En ningún caso se considera que los malos tratos por parte de los jefes es una causa para el abandono del trabajo, pues en términos generales se detectó una buena relación entre jefes y subordinados. El 20% considera que las condiciones de seguridad e higiene son causa para abandonar el trabajo, y otro 20% considera que lo aburrido del trabajo es una causa para abandonar el trabajo. Para 60% su trabajo no es peligroso. Ningún trabajador considera que lo pesado de su trabajo sea una causa para abandonar su empleo.

Entre las razones que los empresarios mencionan para su ubicación en la zona se encuentran las relativas a la mano de obra, así como la cercanía a los mercados. Cabe aclarar que las empresas de la región de Zamora tienen fuertes vínculos con León y con Guadalajara.

En lo referente a las nuevas formas de organización del trabajo, debemos señalar que los cambios en el conjunto de la sociedad (que han sido explicados ampliamente como los procesos de restructuración productiva) se traducen en la exigencia de nuevas formas de organización de las organizaciones y de la gestión de la mano de obra. De esto se establece que existen dos vías por las que se pueden abordar los mercados: la baja, que implica la reducción de los estándares laborales, y la alta, que implica la implementación de nuevas formas tecnológicas. Sin lugar a dudas la vía que se sigue en las empresas observadas como parte de la muestra es la baja. Se deja ver que los sistemas modernos sólo están ubicados en algunos sectores de las empresas o que en buena medida se aplican más de nombre; pero en resumen la participación y la autonomía de los trabajadores en prácticamente inexistente. Los datos que a continuación se presentan lo muestran claramente:

Sólo dos empresas (40%) tienen círculos de calidad como nuevas formas de organizar el trabajo. De igual manera 40% de las empresas forma equipos de trabajo como sistemas. En cuatro empresas (80%) se han establecido células de producción. El 60% ha establecido control de calidad. Sólo 20% ha establecido la reingeniería. En 100% de las empresas se ha establecido el programa cero errores. De igual manera, en 100% de los casos se ha establecido el control estadístico del proceso. En 40% se ha establecido el Kan Ban.

En 60% de las empresas existen formas grupales de participación de los trabajadores en la producción. Los grupos participan en el ajuste de maquinaria mediante la discusión (en 66% de los casos) y decidiendo en 33%. En los cambios en las especificaciones de los productos los grupos participan proponiendo y discutiendo en 33% de los casos y decidiendo en 33%. Los grupos participan en el control estadístico del proceso discutiendo y proponiendo en 33%. Los grupos no participan en la relación cliente-proveedor.

La participación de los grupos de trabajo se centra en 66% en la discusión de alternativas para la identificación de riesgos de trabajo. Cabe aclarar que no deciden. De igual manera sucede con la prevención de riesgos. Los grupos sí tienen alguna posibilidad de decisión en 33% de los casos en lo referente a los permisos y las horas extra; pero en la prevención de conflictos laborales no participan. En cuanto a la detección de necesidades de capacitación 66% participa en la discusión, pero ninguno decide sobre el tema; de igual manera sucede con los programas de capacitación. Sin embargo, los grupos no participan en los programas de movilidad interna.

Acerca de la forma en que se implementa el cambio tecnológico, se puede comentar:

En la información del cambio tecnológico en 60% de los casos intervienen los trabajadores y en la discusión intervienen los trabajadores en 40% de los casos. Sin embargo, cuando hay una decisión formal de cambio tecnológico no intervienen los trabajadores ni el sindicato; salvo en algunos casos (20%), se permite que los trabajadores intervengan en la evaluación del cambio tecnológico.

En el caso de que se aplique un mejoramiento permanente del cambio tecnológico intervienen los trabajadores (en 60% de las empresas estudiadas). En la información de los cambios en la organización del trabajo intervienen los trabajadores en 60% de los casos.

En términos generales, las empresas encuestadas parecen no tener espacios de conflictividad alta, los trabajadores dan muestras de estar satisfechos con su trabajo, lo que debe ser entendido en función del comportamiento del mercado de trabajo y el prestigio que llegan a tener las empresas en las ciudades.

Se percibe, además, que existen sistemas modernos de organización del trabajo, pero en los aspectos del funcionamiento de la empresa la participación real es muy pobre. En este sentido, los cambios son solamente en el discurso, pero de manera muy limitada en el funcionamiento de la empresa. En cuanto a los modelos de organización de la producción, en los términos de la caracterización utilizada en la investigación, encontramos que las empresas son en su totalidad orientadas al modelo taylorista-fordista. Para dicha clasificación se consideraron el origen del capital, el origen de los insumos, el destino de las ventas y el tamaño del establecimiento.

CUADRO 5. Modelo de organización por destino de las ventas

Modelo de organización	Destino de las ventas		
	Nacional	Extranjero	Total
Taylorista-fordista	80%	20%	100%
Total	80%	20%	100%

Fuente: elaboración propia con base en encuestas y entrevistas del trabajo de campo.

CUADRO 6. Modelo de organización por tamaño del establecimiento

Modelo de organización	Tamaño del establecimiento		
	Pequeño	Mediano	Total
Taylorista-fordista	50%	50 %	100%
Total	50%	50%	100 %

Fuente: elaboración propia con base en encuestas y entrevistas del trabajo de campo.

El salario y condiciones de trabajo

En este apartado presentamos los resultados de la observación realizada en torno a las condiciones de trabajo y las relaciones laborales. El salario en su gran mayoría (en promedio 83%) se compone por los salarios tabulados, por lo que los ingresos percibidos por prestaciones dan un porcentaje muy reducido de 4.7% en promedio y los premios o estímulos 4.4%. La posibilidad que tienen los trabajadores de laborar horas extra o días de descanso es muy reducida, ya que nos brinda un promedio de 5.5 horas al mes. La jornada promedio de los trabajadores es de 45 horas a la semana, lo que implica un promedio de nueve horas diarias. En las entrevistas encontramos que la rotación es uno de los factores resaltado por los empresarios como de los más dañinos para las empresas, ya que dificulta los procesos de la calificación de la mano de obra.

[...] En costura no tengo cuello de botella, porque mi gente tiene trabajando seis o siete años conmigo, y ya saben exactamente lo que queremos, pero tengo otro departamento que es plancha, ese tuvimos que crecerlo precisamente porque hemos venido creciendo en producción [...] ahí tengo rotación, y esa rotación me provoca que ciertos días no cumpla con las prendas estimadas que tenemos nosotros para plancharla [...] entonces, yo pienso... pero lo principal yo creo que es la capacitación [...]

La empresa que presenta más antigüedad, la que a su vez es la que tiene mayor desarrollo de tecnología, es la que tiene menores problemas de rotación, lo que se explica por las políticas de personal y en general por las condiciones que ofrece a sus trabajadores. Además, es posible ver que en ciertas ramas de la producción resulta más fácil la movilidad de los trabajadores, pues se pueden encontrar diversas empresas del mismo sector.

Los altos índices de desempleo reducen la incidencia de renuncia de los trabajadores; sin embargo, ésta se explica por las pocas prestaciones económicas, los bajos salarios, la falta de bonos de productividad, la falta de oportunidades de superación, lo intenso del trabajo –lo cual se pudo observar en las visitas a las empresas en las cuales las cuotas de productividad, así como la gran cantidad de supervisores, hacen que el trabajo sea muy intenso y repetitivo, condición propia de ciertas actividades de la industria textil.

[...] tenemos una tarea. O sea tenemos un sueldo fijo, pero también tenemos una tarea fija, que si un día bajamos la tarea, pues podemos recuperarnos el siguiente día, o podemos quedarnos... según eso se ha tomado el tiempo que nosotros hacemos, y ahí está que no pueden exigirnos algo que no podemos sacar. Entonces nos toman tiempo, y dicen "ustedes pueden sacar en este tiempo que les estamos tomando, tantas prendas, ¿pueden? Entonces nosotros, no pues sí [...]

Las causas de ausentismo son en su gran mayoría por problemas familiares y le siguen las enfermedades. El aspecto de los problemas familiares se explica, pues hay un alto porcentaje de mujeres quienes, como se ha visto en la literatura de género, realizan las labores de proveedoras sin descargo de las obligaciones de madre-ama de casa.

En términos generales, la participación de los trabajadores es reducida en casi todos los ámbitos de la empresa (selección de personal, cambio tecnológico, organización de la producción, formas de contratación, selección de contratistas, movilidad interna de los trabajadores). El sindicato no existe; en ninguno de los establecimientos se reconoció la existencia de sindicato; sin embargo, sabemos que debe haber conformaciones de sindicatos de la empresa que detentan los contratos colectivos y que funcionan como instrumentos de control de las posibles luchas sindicales.

En los aspectos que más intervienen está la definición de los manuales de puestos (60%). El mismo porcentaje en las asignaciones de tareas y, en algunos casos intervienen en las sanciones (20%). En la definición de los métodos de trabajo intervienen los trabajadores (40%), de igual forma en la definición de los estándares de producción. En los aspectos del cambio tecnológico, cuando es informal intervienen los trabajadores en 40% de los casos. Se percibe que los trabajadores intervienen en mayor medida en la implementación y evaluación del cambio tecnológico cuando éste se hace de manera informal.

En cuanto a las características de la mano de obra, ésta se compuso por 60% de hombres y 40% de mujeres. Las personas entrevistadas tienen estudios de primaria (un 20%), secundaria 40% y bachillerato 40%. Los promedios de edad de los dueños/directivos se encuentran entre 26 y los 40 años, aunque no deja de haber un alto porcentaje de mayores de 40 años. En cuanto a los directivos, las edades se encuentran entre 29 y 40 años; la misma edad de los profesionales y técnicos de producción. Por su parte, en los supervisores de producción las edades son menores, ya que se encuentran en proporciones semejantes entre los de 16 a 25 y 26 a 40. Por su parte, las edades de los obreros especializados son de 26 a 40 años; en cambio, los obreros generales son más jóvenes (edades entre 16 y 25 años).

La escolaridad de los directivos se divide casi en proporciones equivalentes entre los de estudios superiores y los de preparatoria; en proporción semejante se encuentran los empleados administrativos. En cuanto a los técnicos de producción existen algunos con estudios superiores y una alto porcentaje (40%) con estudios de técnico medio, nivel que es el preponderante para los supervisores. Para los obreros, tanto especializados como generales, el mayor porcentaje se concentra en la secundaria.

La gran mayoría (60%) de los directivos tienen una antigüedad entre cinco y 10 años en la empresa; mientras que la mayoría de los administrativos (80%) tiene entre dos y cinco años. Los profesionales y técnicos se dividen equitativamente entre los rangos de dos a cinco y cinco a 10. Los supervisores tienen en su mayoría entre cinco y 10 años. Los obreros especializados se ubican entre los cinco y 10 años; los obreros generales entre dos y cinco años. Consideramos que se trata de personal con alguna antigüedad, particularmente en algunas de las empresas en donde las condiciones parecen ser excepcionales en la región.

Por otro lado, la distinción por género nos permitirá ver la forma en la que se ha modificado el equilibrio entre hombres y mujeres en la industria maquiladora en Michoacán, aunque los equilibrios de poder no se modifican. A pesar de que los directivos son en su gran mayoría hombres, en el área administrativa hay un número preponderante de mujeres; y en el área de profesionales y técnicos una enorme mayoría son hombres; sin embargo, el número de obreros da en su mayoría mujeres, tanto en calificados como generales.

Cuadro 7. Categorías ocupacionales según género

Categorías ocupacionales	Hombres		Mujeres	
	Promedio	Desviación estándar	Promedio	Desviación estándar
Directivos y directivas	70.0	24.5	30.0	24.5
Administrativos y administrativas	37.8	25.0	62.2	25.0
Profesionales, técnicos y técnicas	99.1	1.8	0.9	1.8
Supervisores y supervisoras	41.7	50.0	58.3	50.0
Obreros y obreras calificadas	16.7	22.4	83.3	22.4
Obreros y obreras generales	41.1	40.5	58.9	40.5

Fuente: elaboración propia con base en encuestas y entrevistas del trabajo de campo.

De tal manera, el género se convierte aquí en una categoría analítica fundamental, pues nos permite reconocer las diferencias que se generan por sexo en el espacio de trabajo. En este sentido, los puestos directivos son en su totalidad masculinos, lo que da cuenta de que éste es un espacio de segregación laboral, condición que se manifiesta en un tope para acceder a ciertos puestos, a pesar de que la gran mayoría de quienes trabajan en esas empresas son mujeres. Por su parte, los puestos administrativos tienen preponderantemente mujeres, lo que se explica por el carácter de las actividades secretariales y las actividades contables.

En cuanto a la supervisión, se puede observar que los porcentajes son muy semejantes entre hombres y mujeres, aunque se trata de supervisar en su mayoría el trabajo femenino, es decir, las empresas eligen tener hombres para supervisar el trabajo de las mujeres. Las entrevistas nos permitieron ver que los gerentes consideran que las relaciones entre mujeres son más conflictivas que en las que participan hombres. En los obreros, tanto generales como calificados, hay preponderantemente mujeres. De manera particular esto se explica porque son en su mayoría labores de costura y relacionadas con la industria textil. De las empresas estudiadas en las únicas donde el personal es en su gran mayoría masculino, es el caso de las de mayor desarrollo tecnológico.

Conclusiones

Se ha señalado que el estado de Michoacán es una entidad de contrastes, de débil desarrollo industrial, de micro, pequeñas y medianas empresas manufactureras concentradas en las ramas de alimentos y bebidas y de industria maderera, y con pocos eslabonamientos productivos hacia atrás y hacia delante. Además, predominan empresas industriales con gestión empresarial de índole familiar, que buscan la supervivencia en el mercado vía una rentabilidad basada en salarios bajos y en la precariedad de los empleos.

De ahí que no es de extrañar que las pocas empresas maquiladoras identificadas en el trabajo de campo en su gran mayoría no tienen ventas hacia el exterior y configuran modelos tayloristas-fordistas de producción y organización del trabajo que dejan en un segundo plano el desarrollo tecnológico, y desatienden casi en su totalidad la participación de trabajadores en las decisiones y la aplicación de métodos modernos de supervisión y control. Los perfiles sociotécnicos que predominan y que en nuestra investigación resumen los modelos productivos fueron, por orden de importancia, el fordista con tecnología, flexibilidad y calificación bajas, seguido del fordista con tecnología alta, pero flexibilidad y calificación bajas.

Todo ello debe entenderse en un contexto estatal donde no hay una política pública de fomento y desarrollo industrial, donde predominan factores culturales que no benefician al empresariado creativo e innovador; están ausentes redes entre empresas y organizaciones que aceleren los procesos de aprendizaje colectivo y no hay la institucionalidad adecuada que apuntale los esfuerzos de industrialización.

En ese sentido, se puede decir que las posibilidades de continuar basando la ventaja competitiva estatal en salarios bajos y empleos precarios aún persisten y se pue-

CUADRO 8. Perfiles sociotécnicos en la maquila de Michoacán

Perfil	Porcentaje
Organización fordista, tecnología baja o media, flexibilidad baja o media y calificación de nula a media	75.0%
Organización fordista, tecnología alta, con flexibilidad y calificación bajas o medias	25.0%
Total	100.0%

Fuente: EMIM.

261

den ampliar en el futuro a medida que los flujos migratorios y la marginación social se intensifiquen y lleven a que más miembros de la familia participen y contribuyan al sustento familiar, y la IME no escapa a estas tendencias.

Bibliografía

Chauca Malásquez, Pablo M. (1999), "La micro, pequeña y mediana empresa manufacturera en Michoacán", *Revista Economía y sociedad,* año 4, núm.5, enero-junio, Escuela de Economía, UMSNH.

_____ (2003), *Competitividad de la micro, pequeña y mediana empresa manufacturera moreliana (diagnóstico y propuestas desde una perspectiva estratégica)*, México, UMSNH-Facultad de Economía, Morelia, Michoacán.

Diario Oficial de la Federación del 3 de diciembre de 1993.

INEGI (1999), *Anuario estadístico del estado de Michoacán,* México.

_____ (2003), *Anuario estadístico del estado de Michoacán de Ocampo,* México.

_____ Michoacán, Censos económicos 1999, Enumeración integral, Resultados oportunos, México.

Martínez Aparicio, Jorge (2003), *Integración regional e internacionalización del capital en Lázaro Cárdenas, Michoacán,* México, UMSNH.

Martínez de Lejarza, Juan J. (1974), Análisis estadístico de la provincia de Michoacán en 1822", *Colección de estudios michoacanos,* México, núm. IV.

Raya Morales, Rogelio (2004), *La industria en Morelia: principales factores de localización,* Colegio de Economistas de Michoacán, México, Facultad de Economía, UMSNH-Cámara Nacional de la Industria de la Transformación, Morelia, Michoacán.

Secretaría de Desarrollo Industrial y Comercial (SDIC) del Gobierno de Michoacán (1985), *Directorio Industrial de Michoacán 1985,* México, SDIC.

Tapia, C. (1997), "Marginación urbana y movilizaciones en las ciudades medias en México", en *Desarrollo urbano regional y ciudades medias en México,* México, Cidem, UMSNH.

Uribe Salas, José A.(1983), *La industria textil en Michoacán 1840-1910,* México, UMSNH.

Vargas Uribe, Guillermo (1985), *Apuntes para una geografía económica del estado de Michoacán,* tesis de licenciatura, México, UNAM, Facultad de Filosofía y Letras, Escuela de Geografía.

9
Modelos de producción y cultura laboral en la maquila de Yucatán

Beatriz Castilla
Beatriz Torres[1]

Introducción

Actualmente, la industria maquiladora en Yucatán está conformada de 86 plantas que proporcionan empleo a 30 921 personas. El inicio de la operación de plantas en el estado se inscribe en el año de 1984, ante la debacle de la actividad henequenera, al implementarse el Programa de Reordenación Henequenera y Desarrollo Integral de Yucatán, por parte del gobierno estatal. Dicho programa planteó como primer objetivo dar racionalidad a la producción del monocultivo agroexportador y promover la diversificación económica de la entidad, por lo que ocupó el fomento a la industria maquiladora de exportación el primer lugar. Cabe remarcar que desde el inicio del arribo de la inversión extranjera se fue generando un proceso de "maquilización", a través de las coinversiones entre capitales locales y extranjeros, así como la emergencia de empresas yucatecas que se inscriben bajo el régimen de maquila, en la modalidad de capacidad ociosa. Muchos industriales del vestido, cuya experiencia en la rama es histórica, se acogieron a estos beneficios y se iniciaron en la maquila para firmas transnacionales. Las plantas resultantes de estas aso-

[1] Profesora e investigadora de la Universidad Autónoma de Yucatán, doctora en Sociología; email: bcastillaramos@yahoo.com. Profesora e investigadora de la Universidad Autónoma de Yucatán, doctora en Estudios Sociales; email: tgongora@tunku.uady.mx

ciaciones, en general, distan mucho de las primeras tanto en infraestructura e instalaciones como en las condiciones de trabajo y del empleo. Las primeras empresas que se instalaron en Yucatán operaron en dos modalidades: fábricas de capital local (subcontratación) creadas para maquilar a firmas norteamericanas y en otros casos el establecimiento directo de una subsidiaria del capital norteamericano. A partir de 1992, el proceso de maquilización se intensificó con la instalación de fábricas en el interior del estado. En este año comenzó a observarse la desconcentración masiva de la zona metropolitana de Mérida, vía el desplazamiento de plantas maquiladoras a poblaciones de la zona maya yucateca. La explicación del gobierno, así como de la parte empresarial, se sustentó en dos razones: la saturación de la mano de obra en la ciudad de Mérida y el desempleo en el campo yucateco con mayor peso en la zona henequenera. El desplazamiento intenta poner un freno a la migración campo-ciudad, como consecuencia de la cancelación oficial de los apoyos a esta actividad y el consiguiente desplome del "oro verde".[2]

Razones de la ubicación de las empresas maquiladoras en Yucatán

En Yucatán, si bien la industria maquiladora consigna la tendencia nacional de crecimiento, dinamismo y deterioro del sector, también presenta especificidades importantes en estos aspectos. La desaceleración de esta actividad a inicios del nuevo siglo impactó negativamente los empleos y los niveles de operación de estas plantas, tal como se observó a nivel nacional. Desde el punto de vista de las gerencias maquiladoras, las razones principales de su ubicación en la entidad están relacionadas con la mano de obra; una tercera parte de los directivos de las plantas estudiadas señaló su costo y su abundancia como los argumentos principales, para instalarse en Yucatán. Tal como se observa en el cuadro 1, la calificación y las buenas relaciones laborales fueron poco mencionadas como razones de peso para ubicarse en la entidad, así como el régimen fiscal. Aún más, como se verá más adelante, algunas gerencias señalaron la ausencia de una cultura de trabajo y compromiso de los trabajadores como factores que generan problemas de rotación y constituyen un obstáculo para el crecimiento del sector maquilador.

El concentrado de las respuestas empresariales a la interrogante de las razones principales para establecerse en Yucatán dista, sin embargo, de algunas opiniones de los

---

[2] El golpe final al modelo henequenero llamado "oro verde".

CUADRO 1. Razón de ubicación actual

	Régimen Fiscal Mexicano	Costo de la mano de obra	Buenas relaciones laborales	Disposición de abundante mano de obra	Apoyos gubernamentales en terrenos, parques industriales, exención de impuestos, etc.	Disposición de infraestructura, de energía, etc.	Cercanía del mercado del producto	Calificación de la mano de obra	Otras razones
1ª	2	10	-	4	3	3	3	-	-
2ª	2	8	1	5	2	3	5	3	2
3ª	2	2	2	3	4	4	-	3	-
4ª	4	-	2	-	-	3	5	1	-
5ª	1	-	-	1	4	-	-	4	-
6ª	-	-	1	1	1	2	-	-	1
7ª	-	-	-	-	1	-	2	-	-
8ª	-	-	3	-	-	-	-	-	-
Total	11	20	9	14	15	15	15	11	3

Fuente: EMIM Yucatán.

directivos de empresas grandes multinacionales y locales, hecho que da cuenta de la heterogeneidad de los casos en los diferentes ámbitos estudiados. Así, varios de los empresarios maquiladores señalaron enfáticamente el papel de los incentivos gubernamentales y la infraestructura de la zona como factores de atracción de las maquiladoras, argumento que se observa en el siguiente testimonio: "Por las facilidades, que en ese entonces se dieron en cuestión de impuestos y exportación" (directivo de empresa de la confección de Taiwán, siete años de antigüedad). La opinión de un empresario local también hizo referencia a lo atractivo y oportuno que resultó para ellos el programa de maquiladoras:

> De hecho mi empresa es una empresa común, como una yucateca que vende 50% al mercado mexicano y 50% al mercado americano. Es una compañía exportadora. Si la registré como maquiladora es porque se me facilitaba la importación de las materias primas, de los insumos, y las exportaciones de las materias primas, porque en el sistema que existe como maquiladora es un poco mejor que un tercero que importa o exporta (directivo de empresa de laboratorio dental, capital nacional con 14 años de antigüedad).

A la par, la ubicación geográfica, el clima laboral y social de la entidad, ampliamente promocionados por los gobiernos estatales en turno, fueron señalados como razones para establecerse en Yucatán por algunos inversionistas. Esto es, su cercanía con EU, principal mercado de los productos de las empresas maquiladoras, seguido por los de Centroamérica, el Caribe y Sudamérica, así como la ausencia de sindicatos y un potencial de mano de obra maleable, aspectos que fueron reiteradamente utilizados como atractivos por los gobiernos para promover a Yucatán como estado maquilador.

Conviene relacionar las razones de ubicación en Yucatán con las de la crisis de la maquila en los primeros años de este siglo.

Los grandes volúmenes productivos se van a otro lugar considerado más barato. Los impuestos que se aplican aquí no compiten con los de otros mercados, esto es, son excesivos. Las empresas se van y envían su maquila por ejemplo a Japón, Corea, Pakistán (directivo de empresa nacional de la confección, siete años de antigüedad). Las empresas que se han dedicado a producir calidad según los pedimentos del cliente, o sea, dan un servicio, son las empresas que no han tenido problemas. Hay demanda de trabajo, pero no hay muchas empresas que puedan hacer el trabajo de calidad. "Tanto es así, que yo estoy perdiendo algunos clientes, no porque mi calidad no sea buena, sino porque no puedo darle tanta producción como ellos me están pidiendo. Me hablan de Miami y me dicen: 'yo estoy muy contento contigo, pero ni modo, me voy a Asia'. Y lo hacen porque yo no pude darle la cantidad que ellos me estaban pidiendo" (directivo de empresa italiana de la confección, 13 años de antigüedad).

Caracterización de los establecimientos maquiladores en Yucatán

Conforme a las cifras del Instituto Nacional de Estadística, Geografía e Informática (INEGI), correspondientes a fines de noviembre del año 2004, los 89 establecimientos que conformaban el sector maquilador en Yucatán generaban empleos para 31 300 personas,[3] datos muy cercanos a los registrados a finales de 2002 y año de referencia de este estudio. Tomando como base dicho año, el comportamiento en cuanto al dinamismo del sector maquilador fue claramente descendente a lo largo del mismo año. Al respecto, ver la información proporcionada por el mismo INEGI.

Al contrastar la información de 2002 y 2004 se evidencia que la maquila de exportación no ha recuperado el nivel de crecimiento de los años noventa; en particular, en 2002 su caída resulta dramática. La reducción del número de plantas en 2002 fue de 29, cifra que corresponde a 24.57% del total de factorías existentes al inicio del

---

[3] En octubre de 2004 la Secretaría de Desarrollo Industrial y Comercial de Yucatán (Sedeinco) reportó cifras muy cercanas: 86 establecimientos y 30 921 empleos.

CUADRO 2. Establecimientos y personal ocupado en las maquiladoras
de exportación. Yucatán, 2002

Periodo	Establecimientos	Total	Obreros			Técnicos de producción	Empleados administrativos
	(Número de establecimientos en activo)		Total	Hombres	Mujeres		
2002 R/							
Enero	118	28 869	23 989	9 910	14 079	3 413	1 467
Febrero	112	28 152	23 431	9 661	13 770	3 284	1 437
Marzo	112	28 404	23 723	9 815	13 908	3 275	1 406
Abril	110	28 475	23 882	9 830	14 052	3 184	1 409
Mayo	110	28 875	23 997	9 938	14 059	3 449	1 429
Junio	106	29 108	24 196	10 189	14 007	3 511	1 401
Julio	103	29 110	24 173	10 265	13 908	3 549	1 388
Agosto	103	28 925	24 068	10 457	13 611	3 514	1 343
Septiembre	98	28 727	23 839	10 385	13 454	3 487	1 401
Octubre	91	28 357	23 430	10 199	13 231	3 600	1 327
Noviembre	90	27 676	22 893	9 813	13 080	3 437	1 346
Diciembre	89	27 221	22 500	9 752	12 748	3 507	1 214

Fuente: INEGI, Estadísticas de la Industria Maquiladora de Exportación, Yucatán, 2002.

año, mientras que el empleo consigna una caída de 1 648 puestos de trabajo, que afectó más a las mujeres obreras que a los hombres en la misma categoría.

Ahora bien, ¿cuáles son las características principales de las plantas en operación estudiadas? Más de la mitad corresponden a la industria de la confección y textiles, hecho que confirma la especialización productiva de las maquilas en Yucatán que varios investigadores han reportado.[4] Cabe señalar que muchas de estas fábricas cuya procedencia es de capital 100% extranjero, iniciaron sus actividades como simples ensambladoras de prendas y, con el paso de los años, han integrado varios procesos productivos de la cadena hilo-textil-confección.[5] Por su parte, los empresarios yucatecos de esta rama también han tenido una participación destacada al inscribir

[4] Jorge Carrillo (1998), Beatriz Castilla y Beatriz Torres (2004).
[5] Destaca el caso de dos asiáticas con varias plantas cada una, destinadas a realizar diversas fases del proceso: tejido, teñido, lavado y deslavado de tela, corte, elaboración de piezas pequeñas y armado de prendas.

sus operaciones bajo el régimen de maquila. Muchos de los que se iniciaron como subcontratistas han pasado a ser productores y viceversa. La larga experiencia de los industriales del vestido yucateco y los vínculos estrechos que construyeron alrededor de sus intereses económicos con los inversionistas extranjeros y con los gobiernos en turno, son los factores que posibilitaron estos movimientos que complejizan el espectro maquilador en Yucatán. A las plantas de la confección le siguen –por su peso porcentual– las de joyería, aparatos dentales, electrónica y servicios. En el caso, de los establecimientos del ramo joyero, destaca la gran movilidad de estas plantas que constantemente abren y cierran actividades, se cambian de razón social,[6] de ensambladoras se convierten en transformadoras y viceversa. Cabe remarcar que también existen otras plantas de giros novedosos en la entidad, tal como se puede observar en la gráfica 1. Ejemplo de éstas son: una de aeronáutica y espacial, metalmecánica. Las empresas se dedican, una, a la fabricación de sellos metálicos y de carbono de alta precisión para equipos aeroespaciales y generadores de energía, y la otra, al acabado de piezas de turbinas para aviones.

En cuanto al tamaño[7] de los establecimientos, el 30.8% son pequeños, aunque hay 26.9% de tamaño macro seguidos por los medianos y los grandes en este orden. El tamaño de los establecimientos definido en razón del número de trabajadores también es un elemento de constantes fluctuaciones, sobre todo en el caso de las maquiladoras de capital nacional, cuya producción todavía depende en gran parte de los contratos de maquila conseguidos en el extranjero, a diferencia de las subsidiarias de plantas matrices que producen para éstas (véase gráfica de establecimientos por tamaño). Pese a las fluctuaciones señaladas, destaca que la media de antigüedad de las 27 plantas estudiadas es de 12 años, aunque hay que señalar que la mayoría de ellas datan de los años noventa y solamente dos iniciaron operaciones en el año 2000.

El capital norteamericano es el predominante en las empresas maquiladoras estudiadas, ya que la mitad de ellas tienen esa procedencia, seguidas por 20% de establecimientos de capital nacional y el resto de capitales provenientes de otros países. Sin embargo, entre el total de las maquiladoras instaladas en la entidad, destaca la presencia del capital asiático (en términos de ocupación de mano de obra) cuyas plantas son de tamaño macro y generan alrededor de 7 000 empleos. En los últimos meses,

---

[6] En el momento de escribir este informe es noticia local el caso de una de estas plantas que despidió 75 trabajadores pretendiendo reabrir en una localidad cercana con otro personal.

[7] Para la clasificación de los establecimientos por tamaño se siguieron los lineamientos del INEGI basados en el número de trabajadores: 1-15 micro; 16-100 pequeño; 101-250 mediano; 251-500 grande y más de 501 macro.

GRÁFICA 1. Distribución de las plantas maquiladoras
según rama de actividad

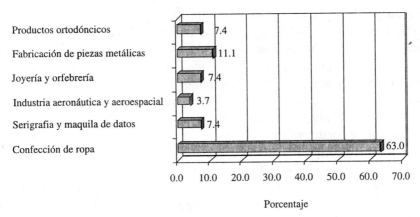

Fuente: Encuesta Modelos de Industrialización en la Maquila (EMIM Yucatán).

GRÁFICA 2. Distribución de las plantas según tamaño

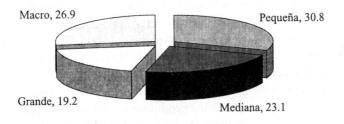

Fuente: EMIM Yucatán.

las inversiones de capital europeo ha sido notable, ya que si bien desde el inicio del proceso maquilador llegan a la entidad en tiempos recientes se ha redoblado su residencia en la entidad a través de prestigiosas firmas de la confección y novedosos proyectos de apoyo a esta rama. Por ejemplo, un centro de diseño del vestido y la instauración de carreras universitarias para proveerlas de personal capacitado en esta área, todo ello en colaboración con el gobierno estatal.

Encadenamientos productivos

A nivel nacional se consignó una caída fuerte en los encadenamientos productivos de 18 a 1%, que se reflejó en los ingresos provenientes de las empresas subcontratistas internas. En el caso de Yucatán se constató en la desaparición de estos establecimientos que, inscritos bajo el régimen de maquila, aprovechaban la demanda de las empresas transnacionales que las subcontrataban para cubrir los pedidos. Un dato interesante que obtuvimos en el año 2000 fue que 20% de la producción extranjera estaba siendo fabricada por empresas locales.

En Yucatán se puede probar esta aseveración no porque las grandes corporaciones se hayan ido, sino porque resintieron un fuerte golpe en la demanda de sus productos y, en consecuencia, se afectaron de inmediato los establecimientos que les maquilaban sus excedentes. Este hecho es comprensible si tomamos en cuenta el peso de la industria de la confección en el espectro maquilador en Yucatán. Como es ampliamente conocido, dicha industria es una de las más vulnerables en el mercado internacional tanto por su competitividad como por lo efímero de la moda. Lo que es un hecho es la concentración de la exportación hacia Estados Unidos y que la recesión del mercado estadounidense impactó directamente al sector maquilador yucateco. El presidente de la Cámara Nacional de la Industria del Vestido (Canaives) afirmó en ese entonces: "La llegada de numerosas maquiladoras al estado representa un beneficio para un gran porcentaje de empresas de la confección y textiles yucatecas, porque se les subcontrata para elaborar el excedente que no pueden procesar esas plantas". Asimismo, señaló que cuando menos 300 pequeños talleres de Mérida y del interior del estado tienen subcontratos con las grandes fábricas. Y agregó que el surgimiento de este fenómeno ha dado lugar a *brokers,* o intermediarios, mismos que son contratados por las grandes firmas para abocarse a la tarea de buscar plantas con el propósito de que aquellas elaboren los productos de las transnacionales. El proceso se desarrolla de la siguiente manera: la empresa maquiladora entrega la tela cortada y los avíos que necesitan, y los talleres se encargan de armar las prendas. Una vez listas, las retornan a la planta, en donde les dan el acabado, las empaquetan y etiquetan y las envían a los EU. A decir del dirigente empresarial local, "esta es una alternativa de trabajo para los microempresararios, mismos que generaron 18 000 empleos directos".[8]

En lo que se refiere a los encadenamientos productivos, a pesar del alto porcentaje (60%) que respondió negativamente, se observa un incremento notable en los insumos

---

[8] Habib Becil, *Diario de Yucatán*, abril de 2000.

CUADRO 3. Encadenamientos productivos (porcentajes)

	Sí	No	Total
Realiza compra de materias primas con otros establecimientos en el país	40	60	100
Adquiere maquinaria y equipo con otros establecimientos en el país	36	64	100
Realiza capacitación del personal con otros establecimientos en el país	20	80	100
Realiza contratación de personal con otros establecimientos en el país	16	84	100
Utiliza de manera conjunta maquinaria y equipo con otros establecimientos en el país	12	88	100
Realiza publicidad con otros establecimientos en el país	4	96	100
Realiza algún otro tipo de actividad con otros establecimientos	4	96	100
Realiza investigación de mercados y ventas con otros establecimientos en el país		100	100
Realiza investigación y desarrollo con otros establecimientos en el país		100	100

Fuente: EMIM Yucatán.

requeridos por estas empresas que antes era prácticamente nulo, incluso a nivel nacional. En el caso de Yucatán, el hecho de que 40% haya respondido afirmativamente, obedece a que desde el inicio del proyecto maquilador la entonces Secretaría de Comercio y Fomento Industrial se abocó a la tarea de estimular a los empresarios de la entidad a fin de que produjeran bienes complementarios como cajas de cartón, telas, botones, etiquetas y otros. Los testimonios que recogimos a lo largo de varios años indican que no existía la capacidad productiva necesaria para que los empresarios locales pudieran ser proveedores de las factorías extranjeras instaladas en la entidad, de ahí que importaran todos sus insumos básicos. En virtud de que el peso mayor del sector maquilador yucateco está conformado por el giro de la confección, incluimos tres puntos de vista que corresponden a los gerentes de los establecimientos de Asia, Yucatán y Europa, porque sus opiniones son contrastantes:

Nosotros tenemos muchos proveedores locales. El producto que se hace en México debe de cubrir ciertos estándares de calidad internacional. Si tengo al proveedor en México, que tiene el producto, yo lo compro en México. Me conviene más por tiempo, el precio es prácticamente el mismo y la flexibilidad de cambiar, la flexibilidad de que me lo entreguen más rápido, de evitar el trámite aduanal, para mí es diez veces más rápido. Compramos en México mucho, compramos millones de dólares al año en insumos. Podríamos comprar más. Sí, pero si hubiera proveedores. Nosotros compramos mucho, millones de dólares al año en México, en Mérida y en el país [...] compramos mucho. Y lo que no se

271

compra es porque no hay en el mercado (directivo de empresa china de la confección, 10 años de antigüedad).

Este discurso contrasta con la visión de un joven directivo maquilador, hijo de un empresario pionero yucateco:

Sí, ahora para dar ese paso, también no ayuda el insumo principal en la industria del vestido: la tela. Los proveedores textiles en México no son competitivos en calidad, no es la mejor. Encuentras calidad, pero a precios muy altos. Hay un oligopolio en la industria textil que ha sido protegido por muchos años y no ha invertido en nuevas tecnologías que puedan ofrecer más variedades de telas a menos costo y con menos tiempo de entrega. El futuro para la industria maquiladora lo veo muy difícil, a menos que esa industria maquiladora, ya sea mexicana o extranjera, pueda seguir confeccionando para dejar de importar sus insumos del exterior y adquirirlos en México. El problema está en que la industria textil mexicana no es nada competitiva: nada. Si la industria textil mexicana fuera competitiva, las maquilas en vez de cerrar lo único que estarían haciendo es estar comprando tela mexicana en vez de estar trayendo de Asia, donde es casi 50% más económica (directivo de empresa local de la confección, 21 años de antigüedad).

Por su parte, el gerente europeo nos muestra los problemas por los que atraviesa la materia prima mexicana:

No hay proveedores. Los proveedores de tela que son el producto principal, están cerrados. De verdad son obsoletos, presumidos, y están jalando hacia abajo a la industria del vestido. Porque no me permiten ofrecer el *full packet*, el paquete completo. Por ejemplo, en 40 días mandas una muestra en China y en 40 días te devuelven la producción hecha, ponle 60 días. En México, yo estoy pidiendo una tela de algodón, que es la cosa más sencilla de este mundo, después de 40 días la gerente de compras habla con la empresa y dice: oye me mandan las muestras; ah, lo siento nos olvidamos de la muestra, ahora te la mando, y esperas otras dos semanas. Después dos semanas mandan una tela diferente de la que yo pedí, de otro color y sin precio. O sea, digo ok, me paraste seis semanas, tengo un cliente que está esperando una cotización. Entonces, eso es un problema gravísimo que está sucediendo (directivo de empresa italiana de la confección, 13 años de antigüedad).

A la pregunta de "si adquiere maquinaria y equipo con otros establecimientos en el país", se registró un alto porcentaje de empresas que respondieron negativamente (64%), hecho que obedece a que las casas matrices transfieren la tecnología a sus filiales. Como ejemplo, en la empresa manufacturera estadounidense de más alta tecnología, incluso robotizada y de mayor antigüedad en la región, existe la gerencia de gestión tecnológica, cuya labor es recibir la tecnología de EU y ajustarla a las necesidades de la empresa. Otra modalidad que hemos observado es que las tecnologías que ya resultan "obsoletas" en las matrices multinacionales en virtud de que requieren mano de obra intensiva son trasladas a sus filiales locales. De esta manera, las matrices cuentan con mayores niveles tecnológicos que demandan menos mano de obra. Ello con el propósito de bajar costos de operación. Cada empresa cuenta con su departamento de recursos humanos y a partir de éste se implementan los programas de capacitación. Esta modalidad la hemos constatado como constante en los establecimientos. Cabe hacer mención que en los orígenes del sector maquilador el gobierno del estado puso en marcha un programa de capacitación de trabajadores para la industria de la confección, que se manejó como un incentivo para atraer al capital extranjero. No obstante, éste ya no opera y, en cambio, en cada empresa tiene sus propios programas de capacitación.

Las respuestas de si utiliza de manera conjunta maquinaria y equipo con otros establecimientos en el país fueron escasas (14%). A este nivel es notable que las empresas operan con sus propias tecnologías, que traen directamente de sus matrices. En los casos de *joint ventures* en general, los empresarios locales proporcionan la nave industrial y la mano de obra, pero la tecnología es propiedad de los extranjeros. De esta manera, el capital extranjero no arriesga ni en problemas laborales ni en el alquiler de la nave industrial, incluso en el Parque de Industrias no Contaminantes. No nos sorprende que ninguna de las empresas haya respondido afirmativamente a las preguntas concernientes a la investigación de mercados y ventas, así como a la investigación o desarrollo en el seno de sus propias factorías. Ello se explica en dos aspectos: para las de capital extranjero, su centralidad en estos rubros se define desde las matrices ubicadas en el extranjero, y para las locales, la respuesta hay que encontrarla en que éstas se incorporan bajo la modalidad de subcontratistas de las empresas. La negativa a la pregunta sobre si realiza publicidad con otros establecimientos en el país, es que casi toda su producción está orientada al mercado internacional y, sobre todo, los bienes producidos son manufacturados o ensamblados acorde con los pedidos del mercado externo, vía las casas matrices.

Nosotros vendemos a Estados Unidos, Canadá, Europa y Asia. Obviamente nuestro 90 o 95% es Estados Unidos [...] ¿por qué? [...] Pues porque al menos en el caso nuestro el producto que hacemos es para un mercado netamente gringo, de Estados Unidos. Por ejemplo, una de las marcas principales que fabricamos sólo tiene tiendas en Estados Unidos, Canadá y Europa. Entonces, tengo que vender donde está mi cliente ¿Cuál es el mercado más grande del mundo? Estados Unidos. ¿Quién paga mejor que nadie? Estados Unidos. O sea, realmente si yo le vendo a Europa es porque Estados Unidos me dice manda directamente a mi tienda de Europa, o manda directamente a mi tienda de Japón, o manda a mi tienda de Canadá. Pero mi mercado principal es Estados Unidos (directivo de empresa china de la confección, 10 años de antigüedad).

La tecnología en los establecimientos maquiladores

La tecnología utilizada en los procesos productivos de las plantas maquiladoras proviene de la casa matriz, en más de la mitad de dichos establecimientos, mientras que la compra a otras empresas y desarrollo propio se registró con menor peso.

La adquisición de tecnología por parte de los empresarios maquiladores tiene una importancia diferenciada en relación con el tipo de planta: subsidiaria de una matriz o independiente; al mercado de sus productos, a la rama y, de manera muy especial, a la forma de concebir el factor tecnológico, es decir, a la cultura empresarial. En el caso de las subsidiarias, son las matrices las encargadas de transferir las tecnologías a las maquilas, mientras que para las independientes, casi siempre de capital nacional y que operan a través de contratos, el aprovisionamiento de tecnología constituye una preocupación considerable que se resuelve por la vía de los menores costos. Uno de los empresarios de la rama de la confección explicó:

La razón por la que la maquila no invierte en equipos, en tecnologías es que: primero, tiene que tener la posibilidad de alcanzar un mercado que justifique la inversión de la alta tecnología. Pero como no estamos en posibilidad de entrar a ese mercado, entonces, ¿para qué invierto en maquinaria? Se puede alcanzar ese mercado sin tener que hacer inversión fuerte en maquinarias y tecnologías. Lo que se necesita es capital humano y obviamente el acceso a telas competitivas. La tecnología puede ser algo secundario, yo diría que si agarro un cliente que le estoy dando un producto con mucho valor agregado, con el flujo que

CUADRO 4. Principal procedimiento para adquirir tecnología (porcentaje)

Compra de patentes	0
De consultores	7.7
De la casa matriz	57.7
De desarrollo propio	15.4
La compra a otras empresas	15.4
Otras	3.8
Total	100.0

Fuente: EMIM Yucatán.

274

CUADRO 5. Porcentaje de operaciones productivas según tipo
de maquinaria y equipo utilizado (porcentaje)

Herramientas manuales	26.73
Maquinaria o equipo no automatizado	43.19
Equipo automatizado no computarizado	17.42
Equipo automatizado computarizado	11.92
Sistemas computarizados	0.73

Fuente: EMIM Yucatán.

genere en trabajar para ese cliente ya puedo invertir en maquinaria (directivo de empresa local de la confección, 21 años de antigüedad).

De acuerdo con la información obtenida, la mayoría de los establecimientos declararon utilizar maquinaria y equipo no automatizado, seguidos por las que trabajan con herramientas manuales, equipos automatizados no computarizados y, los menos, con equipos automatizados computarizados. Estos aspectos siguen la tendencia nacional de escasa utilización de tecnología de punta. Uno de los elementos que explican estas respuestas obedece a la existencia de un grupo de empresas maquiladoras con tecnología de punta que combina con otras de menor desarrollo tecnológico. La rama de actividad constituye un factor fundamental en la elección del tipo de tecnología por utilizar.

La importancia de la rama de actividad como factor de decisión empresarial sobre tecnología queda de manifiesto con el testimonio siguiente:

Yo puedo hablar del caso de la textil. La maquiladora textil es la más básica de todas en todos los países, incluso en los países desarrollados. La maquiladora textil es una industria que se sustenta en la mano de obra [...] No somos, por ejemplo, una armadora de autos, una armadora de televisores, de computadoras, de componentes, donde sí hay mucha tecnología. La maquiladora básica, como ha empezado en muchos países, es la textil, donde lo fuerte es mano de obra, una máquina de coser, equipo de corte, lavadoras, secadoras y ya, ¿no? Lo tecnológicamente más avanzado para nosotros son las máquinas de corte, son máquinas muy grandes, cada máquina vale cerca de 100 mil dólares y las lavadoras y las secadoras, que valen más de 100 mil dólares cada una. Pero son caras porque son muy grandes y por lo que procesan (en el caso de lavadoras y secadoras procesan volúmenes muy grandes de carga); no porque tecnológicamente sean muy complejas. Las que son un poquito más complejas son las de corte que valen 85 o 90 mil dólares, las que tienen equipos de tendido manual. Las cortadoras automáticas grandes valen 300 mil dólares, las tenemos nosotros; eso es lo tecnológicamente más avanzado; lo más complejo para una maquiladora textil.

Entonces, ¿por qué no invertimos más? Pues porque no se requiere, o sea, nosotros el año pasado cambiamos todo el equipo de corte... y se invirtieron cientos de miles de dólares en equipo [...] ¿por qué? [...] pues porque el otro tenía ya ciertos años de uso, además el huracán del 2002 nos vino a empujar para cambiar equipo y pues al final de cuentas se cambió. Claro, yo sé que el caso de otras plantas que no es el caso de todos, porque hay otras que financieramente son muy sólidas, van viento en popa, muy grandes, no tienen problemas de financiamiento ni nada y pues, no es el mismo caso de otras maquiladoras. Pues no invertimos en más tecnología porque no es necesario, para la maquiladora textil no es necesario (directivo de empresa italiana de la confección, 13 años de antigüedad).

Organización del trabajo

Este apartado presenta un conjunto de variables; todas juntas con sus dimensiones apuntan hacia la presencia de nuevas formas de organizar el trabajo, o la persistencia de la línea de producción taylorista en las empresas maquiladoras que operan en Yucatán: locales o extranjeras.

Casi todos los establecimientos cuentan con manuales de puestos y procedimientos, que indican la formalización del trabajo en las fábricas y el despunte de ciertos aspectos propios de los esquemas toyotistas. Asimismo estos mecanismos fungen, en algunos casos, como programas de ascenso por la vía del enriquecimiento de tareas. En el caso de una empresa estadounidense de insumos y aparatos dentales, existe un programa de niveles que detalla las categorías de las y los trabajadores en relación con la carrera profesional que desempeñan al interior de la fábrica. Ésta abarca las distintas áreas, con sus consecuentes tareas, que van desde el simple ensamble, pasando por el manejo semiautomatizado de máquinas, hasta la robótica donde se ubican las y los operadores más calificados.

CUADRO 6. Formalización del trabajo: ¿cuentan con manuales de puestos y procedimientos? (porcentajes)

	Sí existen y se utilizan	Sí existen, pero no se utilizan	No existen	Total
Manual de puestos	61.5	7.7	30.8	100
Manual de procedimientos	84.6	3.8	11.5	100

Fuente: EMIM Yucatán.

276

CUADRO 7. Principales procedimientos para asignar
y promover a un trabajador (porcentajes)

	Examen de habilidades y aptitudes	Aprobación de cursos de capacitación	Examen de conocimientos	Total
Para asignar al trabajador	50	15.4	11.5	76.9
Para promover al trabajador	30.8	34.6	11.5	76.9

Fuente: EMIM Yucatán.

El procedimiento para asignar y promover a los trabajadores

Los concentramos en un solo cuadro tomando las respuestas más relevantes. En primer orden aparece el examen de habilidades y de actitudes propios del modelo taylorista. Estas modalidades pertenecen a las grandes empresas multinacionales y locales. En la promoción del trabajador, la capacitación del trabajador, a través de aprobación de cursos impartidos por la empresa, ocupó 1.5%, y el concerniente a los conocimientos adquiridos en la empresa 12%, mismos que nos indican otra tendencia minoritaria.

A continuación el testimonio de un gerente maquilador:

La mejor manera de sacarle jugo a la gente es capacitándola, tratándola bien, estimulándola, enseñándola, y dándole promociones y destacándola. Esto es obvio para un maquilador. Desafortunadamente en México muchas veces piensan que si pagas, maltrates a los trabajadores, les des más horas, y abuses funcionan mejor. Esto finalmente se traduce en muchas rotaciones, muchos problemas: no funciona. Los maquiladores, son los que más han trabajado en el desarrollo personal (directivo y propietario de un laboratorio dental de capital local, 14 años de antigüedad).

El control de calidad es prerrogativa de la empresa a través de su personal especializado. No obstante se observa 27% que no debemos menospreciar. Aquí se encuentran las empresas que han delegado funciones calificadas a sus propios obreras y obreros expertos: inspectores de calidad que ocupan estos puestos estratégicos en el

CUADRO 8. ¿Principalmente quién o quiénes realizan
el control de calidad? (porcentajes)

Existe un departamento o personal especializado	73.1
El mismo personal de producción	26.9
Total	100.0

Fuente: EMIM Yucatán.

seno de la producción. Cabe mencionar que este poder del trabajador es mediado por un jefe inmediato que es el supervisor de área, y éste a su vez por la gerencia del control de calidad. Esto ocurre sobre todo en las empresas grandes que han integrado modalidades toyotistas.

Salta a la luz la presencia de estudios de tiempos y movimientos en el quehacer productivo. En la misma lógica productiva, los trabajadores deben cumplir cuotas de producción preestablecidas por las gerencias y definidas por los requerimientos de la demanda de los productos y de los estándares en los mercados internacionales. Es relevante el peso registrado en el otorgamiento de incentivos económicos cuando se rebasan las cuotas mínimas establecidas (73%). Hemos observado que en las empresas grandes sí se estimula al trabajador económicamente, mientras que en los establecimientos medianos y pequeños argumentan que los costos de operación de la empresa no lo permite.

Estas formas de estimular a los trabajadores van desde las más simples (primer ejemplo) hasta otras más sofisticadas (segundo testimonio):

CUADRO 9. Control de la productividad e incentivos (porcentajes)

	Sí	No	Total
En este departamento se realizan estudios de tiempos y movimientos	92	8	100
Los trabajadores tienen que cumplir cuotas mínimas de producción	80.8	19.2	100
Hay incentivos económicos cuando se rebasan las cuotas mínimas de producción	73.1	26.9	100

Fuente: EMIM Yucatán.

En la planta ellos tienen unos *tickets* y de acuerdo a estos, se les controla lo que hicieron durante el día. Dependiendo de su rendimiento pueden recibir bonos... Antes de concluir la jornada de trabajo les digo: necesito tus *tickets* para ver cuántos hiciste. Ellos paran sus máquinas antes de la hora para ponerse a contar sus *tickets* de bonos. No es que sean tramposos sino que dejan de trabajar antes. Ellos deberían terminar, contar, pero implicaría que se vayan más tarde (directivo de empresa de Taiwán de la confección, siete años de antigüedad).

En contraste, el gerente de una empresa estadounidense declaró:

Los premios que damos no son de producción, si no más bien de puntualidad y asistencia. No premiamos la producción en forma diaria. Para eso tenemos otros programas en donde clasificamos a los trabajadores en relación a su productividad y les otorgamos rangos, los vamos ascendiendo, le vamos dando mejor salario; por lo que la calificación y el sueldo es mayor. Es un mejor rango salarial y un estatus ocupacional mayor. O sea, les pagamos no por lo que hacen sino por lo que saben hacer: por su experiencia (directivo de empresa estadounidense de aparatos dentales, 22 años de antigüedad).

El alto porcentaje (69%) detectado en el rubro personal especializado en labores de mantenimiento apunta hacia la formalización del trabajo y a la integración de formas toyotistas. En algunos casos encontramos a mecánicos especializados que desempeñan estas tareas, que fueron entrenados en la misma fábrica.

Movilidad interna

Tomando en cuenta que la movilidad interna no siempre obedece a las concepciones toyotistas que implican eliminar la monotonía, el enriquecimiento de tareas o para

CUADRO 10. Personal que realiza las tareas de mantenimiento
en el departamento (porcentajes)

El mismo personal de producción	3.8
Personal especializado de mantenimiento	69.2
Ambos	26.9
Otros	
Total	100.0

Fuente: EMIM Yucatán.

CUADRO 11. Principal forma de supervisón de los trabajadores
de producción (porcentajes)

Mediante un grupo de supervisores	61.5
Mediante grupos de trabajo o círculos de control de calidad	19.2
Mediante equipo automatizado	3.8
No hay forma sistemática de supervisón	
Otras formas	15.4
Total	100.0

Fuente: EMIM Yucatán.

promover la polivalencia, existen otras razones íntimamente vinculadas para evitar el ausentismo o para cubrir el incremento de la demanda que se inscriben en el modelo tradicional taylorista.

Las razones obedecen tanto a los requerimientos productivos como para evitar que el trabajador caiga en la monotonía, o por rotación de turnos, pero no para promover la polivalencia, ya que son ubicados en el mismo puesto de trabajo con las mismas funciones.La movilidad presenta un complejo de situaciones en relación con la cultura empresarial y otros factores que deben ser analizados a profundidad. No se puede definir de manera simplista porque ésta se va adecuando a las necesidades imperativas de la demanda. Esto se refleja en el testimonio de una gerente de recursos humanos de una empresa estadounidense:

CUADRO 12. Tipos de movilidad interna (porcentajes)

	Sí	No	Total
Cambio de funciones en el mismo puesto de trabajo	69.2	30.8	100
Cambios entre departamentos	57.7	42.3	100
Cambio entre puestos de trabajo con las mismas funciones	30.8	69.2	100
Cambios por rotación de turnos	23.1	76.9	100
Cambios entre categorías	19.2	80.8	100
Cambios entre establecimientos de la misma empresa	3.8	96.2	100
Otro tipo de cambios		100	100

Fuente: EMIM Yucatán.

CUADRO 13. Motivos de movilidad interna del personal (porcentajes)

	Sí	No	Total
El ausentismo	73.1	26.9	100
El aumento de la producción	61.5	38.5	100
Para estimular la polivalencia	38.5	61.5	100
Las renuncias frecuentes	23.1	76.9	100
Para promover el pago por conocimientos	15.4	84.6	100
Para eliminar la monotonía	11.5	88.5	100
Otros criterios de movilidad interna	3.8	96.2	100

Fuente: EMIM Yucatán.

Desde que reclutamos al personal existe el concepto que debe ser gente que puede rotar turnos, cambiar de actividades. Hay algunas áreas que son más estables que otras, pero sí tenemos personal que conoce la gran mayoría de los procesos, o al menos más de uno pueden cambiar de actividades. Pero si el trabajo termina en su área puede pasarse a otra. Contamos con personal preparado no al 100%, porque hay actividades simples, que dominan y pueden desempeñar, y si no las dominan se les pasa a otra área para que aprendan (gerente de recursos humanos de empresa china de componentes electrónicos, 18 años de antigüedad).

En este ejemplo, se observa tanto la flexibilidad del trabajo como el enriquecimiento de tareas.

El ausentismo sustenta la movilidad interna del obrero. Visto desde esta mirada, la movilidad se inscribe predominantemente en el modelo taylorista. La lógica de la producción exige mayor movilidad en cuanto a turnos, horas, laborar los fines de semana y otros. Esta tendencia se observa en 61%, que respondió afirmativamente a la respuesta de aumento a la producción. Esto es palpable en las grandes empresas que tienen más fluctuaciones en la demanda y que incluso han integrado aspectos parciales de los modelos toyotistas. Por esto este rubro concierne a los dos modelos.

Al parecer no hay un criterio generalizado en la gestión empresarial en torno a la movilidad interna como mecanismo para estimular la polivalencia. El 61% de las factorías que respondieron negativamente apuntalan las respuestas anteriores de que la movilidad de los trabajadores intraempresa es mayoritariamente taylorista. No obstante, un 39% reportó que sí existe este tipo de movilidad a fin de estimular la polivalencia y, por ende, el enriquecimiento de tareas. Este último dato es propio de las empresas que han incorporado aspectos toyotistas. Por ejemplo, en las empresas grandes multinacionales y locales observamos que se estimula la polivalencia de los y las trabajadoras rotándolos en distintas fases del proceso de producción, o en distintas áreas o departamentos. Ello con el fin de que los y las operadoras obtengan mayores conocimientos, mayor estatus ocupacional y mejores salarios. En menor grado aparecieron las renuncias frecuentes y para promover el pago por conocimientos.

Las respuestas contempladas sobre la participación de los trabajadores en el mejoramiento del método de trabajo (65.4%) comprende tanto establecimientos que han incorporado gestiones empresariales modernas como otros más tradicionales. Los gerentes afirman: "Son ellos los que mejor conocen las tareas productivas debido a que ellos las realizan". Y los trabajadores se apropian de este espacio. Ahora bien, salta a la vista la exclusión de los trabajadores en los aspectos neurálgicos del proceso de producción: en la selección de la tecnología (61%), en el diseño de programas de mejoramiento de la productividad y calidad (69%), en la definición de cargas de trabajo (73%) y en la asignación de premios y bonos (81%).

Esta pregunta tiene coherencia con las anteriores relacionadas a la integración de ciertas formas toyotistas, en virtud de que 65% declaró la existencia de formas grupales de producción, aunque puede haber formas grupales pretayloristas en este porcentaje. No obstante, persisten las formas tayloristas reflejadas en 35%. Este comportamiento lo constatamos en el trabajo de campo en distintas empresas, sobre todo las de la confección.

En la industria maquiladora de exportación, sobre todo en las multinacionales, se cuida mucho el aspecto de los accidentes de trabajo, tanto para proteger al trabajador (53.8%) como para evitar costos adicionales que representan estos accidentes, no sólo en el plano humano, sino en el económico. Por esta razón existen todos los dispositivos de seguridad industrial para protegerlos, a la vez que se recupera la opi-

CUADRO 14. Principal característica que se toma en cuenta
del trabajador para su movilidad interna (porcentajes)

Conocimiento o aptitudes	76.0
Disposición del trabajador	12.0
Historia laboral del trabajador	8.0
Otro criterio	4.0
Total	100.0

Fuente: EMIM Yucatán.

Cuadro 15. Participación de los trabajadores en la toma
de decisiones (porcentajes)

	Sí	No	Total
En el mejoramiento del método de trabajo	65.4	34.6	100
En la selección de maquinaria, equipo o herramientas	38.5	61.5	100
En el diseño de programas de mejoramiento de la productividad y calidad	30.8	69.2	100
En la definición de cargas de trabajo	26.9	73.1	100
En la promoción de personal	19.2	80.8	100
En asignación de premios y bonos	19.2	80.8	100
En sanciones a los trabajadores	15.4	84.6	100
En los contenidos de programas de capacitación	11.5	88.5	100
En la selección de personal	3.8	96.2	100
En la selección de materias primas		100	100
En otros aspectos		100	100

Fuente: EMIM Yucatán.

Cuadro 16. Existen formas grupales de participación
de los trabajadores de producción (porcentajes)

Sí	65.4
No	34.6
Total	100.0

Fuente: EMIM Yucatán.

nión de los trabajadores mediante sus supervisores. No obstante, aparece una cifra considerable que registró la exclusión del personal obrero de este punto tan importante. Aquí la explicación está en la extrapolación de la IME en Yucatán, en donde contrastan las condiciones de trabajo en las grandes empresas con las pequeñas. Esta identificación de riesgos es hasta cierto punto retomada de los trabajadores al involucrarlos en la elaboración de programas de prevención de riesgo (38.5%). En todos los otros rubros de participación de los trabajadores en las decisiones, las cifras afirmativas resultaron muy bajas.

CUADRO 17. Participación de los trabajadores en la producción (porcentajes)

	Sí	No	Total
En la identificación de causas de riesgo en el trabajo	53.8	46.2	100
En la elaboración de programas de prevención de riesgo	38.5	61.5	100
En el ajuste de maquinaria o de variables de proceso	30.8	69.2	100
En el control de ausencias, permisos y horas extra	19.2	80.8	100
En la detección de necesidades de capacitación	19.2	80.8	100
En los cambios en las especificaciones del producto	11.5	88.5	100
En la prevención de conflictos laborales	11.5	88.5	100
En la elaboración de programas de movilidad interna	11.5	88.5	100
En la elaboración de programas de capacitación	7.7	92.3	100
En el control estadístico del proceso	7.7	92.3	100
En los presupuestos de producción	3.8	96.2	100
En el control no estadístico del proceso		100	100
En la relación cliente-proveedor		100	100
En otras funciones		100	100

Fuente: EMIM Yucatán.

Relaciones laborales

Como mencionamos al principio del texto, desde el inicio del programa de maquiladoras Yucatán se distinguió, a diferencia de otras entidades, por la ausencia de sindicatos. El gobierno del estado, en sus diferentes administraciones, se encargó de difundir explícitamente esta situación como un factor importante para incentivar al capital internacional, adicionado a la docilidad de la mano de obra. A pesar de esta difusión, en 1986 estalló el primer conflicto laboral en una maquiladora de la confección: primero en un paro laboral y posteriormente en una huelga. La interpretación que hicimos en ese entonces fue por la irrupción del taylorismo en la línea de producción, debido a instructores coreanos a trabajadoras acostumbradas al trabajo a destajo en las empresas locales. Como consecuencia de este conflicto se generaron despidos injustificados. Cabe remarcar que este problema desembocó en el primero y único caso de sindicalización del personal obrero, en ese entonces constituido en esencia por mujeres.[9] Los casi 20 años transcurridos han sido testigos de varios intentos de

[9] Castilla B. y Torres B. (1991).

284

sindicalización obrera en las plantas maquiladoras, realizados en voz baja, frustrados por un lado por el claro apoyo gubernamental a la no sindicalización, y por otro lado al desconocimiento de los derechos laborales por parte de los propios trabajadores. Cabe señalar que durante estos años, los conflictos laborales que salieron a la luz pública no llegaron a 20.[10] Ante esta situación, la información obtenida por la EMIM Yucatán respecto del nivel de sindicalización en las maquiladoras es congruente. Apenas un establecimiento, al que hicimos alusión, declaró tener sindicato y en las entrevistas a las gerencias hubo consenso en considerar al sindicato de manera negativa, sobre todo en lo que se refiere a su conflictividad, que no contribuye a mejorar la productividad y que resulta perjudicial para la empresa.

La ausencia de sindicatos, según los testimonios de los trabajadores y los gerentes y directivos, ha propiciado otros mecanismos de representación obrera en algunas plantas como las Juntas de Representantes; mientras que en otras la inconformidad laboral es canalizada a través de diversas modalidades de resistencias pasivas como el ausentismo, la impuntualidad, los errores y descuidos en la producción, principalmente. Lo que es indudable, según la información recogida, es que el ámbito de injerencia obrera es muy limitado. Se consignaron participaciones bajas tanto en los mecanismos de selección de personal, promociones, definición de cargas de trabajo, sanciones, asignación de premios y bonos, etc., así como también en decisiones de la producción.

Pese a lo anterior, el 88% de los trabajadores entrevistados calificaron de "agradable" el trato con sus superiores mientras que las gerencias, en una gran proporción, declararon valorar a la mano de obra, aunque se señaló también la falta de iniciativa de los trabajadores yucatecos, como rasgo de su cultura: "No hay cultura de iniciativa, hay que estar trás de él para decirle que realice las actividades que se le designa, por ejemplo, no tienen trabajo y no limpian su área, hay que decirle que lo haga, no

CUADRO 18. Existencia de sindicato (porcentaje)

Sí	3.8
No	96.2
Total	100

Fuente: EMIM Yucatán.

[10] Al respecto, ver Beatriz Torres, *El trabajo femenino en las maquiladoras de exportación: rostro emergente de la globalización en Yucatán* (en prensa).

hay iniciativa" (gerente de planta de joyería de capital norteamericano, ocho años de antigüedad).

El otorgamiento de bonos a la productividad y a la puntualidad constituye uno de los mecanismos utilizados por las gerencias –que adolecen de trabajadores participativos–, para moldear la mano de obra y estimular la falta de cultura de trabajo, a los requerimientos y tiempos de la producción.

El ámbito de las relaciones laborales también se observó muy polarizado y heterogéneo.

En lo que se refiere a los mecanismos de comunicación, tanto de los directivos hacia los trabajadores como viceversa, en alrededor la mitad de los establecimientos la comunicación se establece a través de los jefes y supervisores, lo que denota la importancia de las jerarquías en la organización.

CUADRO 19. Bonos (porcentaje)

	Productividad	Calidad	Puntualidad	Otro tipo
Sí	44.0%	24.0%	64.0%	4.0%
No	56.0%	76.0%	36.0%	96.0%
Total	100.0%	100.0%	100.0%	100.0%

Fuente: EMIM Yucatán.

Empleo

El predominio del empleo femenino en la industria maquiladora ha sido una de las características más sobresalientes de esta actividad en el país en sus inicios. Sin embargo, este comportamiento se viene modificando desde los años noventa con la irrupción paulatina, pero sostenida, del empleo masculino en este tipo de establecimientos. Yucatán sigue esta tendencia; en sus orígenes como estado maquilador, la presencia de mujeres en estas factorías era mayoritaria;[11] con el paso de los años, el empleo en la maquila se ha masculinizado, sobre todo en ciertas categorías ocupacionales como la de los directivos, técnicos, supervisores y, en menor medida, en el de los obreros

[11] Castilla y Torres, 2000.

calificados. En contraposición, en promedio, el empleo femenino sigue siendo ligeramente mayoritario entre el personal administrativo y en el grupo de los obreros generales, tal como se puede apreciar en el cuadro 20.

El comportamiento anterior corresponde a lo generalmente constatado sobre empleo femenino en maquilas: una presencia importante en labores administrativas y en trabajo poco calificado como es el de obreras generales. Sin embargo, visto con mayor detalle, destacan dos cuestiones: algunas de las plantas más recientes, que corresponden a otras ramas diferentes de la confección, y en las que el conocimiento y el trabajo técnico resulta necesario, han empleado de manera indistinta a hombres y mujeres, lo que contradice el supuesto del incremento de hombres en la maquila por una mayor tecnificación y mayores niveles tecnológicos en los procesos de trabajo maquilador. Según lo conocido al respecto, las mujeres también participan en estas circunstancias.

La otra cuestión es que los establecimientos de la confección, anteriormente espacio obrero femenino por excelencia, hoy también constituye un ámbito de desempeño masculino. El consentimiento de los varones a integrarse en este tipo de labores pasó por un periodo de resistencia que ahora parece haberse desvanecido ante las necesidades económicas. Ahora bien, de acuerdo con la información de la EMIM Yucatán, el personal empleado en las maquilas en todos los grupos ocupacionales en su mayoría corresponde al rango de edad de 26 a 40 años, aunque en el caso de los obreros –tanto especializados como generales– también se encontraron importantes porcentajes en el grupo de edad más joven: de 16 a 25 años. La tendencia nacional de

CUADRO 20. Categorías ocupacionales por sexo (porcentaje)

Categorías ocupacionales	Número de establecimientos	Hombres		Mujeres	
		Promedio	Desviación estándar	Promedio	Desviación estándar
Directivos y directivas	21	74.1	28.6	25.9	28.6
Administrativos y administrativas	22	47.4	24.9	52.6	24.9
Profesionales, técnicos y técnicas	20	74.4	22.0	25.6	22.0
Superisores y supervisoras	20	65.0	33.2	35.0	33.2
Obreros y obreras calificadas	14	57.0	30.9	43.0	30.9
Obreros y obreras generales	20	46.4	34.6	53.6	

Fuente: EMIM Yucatán.

emplear personal joven y muy joven, en la plenitud de sus capacidades físicas e intelectuales, como obreros, en Yucatán se consigna.

Visto por grupos ocupacionales, el nivel de escolaridad de los trabajadores maquiladores resultó previsible de acuerdo con lo encontrado a nivel nacional: la escolaridad va descendiendo conforme a las categorías ocupacionales. Destaca que una gran parte de los supervisores se reportaran con únicamente estudios de secundaria. Según las entrevistas realizadas, la experiencia, en muchas ocasiones, resulta más importante que la educación formal en el desempeño del trabajo maquilador. Uno de los gerentes de planta explicó:

La mayoría de los trabajadores se contrata por su experiencia, su escolaridad es media. Están en el promedio competitivo, su calificación es aceptable. Se les da el tiempo necesario para que dominen el equipo y se les señalan sus errores (establecimiento mediano de la rama de servicios, 11 años de antigüedad).

En el caso de los obreros, el nivel de instrucción formal resultó menor, sobre todo en el grupo de los obreros generales, que en su mayoría se ubicaron con estudios de secundaria, mientras que para un gran número de los obreros especializados no se contó con esta información. En cuanto a las antigüedades del personal de maquilas, la mayoría de los directivos y administrativos se ubicaron en el rango de cinco a 10 años mientras que el grueso de los obreros se encontró en el rango inferior de dos a cinco años de antigüedad. Los supervisores de producción también se localizaron mayoritariamente en este rango, a diferencia de los profesionales y técnicos, que fueron reportados con menos de dos años de antigüedad en su mayoría. Si recordamos

CUADRO 21. Categorías ocupacionales por edades

Rangos de edad	Directivos		Administrativos		Profesionales y técnicos en producción		Supervisores de producción		Obreros especializados		Obreros generales	
	Absoluto	%	Absoluto	%	Absoluto	%	Absoluto	%	Absoluto	%	Absoluto	%
No contesta			1	3.8	4	15.4	2	7.7	7	26.9	1	3.8
Entre 16 y 25							3	11.5	9	34.6	12	46.2
Entre 26 y 40 años	19	73.1	25	96.2	22	84.6	21	80.8	10	38.5	13	50.0
Más de 40 años	7	26.9										
Total	26	100.0	26	100.0	26	100.0	26	100.0	26	100.0	26	100.0

Fuente: EMIM Yucatán.

288

que la actividad maquiladora se inició hace 17 años, a la fecha del levantamiento las antigüedades reportadas, a excepción de los profesionales y técnicos, resultan moderadas. A continuación se abordará con más detalle la otra cara de la antigüedad.

Rotación del personal

Uno de los problemas generalizados en el sector maquilador a nivel nacional es el de la rotación de personal. Por este motivo incluimos un bloque de preguntas formuladas a los trabajadores a fin de averiguar las causas esenciales que detonan el abandono del trabajo y el ausentismo. Ambos mecanismos son conceptualizados como resistencia pasiva de los trabajadores ante la inconformidad en el ámbito fabril. Cabe mencionar que la rotación es un problema diferencial y que impacta a las empresas en mayor o menor grado dependiendo de muchos factores: tipo de gestión y cultura empresarial, posibilidades de crecimiento al interior de la empresa, sueldos, prestaciones, incentivos a la producción y otros en donde el trato[12] se vuelve un denominador común para asegurar un trabajo consensuado.

Por la naturaleza del trabajo, los establecimientos que pertenecen a la industria de la confección son los más afectados porque conservan, en términos generales, la línea de producción taylorista que conlleva al agotamiento del trabajador a partir del trabajo intensivo. No obstante, conocemos empresas multinacionales que desde hace más de 10 años han incorporado las NFOT y se organizan en módulos o células de producción. Un testimonio elocuente en torno al preocupante problema de la rotación de personal en Yucatán en este sector lo proporciona el gerente de una empresa multinacional europea altamente prestigiada:

Mientras más empleo a personas, más se va la gente. Hay problemas de rotación que de verdad está matando a este país. El sentido de la gente, que porque el carnaval se quedan y no regresan, la Virgen de Guadalupe se van y no regresan. Por que la gente es de los pueblos, se van y no regresan. Si es Viernes Santo, se van y no regresan. Hay mitos en China, aunque tengan tantos santos, ellos son budistas, tienen tantos santos y no los están festejando cada día. Me toca siempre capacitar y capacitar y capacitar y pierdo. Pese a este programa de capacitación que está contemplado dentro de los costos, nos está provocando

---

[12] Al respecto, véase Beatriz Castilla Ramos, "Trabajo fabril y comunidad: un acercamiento al análisis del consenso en una maquiladora estadounidense en Yucatán, México", en *Integración económica y desarrollo empresarial: Europa y América Latina*, École Supérieure de Commerce de Montpellier, Consejo Americano de Escuelas de Administración (CLADEA), París, ediciones Es A, 2000, pp. 191-19.

fallas de competitividad. Aquí les hago un paralelo con lo que pasó en mi familia en Europa en los años sesenta. Mis padres tenían una empresa, y trabajaban mucho con el área de Alemania, por lo que a los trabajadores le preguntaban: ¿quieres crecer más [...]? La única cosa que tienes que decir es sí. Y se empleaban a más personas, y se incrementaba el volumen. Aquí no puedes hacerlo, las empleas y se van y se van. Y ustedes pueden constatar que doy condiciones de trabajo excelentes (directivo de empresa italiana de la confección, 13 años de antigüedad).

Complementa la interpretación del problema de la rotación del personal poniendo acento en el aspecto cultural:

El punto no es sólo económico. Aquí el problema también es cultural. La gente al principio cuando entra a trabajar no se pone la camiseta... O sea, para que esto ocurra hay que esperar por lo menos un año. Yo perdí desde a principio del año a 45 personas, de éstos casi todos los trabajadores no habían cumplido más de un año en la compañía. La rotación anual de los empleados antiguos, de aquellos que tienen más de un año es del 5% anual, o sea, no es nada. Esta última cifra la puedes comparar tranquilamente con Japón. Mi problema central es con los de nuevo ingreso. ¡Me cuesta un trabajo tremendo poderlos mantener! No logro encontrar la fórmula [...] Hay personas, hay empresas que tienen una rotación más baja, porque son empresas que no crecen (directivo de empresa italiana de la confección, 13 años de antigüedad).

En primer orden, aparecen los bajos salarios como causa determinante del abandono voluntario del trabajo (30.8%):

Actualmente sí, hay mucha rotación de personal porque abrieron una empresa al lado y mucha gente se va porque supuestamente está ofreciendo más sueldo. Sólo 50 pesos más, pero para ellos es bastante. A lo mejor les ofrecen mejores horarios, menos tiempos extra, no sé. En la planta hay mucho movimiento. Pero al contrario, realmente la productividad está alta, o sea, realmente estamos saliendo con todo (directivo de empresa de Taiwán de la confección, siete años de antigüedad).

A esto se suma la monotonía del proceso de trabajo, enmarcado en lo aburrido y repetitivo de sus actividades, razón por la cual se registró como la segunda causa de abandono voluntario del trabajo en orden de importancia (19.2%). Esta variable se explica en la lógica intrínseca al proceso de producción del modelo taylorista que prevale en el sector de la confección. Con el propósito de evitar el problema de la monotonía de las tareas y sus consecuencias en los costos de operación con el abandono y ausentismo de los trabajadores, los empresarios intentan distintas estrategias: integrar NFOT, otorgar bonos de productividad, premios y otros.

CUADRO 22. Causas del abandono voluntario
del trabajo por los obreros (porcentaje)

	Primera causa	Segunda causa	Tercera causa	Cuarta causa	Otras causas	No mencionaron
Por los bajos salarios	30.8	11.5		7.7		50
Por lo aburrido (repetitivo)	11.5	19.2	3.8	11.5	4	50
Por lo intenso del trabajo	11.5	3.8	15.4	3.8	11.7	53.8
Por la falta de oportunidades de ascenso	7.7	11.5	7.7	11.5	7.8	53.8
Por las pocas prestaciones económicas	7.7	7.7	11.5		11.6	61.5
Por la falta de bonos por productividad	3.8	7.7	15.4	3.8	7.8	61.5
Por las malas condiciones de higiene y seguridad	3.8				15.4	80.8

Fuente: EMIM Yucatán.

Enseguida ubicamos dos variables con el mismo peso porcentual expresado en tan sólo 3.8%: la ausencia de bonos y lo intenso del trabajo. La baja frecuencia captada en bonos de producción ratifica la aseveración anterior de la implementación de las gerencias de programas de productividad proporcionando bonos a los trabajadores para incentivarlos en su quehacer productivo.

¡Nos cuesta! Hay costureras que ya tienen dos o tres años y por ganar 50 pesos más se van y perdemos una buena costurera y tenemos que contratar a otra para que ocupe su lugar y que ésta aprenda para escalar y cubra el puesto. A veces para que no se muevan tienes que incentivarlos con bonos de asistencia, bonos de productividad y de todo, para que alcancen un sueldo alto y no se muevan (directivo de empresa de Taiwán de la confección, siete años de antigüedad).

La repetitividad de las tareas, conjuntamente con la falta de oportunidades de ascenso, representa 11.5%. Estos aspectos ponen de realce que la incidencia de lo aburrido del trabajo y la ausencia del crecimiento interno de los operadores(as) constituyen causas que deben valorarse con mayor importancia en cuanto a la decisión del trabajador para abandonar su empleo. En menor importancia aparecieron como causales de abandono voluntario del trabajo las pocas prestaciones económicas y las malas condiciones de higiene y seguridad. Los testimonios que incluimos constatan que las empresas, a fin de frenar la rotación de personal, conseguir a un trabajador participativo, otorgan bonos económicos y premios a sus trabajadores:

291

La alta rotación para mí es un problema. Nosotros los motivamos. Nuestra empresa es de las tres que mejor pagan. Y sobre todo que no es solamente una empresa que pague sino es una empresa que desde el día uno que entra el trabajador está legalmente contratado, está en el IMSS, o sea, tiene todas sus prestaciones, las prestaciones de ley y las adicionales que da la empresa (directivo de empresa china de la confección, 10 años de antigüedad).

Por su parte, la gerente de una importante empresa estadounidense del giro de transformadores electrónicos, cuya matriz se encuentra en Yucatán, abundó al respecto:

Nosotros proporcionamos el bono de desempeño, la premiación del fin de año como el mejor empleado, el consultorio médico, el comedor, la prima de antigüedades que cumple cinco a 10 o 15 años, en el festejo de cada año se les entrega una moneda de oro de acuerdo con el nivel que tenga y se realiza una ceremonia que consiste en un convivio. A nivel operativo contamos con el premio de asistencia y de puntualidad, el fondo de ahorro, nuestros festejos que son: el del medio ambiente en junio, las actividades deportivas, la fiesta del día de la madre en mayo y los festejos navideños. Además se llevan a cabo fiestas en el nivel administrativo en la misma empresa (gerente de recursos humanos de empresa china de componentes electrónicos, 18 años de antigüedad).

Respecto al ausentismo, el comportamiento observado expresa una coherencia lógica y empírica. La experiencia de campo nos conduce a aseverar que los problemas de salud ocupan el primer lugar. Si pensamos, desde la perspectiva de género, que muchas mujeres están incorporadas al sector maquilador, los problemas familiares se presentan con frecuencia. Éstos pueden ser de distinta índole, ya sea porque a

CUADRO 23. Causas de ausentismo entre obreros (porcentaje)

	Primera causa	Segunda causa	Tercera causa	Cuarta causa	Otras respuestas	No mencionaron
Por enfermedades	38.5	30.8	11.5	7.7		11.5
Por problemas familiares	23.1	42.3	19.2	3.8		11.6
Por la falta de interés por el trabajo	23.1	11.5	23.1	7.7	7.7	26.9
Por cansancio		7.7	11.5	42.3	3.9	34.6
Por otra razón	11.5	3.8	3.8		11.7	69.2

Fuente: EMIM Yucatán.

las madres de familia se les requiera para trabajar un fin de semana y éstas no cuenten con el apoyo del cuidado de los hijos, o bien por la oposición del cónyuge a que sus mujeres laboren los días de descanso. Esta oposición del esposo es recurrente y se agudiza cuando la mujer es movida al tercer turno (nocturno) cuando la demanda de la producción lo requiere. Muchas trabajadoras, con el propósito de no confrontar al esposo, han llegado al punto de dejar el trabajo por no soportar la presión del marido. La falta de interés al trabajo y el cansancio son condiciones *sine qua non* de los modelos tayloristas tradicionales, y en consecuencia detonantes de ausentismo y de abandono del trabajo.

Crisis de la maquila según el discurso empresarial

Desde esta óptica, la explicación de la crisis de la maquila por parte de los empresarios obedece a razones muy diversas; en general, la amenaza china estuvo poco presente en sus testimonios, salvo en los casos del ramo de la confección. Por el contrario, cuestiones como la calidad, la excesiva regulación fiscal y tramitología por parte del gobierno, la ausencia de programas de capacitación para fabricar productos de mayor valor agregado, la dependencia del mercado estadounidense, la presión de los plazos de entrega, la falta de proveedores nacionales, principalmente de tela, fueron los argumentos más señalados por los empresarios como explicativos a la crisis actual de la maquila. Presentamos algunos testimonios de los empresarios para apreciar el significado diferencial de la crisis de este sector, acorde con giros industriales y procedencia de capital, por sus trayectorias como maquiladores. Incluimos en primer orden a los propietarios locales, pioneros de la industria maquiladora en Yucatán: el primero, del ramo de la confección, dividió en dos aspectos estos problemas: a partir de la empresa y desde la perspectiva de los apoyos gubernamentales.

En el primer caso afirmó: "La falta de inversión en capacitación del personal, de formas modernas de organizar la empresa, el déficit de innovación tecnológica, la falta de motivación del personal, la alta rotación del personal". Asimismo remarcó que:

En Yucatán, como en todo México, maquilamos productos de muy poco valor agregado, muy sencillos y de mucho volumen que depende mucho del costo de la mano de obra. Con la entrada de China al mercado mundial este tipo de productos son mucho más aptos para producirse en China a un menor precio. En México no estamos muy capacitados para hacer productos textiles de mayor valor agregado que puedan justificar la alza en los salarios, en los demás costos de fabricación.

En relación con los apoyos gubernamentales, enfatizó:

Por una parte, las leyes fiscales no nos están apoyando a traer inversiones y, por la otra, el contrabando que está entrando al país, que desgraciadamente entra a través de empresas que tiene permisos de maquila. Entonces estamos pagando justos por pecadores. Nos están regularizando mucho a los maquiladores para prevenir el contrabando. Esto genera más cargas administrativas. El año pasado, como fracasó la reforma fiscal, compensaron de impuestos que afectó directamente a las empresas que tiene alguna plantilla grande, al imponer impuestos por el crédito al salario, y antes no existían. Esto definitivamente perjudicó. Asimismo nos afecta la falta de inversión en capacitación del personal: no he podido contratar gente en Mérida para fabricar prendas de mayor valor agregado, por lo que he tenido que capacitar yo mismo a mi gente, mandarla al extranjero y esto me ha generado más costos.

Como ejemplo, señaló la ausencia de diseñadores que puedan tratar con clientes en el extranjero: "Me ha costado muchísimo dinero y tiempo: cuatro años. Todo el personal que se capacitó llegó a hacer los modelos, los incentivos el mismo enriquecimiento de tareas para que ellos pudieran hacer las prendas de alta costura" (directivo de empresa local de la confección, 21 años de antigüedad).

El empresario pionero de un laboratorio dental de exportación abundó:

Como causa principal el alto impuesto del 6.8% a los activos mientras que otras empresas pagan sus utilidades, o en otros casos pagan su 2% sobre activos. Las maquiladoras pueden acogerse a dos: régimen uno 6.8% *share harbor* (bahía segura); básicamente el gobierno te dice pagas 6.8% de activos que importas o si no puede pagar como una empresa como una in corriente, como todo el mundo le tiene cierto miedo o no quieren el gobierno metido en la empresa todo el día; el 95% se pegan a la bahía segura, lo que pasa que esa bahía segura funciona para empresas que tienen poco capital. Como máquinas de costurar, o intensiva en la mano de obra, el problema es que limita que el estado tenga maquiladoras, digamos, que tengan activos muy caros. Considerando a partir del 2000 se dio la caída de la actividad productiva en el sector de la maquila; se habla que muchas de ellas cerraron y otras se fueron a otro país, que factores consideran que ha sido los más importantes en al caída de la maquila (directivo y propietario de un laboratorio dental de capital local, 14 años de antigüedad).

La gerente de una empresa de componentes electrónicos afirmó en cuanto al freno que presentan las políticas gubernamentales para el desarrollo de la maquila, incluso en la importación de tecnología:

Los trámites, en algunos avances concernientes a la importación de tecnologías: el mismo gobierno es el que puede poner trabas para cumplir con todos los requerimientos, también la economía de nuestro país.

Un estancamiento puede provenir en sí de lo que es la política gubernamental en cuanto a empresas extranjeras y me refiero a tantos trámites en los aspectos tecnológicos, que deben cumplir normas de nuestro estado.

Respecto a la recesión estadounidense:

Nos afectó la recesión principalmente en la solicitud de nuestros productos. Esto es, que en que llega un momento en que firman los clientes y disminuyeron sus pedidos. Por consiguiente la producción se vino abajo y nuestro personal no tenía qué hacer y fue por eso que nos vino una época difícil y tuvimos que ajustar a la gente a la demanda. La reducción de la demanda de productos de la maquiladora es la más importante, y a ésta puede seguirle tal vez la comparación con otros países en cuanto a salarios y el régimen que tienen ellos más bajo en cuanto a impuestos (gerente de recursos humanos de empresa china de componentes electrónicos, 18 años de antigüedad).

Acerca de la sobrevaluación del peso, el gerente de la empresa de insumos y aparatos dentales mencionó:

El gobierno mexicano de una manera ha mantenido el tipo de cambio fuerte y nosotros creemos que es artificial y que se debería de ajustar a la realidad. Nosotros calculamos que hay una sobreevaluación del peso alrededor de 30%, o sea, se empieza a mover un poco, estamos de 11 a 1. Nosotros calculamos el verdadero valor del peso, que está de 14 o 15 a 1. El valor del peso, eso lo que hace creer lo único que hace es meter más ingreso al país porque tu producto... Por ejemplo, a China y a Japón se les acusa por subdevaluar su moneda, para vender más. En México nos han hecho creer que si el peso se devalúa nuestra economía se debilitará (directivo de empresa estadounidense de aparatos dentales, 22 años de antigüedad).

Perfiles sociotécnicos

CUADRO 24. Perfil sociotécnico (porcentaje)

Organización fordista, tecnología baja o media, flexibilidad baja o media y calificación de nula a media	57.1
Organización fordista, tecnología baja o media, flexibilidad alta y calificación de nula a media	14.3
Organización toyotista, con tecnología, flexibilidad y calificación bajas o medias	21.4
Organización toyotista, con tecnología alta, pero con flexibilidad y calificación bajas o medias	7.1
Total	100.0

Fuente: EMIM Yucatán.

Para resumir el análisis de los perfiles sociotécnicos predominantes en la maquila de Yucatán, observamos que predominan perfiles que articulan organización fordista, tecnología baja o media, flexibilidad baja o media con calificación baja o media (57% de los establecimientos), seguido de una organización similar fordista (14%) con tecnología y flexibilidad baja o media, flexibilidad alta y calificación de nula a media. No obstante, aparecen dos perfiles que apuntan a la organización toyotista. Uno precario con alta tecnología, sin extensa delegación de decisiones, con flexibilidad y calificaciones bajas y otro precario con tecnología, calificación y flexibilidad bajas o medias.

Bibliografía

Carrillo, Jorge (1998), "Maquiladoras y redes de empresas", Curso impartido en la Unidad de Ciencias Sociales del CIR-AUDY, Mérida, Yucatán, septiembre 10-12.

Castilla Ramos, Beatriz (2000), "Trabajo fabril y comunidad: un acercamiento al análisis del Consenso en una maquiladora estadounidense en Yucatán, México", en *Integración económica y desarrollo empresarial: Europa y América Latina*, École Supérieure de Commerce de Montpellier, Consejo Americano de Escuelas de Administración (CLADEA), París, ESKA.

_____ y B. Torres Góngora (2000), "Mujeres en Yucatán: nuevas figuras obreras a partir del modelo maquilador extranjero", *Revista de Dialectología y Tradiciones Populares*, Madrid, Culturas de Trabajo y Representaciones Prácticas, Tomo LV, cuaderno segundo, Consejo Superior de Investigaciones Científicas, Instituto de la Lengua Española.

_____ (1991), "Las maquiladoras en Yucatán, una primera aproximación", en Ricardo Pozas y Matilde Luna (coords.), *La empresa y los empresarios en el México contemporáneo*, México, Enlace-Grijalbo.

_____ (2002), *Nouvelles technologies et changements culturels: l'exemple des ouvrières mayas travaillant dans une usine de montage au Yucatán, Mexique*, tesis doctoral en Sociología, Universidad de Perpignan, Francia.

_____ (2004), *Mondialisation et chômage dans les usines de montage du Yucatán, Mexique*, Université du Littoral Cote d'Opale. Dunkerque, Francia, Editorial L'Harmattan de París. (en prensa).

Encuesta Nacional de Empleo, Salarios, Tecnología y Capacitación en el Sector Manufacturero (ENESTYC), 1992.

INFOMAQUILA (1997-2002), *Revista de la Asociación de Maquiladoras de Yucatán, A.C.*, núms. 1-6, Mérida, Yucatán.

Torres, Beatriz (en prensa), *El trabajo femenino en las maquiladoras de exportación: rostro emergente de la globalización en Yucatán*.

10
La industria maquiladora de exportación en el estado de Puebla

María Eugenia Martínez
Germán Sánchez
Guillermo Campos[1]

La manufactura y la industria del vestido en Puebla

El estado de Puebla es la séptima economía de México si se mide por su aportación al Producto Interno Bruto (PIB), pero en términos de población tiene la cuarta ciudad más grande. Hacia finales de la década de los noventa vivió un proceso de expansión de la industria maquiladora de exportación, especialmente en la rama textil de la confección.

El sector industrial en la entidad poblana tuvo sus orígenes desde la segunda mitad del siglo XIX, siendo precisamente el ramo textil el que adquirió mayor predominancia hasta la década de los cincuenta de la siguiente centuria, momento en que se inició la diversificación de la estructura industrial en el estado y surgieron ramas vinculadas con el sector metalmecánico.

La duración de ese crecimiento industrial –más diversificado– fue de aproximadamente 25, entrando en crisis a mediados de los ochenta. Para la década siguiente se puede observar cómo se desplegó el nuevo modelo de crecimiento industrial basado

[1] Profesora de la Facultad de Economía de la BUAP, doctora en Sociología; e-mail: cs000333@siu.buap.mx. Profesor de la Facultad de Economía de la BUAP, candidato a doctor en Economía; e-mail: sdaza@siu.buap.mx. Profesor de la Facultad de Economía de la BUAP, doctor en Estudios Sociales; e-mail: gcampos@siu.buap.mx

en la subcontratación y el ingreso de capital extranjero. Es en este marco que la maquila en Puebla se instaura como una de las formas más dinámicas de empleo en el sector manufacturero y, en general, de su economía. Nos parece importante revisar rápidamente los datos sobre la estructura industrial, a fin de ilustrar el ambiente en que se dará el auge maquilador.

Una primera característica ha sido la alta concentración del empleo y de la producción; tan sólo cinco ramas acumulan más de 50% en ambos rubros. En el cuadro 1 destaca la tendencia hacia la pérdida de importancia de las ramas vinculadas a insumos básicos como los de la petroquímica y el acero (3 511, 3 512 y 3 710), en tanto que incrementan su participación la de bebidas (3 130), vestido (3 220), cemento y cal (3 691), y automotriz (3 841). Estas tendencias nos muestran un cambio de modelo y el predominio de ramas vinculadas con el sector externo, en particular los casos del vestido y automotriz; por lo demás, los datos de la industria textil (3 212) sólo son el colofón de su prolongada agonía iniciada desde la década de los setenta.

CUADRO 1. Principales ramas de la manufactura poblana, participación en el personal ocupado y en el valor agregado (porcentaje), 1988, 1993 y 1998

Rama	Personal ocupado			Valor agregado censal bruto		
	1988	1993	1998	1988	1993	1998
3 130	4.9	4.7	2.5	5.0	7.3	7.5
3 212	21.0	12.4	11.7	13.9	11.6	6.6
3 220	8.13	14.2	27.4	2.1	5.5	8.3
3 511	1.2	0.6	0.5	5.4	1.8	0.8
3 512	1.4	1.1	0.6	6.7	2.1	2.3
3 691	3.1	4.0	2.9	1.7	3.1	5.0
3 710	3.0	1.1	0.5	10.3	5.6	3.8
3 841	11.9	11.6	10.6	28.2	17.8	36.0

Fuente: INEGI (1999), Censos Económicos.

Otra característica fundamental de la manufactura poblana es su concentración en la zona conurbada de su capital y en tres regiones más: corredor Huejotzingo-Texmelucan, Teziutlán y Tehuacán. Destaca el peso que han adquirido estas regiones que, en términos de empleo, elevaron su participación de 3 a 6.2%, la de Teziutlán y de 8.7 a 16.6% la comprendida en los municipios de Ajalpan, Tehuacán y Tepanco, resultado del impulso de la maquila, como veremos a continuación.

CUADRO 2. Empleo manufacturero, principales municipios,
1988, 1993, 1998. Participación en el total estatal (porcentaje)

	1988	1993	1998
Cuautlancingo	11.9	8.1	10.2
Puebla	45.1	41.1	32.2
S.A. Cholula	1.4	1.1	1.3
S.P. Cholula	5.2	5.3	4.3
Huejotzingo	2.1	2.1	2.0
S.M. Texmelucan	3.6	3.6	3.9
Ajalpan	0.5	1.0	2.2
Tehuacán	8.2	9.6	12.6
Tepanco de L.	0.0	0.3	1.8
Teziutlán	3.0	3.7	6.2
Subtotal	81.0	76.0	76.7

Fuente: INEGI (1999), Censos Económicos.

En este contexto, queremos destacar la industria del vestido, que tuvo un fuerte crecimiento durante el periodo de 1988 a 1998; en términos del personal ocupado se multiplicó de 8 938 a 61 723, con dos peculiaridades: primera, estar concentrada en tres municipios en 1988 –Puebla, Tehuacán y Teziutlán, con 79.9% del empleo en la rama–, se dio una ampliación de su localización hacia los municipios aledaños de estos dos últimos municipios; en el cuadro 3 se puede observar que en 1998, en la región de Tehuacán se ubicó 45.4% del personal ocupado y en la región de Teziutlán se localizó 25.1%; segunda, se trata de una "nueva industria del vestido", en la que predomina la maquila[2] y, en particular, la de exportación.

Se puede constatar que a partir de principios de la década de los noventa el crecimiento de la manufactura poblana tendrá como ejes la demanda externa, la inversión extranjera, la industria automotriz y la del vestido en este último caso a través de la maquila. Sólo para ilustrar esto último, podemos referir que para 1996 estas ramas representaban 13.9 y 27.4% del empleo manufacturero (según los datos del IMSS), elevando su participación, respectivamente, 16 y 36% para 2000, antes de la crisis.

[2] Debemos señalar que la maquila en la industria del vestido ya era una forma común de trabajo a domicilio en la década de los setenta, en especial en la región de Texmelucan y Huejotzingo.

CUADRO 3. Evolución y ubicación del empleo en la industria del vestido

Municipios	1988	1993	1998
Puebla	1 807	3 463	9 402
S.P. Cholula	93	99	866
S.M. Texmelucan	393	894	2 301
Tehuacán	3 425	8 769	20 522
Tepanco de L.	0	358	2 391
S.G. Chilac	235	240	602
Ajalpan	295	746	4 083
Altepexi			443
Región Tehuacán	3 955	10 113	28 041
Teziutlán	1 910	4 671	12 412
Xiutetelco	282	445	821
Chignautla	0	198	732
S. Miahuatlán	3	154	533
Hueytamalco	1	117	313
Teteles de A. C.	0	1	378
Tlatlauquitepec	2	6	325
Región Teziutlán	2 198	5 592	15 514
Acatzingo	12	29	922
Subtotal 16 mun.	8 458	20 190	57 046
Total	8 938	22 244	61 723
% 16 mun/Total	94.6	90.8	92.4

Fuente: INEGI (1999), Censos Económicos.

Auge y crisis de la maquila de exportación

Fue en los inicios de la década de los noventa cuando el despliegue maquilador llegó a la entidad, aun cuando a nivel nacional se había iniciado unos años antes; cabe señalar que, si bien tendrá un fuerte impacto sobre el empleo local, su importancia no será tan impactante como en los estados fronterizos; en este sentido podemos señalar que para 1991, Puebla tenía sólo 0.3% del total de empleo generado por la maquila, pero en 2001 ya sumaba 3.1%, en tanto que en términos de valor agregado pasó de 0.1 a 2.2% para esos mismos años.

El estado de Puebla cuenta con maquiladoras de exportación, pero también –y mayoritariamente– con maquiladoras cuya producción es para consumo nacional. De estas últimas, la mayoría pertenecen a la industria de la confección; el grueso de estas unidades son de tamaño pequeño y micro, y una gran porción de ellas se desempeña dentro de la economía informal. Los estudios locales sobre esta industria estiman que es mucho mayor el número de micro maquiladoras informales que el de las registradas (Juárez, 2003).

Durante el periodo de mayor auge de las maquiladoras de exportación –que se ubica en la segunda mitad de la década de 1990– éstas se convirtieron en la principal fuente de generación de empleo en el estado, ya que en ese lapso llegaron a mantener tasas de crecimiento en el empleo de 15% anual; esto quiere decir que –en términos absolutos– se llegaron a crear aproximadamente 3 700 empleos cada año, lo que significa que esta sola industria –y más específicamente las 100 cien empresas instaladas en ese lustro– estaban contribuyendo, nada más y nada menos, que con 75% de la capacidad de generación de empleo que tiene el mercado laboral poblano en época de "vacas gordas".[3]

En el año 2000, Estados Unidos padeció una recesión que "cortó" abruptamente con la dinámica de consumo de los bienes no duraderos, específicamente con la ropa en sus diversas modalidades, y se inició la historia de la cancelación de contratos para las maquiladoras poblanas de exportación; continuaron en seguida los despidos y cierres en las empresas dedicadas a la confección; éste fue el segmento más golpeado por la recesión de la economía norteamericana, además de que era el más numeroso. En la gráfica 1 se muestra la evolución en el empleo de las maquiladoras poblanas de exportación durante la época de auge y durante la crisis de 2000.

La crisis de 2000 llevó a las maquiladoras de exportación, en un lapso de cuatro años, al nivel de producción y empleo que habían tenido seis años antes. La pérdida de empleos se estima en 12 mil plazas, lo cual significa –para este estado– varios años para lograr la recuperación de ese número de puestos.

De manera mayoritaria, las empresas maquiladoras de exportación que dependen del mercado de bienes de consumo se ubican en la rama textil de la confección; utilizan de manera preferencial el esquema fiscal conocido como "maquila de exportación", que les permite exenciones al pago del impuesto al valor agregado.

En este segmento industrial encontramos una alta diversidad en cuanto al tamaño de empresa; al contrario de lo que ocurre en las maquiladoras de producción nacio-

---

[3] Durante varios trimestres de 2000 el municipio de Tehuacán, que fue uno de los que recibieron mayor número de maquiladoras, reportaron tasa de desempleo abierto igual a cero.

GRÁFICA 1. Puebla. Maquila de exportación.
Número de trabajadores ocupados

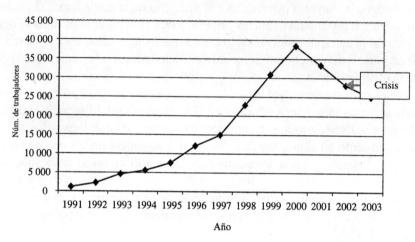

nal, la maquila de exportación es grande en términos promedio. El tamaño medio, estimado como el cociente del número de trabajadores ocupados entre el número de unidades de producción indica un tamaño promedio aproximado de 300 trabajadores por empresa, lo cual las ubica, según la clasificación de la Ley de promoción a las industrias micro, pequeñas y medianas, como empresas grandes.

La dimensión de 300 trabajadores como tamaño mínimo eficiente (TME), para las maquiladoras de exportación poblanas habla del tipo de restricciones a la entrada que enfrenta esta rama y que están definidas en mucho por el tipo de relación comercial que se disponga. La restricción radica en el circuito de la distribución y venta, en el acercamiento con firmas de reconocido prestigio y altos volúmenes de inversión en marketing, más que en aspectos tecnológicos; mucho de las diferencias entre la maquila para el mercado nacional y la de exportación estará explicado por el capital relacional de que dispongan.

Para conocer el comportamiento de la industria maquiladora de Puebla, presentamos a continuación los principales rubros de desempeño, centrándonos únicamente en la rama del vestido, que es la principal en la entidad. En la gráfica presentamos los índices de productividad; en este caso hemos utilizado los datos deflactados por INEGI, de valor agregado, divididos entre el total de personal ocupado; los resultados indican la productividad para Puebla y el total nacional. Se puede observar que la productividad tiene un comportamiento que manifiesta una tendencia hacia su estabilidad.

302

GRÁFICA 2. Puebla. Maquila de exportación. Personal ocupado
total/número de establecimientos en operación

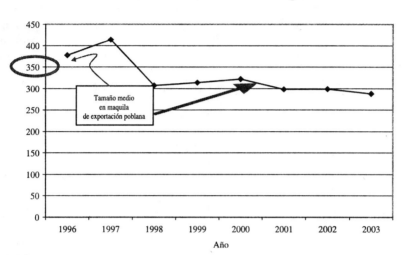

Por lo demás se puede apreciar la manera en que los establecimientos de Puebla
logran una mayor productividad. Esto puede explicar que el superávit de operación
(un indicador de las ganancias) sea superior en Puebla que el promedio Nacional de
la rama, así como los niveles inferiores de los sueldos y salarios, que sólo en dos años
son iguales, según se aprecia en el cuadro 4.

Ahora bien, en relación con el peso que tienen los insumos de origen nacional
respecto al total, para el caso de la rama en Puebla los datos obtenidos indican que es
mayor que el promedio nacional; en el primero oscilan alrededor de 35% durante el
periodo, en tanto que en el segundo están entre 16%; sin embargo, habrá que analizar
con mayor detenimiento estos datos pues, por su propia definición, la maquila de
exportación depende de insumos provenientes del exterior. Una hipótesis de estas
diferencias es que en Puebla pudo existir –al menos de manera incipiente– una maquila
de paquete completo que fue desplazada por aquella que importa todos los bienes
intermedios y sólo consume fuerza de trabajo.

Esta industria, ya se comentó con anterioridad, abrió oportunidades de ocupación
a sectores de la población tradicionalmente marginados, como los jóvenes y las mujeres; por esta razón, además de por el tipo de actividad predominante: la confección,
inicialmente predominaban en la ocupación las mujeres jóvenes, pero los movimientos de adaptación del propio mercado laboral impelieron a una "masculinización"

CUADRO 4. Índices de desempeño de la maquila de la rama
del vestido de Puebla en relación con el nacional

	Insumos nacionales /I. totales	Salario medio	Sueldo medio	Superávit de operación
1991	2.5	0.6	0.5	1.5
1992	2.4	0.7	0.8	1.7
1993	2.9	0.9	0.8	2.4
1994	2.3	0.8	0.7	1.4
1995	3.3	0.8	0.9	1.5
1996	3.1	0.8	0.9	1.2
1997	3.5	0.9	0.9	1.1
1998	2.8	0.9	0.9	1.7
1999	2.2	1.0	0.9	1.2
2000	1.8	0.9	1.1	1.8
2001	1.6	1.0	0.9	1.5
2002	1.9	0.9	0.9	1.2

Los índices son la relación entre las variables de Puebla respecto al nacional; en ambos casos se han
calculado a precios corrientes.
Fuente: INEGI (1999), Censos Económicos.

GRÁFICA 3. Puebla. Maquila de exportación.
Evolución del empleo masculino y femenino

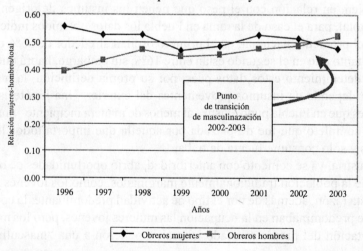

gradual, pero constante, al punto que, hacia 2002, se revirtió la tendencia y ahora ya laboran en las maquiladoras de exportación poblanas más hombres que mujeres.

Las áreas de instalación de la maquila de exportación les permite contratar personal con un nivel de formación escolar razonablemente adecuado, lo que les garantiza la posibilidad de obtener un índice de productividad adecuado y estable, al margen del patrón tecnológico que implanten. En general, no es perceptible el uso de tecnología de punta –salvo contadas excepciones–, de modo que en promedio la productividad se basa en la intensificación en el uso de la fuerza de trabajo.

En las diferencias de productividad señaladas es muy probable que esté influyendo el nivel de escolaridad que tiene el personal que labora en este tipo de empresas, que en promedio es de secundaria terminada (nueve años de formación). Esta escolaridad no es un nivel explícitamente requerido, pero, dado el tipo de segmentos poblacionales que ocupa, es un atributo "natural" el de esta escolaridad. Con ella es factible lograr tasas crecientes de productividad.

Como un efecto adicional de esta industria, se aprecia que el nivel de escolaridad de la fuerza de trabajo empleada y que en promedio se ubica en la secundaria terminada, ha "jalado" hacia arriba los perfiles de formación demandados por el mercado de trabajo regional en general y ha propiciado un predominio de grupos sociales con una mayor formación, que agudizan la competencia, aunque no tanto por la búsqueda del salario como por la obtención de una plaza. Esto puede ser un elemento que apoye la "expulsión" del mercado laboral de aquellos grupos menos escolarizados que abundan en los alrededores de las ciudades medianas en que se han instalado estas empresas.

Efectos derivados de la crisis se pueden apreciar en algunos testimonios de trabajadores de las maquiladoras de exportación en conflicto, que revelaron muchas de las características que en nuestro estado asumió la flexibilización y permitió su desmitificación y logró abrir una nueva forma de entender los mecanismos de funcionamiento de esas diversas herramientas de elevación de la productividad que se han venido agrupando en el genérico nombre de "flexibilización".

La flexibilización en Puebla no posee las características estilizadas que se describen en los textos que refieren estudios de caso de los países desarrollados, en los que hay una nueva visión organizacional, combinada con una adecuada mezcla proveniente de los cambios tecnológicos más recientes y los adelantos obtenidos en la elevación del capital humano. En Puebla, al igual que en otras regiones subdesarrolladas, está basada en la intensificación en el uso de la fuerza de trabajo, en el aprovechamiento de la ventajas fiscales y ambientales ofrecidas por los gobiernos locales y en los bajos salarios de un tipo de personal que tiene tres características: una adecuada formación escolar en promedio, una escasa experiencia sindical y un muy reciente origen campesino.

Si esta industria ya era de suyo polémica, después de la crisis las opiniones se polarizaron aún más: una porción de aquellos que la han estudiado o la han vivido insisten en idealizarla de manera ciega; otros, a satanizarla, casi siempre con argumentos surgidos de estudios de caso.

Las características de la maquila de exportación en Puebla

La maquila y el discurso de la calidad y la excelencia

Una de las características que definen el grado de desarrollo de una actividad productiva es la relacionada con la manera en que ésta se alinea con los nuevos procesos de calidad. Sin embargo, es común que haya confusiones entre las viejas formas de control de calidad por inspección y los nuevos conceptos de calidad total.

Esta confusión lleva –en muchos casos– a responder a los empresarios o personal cercano al proceso productivo que se dispone de sistemas de calidad total cuando en realidad se está aplicando un sistema de control atrasado.

Al margen de esta posibilidad de confusión, en el estado de Puebla se percibe que la forma en que se verifica el control de la calidad es absolutamente tradicional; básicamente porque se concibe como una actividad externa a la que habitualmente realizan todos los trabajadores; en ese sentido la realizan generalmente trabajadores especializados que vigilan el cumplimiento de la calidad al final de cada lote de pro-

CUADRO 5. Formas de utilización del control de la calidad

Puebla. Maquila de Exportación. El control de la calidad como nueva forma de organización de la producción	Opinión (%)
No se ha establecido control de calidad como nueva forma de organización del trabajo	68
La principal forma de control de calidad es visualmente	68
Existe un departamento o personal especializado que realiza el control de calidad	72
No se ha establecido el control estadístico del proceso como nueva forma de organización del trabajo	76

Fuente: EMIM (2003).

ducción, además que la forma de control no está automatizada, sino que la cumplen de manera visual. La visión moderna del control de la calidad, que es el control estadístico de proceso, culminado por cada uno de los trabajadores, no está difundido; sin embargo, sí se ha extendido el discurso de la calidad como un elemento retórico que no se corresponde con la estructura de control de la producción. Vista en términos productivos, el control de calidad tradicional puede verse como competidora de otras prioridades empresariales, como los costos o la misma productividad y, en algunos momentos, puede optarse por sacrificar la calidad a efecto de disminuir los costos.

En términos de la utilización de las nuevas formas de organización del trabajo, se obtuvo que, salvo el *just in time*, que manifiestan se usa en casi la mitad de las empresas encuestadas, el resto de técnicas no es usado de manera amplia. La desconexión entre esta herramienta y las restantes técnicas de organización puede hacer suponer que esa alta respuesta en cuanto al uso del *just in time* no muestra una alta consistencia; o bien impera una interpretación muy libre para lo que significa el *just in time*, o bien hay una forma un tanto mistificada de aplicarlo en las empresas poblanas.

En cuanto a desarrollo de investigación y desarrollo, las empresas maquiladoras de exportación del estado de Puebla están al margen de ello; más de 80% de las encuestadas indicaron que no realizan ningún tipo de actividad relacionada con la investigación y desarrollo. Su única fuente de aprovisionamiento de nueva tecnología es cuando se adquieren equipo y maquinaria.

Esta forma de dependencia tecnológica se agudiza en la medida que no se adquiera el equipo más aventajado o no se renueve o actualice de la manera más oportuna, situación que al parecer es la que está ocurriendo en nuestro caso, pues poco más de la mitad de las empresas manifestaron estar tecnológicamente atrasadas respecto a los estándares internacionales.

CUADRO 6. Nivel de utilización de las nuevas formas
de organización de la producción

Puebla. Maquila de exportación. Nuevas formas de organización de la producción	Opinión (%)
No utilizan el sistema "justo a tiempo" en el suministro de producción	56
No se ha establecido el Kan Ban	96
No han establecido los círculos de calidad	72
No han establecido equipos de trabajo	84
No han establecido células de producción	96
No se ha establecido el "cero errores"	92

Fuente: EMIM (2003).

Cuadro 7. Tipo de relación de las empresas con la tecnología

Puebla. Maquila de exportación. Relación productiva con la tecnología	Opinión (%)
Atrasada respecto a los estándares internacionales	52
El principal procedimiento para adquirir tecnología es mediante su compra a otras empresas	56
No realizaron investigación y/o desarrollo tecnológico en 2002	84

Fuente: EMIM (2003).

Cuadro 8. Formalización del conocimiento

Puebla. Maquila de exportación. Formalización del conocimiento (codificación)	Opinión (%)
El establecimiento cuenta con manuales de puestos y se utilizan	56
El establecimiento no cuenta con manuales de procedimientos	52
En el establecimiento si se realizan estudios de tiempos y movimientos	80

Fuente: EMIM (2003).

Por otro lado, en lo relacionado con la codificación del conocimiento existente dentro de las empresas, nos encontramos que la situación se resuelve por un mecanismo muy formal, aunque un tanto contradictorio pues, en principio, sólo poco más de la mitad de los establecimientos codifican mediante manuales de puestos que sí se usan; sin embargo, una cantidad casi igual manifestó que no posee manuales de procedimientos, lo cual se antoja fuera de lógica, pues es más adecuado realizar primero el análisis de procedimientos que el de puestos. O bien hay confusión en los términos o bien se obtuvo una respuesta de poca confiabilidad.

Las formas de relación laboral en la maquila de exportación

Uno de los aspectos sensibles en las estrategias de elevación de la productividad ensayadas en los procesos más modernos radica en asumir formas de relación diferentes de las que tradicionalmente han imperado en las empresas, superando en alguna medida la verticalidad de las órdenes, ampliando los espacios de participación, supliendo la estructura de jerarquías burocráticas por una línea de comunicación más personal.

Las formas de comunicación encontradas de manera más difundida entre la dirección y los trabajadores, en sus diversos niveles, fueron las directas y verbales, lo cual indica un paso adelante en la eliminación de esquemas burocratizados, aunque la forma de estimulación de la comunicación más usada resultó la "junta" o reunión física de los involucrados en la organización. En ese sentido hay poca creatividad para superar el peso específico que en este tipo de soluciones mantiene la alta jerarquía burocrática.

CUADRO 9. Formas de comunicación dentro del centro de trabajo (porcentaje)

Puebla. Maquila de Exportación. La comunicación dentro del centro de trabajo	Opinión
La principal forma de comunicación de los directivos, gerentes y jefes con trabajadores de producción es verbal y directa	68
La principal forma de comunicación de los trabajadores de producción con los jefes, gerentes y la dirección es verbal y directa	68
La estimulación de la comunicación de directivos entre los trabajadores para resolver problemas de producción es por medio de juntas	56

Fuente: EMIM (2003).

CUADRO 10. Elementos importantes en la definición de la rotación de personal, pero que no se practican (porcentaje)

Puebla. Maquila de Exportación. Rotación de personal (Frecuencia con que son movidos los trabajadores, en un rango de opinión de: no se realiza, esporádica, regular y muy frecuente)	Opinión
No se practica que el personal de producción sea movido para estimular la polivalencia	52
No se practica que el personal de producción sea movido para eliminar la monotonía	48
No se practica que el personal de producción sea movido para promover el pago por conocimientos	72
No se practica que el personal de producción sea movido por otras razones	100

Fuente: EMIM (2003).

CUADRO 11. Características de la rotación de personal (porcentaje)

Puebla. Maquila de Exportación. Rotación de personal (Frecuencia con que son movidos los trabajadores, en un rango de opinión de: no se realiza, esporádica, regular y muy frecuente)	Opinión
Es muy frecuente el que los obreros de producción desarrollen tareas de diferentes puestos	45
Es muy frecuente que los obreros de producción trabajen en días de descanso obligatorio	53.8
Es muy frecuente que los obreros de producción cambien de departamento	60

Fuente: EMIM (2003).

Sobre la forma de ocupación de los trabajadores también se esperaría una dinámica más acorde con los nuevos esquemas de alta flexibilidad; sin embargo, la situación real mostró otro tipo de comportamientos.

Sobre la movilidad de personal al interior de los establecimientos, éste ocurre al margen de los criterios de optimización organizacional más novedosos (polivalencia, eliminación de fatiga, conocimientos, etc.). En general se realizan sin considerarlos. Incluso, es esporádico (68%) que los movimientos obedezcan a renuncias del personal.

Se manifestó como habitual que, en al menos la mitad de los establecimientos de esta industria en Puebla, la movilidad del personal, tanto entre departamentos como entre puestos, ocurra de manera más contingente y no planificada.

Destaca el hecho de que los criterios de conocimientos y actitudes no sean los más fuertes en la decisión de movilidad, lo cual se complementa con la ausencia de planes de desempeño, de modo que las empresas ni siquiera están registrando de manera sistemática las actitudes laborales de los trabajadores; en todo caso, lo hacen sólo para mantenerlos en su mismo puesto.

Dentro de las técnicas modernas de organización de la producción, se presenta la colaboración entre firmas. Esta no es una característica existente en la industria maquiladora de exportación del estado de Puebla. En general, la actividad de las maquiladoras de exportación es individual, lo cual coincide con el hecho de que la producción intenta sólo resolver el compromiso inmediato, pero sin que necesariamente se planifique una estructura productiva más completa hacia el futuro.

CUADRO 12. Criterios utilizados para mover al personal (porcentaje)

Puebla. Maquila de Exportación. Criterios utilizados para mover al personal	Opinión
Los conocimientos y las aptitudes son las principales características que se toman en cuenta del trabajador para su movilidad interna	44
La disposición del trabajador es la principal característica que se toma en cuenta del trabajador para su movilidad interna	40

Fuente: EMIM (2003).

CUADRO 13. Formas de articulación productiva no usadas (porcentaje)

Puebla. Maquila de Exportación. Formas de articulación productiva	Opinión
No realiza investigación de mercados y ventas con otros establecimientos en el país	83.3
No realiza contratación de personal con otros establecimientos en el país	79.2
No realiza capacitación del personal con otros establecimientos en el país	87.5
No realiza investigación y desarrollo con otros establecimientos en el país	91.7
No realiza publicidad con otros establecimientos en el país	91.7
No compra materias primas con otros establecimientos en el país	79.2
No adquiere maquinaria y equipo con otros establecimientos en el país	62.5
No utiliza de manera conjunta maquinaria y equipo con otros establecimientos en el país	70.8
No realiza algún otro tipo de actividad con otros establecimientos	95.8
No utiliza de manera conjunta maquinaria y equipo con otros establecimientos en el país	70.8

Fuente: EMIM (2003).

CUADRO 14. Subcontratación en México

Puebla. Maquila de Exportación. Porcentaje del valor de su producción subcontratada en México	% promedio
Porcentaje del valor de la maquila subcontratada en 2002	11.6
Porcentaje de ingresos en 2002 provenientes de subcontratación	18.8
Porcentaje del valor de la maquila subcontratada en 2002	3.8
Porcentaje de ingresos en 2002 provenientes de subcontratación	0.0

Fuente: EMIM (2003).

311

Los encadenamientos productivos no se dan ni hacia delante ni hacia atrás; es decir, estos establecimientos ni subcontratan ni son subcontratados. Precisamente, lo que muestra es una lógica de producción que está aislada, que no tiene perspectivas de crecimiento ni de integración y que es totalmente dependiente de los programas de las firmas centrales.

Es notoria la escasa participación de los trabajadores en las decisiones que se toman al interior de los establecimientos, tanto a nivel formal como informal. En el siguiente cuadro se presentan las opiniones recogidas para la participación en decisio-

CUADRO 15. Nivel de participación de los trabajadores (porcentaje)

Puebla. Maquila de Exportación. Participación de los trabajadores en las decisiones formalmente establecidas	Opinión
No intervienen en las decisiones formales del cambio tecnológico	100
No intervienen cuando hay una evaluación formal del cambio tecnológico	96
No intervienen en el mejoramiento permanente formal del cambio tecnológico	76
No intervienen cuando se les informa de cambios en la organización del trabajo	44
No intervienen cuando discuten y proponen cambios en la organización del trabajo	84
No participan cuando hay una decisión del cambio en la organización del trabajo	100
No participan cuando hay una evaluación del cambio en la organización del trabajo	100
No participan cuando hay un mejoramiento permanente del cambio en la organización del trabajo	72
No participan en la selección de personal	84
No participan cuando hay reajuste de personal	68
No participan cuando se emplea a personal eventual	68
No participan cuando hay creación de puestos de confianza	88
No participan cuando se emplea a subcontratistas	84
No participan cuando hay una definición de manuales de puestos	88
No participan cuando hay movilidad interna de trabajadores	88
No participan cuando hay una asignación de tareas a los trabajadores	76
No participan cuando hay una sanción a los trabajadores	76
No participan cuando hay una definición de los métodos de trabajo	72
No participan cuando hay una definición de estándares de producción y calidad	64

Fuente: EMIM (2003).

nes asumidas formalmente, pero valores similares –o aún más altos de no intervención– se encuentran para los mismos puntos, teniendo una forma de resolución informal.

Parte de la explicación de la poca presencia que tienen los trabajadores en las decisiones de la empresa se tiene en la forma y nivel de representación sindical que existe en esta industria. Puebla ha sido un espacio de predominio de las grandes centrales corporativas y, más específicamente, la historia de la industria textil ha corrido paralela a la consolidación de los grandes grupos de poder sindical a nivel regional.

CUADRO 16. Tipos de afiliación sindical y formalización de la participación (porcentaje)

Puebla. Maquila de Exportación. Tipos de representación laboral	Opinión
No existe sindicato en el establecimiento	60
Están afiliados a la CROC	55.6
Están afiliados a la CTM	44.4
Cuando se informa a los trabajadores del cambio tecnológico, intervienen	40
Cuando se informa a los trabajadores del cambio tecnológico, no participan	40
No existe convenio de productividad con el sindicato o los trabajadores	80
En 2002 el establecimiento no realizó paros técnicos	66.7

Fuente: EMIM (2003).

Hay una notoria carencia de representación sindical y, cuando ésta existe, no fomenta la participación. No existe una cultura de la participación activa de los trabajadores. La misma representación sindical se da en los términos más tradicionales, de control.

Vistos los resultados de la parte correspondiente a la definición de las características generales de la maquila de exportación en Puebla, encontramos que no se están cumpliendo los criterios básicos definidos por el arquetipo imperante de empresa moderna o de empresa flexible.

Desde nuestro punto de vista, esto se debe a las limitaciones que muestra la noción imperante de flexibilidad, que fue construida a la luz de los ejemplos de empresas de cadenas productivas orientadas al productor. Cuando observamos la operación de empresas instaladas en cadenas orientadas al consumidor, la noción de flexibilidad habitualmente usada resulta totalmente insuficiente y de muy baja capacidad explicativa; sólo arrojará un alejamiento sideral respecto a las condiciones ideales.

La flexibilidad en la industria maquiladora de exportación poblana

Otro de los criterios para evaluar el nivel de modernización tecnológica u organizacional de la actividad industrial es la flexibilidad, concepto que habitualmente se encasilla sólo en lo referente a las formas de utilización de la fuerza de trabajo, pero que en la industria maquiladora de exportación se puede ver en mayor número de dimensiones. Este concepto puede implicar desde la manera en que se articulan las grandes fases de la producción, el diseño y la distribución, hasta el tipo de relaciones específicas que articulan a la producción y la proveeduría, etc. En relación con el nivel de flexibilidad desde el punto de vista del origen del capital, encontramos que las empresas extranjeras, así como las que utilizan insumos provenientes del exterior, tienen un mejor nivel de desempeño en cuanto a su flexibilidad.

CUADRO 17. Nivel de flexibilidad según origen
del capital y de los insumos (porcentaje)

Nivel de flexibilidad	Origen del capital			Origen de los insumos		
	Nacional	Extranjero	Total	Nacional	Extranjero	Total
Baja	33.3		30.8	33.3	33.3	33.3
Media	66.7	100.0	69.2	66.7	66.7	66.7
Total	100.0	100.0	100.0	100.0	100.0	100.0

Fuente: EMIM (2003).

CUADRO 18. Destino de las ventas (porcentaje)

Nivel de flexibilidad	Destino de las ventas	
	Extranjero	Total
Baja	30.0	30.0
Media	70.0	70.0
Total	100.0	100.0

Fuente: EMIM (2003).

Sobre el nivel de flexibilidad por destino de las ventas, continúa la tendencia de que son las empresas que venden al exterior las que tienen una flexibilidad que va de media a alta. Esto tiene que ver con el tipo de relación comercial que establecen con las grandes firmas transnacionales y con las que definen los diseños a nivel mundial que pueden imponer normas de calidad que inciden sobre el proceso productivo.

Si se mira el nivel de flexibilidad por tamaño del establecimiento, son también las empresas grandes las mejor ubicadas, confirmándose la baja posibilidad de incrementar la flexibilidad en las pequeñas empresas; en ese sentido, pesan de manera importante las restricciones a la entrada que están vinculadas con el número de empleados que contraten, pero que de manera directa tienen que ver con el nivel de tecnología existente.

CUADRO 19. Nivel de flexibilidad según tamaño del establecimiento (porcentaje)

Nivel de flexibilidad	Tamaño del establecimiento			
	Pequeño	Mediano	Grande	Total
Baja	25.0	42.9		30.8
Media	75.0	57.1	100.0	69.2
Total	100.0	100.0	100.0	100.0

Fuente: EMIM (2003).

CUADRO 20. Similitudes con los modelos de organización más relevantes, según tamaño de establecimiento (porcentaje)

Modelos de organización	Tamaño del establecimiento			
	Pequeño	Mediano	Grande	Total
Taylorista-fordista	55.6	100.0	75.0	77.3
Toyotista	44.4	0.0	25.0	22.7
Total	100.0	100.0	100.0	100.0

Fuente: EMIM (2003).

Si fuera posible aludir a un modelo de organización productiva imperante en la industria maquiladora de exportación en el estado de Puebla, que se pudiera identificar con claridad y que diera cuenta del tipo de relación productiva existente en el promedio de esas industrias, tendríamos que recurrir a una imagen estilizada que nos sirviera para clasificarla como taylorista, o fordista, o una mezcla de taylorista-fordista o toyotista. El intento de hacer esto nos presenta la siguiente información:

Realmente se percibe un atraso respecto a la definición de organización toyotista; esto coincide –del todo– con las características y desempeños que de esta industria ya se han mostrado con anterioridad; el esquema de organización preponderante es el taylorista-fordista, situación que se repetirá si el punto de referencia es ahora trasladado al origen del capital, pero especialmente si se trata de empresas que consumen productos intermedios provenientes del exterior y que al mismo tiempo tienen comprometida su producción hacia Estados Unidos.

En cuanto al nivel tecnológico que predomina en la industria maquiladora de exportación en Puebla, lo apreciaremos en primer lugar según el origen de su capital y, más adelante, respecto al origen de los insumos y al destino de las ventas. Lo que determina el nivel tecnológico no es tanto el origen del capital como el origen de los insumos y el destino de las ventas.

Los datos recopilados empíricamente en el estado de Puebla muestran que predomina la flexibilidad media en cada uno de los factores considerados; es decir, en cuanto al origen del capital, el origen de los insumos, pero la situación cambia si atendemos al tamaño de la empresa, en donde sí aparece que la flexibilidad alta está restringida casi exclusivamente a las grandes empresas.

CUADRO 21. Similitudes con los modelos de organización más relevantes, según origen del capital y de los insumos (porcentaje)

Modelos de organización por	Origen/destino	Taylorista-fordista	Toyotista
Origen del capital	Nacional	78.9	21.1
	Extranjero	50	50
Origen de los insumos	Nacional	100	0
	Extranjero	77.8	22.2
Destino de las ventas	Nacional	0	100
	Extranjero	88.2	11.8

Fuente: EMIM (2003).

316

CUADRO 22. Nivel tecnológico predominante según origen
de capital y de los insumos (porcentaje)

Nivel tecnológico por	Nivel	Nacional	Extranjero	Total
Origen del capital	Bajo	20.0	50.0	25.0
	Medio	55.0	50.0	54.2
	Alto	25.0	0.0	20.8
	Total	100.0	100.0	100.0
Origen de los insumos	Bajo	0.0	27.8	23.8
	Medio	66.7	55.6	57.1
	Alto	33.3	16.7	19.0
	Total	100.0	100.0	100.0
Destino de las ventas	Bajo	50.0	23.5	26.3
	Medio	0.0	58.8	52.6
	Alto	50.0	17.6	21.1
	Total	100.0	100.0	100.0

Fuente: EMIM (2003).

La forma de operación se puede caracterizar como taylorista-fordista, en tanto no se aprecia una difusión de las formas de organización y control más modernos. Esto puede deberse a que estas empresas pueden elevar el nivel de productividad por otros mecanismos que están más ligados a la estructura maquiladora que a otras formas de producir.

El nivel tecnológico también se ubica en el rango medio, tanto por el origen del capital como por el origen de los insumos, lo cual se aúna al resultado anterior en el sentido de mostrar que la elevación de productividad en este tipo de industria no pasa necesariamente por la elevación de los componentes tecnológicos.

Es escasa la presencia de estructuras de operación identificadas con el toyotismo, dadas las diferencias que podríamos comenzar a identificar entre estos dos modelos de producción. Esto, a nuestro entender, refuerza la idea de que es preciso ampliar en la noción de flexibilidad, para que no se quede una imagen simple de atraso respecto a las nuevas formas de organización de la producción; lo que ocurre es que la flexibilidad en este tipo de empresas se da principalmente sobre los recursos humanos.

Conclusiones

El modelo maquilador en el estado de Puebla se convirtió en la principal forma de inversión en la década de los noventa del siglo XX y, a finales de ésta, la modalidad de maquila más exitosa fue la de exportación. La maquila de exportación se convirtió en el principal generador de empleo en nuestro estado, pero mostró una alta dependencia respecto del mercado estadounidense de la ropa. La debilidad central de este modelo no fue de índole productiva sino de naturaleza comercial; la extrema dependencia al mercado norteamericano le hizo sucumbir junto con la recesión económica que se vivió en este país hacia el segundo lustro de la década pasada.

La maquila de exportación ubicada en la rama de la confección de ropa fue la que adquirió un mayor impulso y se asentó en zonas que ya mostraban una experiencia productiva anterior, precisamente en la elaboración de prendas de vestir, además que representan zonas de alto nivel de desarrollo en la formación de recursos humanos.

La forma de operación predominante en esta industria se puede caracterizar como taylorista-fordista, en tanto no se aprecia una difusión de las formas de organización y control más modernos. Esto puede deberse a que estas empresas pueden elevar el nivel de productividad por otros mecanismos que están más ligados a las formas intensivas de utilización de la fuerza de trabajo, especialmente en su dimensión salarial.

La elevación de productividad en este tipo de industria no pasa necesariamente por la elevación de los componentes tecnológicos; de allí que las formas de medición de su nivel tecnológico no llegan a superar los valores medios.

A nivel de reflexión teórica, los datos muestran que la maquila puede ser un modelo productivo totalmente novedoso por cuanto desarticula las diferentes fases del proceso de producción que tradicionalmente ha estado integrado; esta condición le permite resolver de manera totalmente flexible y novedosa el proceso de integración de cada prenda. La extrema flexibilidad de la maquila puede convertir a este nuevo modelo productivo en el modelo por seguir en el resto de industrias. Sin embargo, no es un esquema de acción productiva que se haya identificado ampliamente en el estado de Puebla.

La flexibilidad de la industria maquiladora no se ajusta de manera plena a las nociones de flexibilidad construidas con los modelos productivos tradicionales; por tanto, será necesario hacer una revisión de los conceptos a efecto de explicar de mejor manera las condiciones productivas de este tipo de industria.

La región poblana ha sido un espacio de alta protección a la maquila de exportación, pero por su parte, estas regiones sólo se han visto beneficiadas por la derrama salarial, ya que la forma de resolver el proceso productivo no ha generado ni cadenas productivas ni desarrollos tecnológicos, ni aprendizajes novedosos a nivel organizativo.

Bibliografía

INEGI, Sistema de Cuentas nacionales 1997-2002, México.

Juárez, J. (2003), *La industria maquiladora textil en el municipio de Xoxtla, Puebla*, Tesis en opción a Licenciado, México, Facultad de Economía de la BUAP.

11
Modelos de industrialización en las empresas maquiladoras de exportación en el estado de Tlaxcala

Elizabeth Zamora[1]

Introducción

La maquila de exportación en el estado de Tlaxcala, en la década de los noventa, estuvo integrada por 17 empresas, pero debido a la severa crisis económica de finales de 1994, aunado al adelgazamiento de los apoyos financieros y crediticios por parte del gobierno federal y estatal, nueve empresas cerraron sus puertas. Las empresas maquiladoras de exportación en Tlaxcala no son importantes por su cantidad ni diversificación por ramas económicas, ni tampoco por generar empleos en el estado; así como tampoco por ofrecer los mejores salarios, pero es importante hablar de ellas por su participación en el proceso de integración económica a nivel mundial.

Encadenamientos con otros establecimientos y tecnología

Las empresas maquiladoras de exportación en Tlaxcala pertenecen a la rama textil, con mayor experiencia no sólo a nivel local, sino también nacional, pero su incorporación al mercado mundial se encuentra en desigualdad por no realizar investigación

---

[1] Doctora en Estudios Sociales por la UAM-Iztapalapa. Académico de Carrera Titular "A" tiempo completo, de la Universidad Autónoma de Tlaxcala; e-Mail: eliza@apizaco.podernet.com.mx

de mercado y ventas (los directivos de la empresa declaran no haber realizado este tipo de investigaciones); algunos argumentos que ellos esgrimen incluyen la falta de personal especializado en el tipo de proceso técnico que la rama textil requiere, además de ser una de las ramas más golpeadas por la apertura del mercado mundial.

Su participación con otros establecimientos en el país, en lo que se refiere a la capacitación de personal, es de 60%, pero 40% no participa de esta experiencia. El 60% es del grupo Warnaco, establecido en Tlaxcala, quien tiene mayor experiencia de participación en el mercado extranjero; en cuanto a 40% corresponde a aquellas empresas locales que se inscribieron al programa de importación temporal de insumos.

La totalidad de los establecimientos maquiladores declararon no realizar investigación y desarrollo con otros establecimientos en el país. Sin embargo, comienzan a realizar 40% de publicidad con otros establecimientos en el país. La materia prima y la maquinaria que se utilizan en el proceso de trabajo de las maquiladoras de exportación son proporcionadas por la empresa matriz ubicada en el extranjero, concretamente de Estados Unidos, pero pueden adquirir y utilizar de manera conjunta materia prima, maquinaria y equipo con otros establecimientos en el país en 60% de los establecimientos.

El principal procedimiento para adquirir la tecnología es la compra de patentes en 50%, de la casa matriz 25% y por la compra a otras empresas el otro 25%. El tipo de tecnología atrasada respecto a los estándares, utilizada en las empresas maquiladoras, es de 40%; el 60% de las empresas dicen estar a la vanguardia tecnológica a nivel internacional. La tecnología de punta requiere de investigación y/o desarrollo tecnológico: en Tlaxcala comienza con apenas 20% de los establecimientos, pero se refiere exclusivamente a la mejora de los procesos, realizados en las mismas empresas.

La línea principal de producción que predomina en estas plantas es por ensamble de pieza o componentes (80%) y transformación de materia prima (sólo 20%). La utilización del sistema justo a tiempo toma presencia en el proceso de trabajo en 60% de los establecimientos.

En la maquila de exportación de Tlaxcala, los insumos y su tecnología provienen del extranjero, específicamente de Estados Unidos, enviadas por los clientes con el fin de que la elaboración de su producto sea de la mejor calidad; parte de la política de los empresarios de la industria maquiladora es que la empresa matriz o su cliente les envíe la tecnología bajo el programa de importación temporal. La principal razón por la que los directivos recurren a la importación temporal de insumos es para gozar de la exención de impuestos, en 75% de los casos de los insumos que ingresan de forma temporal para su transformación y su reexportación al país de origen; hay 25% que recurren a la importación de insumos temporales por otras razones no especificadas en nuestros registros de campo.

Organización

Las formas de control de los trabajadores de línea de producción están bajo la responsabilidad del supervisor, quien cumple con la tarea de vigilar que todas las actividades se realicen con calidad y que se cumpla con lo establecido en los manuales de procedimientos; la principal forma de control de calidad es visual y por medio de instrumentos no automatizados en 80% y 20%, respectivamente. Existen departamentos con personal especializado para realizar el control de calidad; es el procedimiento de la organización del trabajo tradicional, los supervisores aparecen como figura principal que vigila; después pasa a manos de los especialistas para evaluar y validar el proceso completo, lo cual sirve para organizar mejor las áreas y poder asignar los bonos de calidad.

Esta es una estrategia de motivación al trabajador para que se esfuerce en su desempeño y aumente su productividad. La evaluación es publicada en la pizarra, que se localiza en cada área de trabajo, indicando las cantidades de las piezas elaboradas por turno y trabajador, quienes son promovidos gracias a sus habilidades y aptitudes demostradas y constatadas en un examen, que cubre 80% de los establecimientos, y 20% restante es propuesta del jefe inmediato.

Las áreas y funciones en la producción de la rama textilera no son complejas, así que, aunque existan manuales de procedimientos 60% de los trabajadores no los utilizan; lo que sí tienen que tomar en cuenta son los tiempos y movimientos para desarrollar cada actividad, pues de ello depende que se cumpla o se rebase la cuota de producción, para ganar más o para ser promovidos. Por tanto, los trabajadores tienen que cumplir cuotas mínimas de producción. El tipo de resistencia que los trabajadores ejercen ante estas nuevas formas de trabajo es el ausentismo en 80% y las renuncias con igual porcentaje.

La estrategia que innovan los jefes directos consiste en insistir en la movilidad de los trabajadores, motivándolos a realizar más de tres tareas en cada puesto de trabajo, distinguiéndolos en los procesos de trabajo con batas de color, para ejemplo de sus compañeros; pero el resultado no es el que se esperaba, pues los trabajadores, con frecuencia 80%, renuncian en busca de mejores salarios y prestaciones de trabajo.

La movilidad en pro del aumento de productividad y para fomentar la polivalencia se registra en 40% de las empresas, así que las posibilidades de aburrimiento de los trabajadores en sus actividades laborales resultó ser nula, como casi nula se registró la movilidad de los trabajadores por adquisición de nuevos conocimientos; en 60% de los establecimientos no se practica, aunque con el mismo porcentaje la disposición y las aptitudes en el trabajo sí se toman en cuenta para que los trabajadores sean movidos en el proceso de trabajo.

La participación de los trabajadores no se practica en la selección de personal, pues en 80% de los establecimientos responden no haber participado; el 100% respondió que no participan en la promoción de los trabajadores ni en la definición de la carga de trabajo, ni tampoco en la asignación de premios y bonos, mucho menos en la definición de contenidos de capacitación ni de métodos de trabajo. En la selección de máquina, equipo o herramienta se da la participación de los trabajadores, pero sólo dentro de una lista hecha por los directivos y los jefes. La participación de los trabajadores en la definición de diseños de programas de mejoramiento de la producción es nula en 80% de los establecimientos y esporádica en 20 por ciento.

Tener equipos de trabajo es una práctica observada en el proceso de trabajo de estas empresas en 80% también se observan las células de producción en 60%. El trabajo que realizan los trabajadores se registra en grupo con 85.7% porque están instalados en módulos, pero su desempeño se evalúa de forma individual en 71.4%, por cuota de producción y sólo de forma colectiva en 28.6%. Como nueva forma de organización de trabajo la reingeniería no se ha consolidado; todavía en las empresas maquiladoras de Tlaxcala la respuesta es un no al cien por ciento.

Los criterios de cero errores y el Kan-Ban tampoco se practican en estas empresas; igual, con un no al 100%, pero existe la práctica del control estadístico del proceso en 60%, pues la gráfica que se publica en pizarras en cada área de trabajo señala a aquellos trabajadores que cumplen con su cuota de producción o aquellos que logran rebasarla.

Como existen equipos de trabajo y células de producción en las empresas estudiadas, se puede decir que hay formas grupales de participación de los trabajadores en 80% de los establecimientos, discutiendo y proponiendo en 75% presupuestos de producción, en 100% en el ajuste de máquinas o de variables de procesos y en 50% deciden los cambios en las especificaciones del producto, siempre y cuando estos cambios se encuentren registrados en los manuales de procedimientos.

La participación de los trabajadores en grupos del control estadístico del proceso es apenas de 25%; sin embargo, en el control no estadístico del proceso participan en el 100% de las plantas estudiadas. La discusión e identificación de riesgo de trabajo se observó dividida: en 50% de los establecimientos participan los trabajadores y en el otro 50% no participan, mientras que en la elaboración de programas de prevención de riesgos, el 100% de los trabajadores respondió que sí participaban. En general la participación que los trabajadores tienen en este tipo de empresas está muy reducida a las actividades laborales que tienen que ver directamente con sus tareas, su puesto y área de trabajo.

En cuanto al control de ausencias, permisos y horas extras, el 75% contestó no participar. En 50% de los establecimientos los trabajadores participan discutiendo y proponiendo, un 25% sólo discute y el otro 25% no participa, situación que sugiere que las nuevas formas de organización del trabajo se introducen de manera desigual y de forma diferente, dependiendo de las condiciones socioculturales de los trabajadores y de la política laboral de las empresas. Cuando se trata de elaboración de programas de movilidad interna, la participación de los trabajadores es nula, pues esta decisión se establece en los manuales de procedimientos, diseñados y propuestos por los jefes. En otras actividades que no tengan que ver con las tareas específicas de los trabajadores en sus puestos y áreas de trabajo, los trabajadores no participan, ni decidiendo ni discutiendo la dirección de los procesos, como tampoco en el mantenimiento los empresarios cuentan con personal especializado en 100% de las plantas.

El ausentismo es un motivo de movilidad interna del personal que se observa en Tlaxcala, que explica 100% de los casos; sin embargo, las renuncias frecuentes son motivo de movilidad interna en la mitad de las empresas maquiladoras. En 100% de los casos los directivos y jefes opinaron que la polivalencia no se utiliza para eliminar la monotonía; ni para promover el pago por conocimiento existe la movilidad interna del personal. Pero sí se toma en cuenta el conocimiento o aptitudes del trabajador para su movilidad interna.

Contrario a la opinión que dan por escrito los trabajadores, en entrevistas realizadas manifestaron que "el proceso productivo requiere que los trabajadores se especialicen en distintas tareas de las de su puesto para poder laborar en la empresa, lo que permite una alta movilidad interna", pero no les permite aspirar a un mejor puesto, porque los que hay para los obreros de producción sólo son el de operario y líderes de cada módulo, los cuales están condicionados por la capacidad del obrero y habilidad que tenga en el proceso productivo. Cuando el mercado requiere de una cantidad de trabajadores estos se adaptan al cambio productivo, porque manejan toda la maquinaria que se requiere, que es una ventaja para la empresa porque no tiene que pagar más salarios conforme aumenta la necesidad de más trabajo de sus obreros.

Dentro de la empresa el proceso productivo depende de los obreros, siempre bajo las órdenes de los supervisores y jefes de área, quiénes controlan las actividades y la toma de decisiones de los cambios imprevistos durante el proceso de trabajo. Su trabajo se realiza mediante el control de sus actividades, establecidas en los manuales de procedimientos a los cuales recurren en 42.9%, pero como los pasos establecidos en dichos procesos son rutinarios, otro 42.9% de los trabajadores recurre a ellos sólo de vez en cuando. Las actividades laborales que se realizan actualmente permiten aprender nuevos conocimientos en 100%, haciendo referencia a los pasos que se establecen en los manuales de procedimientos, los cuales son diseñados por los jefes; por ello, cuando se les pregunta a los trabajadores la frecuencia con la que toman decisiones sin consultar al supervisor para usar y/o seleccionar su herramienta, la respuesta es siempre en 28.6% y a veces con 42.9%; lo mismo sucede cuando ellos toman decisiones sin consultar al supervisor en el procedimiento por seguir en 57.1% y con el mismo porcentaje se registra la toma de decisión en las actividades por realizar sin consultar al supervisor. Podemos darnos cuenta de que la figura del supervisor en las empresas maquiladoras de exportación sigue siendo la más importante en el proceso de trabajo, comparado con el porcentaje de 14.3% de los trabajadores que nunca consultan al supervisor.

Se lleva un control de calidad del producto que es supervisado por el líder al mando de cada módulo, que debe cumplir con lo establecido en los manuales; este control se lleva en un pizarrón que está al frente de cada módulo, en donde se anota el control de calidad, la producción, así como los tiempos en que realiza el proceso en cada turno, que al final del día se entrega a recursos humanos para llevar el control general de la producción.

Los trabajadores han modificado el uso y la selección de herramientas de trabajo sólo en 28.6% de las plantas; el porcentaje más alto se registra en la respuesta no con 71.4%; la participación de los trabajadores con un porcentaje de 57.1% es en la modificación de los procedimientos, diseñados por los jefes de las empresas, pero en las formas de coordinación entre ellos mismos su porcentaje es no con 71.4%, algunos (42.9%) planeando sus actividades, otros (28.6%); sólo a veces las planean y con el mismo porcentaje de trabajadores nunca planean sus actividades, situación que los coloca en desigualdad de circunstancias en tiempos de evaluación.

La posibilidad de ascender a una mejor categoría es de 85.7%, pues consideran estar capacitados al 100% para realizar el trabajo; también contestaron estar de acuerdo con los horarios al 100% y estar bien pagados. Las características de un trabajo peligroso es bajo (28.6%) en comparación con el porcentaje de seguro (71.4). Sin embargo, el peligro es una característica que está presente en las maquilas de exportación en Tlaxcala; nos queda la duda de qué significa para los trabajadores un trabajo peligroso, y que no es pesado, ni mal pagado, pues sólo 14.3% lo califica con estas dos últimas características.

Respecto al abandono de trabajo, el 42.9% de los trabajadores contestó que se debe a la falta de recategorización, a problemas con los horarios, a tener un trabajo peligroso y por recibir malos tratos de jefes y supervisores. El 57.1%, restante contestó que no hay malas condiciones de trabajo; por tanto, no hay razón para que sus compañeros abandonen el trabajo. Sin embargo, en nuestros recorridos en los procesos de trabajo observamos lo siguiente: un ambiente de trabajo no muy confortable, no siempre sus áreas de trabajo están limpias, hay mucho ruido por el mismo proceso de trabajo, la hora de la comida es casi una carrera maratónica contra reloj, para poder comer y regresar a su puesto de trabajo. Tienen permiso de ir al baño, pero bajo su responsabilidad, porque tienen el compromiso de cumplir con su cuota de producción.

Los trabajadores contestaron que sus compañeros se van de la empresa porque encuentran mejores oportunidades de trabajo (85.7%). Pero aceptarían cualquier puesto (85.7%) u otro departamento (100%) a fin de seguir trabajando para la misma empresa, pues sus familias dependen del salario que reciben; por ello es que los trabajadores opinaron que la empresa vale tanto como su familia (85.7%). Los supervisores son los actores principales, quienes realizan las evaluaciones en 71.4%, apoyados por los jefes de área con 28.6%; los aspectos más importantes por evaluar son la cantidad y la calidad en el trabajo, de ellos depende el ascenso de los trabajadores; la frecuencia en que son evaluados es diaria (71.4%) y semanal (28.6%).

Cuando se presentan dificultades para realizar el trabajo, el supervisor no es la persona con quien se acude; son los jefes inmediatos la figura principal que registran los trabajadores con 85.7%, o bien lo resuelven entre los trabajadores en 14.3% de los establecimientos. La asignación de las tareas se realiza entre el supervisor principalmente (85.7%) y los compañeros de trabajo, con un porcentaje de 14.3%. En estas nuevas formas de relaciones laborales, las actividades del supervisor empiezan a inclinar a la ejecución y menos a las de orientación y decisión; por ejemplo, quienes diseñan los puestos y las funciones de los trabajadores son, en este orden, en 57.1% el departamento de personal y en 42.9% los jefes directos, y quienes determinan el ritmo de realización de las tareas son los trabajadores con 57.1 por ciento.

El trato personal entre los trabajadores y el supervisor durante la jornada laboral, actualmente, es agradable en 85.7% y sólo para 14.3% es indiferente, es como si los supervisores ahora se preocuparan más por mantener buenas relaciones con sus subordinados; incluso en la forma de dar órdenes, los trabajadores las consideran adecuadas en 42.9%, y a veces adecuadas con 57.1%. La forma de comunicación es practicada todavía de forma vertical de arriba hacia abajo: inicia con los directivos a los gerentes, de éstos a los jefes; luego, llega a los supervisores y finalmente a los trabajadores de producción. La forma de expresión es 100% verbal.

La junta es el órgano oficial donde se estimula la comunicación de directivos con trabajadores para resolver problemas de producción en 100% de los casos, cambios de funciones en el mismo puesto de trabajo con 100%, cambios entre puestos de trabajo con las mismas funciones (50%) y cambios entre categorías, sólo en 25%. El porcentaje más alto en las formas de comunicación de los directivos y gerentes con los trabajadores es por medio de los jefes y supervisores (71.4%), quienes se encargan de informar, mediante asambleas, los problemas que surgen en el proceso de trabajo, así que la forma de comunicación verbal directa es importante entre ellos.

La principal forma de comunicación de los trabajadores de producción con los gerentes, directivos, jefes y supervisores es verbal en 57.1%; sin embargo, éstos utilizan además de la forma verbal los informes escritos, gráficas y reportes al sindicato. La forma principal como los directivos de las empresas de maquila de exportación estimulan la comunicación entre los trabajadores de su departamento es por medio de juntas (71.45%) y en equipos de trabajo (28.6%).

Siempre que los salarios estén calificados como aceptables, los trabajadores sienten orgullo al 100% de pertenecer a las empresas maquiladoras de exportación y están dispuestos a trabajar aún más duro para ayudar a que esta empresa salga adelante en 85.7%, pero que no se ve reflejado en su salario, puesto que aunque realiza tareas pesadas y distintas de las de su puesto, no recibieron bonos de calidad en el último mes en 71.4% o por puntualidad y asistencia (71.4%). Algunos trabajadores de la maquila de exportación contestaron haber recibido bonos de productividad y calidad de 300 pesos al mes, que se dan cuando rebasan su cuota de producción.

Las empresas tienen un departamento especializado para cada área de trabajo. La selección de personal se hace mediante un examen de conocimientos y habilidades; el 85.7% de los trabajadores manifestaron no participar directamente en dicha actividad, ni tampoco participan en la promoción del personal, ni mucho menos en la definición de cargas de trabajo. Hay programas de becas para algunos aspirantes que desean ingresar a trabajar, que consisten en manejar todas las maquinas que se requieren para realizar el procesó productivo recibiendo un pago de un salario mínimo durante el periodo de su capacitación; una vez que se capacita a estos aspirantes se les puede contratar si así lo desean o buscar otras alternativas de trabajo según sus intereses.

El principal procedimiento para asignar el puesto a un trabajador de recién ingreso es el examen de conocimientos con 25% y el de habilidades y aptitudes ocupa 25%, aprobación de cursos de capacitación 25%, por propuesta del equipo de trabajo 25%; pero para la promoción de un trabajador lo más importante son el desarrollo de habilidades y aptitudes en el puesto de trabajo.

El 60% de los trabajadores, esporádicamente, son movidos de puesto o categoría y 40% regularmente, dependiendo de su cuota de producción; pero el cambio de turno se práctica regularmente en 100% y la misma respuesta se observa en el desarrollo de las actividades en diferentes puestos, ya que se realizan frecuente y regularmente con 50% en cada caso. Una forma de responsabilizar al trabajador es a través de los incentivos cuando rebasan las cuotas mínimas de producción; el 100% de las empresas mantiene esta política de motivación. Los jefes y supervisores tienen claro que ellos son los responsables de motivar el trabajo de los trabajadores, auxiliados algunas veces por los grupos de trabajo de las empresas.

Relaciones laborales

Los obreros encuestados cuentan con la categoría de operarios en 100%; su tipo de contratación es de base en 85.7% y eventuales en 14.3%; las características por sexo de los trabajadores es 57.1% femenino y 42.9% masculino; su nivel de escolaridad es bachillerato en 14.3%, secundaria 71.4% y primaria 14.3%; el salario es de 500 pesos semanales.

La figura del sindicato se observa activa en las maquilas de exportación, sobre todo en relación con las actividades informales que antes sólo practicaban los trabajadores de producción para negociar mejores condiciones de trabajo; así, tenemos que en 50% de las plantas encuestadas en la EMIM existían convenios de productividad entre sindicatos y trabajadores.

La participación del sindicato en las empresas maquiladoras sigue siendo muy importante: el 100% de ellas cuentan con una organización sindical, perteneciente a la Confederación Regional de Obreros y Campesinos (CROC). La incidencia que tiene el sindicato en los cambios tecnológicos de las empresas es de 20%; la participación de éste y junto con los trabajadores ocupa 40%, pero cuando se trata de proponer formalmente cambios tecnológicos participa sólo el sindicato en 40 por ciento.

Tanto las decisiones como las evaluaciones formales en los cambios de tecnología no intervienen los trabajadores; sólo cuando se trata de mejoramientos permanentes formales del cambio tecnológico vuelve a participar el sindicato en 20%, y ambos, sindicato y trabajadores, en otro 20%. En cambios de tecnología la no participación de los trabajadores se registra en 60%. Cuando se trata de cambios en la organización, refiriéndose únicamente al aspecto informal, la participación de sindicatos y trabajadores ocupa 60%, en tanto que la participación del sindicato y los trabajadores por separado es de 20% cada uno.

El sindicato formalmente participa en los cambios de la organización del trabajo en 20% de las plantas; es cada vez menos notoria la presencia del sindicato en las empresas; el mismo porcentaje se registra en el renglón de la toma de decisiones en los cambios formales de la organización del trabajo. En el renglón de la evaluación del cambio de organización es nula la participación de las dos figuras protagonistas del trabajo: sindicato y trabajadores de producción.

Al igual que en los cambios permanentes de la tecnología, en los cambios permanentes de la organización de trabajo la participación del sindicato registra 20%. La participación formal del sindicato en los ajustes de los trabajadores es de 40%; en cambio, su intervención para emplear a trabajadores eventuales es de 20%; es decir, la participación del sindicato, aunque sea de 20%, es bajo en comparación con la participación del los trabajadores en estos mismos renglones, lo que nos permite reforzar la observación de que la participación de los trabajadores en y desde el proceso de trabajo es mucho más importante que la del mismo sindicato.

Es completamente nula la participación del sindicato cuando se trata de crear puestos de confianza o emplear a subcontratistas; también es nula su participación en la definición de los manuales de puestos. Por tanto, la participación del sindicato como de los trabajadores en las empresas maquiladoras de exportación en Tlaxcala observa el mismo comportamiento que el de las empresas manufactureras exportadoras y no exportadoras establecidas en el estado.

La participación del sindicato y los trabajadores en la movilidad interna es de 20%; cuando hay que asignar tareas a los trabajadores la intervención y responsabilidad es directamente de los supervisores, según datos obtenidos de nuestra EMIM. En las sanciones a los trabajadores, como acciones que se toman directamente en el proceso de trabajo porque corresponden a la ejecución y no a la dirección, participa el sindicato con 40%, los mismos trabajadores con el otro 40% y ambos en 20%. De esta manera los empresarios fomentan en los trabajadores el sentido de competitividad entre ellos, fortaleciendo más el desempeño individual, aunque se trabaje en células de producción.

En la definición de los métodos de trabajo no se registra la participación del sindicato, porque éstos se encuentran bien diseñados y explicados en el manual de procedimientos, junto con los estándares de producción y calidad. Los trabajadores de producción son informados de los cambios que se realizan de manera informal en el proceso de trabajo a través de los sindicatos en 20%; por los trabajadores, también en 20% y por ambos en 60%. La participación tanto del sindicato como de los trabajadores se concentra en la ejecución y en la solución de pequeños imprevistos de trabajo que se viven cotidianamente sin incidir en la discusión, toma de decisión o proposiciones en los cambios formales de la tecnología y de la organización del trabajo.

La participación tanto de los trabajadores como del sindicato de manera informal es significativa en las empresas maquiladoras de exportación, sobre todo cuando se informan y se discuten cambios tecnológicos, porque cuando se toman decisiones informales en los cambios quienes participan son únicamente los trabajadores. Un representante sindical dio a conocer su opinión acerca de la industria maquiladora y en especial en lo que ocurre dentro de las empresas:

Los factores por los que la maquila se encuentra estancada es la falta de inversión en la capacitación del personal que es la parte más importante del proceso productivo, la introducción parcial de formas modernas de organización que repercuten en los procesos y no permite a las empresas ser competitivas, la alta rotación de personal. Si bien estos factores no afectan directamente a las empresas porque todo lo que se produce se exporta, son factores que indirectamente sí influyen, sobre todo cuando las empresas dejen de pertenecer al programa de maquila de exportación.

Los representantes sindicales encargados de coordinar algunas de las industrias en Tlaxcala revelan algunos datos interesantes de la industria maquiladora:

No tiene caso invertir en maquinaria, al menos que se elaborara otro tipo de productos, las máquinas que se tienen son las que se necesitan para realizar el proceso de trabajo; en donde debe de invertirse es en mano de obra puesto que sólo se invierte en mantenimiento y refacciones.

Los insumos provenientes del extranjero son un requisito de maquila de exportación, en este caso de Estados Unidos: tela, hilo, etiquetas, que se cortan y ensamblan en el país, y no compran insumos nacionales porque eso elevaría los costos de producción.

No buscan mercados diferentes de Estados Unidos porque es el que mejor paga, además de ser quien demanda sus productos y de ahí se exporta a otros mercados como Alemania, Francia y Australia.

La participación tanto del sindicato como de los obreros es nula en la toma de decisiones, en la asignación de premios y bonos, en los contenidos de los programas de capacitación, así como en la selección de maquinaria, equipo o herramienta y en la selección de materia prima; los directivos son quienes deciden de manera directa los cambios en la empresa y la forma en que deben realizarse.

Siempre y cuando sean reajustes internos o cotidianos, la participación del sindicato de los trabajadores se hace presente con 20%, es decir, la figura de los supervisores es más importante en el proceso de trabajo, aunque las nuevas formas de organización del trabajo planteen otra política laboral. La asignación de tareas es responsabilidad del supervisor; lo mismo sucede con las sanciones a los trabajadores.

Las redes de solidaridad entre los trabajadores de producción son diferentes en las nuevas formas de organización del trabajo, pero no han desaparecido.

La intervención informal de los trabajadores en el reajuste y empleo del personal se observa en estas empresas, y la participación del sindicato en 40%, pero en la creación de puestos la participación del sindicato se encuentra ausente completamente; lo mismo sucede cuando se emplea a subcontratistas.

Las horas extra, en las empresas maquiladoras de exportación, se trabajan esporádicamente en 60% de las plantas; cuando se tienen que entregar pedidos especiales se trabaja horas extra en 20% y con igual porcentaje se trabaja de manera regular; es decir, las horas extra no forman parte de las nuevas formas de organización del trabajo, porque existen nuevas formas de regulación del trabajo: por ejemplo, los días de descanso que antes eran obligatorios, ahora se trabajan de manera regular en 60% y muy frecuentemente en 40%; así, también la rotación de turnos que anteriormente se practicaba esporádicamente, ahora se registra en 100% de las plantas de manera muy frecuente.

Los cambios de puestos, las horas extra, la rotación de turnos, así como la movilidad entre áreas y departamentos, registran actualmente un porcentaje de 60% en el renglón de muy frecuente, lo que significa que la flexibilidad laboral de las nuevas formas de organización del trabajo es una constante en las empresas maquiladoras de exportación.

El salario que reciben los trabajadores no está en función de la demanda de los productos que se elaboran en la empresa, sino que están de acuerdo con tabuladores de salarios establecidos en los contratos colectivos de trabajo. Algunas de las formas de incentivos a los trabajadores en el proceso productivo se dan mediante bonos por productividad y calidad, así como subsidios al transporte por parte de la empresa. Los salarios que perciben los trabajadores son muy bajos y de alguna forma apenas alcanzan a cubrir algunas de sus necesidades, y no corresponden al trabajo realizado, todo esto reflejado en que más miembros de la familia tienen que trabajar para contribuir al gasto familiar.

En la empresa no son frecuentes los despidos; los trabajadores por voluntad propia son quienes deciden dejar su trabajo, atribuido a factores como: trabajos mejor renumerados o problemas de carácter personal. No es necesaria la contratación de trabajadores cuando hay una mayor demanda del producto, puesto que los trabajadores se adaptan aumentando la intensidad del trabajo. Estos pueden trabajar horas extra porque así lo establece su contrato colectivo. Por tanto, sus horarios no constituyen un problema, porque cuando la empresa lo requiera deben quedarse a cumplir horas extra.

Si bien se da en el proceso productivo, no se permite a los obreros aumentar su salario por realizar tareas distintas de las de su puesto, porque es una condición que su propio trabajo les exige. Realizar distintos trabajos no es algo que afecte a los obreros; por el contrario, consideran que les ayuda a adquirir más experiencia y conocimientos en el manejo de la maquinaria.

El sindicato interviene en la contratación de personal, pero sólo cuando la empresa se lo solicita; la última palabra la tiene la empresa para contratar o no a las personas que requiere. Una vez que se realiza la selección de quienes pueden ser contratados, se les pone a prueba por unos días y si cumplen con las expectativas del empresario pueden ser contratados; si no, quedan fuera de la empresa.

No hay cabida para el despido y contrato frecuentes en la empresa; la mayoría de los contratos son de base, salvo cuando se contratan eventuales para realizar algunas tareas como de mantenimiento y que no se cuente con el personal requerido. De alguna manera, la empresa protege la contratación de personal porque requiere de personal capacitado para realizar las funciones que requiere el tipo de trabajo que realiza.

Las relaciones laborales en la empresa se dan de forma directa a través de los jefes inmediatos de los obreros con los gerentes, pero todo se encuentra ya establecido, desde la empresa matriz o el cliente hacia la empresa maquiladora para ser acatado tanto por directivos como por los trabajadores. La empresa es quien decide la forma en que debe llevar acabo el proceso productivo, la que decide el cambio tecnológico, la organización, la capacitación de los trabajadores, las relaciones de clientes y proveedores. Tanto trabajadores y sindicato tienen poca o ninguna incidencia dentro de estos cambios.

Los trabajadores en su mayoría no leen su contrato colectivo de trabajo ni su reglamento interior de trabajo, no saben cuáles son los derechos y obligaciones a los que se hacen acreedores por ser miembros de la empresa y tienen la idea de que el sindicato es quien va a resolver sus problemas.

Las medidas adoptadas por los empresarios para sobrellevar sus relaciones laborales son autorizar permisos por días festivos, o por el nacimiento de un hijo de los obreros, vacaciones, etc., pero tienen que ser recuperados otro día con aumento de horas extra para no retrasar la producción. El obrero no tiene de forma directa control sobre el proceso de trabajo, sino que éste corresponde a estándares de calidad, control de calidad, tiempos y movimientos, con tareas distintas de las de su puesto cuando lo requiera la empresa; la flexibilidad en el contrato colectivo no se maneja en función a la demanda de la calificación del obrero, sino de las necesidades de exportación de producción.

El nuevo artesano de Sabel y Piore no ha sido del todo palpable a los ojos de los empresarios en la recuperación del saber hacer del obrero; este modelo dista de ser contrastado en las empresas de Tlaxcala. La flexibilidad laboral no corresponde a mayor capacitación ni adquisición de nuevos conocimientos, como lo prometieron las formas toyotistas de trabajo, sino a una movilidad del trabajador a conveniencia de las necesidades de producción y del mercado.

Estrategia empresarial

El cambio en la organización del trabajo se puede considerar una estrategia que los empresarios utilizan par mejorar su producción; en el caso de Tlaxcala, están encaminadas a resistir las presiones del mercado, acondicionadas por el tipo de tecnología obsoleta, las políticas fiscales y crediticias, y las políticas gubernamentales en lo salarial y sindical.

En el interior de la empresa, la organización del trabajo se inclina a vigilar y controlar las actividades de los trabajadores; se grafica el número de productos terminados por obrero, para promoverlos, capacitarlos o premiarlos; la disciplina es otra estrategia que los empresarios utilizan para organizar su trabajo a través de premiar la puntualidad y asistencia de los trabajadores.

En cuanto a la infraestructura con que cuentan las empresas maquiladoras de exportación, en su mayoría son naves que están divididas por departamentos: gerencia general, subgerente, recursos humanos, supervisión, mantenimiento eléctrico y mecánico; y por áreas: corte, bordado, planchado, costura, resistencia, inspección de calidad de la prenda, terminado y área de empaque.

La estrategia que utilizan los directivos para que sus empresas incursionen en el mercado mundial tienen que ver con sus formas de organización de trabajo, su desarrollo tecnológico, sus relaciones laborales y principalmente por las características

CUADRO 1. Modelos de organización por origen del capital (porcentaje)

Modelos de organización	Origen del capital		
	Nacional	Extranjero	Total
Taylorista-fordista	100.0	66.7	75.0
Toyotista	0.0	33.3	25.0
Total	100.0	100.0	100.0

Fuente: elaboración propia a partir de EMIM.

CUADRO 2. Modelos de organización por origen de los insumos (porcentaje)

Modelos de organización	Origen de los insumos		
	Nacional	Extranjero	Total
Taylorista-fordista	100.0	66.7	75.0
Toyotista	0.0	33.3	25.0
Total	100.0	100.0	100.0

Fuente: elaboración propia a partir de EMIM.

CUADRO 3. Modelos de organización por destino de las ventas (porcentaje)

Modelos de organización	Destino de las ventas	
	Extranjero	Total
Taylorista-fordista	75.0	75.0
Toyotista	25.0	25.0
Total	100.0	100.0

Fuente: elaboración propia a partir de EMIM.

CUADRO 4. Modelos de organización por tamaño del establecimientos (porcentaje)

Modelos de organización	Tamaño del establecimiento	
	Grande	Total
Taylorista-fordista	75.0	75.0
Toyotista	25.0	25.0
Total	100.0	100.0

Fuente: elaboración propia a partir de EMIM.

socioculturales de sus trabajadores, mandos medios, obreros y personal administrativo, pues todos ellos permiten mantener a las empresas vigentes en un mercado altamente competitivo.

Conclusiones

En la organización del trabajo predomina el taylorismo-fordismo, aunque en las extranjeras se presenta más frecuentemente que en las nacionales el toyotista, así como en aquellas en que predominan los insumos extranjeros.

Respecto a la flexibilidad en el trabajo, en el desarrollo del presente capítulo, podemos constatar que este concepto ha sido introducido en las empresas maquiladoras de exportación establecidas en provincia para lograr los estándares de producción que requiere el mercado internacional; la movilidad en el trabajo es un ejemplo claro de la disposición que deben tener los trabajadores para cambiarse de un puesto a otro, o de un departamento a otro, o bien realizar más de dos tareas, así como participar en jornadas de trabajo intensas con tal de alcanzar los estándares de producción o rebasarlos si quieren obtener bonos de productividad.

Por tanto, no podemos hablar de mano de obra calificada en las empresas exportadoras, sino de movilidad horizontal de los trabajadores en el proceso de trabajo; podríamos hablar de mano de obra especializada en algunos procesos de trabajo, pero con la repetición de las tareas se vuelven cotidianos y la especialización también queda en tela de juicio.

La flexibilidad laboral consiste en la libertad del empresario para contratar y disponer de la fuerza de trabajo a su albedrío. Busca facilitar todas aquellas reglas de carácter laboral que permitan el libre funcionamiento del mercado y de la organización del trabajo, en beneficio de sus empresas.

A manera de conclusión, el modelo de industrialización en las empresas maquiladoras de exportación en el estado de Tlaxcala se caracteriza por contar con un perfil sociotécnico, combinando las dos formas de organización del trabajo estilo taylorista y fordista, tecnología baja o media, y calificación alta en 50%, y organización toyotista, con tecnología, flexibilidad y calificaciones bajas o medias en 50%, es decir, no se puede hablar de organizaciones formalmente consolidadas en estos estilos, sino una combinación compleja de ambas en los procesos de trabajo, debido entre otras cosas a que el nivel de desarrollo tecnológico también se registra combinado.

Para terminar, sólo queda decir que las potencialidades de la maquila exportadora en Tlaxcala siguen siendo su abundante mano de obra barata, su ubicación geográfi-

CUADRO 5. Perfiles sociotécnicos, Tlaxcala (porcentaje)

Perfil	
Organización fordista, tecnología baja o media, flexibilidad baja o media y calificación alta	50.0
Organización toyotista, con tecnología, flexibilidad y calificación bajas o medias	50.0
Total	100.0

Fuente: elaboración propia a partir de EMIM.

ca y, sin duda alguna, la difusión de que "Tlaxcala sigue siendo el mejor lugar para invertir".

Su limitación es la ausencia de dos políticas laborales que tendrían que ir de la mano: la primera, mantener un desarrollo sostenido de las empresas exportadoras como parte de la globalización que no se puede evadir; y la segunda, proteger el crecimiento de las empresas locales que den seguridad a sus trabajadores y fomenten el desarrollo económico del estado.

Conclusiones

El problema de investigación

Durante la década de los noventa la maquila de exportación se convirtió en el núcleo central del modelo económico, debido a su crecimiento casi explosivo en términos de empleo y producción. En el año 2000 el producto manufacturero representó 28.7% del producto total, únicamente superado por el comercio, restaurantes y hoteles. La manufactura en este año fue responsable 87.3% exportado. La industria maquiladora de exportación ha ocupado un lugar central dentro del sector manufacturero, representando en aquel año 47.9% de las exportaciones de la manufactura. Sin embargo, desde noviembre de 2000 la maquila dejó de crecer y tres años después siguió estancada y había expulsado alrededor de 236 000 trabajadores. Las causas de esta crisis han sido atribuidas a tres factores principales:

1. La caída en la demanda de productos de las maquilas, debido a la recesión en la economía de Estados Unidos.
2. La competencia de otros países de salarios más bajos que México, tales como China y los países de América Central, provocando el cierre de maquilas en México y su traslado hacia alguno de aquellos países.
3. El crecimiento de los salarios de la maquila en México en los últimos años, lo que habría reducido el margen de ganancia de este sector.

Excepto por la primera hipótesis, las explicaciones aceptan implícitamente que la maquila es un sector basado en bajos salarios, y por tanto que, cuando esta ventaja nacional se agota, la maquila tiende a salir del país o a cerrar simplemente sus plantas.

Desde el punto de vista del desarrollo económico del país, la pregunta es si la maquila es una vía aceptable de crecimiento de la economía y de empleos dignos. La posición optimista acepta que la maquila empezó como trabajo de ensamble tipo fordista, con trabajo no calificado, mayoría de mujeres, bajos salarios, actividades repetitivas, tediosas, enajenadas; tecnología basada en herramientas o en máquinas no automatizadas; con organización taylorista del trabajo, con muy escasos encadenamientos productivos y de servicios en el territorio nacional. Sin embargo, añaden los partidarios de esta posición, la maquila ha tendido a transformarse, a partir de la década del ochenta, en una actividad que no se reduce al ensamble sino que incorpora procesos propiamente de manufactura, con tecnología automatizada, con nuevas formas de organización del trabajo, con obreros más calificados o un incremento en el porcentaje de técnicos de producción (por estas dos últimas circunstancias, con una tendencia a la masculinización de la fuerza de trabajo), que ha implicado mayor aprendizaje tecnológico y la formación de *clusters* y otros encadenamientos productivos y de servicios.

Es decir, la propuesta optimista relativa a la maquila la presenta como una vía aceptable de desarrollo industrial a través de una transición (*upgrading*) del ensamble sencillo a la manufactura compleja. Los argumentos del *upgrading* como un proceso evolutivo van en varios sentidos:

1. La constatación empírica, a través de estudios de caso, de que ya están presentes en México aspectos parciales de la maquila moderna.
2. La analogía con el Sureste asiático, donde países como Corea del Sur, Taiwán, Singapur y Hong Kong empezaron en condiciones semejantes a las de México y actualmente son exportadores de manufacturas de alto valor agregado.
3. La idea de que en México hay otras ventajas diferentes del bajo salario, como la cercanía con el mercado de Estados Unidos, la infraestructura, el costo de la energía, mano de obra educada, así como paz laboral y social. Las anteriores condiciones hacen que México siga siendo atractivo, aunque los salarios no sean tan bajos como en otros países. Por tanto, si el salario no fuera la principal ventaja competitiva, las maquilas tenderían hacia procesos de mayor valor agregado, con mano de obra más calificada y mejores salarios.
4. La discusión teórica acerca del fin del taylorismo-fordismo, que en el caso de las maquilas significa que las plantas tayloristas-fordistas tendrían las limitaciones para aumentar la productividad propias de este modelo de producción y, por tanto, habría una tendencia a cambiar de modelo de producción hacia otro de tipo toyotista, de *lean production* o de *especialización flexible*, que sería la explicación más profunda de si hay cambio generacional en las maquilas.

5. La tesis que rehuye la discusión teórica y que afirma que las maquilas no son una rama, una industria o un modelo de producción sino un sector solamente caracterizado por un régimen arancelario y, por tanto, en la maquila caben muchas posibilidades de tecnologías, organización, fuerza de trabajo. Es decir, no habría una lógica productiva o de industrialización propia de las maquilas, sino sólo se caracterizarían por estar inscritas en un régimen arancelario.

Evidentemente que los argumentos optimistas sólo en parte son complementarios; en otros aspectos son contradictorios: los que hablan del *upgrading* difícilmente pueden coincidir con la idea de que la maquila es un simple régimen arancelario, porque se trataría de una transición a un modelo de producción y de industrialización más avanzado; por tanto, la maquila sería un modelo en transformación. Asimismo, la idea de generaciones de antigua y nueva maquila apunta también a formas de producción y de industrialización, no se diga los que analizan el *upgrading* como resultado de la crisis del taylorismo-fordismo. De lo anterior se sigue que la tesis según la cual la maquila es un simple régimen arancelario es la más superficial de todas las anteriores. Más aún, sus autores no son lógicamente consistentes con las consecuencias de mezclar un régimen arancelario con un proceso de industrialización que evoluciona hacia generaciones más complejas. Es cierto que una parte de la atracción de las maquilas es la exención de aranceles y tarifas, pero es válido preguntarse si dicho régimen de aranceles junto a otros factores, como el bajo salario, atrajo preferentemente maquilas con ciertas características productivas. También es lícito preguntar si en este proceso de atracción, en tanto modelo de industrialización, jugaron un papel ciertas relaciones con el entorno.

Muchas de las preguntas anteriores se pueden resumir en si la maquila es un modelo de producción e industrialización, entendiendo por el primero una configuración productiva entre cierto nivel de la tecnología, forma de organizar el trabajo, tipo de relaciones laborales y condiciones de trabajo, perfil de la mano de obra (tanto sociodemográfico, de calificación y niveles salariales), y de industrialización en tanto formas de encadenamientos productivos y de servicios hacia delante y hacia atrás, vínculo con los mercados de la tecnología, de trabajo y de dinero, con el sistema de relaciones de trabajo de una zona o país, con las políticas económicas, con el mercado interno y externo, con el resto de la industria, la agricultura o los servicios.

De manera complementaria, si en México hubiera obstáculos para extender el *upgrading* en la maquila, cuáles serían las causas y diferencias con el proceso seguido en el Sureste asiático. Lo anterior se relaciona con el análisis incompleto hasta hoy de las causas actuales de la crisis de la maquila.

La maquila de exportación es uno de los sectores productivos más estudiados en México por propios y extraños. Sin embargo, predominan los valiosos estudios de caso, muchos de estos a profundidad, frente a los de tipo econométrico que manejan escasas variables. A pesar de la abundancia de la información, a la fecha no logramos saber las características generales de cómo se produce en la maquila de exportación: niveles de tecnología, tipo de organización del trabajo, relaciones laborales y el perfil más fino de la mano de obra, específicamente su calificación, así como las articulaciones con el entorno como cadenas productivas y de otras formas. En esta investigación hemos emprendido sistemáticamente la tarea de investigar los modelos de producción predominantes en la maquila de exportación en México a través de tres tipos de fuentes:

1. De la Encuesta Nacional de la Industria Maquiladora de Exportación del INEGI, que incluye las mismas variables que la encuesta industrial mensual, es decir, valor de la producción, insumos, exportaciones, personal ocupado (obreros, técnicos, administrativos), remuneraciones pagadas al personal ocupado (salarios a obreros, sueldos a empleados, prestaciones sociales, contribuciones patronales a la seguridad social), horas trabajadas, días trabajados, insumos consumidos, gastos diversos, utilidades brutas, valor agregado. A partir de esta fuente no es posible profundizar en los modelos de producción, cuando mucho calcular la productividad, la tasa de ganancia o la importancia de las remuneraciones en el valor agregado.

2. El módulo de maquila de la ENESTYC que existe para los años de 1998 y 2001. Esta encuesta y su módulo de maquila, hasta hoy no utilizado por los analistas, proporciona información muy abundante, representativa estadísticamente y poco convencional en tipo de variables referida a tecnología, organización del trabajo, relaciones laborales y perfil de la mano de obra. De esta fuente sí es posible discernir acerca de los modelos de producción dominantes y en particular de los cambios entre los últimos años del auge maquilador y la crisis.

3. Por otro lado, se realizó investigación de campo en 100 establecimientos maquiladores de los estados de Zacatecas, Aguascalientes, Guanajuato, Querétaro, Michoacán, Estado de México, Tlaxcala, Puebla y Yucatán. En cada estado se tomó como mínimo 20% de los establecimientos registrados (en los estados con pocas maquiladoras se realizó un censo) y se distribuyeron al azar y proporcionalmente por tres tamaños, grandes (más de 250 trabajadores), mediano (de 100 a 250) y pequeños (de 15 a 99). Cinco fueron los instrumentos aplicados: una encuesta de establecimientos (EMIM) para contestar por la dirección de la empresa utilizando cuestionario cerrado para captar tecno-

logía, organización, relaciones laborales y perfil de la mano de obra; guiones de entrevistas a jefes de departamento y obreros informantes calificados para captar participación en las decisiones de la producción; entrevistas a líderes sindicales (este instrumento fracasó considerando el predominio de los sindicatos de protección); entrevista semiestructurada a la gerencia acerca de la crisis de la maquila; análisis de contratos colectivos de trabajo para estudiar la flexibilidad formal. La información fue codificada y presentada en cuadros estadísticos por estado y para toda la zona considerada. Además de los cuadros resultantes, se calcularon índices de nivel tecnológico, de tipo de organización del trabajo, de flexibilidad laboral y perfiles sociotécnicos, que combina las dimensiones anteriores con la calificación de la mano de obra.

La perspectiva analítica

Tanto los modelos productivos como los industriales en ciertas condiciones del mercado, institucionales y políticas, pueden llegar a sus límites para incrementar la productividad y la competitividad. La pregunta es, por tanto, si es posible caracterizar modelos productivos centrales en la maquila, a diferencia de la tesis que dice que es un simple régimen arancelario, y si las dificultades actuales de la maquila en parte se explican por límites en las formas como se produce. El análisis de estos problemas tiene que ir al interior de los procesos productivos y sus articulaciones con el entorno; estos tienen manifestaciones en variables económicas que por su carácter general hay que profundizar de la primera forma, puesto que su medición puede tener diversos significados.

El análisis de las tasas de crecimiento de la productividad del trabajo en la maquila a partir de 1990 muestra que éstas fueron muy bajas o francamente negativas con excepción de los años de 1990 y 1994; es decir, el gran crecimiento de los noventa en la inversión, producción, exportación y empleo en la maquila no se compaginó con tasas semejantes de crecimiento de la productividad. Por el contrario, éstas no sólo fueron mediocres sino en muchos años negativas; en especial a partir del año 2000 se inició otra etapa de crecimiento en general negativo en este indicador.

Otros indicadores económicos para la maquila muestran que hasta el año 2001, año de crisis, la dependencia del valor agregado respecto de los salarios era tan elevado como de 80%; sin embargo, en 2002 y 2003 ha disminuido sustancialmente; las ganancias respecto de las remuneraciones decayeron sostenidamente durante casi toda la década del noventa y en general continuaron con esa tendencia hasta los años actuales de crisis. La ganancia respecto del valor agregado, después de cierto repunte a mediados de los noventa, se estancó y ha decrecido en los últimos años. Finalmente la tasa de ganancia en la maquila ha tenido un comportamiento irregular, alta a inicios de los noventa, disminución con la crisis de medidos de esa década, recuperación de fines de siglo y nueva disminución con la crisis actual. Es decir, los indicadores económicos como los mencionados no hablan de un sector muy saludable desde inicios de la década del noventa, que probablemente ya tenía dificultades productivas antes de la crisis actual, a pesar de que en la década pasada conoció años de gran demanda por parte del mercado de Estados Unidos. Esta crisis, originada con anterioridad a la caída en los niveles de producción, exportación y empleo es probable que implicase una crisis de productividad. Es decir, originada en factores internos a los procesos productivos limitantes para elevar la productividad. Estos limitantes pueden en abstracto estar en la tecnología, la organización del trabajo, las relaciones laborales, el perfil de los trabajadores, los encadenamientos y las culturas laborales y gerenciales. En la búsqueda de explicaciones fundadas en las fuentes de información aludidas anteriormente, de la investigación se infieren conclusiones como las siguientes:

1. Una importante proporción del capital en la maquila es extranjero, aunque su porcentaje bajó drásticamente con la crisis de 2000-2003, al pasar de 96.72% a 76.28% del total invertido; al parecer el capital mexicano fue más resistente ante las dificultades económicas, no necesariamente por mayores capacidades competitivas sino posiblemente por tener menos opciones de relocalización internacional. En 1999, el 64.1% de las maquilas eran de capital extranjero y con la crisis bajaron a 54.1%. En 1999 81.4% de las subsidiarias eran de capital extranjero mayoritario; en cambio, la mayor parte de las no subsidiarias (68.4%) lo eran de capital nacional. Asimismo, las extranjeras son en su mayoría subsidiarias de una casa matriz, aunque éstas también disminuyeron su participación en el capital fijo del sector de 98.39% en 1999 a 63.65% en 2001. Es decir, las maquilas que preferentemente cerraron operaciones en México a raíz de la crisis fueron las subsidiarias, manteniéndose las extranjeras que no son subsidiarias de otras. Nuevamente, los datos anteriores contrastan con los de la manufactura en general: en ésta los de capital extranjero fueron 22.4% en 1999, en tanto que en las maquilas era y es propietario de la mayoría de los establecimientos. Sin embargo, el problema de la subordinación de las maquilas a las decisiones de las matrices en el extranjero se agrava desde el momento en que la mayoría son filiales, pero también porque prácticamente todas son subcontratistas de empresas en el extranjero, desde donde se decide la tecnología por usar, la materia prima y su origen, las características del producto y, por supuesto, el destino de las ventas. Es decir, la maquila hace honor a su

nombre en el sentido clásico: empresa que por encargo hace tareas productivas para otra. Como veremos, una desventaja de la maquila será limitar la acumulación de capacidades empresariales nacionales, desde el momento en que las decisiones principales en la maquila se generan en el extranjero.

2. El predominio de los establecimientos grandes en la maquila en cuanto al valor de la producción, el capital fijo invertido y el valor agregado generado es claro: el 96.3% del valor total del capital fijo, el 82.5% del valor de los productos y 76.9% del valor agregado en 1999 correspondían a estas empresas; con la crisis su propiedad del capital total se redujo a 76.1%, su participación en el valor de los productos elaborados casi no cambió y se incrementó a 84.8% su importancia en el valor agregado. Al parecer, los establecimientos grandes cerraron operaciones y se deshicieron de sus activos fijos, en tanto es probable que los medianos y pequeños con menor capacidad de salir hacia otros países o cambiar de giro se hayan mantenido con porcentajes altos de capacidad instalada ociosa. En esta medida su participación en el valor de la producción y el valor agregado del total de la maquila no aumentó sino disminuyó respecto de las grandes. Es decir, se trató de una capacidad de resistencia ficticia, no por mayores competencias sino por mayor inmovilidad.

3. La maquila sigue siendo un sector netamente exportador, aun con la crisis de la demanda en Estados Unidos (73.5% del total de los ingresos fueron por exportaciones en 1999 y subieron a 85.4% en 2000) y la parte de las ventas en el mercado nacional es sumamente pequeño (2%); en cambio, siguen en segundo lugar los ingresos por subcontratación por maquilar a otro establecimiento o bien darle servicios de reparación o mantenimiento; de estos rubros el más importante es el de ingresos por maquilarle a otro, aunque decayeron substancialmente con la crisis. Es decir, una parte de las maquilas de exportación a su vez son maquilas en el sentido tradicional ibérico: establecimientos que realizan en sus propias instalaciones parte de la transformación para otros establecimientos, que no tiene el significado estricto de encadenamiento productivo para la exportación, porque una parte importante de la maquila que hacen para otros no es para la exportación, situación que tendió a cambiar con la crisis, contribuyendo ésta a una mayor desarticulación de estas cadenas.

En síntesis, la maquila es un sector de establecimientos netamente manufactureros, con una pequeña proporción de maquilas de servicios, de capital norteamericano, que importa la mayoría de sus insumos, que obtiene la mayor parte de sus ingresos de la exportación, dominado en cuanto a capital y número de trabajadores y exportación por las empresas grandes de más de 250 trabajadores; además una parte importante son subsidiarias de grandes corporaciones, por lo que no sería extraño que pudiéramos encontrar más que comportamientos erráticos sin tendencias apreciables, estrategias correspondientes a esas grandes corporaciones de globalización, división internacional de sus procesos productivos, énfasis en determinadas ventajas para la localización en el territorio como el mexicano que otros autores han analizado para los capitales globales y multinacionales. En esta medida, veremos en seguida si es posible definir para la maquila configuraciones sociotécnicas en sus procesos productivos dominantes, en el entendido de que la búsqueda de uniformidad absoluta es inútil en cualquier investigación empírica.

4. La mayor parte del equipo y maquinaria en la maquila no es de alta tecnología; la presencia clara de ésta queda reducida a porcentajes sumamente pequeños; los establecimientos medianos invierten más en tecnología de punta que los grandes. Si añadimos que son los establecimientos grandes, de capital extranjero, los que generan la mayoría del valor de la producción, exportan, invierten y dan empleo, estos no son de alta tecnología sino de un nivel maquinizado, probablemente procesos de ensamble combinado con maquinado mediante máquinas herramientas no automatizadas.

5. La segunda gran dimensión de lo que estamos considerando las configuraciones sociotécnicas de la maquila es la organización del trabajo. La mayor parte de los establecimientos maquiladores declararon haber hecho cambios en la organización del trabajo (94.9% en 1999 y casi 100% en 2001); sin embargo, la mayoría de estos fueron en formas simples como los círculos de calidad o el cambio de *lay out*. En cambio, los que realizaron transformaciones más complejas como el justo a tiempo, el control estadístico del proceso o el control total de la calidad son menores. De cualquier forma, los cambios organizacionales han sido más frecuentes en la maquila que los tecnológicos duros, y las cifras muestran que los cambios en la organización del trabajo, desde sus formas más simples hasta las más complejas, están en la mayoría de las maquilas. Sin embargo, el círculo virtuoso de las nuevas formas de organización del trabajo no se cierra sin impactar las empresas en la conciencia de los trabajadores, sin lograr su identidad con el trabajo y la empresa, su involucramiento y participación. Los elevados índices de rotación externa voluntaria de personal en la década del noventa pudieran relacionarse con la ausencia de este componente moral en las nuevas formas de organización del trabajo por los bajos salarios, el trabajo alienado e intenso, entre otros factores.

6. Como señalamos, hay una polémica en cuanto a la capacidad de arrastre de la maquila por la vía de los encadenamientos o la subcontratación dentro del país. La ENESTYC denomina hacer maquila para otra empresa a realizar una

parte de la transformación fuera de las instalaciones de la contratante, y subcontratación cuando la transformación se realiza en las propias instalaciones de la contratante, pero con trabajadores de la subcontratada; en otros estudios ambos serían incluidos en las tareas de subcontratación. En todo caso los encadenamientos productivos pueden implicar que la maquila contrate con otras tareas a su vez de maquila dentro de México o de subcontratación; en este sentido, el porcentaje de establecimientos que contrató labores de maquila o de subcontratación con otros se redujo sustancialmente a raíz de la crisis. La otra línea de encadenamiento es cuando la maquila realizó a su vez tareas de maquila o como subcontratista para otras empresas dentro de México, aunque fuera del sector exportador. En este aspecto el porcentaje de maquilas que fueron subcontratadas por otras empresas se redujo, aunque aumentaron sus ingresos por tareas de subcontratación. De cualquier manera estos porcentajes son bajos y no muestran una tendencia hacia el fortalecimiento de encadenamientos; en todo caso en la crisis han permanecido las relativamente más encadenadas. De la misma forma la realización de actividades conjuntas con otros establecimientos, aunque no fueran maquilas, son bajas; el porcentaje más alto de estas actividades fue la utilización compartida de maquinaria y equipo (7% de las maquilas lo hicieron en 1999), en tanto que actividades conjuntas de ventas, crédito, investigación y desarrollo fueron mucho más bajas. Diversos factores pueden influir en esta incapacidad de la maquila para establecer encadenamientos productivos amplios en México:

1. Las políticas de las matrices que obligan a la importación de insumos entre filiales como estrategia global o multinacional que mira hacia la rentabilidad de la cadena internacional y no hacia un segmento ubicado en un país en particular, mucho menos hacia el desarrollo del tejido industrial de una nación.
2. Las deficiencias nacionales de las empresas para producir justo a tiempo, con calidad y productividad homogéneas y sostenidas en el tiempo, así como de costos competitivos.
3. El propio régimen jurídico de la maquila que proporciona exención de impuestos de importación de insumos y que con esto no propicia la sustitución de proveedores con empresas dentro del territorio nacional.

La síntesis de la ENESTYC sería que desde el punto de vista de modelos productivos la mayoría de las maquilas son ensambladoras, que utilizan tecnología intermedia (maquinizada no automatizada), prácticamente no realizan investigación y desarrollo, sino que la tecnología la obtienen de sus matrices; el control de calidad está muy extendido, pero es de nivel intermedio, preventivo y por medio de observación visual combinada con instrumentos. Han introducido cambios organizacionales, aunque en la mayoría las formas más simples, como los círculos de calidad; es probable que lo que predomine sea el taylorismo-fordismo mezclado con aspectos parciales, comúnmente los más sencillos del toyotismo. La mayoría de las maquilas tienen sindicato, aunque otros estudios sugieren que muchos pueden ser o comportarse como si fueran de protección; la mayoría de los trabajadores son de planta, característica general de las manufacturas en México. Los encadenamientos productivos son escasos. La mano de obra se ha ido masculinizando aunque se ha estabilizado, compartiendo actualmente entre hombres y mujeres porcentajes casi por igual; sin embargo, el crecimiento de los trabajadores masculinos no ha estado aparejado con la calificación y la mayoría, sean hombres o mujeres, no son calificados; el nivel de instrucción tendió a aumentar a secundaria; la antigüedad a subir de menos de tres años (entre obreros generales menos de un año) a más de tres; las jornadas de trabajo siguen altas, y el porcentaje que representan los bonos por productividad en el total de las remuneraciones es muy bajo y tendió a ser menor; los salarios siguen siendo bajos aunque hayan aumentado en términos reales, no suficientes para la subsistencia de una familia promedio.

De nuestro trabajo de campo en la zona centro sureste del país, a partir de los microdatos de los establecimientos de nuestra encuesta EMIM se construyeron los perfiles más frecuentes entre tecnología, organización, flexibilidad y calificación de la mano de obra. No cabe duda de que en la maquila del centro sureste predominan perfiles que articulan organización fordista, tecnología baja o media, flexibilidad baja o media con calificación baja o media (47.2% de los establecimientos), seguido de un toyotismo precario caracterizado por la organización toyotista con calificaciones bajas o medias, sin extensa delegación de decisiones, con tecnología y flexibilidad bajas o medias. Es decir, se confirma que los modelos de producción dominantes son en primer lugar el taylorista-fordista, seguido del toyotismo precario, ambos de calificaciones y tecnologías no altas, de escasa delegación en las decisiones en los trabajadores y de bajas calificaciones y salarios.

Es decir, estamos lejos de tener en la maquila no sólo a la tercera generación de que habla Jorge Carrillo, sino que habría dudas de la forma que adquiere la segunda; al menos no se presenta con alta tecnología y seguramente con fuertes elementos tayloristas y fordistas, además de una mano de obra mal pagada, de alta rotación externa y poco calificada. Durante los años de la crisis de la maquila se observa una disminución en el total de establecimientos de los grandes, así como del porcentaje de trabajadores empleados en éstos; asimismo aumentó la antigüedad de dichos establecimientos; el capital extranjero sigue siendo mayoritario, pero disminuyó apreciablemente. Es decir, las empresas maquiladoras que se fueron o quebraron con la crisis fueron preferentemente las grandes, de capital extranjero, subsidiarias de otras, y las más jóvenes. Sin embargo, no ha disminuido su carácter exportador hacia los EU, ni tampoco la proporción de los insumos importados respecto a los totales; no hubo en la crisis una sustitución de insumos extranjeros por nacionales, coincidente con las cifras bajas que se mantuvieron de indicadores de encadenamientos productivos. En cuanto a la investigación y desarrollo no hubo cambios, son casi inexistentes. En cambio, predominaron las maquilas con uso de maquinaria y equipo más moderno, aunque la mayoría del valor de éste en los activos continuó siendo el atrasado. En relaciones laborales no disminuyó el porcentaje de establecimientos con sindicato y el de trabajadores sindicalizados bajó un poco, pero sigue siendo muy alto, las regulaciones del proceso de trabajo aumentaron aunque no necesariamente los sindicatos ganaron en bilateralidad, y los trabajadores de planta siguen predominando, aunque aumentaron los de tiempo y obra determinada. En cuanto a la mano de obra, los obreros generales siguen siendo la mayoría, pero disminuyeron en estos primeros años del siglo; los hombres se mantuvieron casi iguales en número a las mujeres; aumentó la antigüedad, la jornada se mantuvo alta y los salarios reales aumentaron, pero en los ingresos de los trabajadores tendió a ser más importante la parte rígida del salario base, disminuyendo los ingresos por horas extra y por estímulos y bonos. Hay que aclarar que no se trató de ningún proceso evolutivo de quiebra de las más ineficientes y permanencia de las eficientes, puesto que fueron entonces las más modernas las que decidieron dejar el territorio nacional, es decir, las que quedaron no fue sólo por eficientes sino también por tener mayores dificultades para emigrar de giro o de país. En general, el nivel tecnológico aumentó en cuanto al tipo de maquinaria y equipo y los cambios en organización del trabajo; en cambio, las relaciones laborales y gestión del personal tendieron a ser más rígidos y no por presión sindical sino por preferencia de las empresas de conservar a los trabajadores de mayor calificación, antigüedad, nivel educativo. Sin embargo, la mayoría de los trabajadores continuaron de baja calificación, repartidos casi por igual entre hombres y mujeres. Los salarios tendieron también hacia la rigidez al predominar en los ingresos los salarios base y disminuir las partes variables de éstos en la forma de bonos.

De la ENESTYC y de nuestro trabajo de campo en la zona centro sureste del país se concluye que los modelos productivos en la maquila se mueven entre dos principales tipos: uno más de corte taylorista-fordista y otro toyotista precario, con dosis de taylorismo-fordismo. Como apuntamos, se trata de dos modelos que se interpenetran y que en México no tienen límites muy bien definidos. En todo caso, ambos son intensivos en mano de obra, la tecnología que utilizan en general es maquinizada,

pero no automatizada, aplican aspectos parciales de la calidad total, pero con segmentación de tareas entre obreros poco calificados respecto de técnicos e ingenieros.
Es difícil pensar que entre la mayoría de estos trabajadores, que corresponden a los
obreros generales, con una rotación alta pudiera forjarse identidad con el trabajo, con
la empresa o con el sindicato. Además, una de las principales ventajas de la maquila
es su régimen fiscal, es decir, la exención de impuestos de importación de insumos,
maquinaria y equipo, además del valor agregado, y por el lado de la demanda de sus
productos que van principalmente a Estados Unidos, el atenerse mayoritariamente a
la regla por la que sólo se cobra como impuesto de importación el valor agregado en
México. En estas condiciones, no es extraño que las maquilas no remonten los bajos
niveles de integración nacional o que establezcan débiles encadenamientos productivos. Las relaciones laborales son aparentemente muy formales y, en efecto, una proporción muy elevada de maquilas y trabajadores tienen sindicato, y las tasas de
regulación laboral son muy altas; sin embargo, en la mayoría de los casos se trata de
un corporativismo pasivo en el proceso productivo que deja hacer a la gerencia y que
no reclama mayores prestaciones que las de ley.

La mayoría de los establecimientos señalaron en nuestra investigación que la razón principal por la cual se registran como maquilas fue por el costo de la mano de
obra (26%); otras razones importantes fueron la abundancia de la mano de obra, la
cercanía del mercado y la infraestructura y energía. Las apreciaciones de la gerencia de las maquilas de la muestra coinciden con nuestras consideraciones acerca de
la importancia del costo de la mano de obra en las operaciones de este sector, a
contrapelo de otras investigaciones parciales y declaraciones de empresarios y gerentes. Cuando el costo salarial es tan importante en el valor agregado, como hemos dicho
al inicio, no resulta inusitada la importancia que las gerencias de la maquila dan al
costo de la mano de obra como factor de localización. Por otro lado, se importan los
insumos en primer lugar por decisión de la matriz, en segundo por el costo más bajo y
en tercero por la mejor calidad de los importados; en todas estas consideraciones coinciden los resultados de la ENESTYC y nuestro trabajo de campo. Hay que destacar el
papel que juegan las políticas globales de producción de las grandes corporaciones
propietarias de las maquilas más importantes en México en localizar en nuestro país los
segmentos sobre todo del ensamble final, intensivo en mano de obra.

Tanto el taylorismo-fordismo como lo que hemos llamado el toyotismo precario,
configuraciones dominantes en la maquila, se basan en el bajo salario y en la intensificación del trabajo, y en esta medida se enfrentan como límites: a la resistencia
física y mental del trabajador para aumentar la productividad incrementando el desgaste de su fuerza de trabajo, pero sobre todo a la resistencia social que en condiciones diferentes de las de la maquila podría tomar la forma de la huelga, el paro loco o

el sabotaje, pero en la maquila ha seguido más el camino de la demanda individual del trabajador en las Juntas de Conciliación y Arbitraje al margen de los sindicatos, y sobre todo la rotación voluntaria externa. Muchas de las causas de la rotación que han sido analizadas por los especialistas, que la hay más entre los jóvenes, solteros, de mayor nivel educativo, hombres, que pudiera ser por hastío, cansancio, malas condiciones de higiene y seguridad, falta de capacitación o de carrera ocupacional e incluso las que la atribuyen a las malas condiciones de vida, pueden resumirse en los modelos de producción imperantes en la maquila y su incapacidad para fijar la fuerza de trabajo si están basados en la intensidad del trabajo y el bajo salario, con formas de división del trabajo que segmentan las tareas de operación de las de concepción, que en esta medida poco se capacita y el escalafón es muy corto para los ascensos. El bajo salario no puede sino asociarse con las malas condiciones de vida, que sólo muy parcialmente depende de la falta de infraestructura en servicios públicos de la Frontera Norte. Si son los jóvenes, no casados, hombres y de mayor nivel educativo los que más rotan no extraña: son los que tienen menos que perder, los que prefieren la trayectoria laboral nómada a las nuevas cadenas del toyotismo precario. Estas condiciones de operación de los modelos de producción maquiladores, con sus límites en la resistencia de los trabajadores, también imponen límites al crecimiento de la productividad, que pudo llegar a conformar una crisis de productividad del sector, porque el círculo toyotista no logró cerrarse; la elevada rotación, con poca identidad, es difícil que se asocie a una auténtica participación e involucramiento de los trabajadores en la lucha por la competitividad y productividad, más aún cuando los montos de los bonos son escasos.

Finalmente, habría que considerar algunas diferencias en configuraciones sociotécnicas de los estados incluidos en la EMIM. El nivel tecnológico general para todos los estados es entre bajo y medio, y en todos predomina con diversas intensidades la forma de organización taylorista-fordista. En cuanto al tipo de organización del trabajo, las diferencias son de grado, desde el momento en que en todos los estados predomina la forma taylorista-fordista; en cambio, en cuanto a flexibilidad del trabajo los estados se dividen en dos grupos, el primero formado por Aguas-Calientes, Guanajuato, Querétaro, Puebla y Yucatán, en donde la flexibilidad es de nivel medio, a diferencia de Estado de México, Michoacán, Tlaxcala y Zacatecas, que resultaron con flexibilidad baja. Los perfiles sociotécnicos resumen las características de los modelos de producción; hay dos claramente definidos: el taylorista-fordista con tecnología, flexibilidad y calificación baja o media, que predomina claramente en Guanajuato, Michoacán, Yucatán y Puebla, y a medias en Aguascalientes, Estado de México, Querétaro, Tlaxcala y Zacatecas; y el toyotista que hemos llamado precario, que aunque incluye nuevas formas de organización del trabajo, la tecnología, flexibilidad y calificación de la mano de obra son de niveles bajos o medios, que se reparten con el primer perfil en Querétaro, Estado de México, Tlaxcala y Zacatecas. Aguascalientes mostró un perfil menos precario en calificación de la mano de obra, no así en tecnología y flexibilidad. Habría que reconocer diferencias regionales en modelos de producción en la maquila, sin olvidar las tendencias generales hacia el taylorismo-fordismo y el toyotismo precario, y profundizar en las causas que las originan, bajo la consideración de que el espacio no es sino la manera sintética de incluir diversas variables estructurales locales e interacciones regionales de actores sociales.

Para finalizar, es interesante comparar los resultados de nuestra investigación para la zona centro sureste de México con datos de las maquilas de la Frontera Norte, la zona más antigua y supuestamente más desarrollada. Al respecto, un estudio reciente dirigido por Jorge Carrillo levantó información de alrededor de 200 plantas en las ciudades de Tijuana, Mexicali y Ciudad Juárez en el año 2002. Algunos de los datos centrales coinciden en tendencia con los de la zona centro sureste: el 64.5% de las plantas no tienen ningún centro técnico de investigación y desarrollo en México; el 75.3% no hacen investigación y desarrollo; el 81.5% no diseñan nuevos productos; la mayoría reportó que los cambios más importantes realizados en los últimos dos años se concretan al ensamble final y en ingeniería de proceso; en 88.8% de las plantas la tecnología es transferida de las matrices en el extranjero; en promedio se consideró automatizado 40% del proceso productivo; el 70.2% de las compras son importadas. En cuanto a la mano de obra: 50% son mujeres, obreros 75.1% y técnicos 11.8%, con experiencia laboral 69.4%, han trabajado en promedio en 3.1 maquilas en su vida, la antigüedad es de 3.6 años, la edad de 26, la rotación promedio de 9.1% mensual, el principal problema laboral es la falta de responsabilidad de los trabajadores. En esta encuesta, como en nuestra investigación, son interesantes los porcentajes minoritarios que se apartan de las tendencias generales; sin embargo, no hay pruebas de que tiendan a predominar con el transcurso del tiempo y conforman tránsitos seguros hacia nuevas generaciones en la maquila.

En conclusión, los modelos de producción predominantes en la maquila tienen características estructurales y dependientes de estrategias globales de las casa matrices, que los vuelven muy vulnerables no sólo a los cambios en el mercado internacional sino porque restringen sus capacidades para aumentar la productividad. Estas mismas limitaciones impiden el tránsito evolutivo entre generaciones de la maquila; al ser muy dependientes del bajo salario no llega a cerrarse el círculo toyotista y por el contrario se mantienen altas tasas de rotación externa del personal, baja calificación de la mano de obra y poca identidad laboral con la empresa y la productividad. El país requiere fomentar modelos productivos alternativos en una combinación diferente entre políticas gubernamentales y empresariales que propicien la vía alta del desarrollo.

Bibliografía

Aguilar, I. (1996), *Competitividad, flexibilidad y rotación de personal en la* IME *de televisores de Tijuana,* tesis en opción al grado de Maestro en Desarrollo Regional, México, El Colef.

Alonso Herrero, José Antonio (2002), *Maquila domiciliaria y subcontratación en México en la era de la globalización neoliberal,* México, Plaza y Valdés.

Alonso, J., J. Carrillo y O. Contreras (2002), "Aprendizaje tecnológico en las maquiladoras del norte de México", en *Frontera Norte,* México, vol.14, enero-junio, pp. 43-82.

Amsden, A. (1997), "Editorial: Bringing Production Back in. Understanding Government's Economic Role in Late Industrialization", *World Development,* Canadá, vol. 25, núm. 4, abril, p. 469.

Arenal, Sandra (1985), *Sangre joven, las maquiladoras por dentro,* México, Nuestro Tiempo.

Arriola Woog, Mario (1980), "Programa mexicano de maquiladoras: una respuesta a las necesidades de la industria norteamericana", en Jorge Carrillo (comp.), *Restructuración industrial: maquiladoras en la frontera México-Estados Unidos,* México, Colegio de la Frontera Norte.

Bair, Jennifer (2002), "Beyond the Maquila Model? Nafta and the Mexican Apparel Industry", *Industry & Innovation,* Canadá, vol. 9, núm. 3, pp. 203-225.

Ballí González, Federico *(s/f), La industria de la maquila en México; estudio monográfico,* versión preliminar para discusión, con la colaboración de Javier Villaseñor y José Meneses, México, Centro de Estudios Económicos y Demográficos, El Colegio de México.

Barajas, R. (coord.) (1989), *Mujer y trabajo en la industria maquiladora de exportación,* México, Fundación Friedrich Ebert.

Barraza de Anda, Martha Patricia y Thomas Fullerton (coords.) (2001), *Base de datos sobre maquila, mercados laborales, gasto público y servicios públicos en la*

353

frontera, México, UACJ, Instituto de Ciencias Sociales y Administración, Programa de Posgrado en Economía.

Barrera Bassols, Dalia (1990), *Condiciones de trabajo en las maquiladoras de Ciudad Juárez: el punto de vista obrero,* México, Instituto Nacional de Antropología e Historia (INAH).

Bensusán, G. (2003), "Alternancia política y continuidad laboral: las limitaciones de la propuesta del CCE/CT", en A. Bouzas (coord.), *Reforma laboral,* México.

Betancur, María Soledad, Angela Stienen y Omar Alonso Urán (2001), *Globalización: cadenas productivas, redes de acción colectiva: reconfiguración territorial y nuevas formas de pobreza y riqueza en Medellín y el Valle de Aburrá,* Bogotá, Tercer Mundo Editores.

Boyer, R. y M. Freyssenet (2001), *Modelos de producción,* Buenos Aires, Humanitas.

Brouthers, L.E., J.P. McCray y T.J. Wilkinson (1999), "Maquiladoras: Entrepreneurial Experimentation to Global Competitiveness", *Business Horizons,* vol. 42, núm. 2, pp. 37-44.

Bruns, A. (2004), *Maquilas or Bust?, Selection,* vol. 49, núm. 1, enero, pp. 88, 90.

Buitelaar Rudolf, Padilla Ramón y Ruth Urrutia (1999), *Centroamérica, México y República Dominicana: maquila y transformación productiva,* México, CEPAL.

_____ *et al.* (2000), "Maquila, Economic Reform and Corporate Strategies", en *World Development,* Canadá, vol. 28, núm. 9, septiembre, pp. 1627-42.

Carrillo Huerta Mario Miguel (1990), *Maquiladoras y migración en México,* Puebla, Asesoría y Consultoría Económica.

Carrillo, Jorge (1994), *Dos décadas de sindicalismo en la industria maquiladora,* México, Miguel Ángel Porrúa.

Carrillo Viveros, Jorge (1985), *Mujeres fronterizas en la industria maquiladora,* México, Centro de Estudios Fronterizos del Norte de México.

_____ (1993), *Condiciones de empleo y capacitación en las maquiladoras de exportación en México,* México, STyPS-El Colef.

Carrillo, J y A. Hualde (1997), "Maquiladoras de tercera generación: el caso Delphi-GM", *Comercio Exterior,* México, vol. 47, núm. 9, septiembre, pp. 747-757.

_____ y J. Santibáñez (2001) (1993), *Rotación de personal en las maquiladoras de exportación de Tijuana,* Tijuana, STyPS-Colef.

_____ (comp.) (1990) (1986), *Restructuración industrial,* Tijuana, Conaculta-El Colef.

_____ (1989), "Calidad con consenso en las maquiladoras: ¿asociación factible?", en *Frontera Norte,* México, vol. I, núm. 2, julio-diciembre, pp. 105-125.

Carrillo J. y Gomis (2004), *Encuesta: aprendizaje tecnológico y escalamiento industrial en las plantas maquiladoras,* México, El Colef, Departamento en Estudios Sociales.

Carrillo J. y Gomis y A. Hualde (2002), *Veinte años de estudios sobre la industria maquiladora de exportación en México,* Tijuana, El Colef, video.

_____ y M.A. Ramírez (1990), "Maquiladoras en la Frontera Norte: opinión sobre los sindicatos", *Frontera Norte,* México, núm. 4, julio-diciembre, pp. 121-152.

_____ (coord.), Oscar Contreras, Noé A. González, Jesús Montenegro, Jorge Santibáñez y Guillermina Valdés (2001), *Mercados de trabajo en la industria maquiladora,* México, Plaza y Valdés.

_____ (coord.) (2000), *¿Aglomeraciones locales o clusters globales? Evolución empresarial e institucional en el Norte de México,* México, El Colegio de la Frontera Norte y Fundación Friedrich Ebert.

Catanzarite M., Lisa y Myra Strober H. (1993), "The Gender Recomposition of the Maquiladora Workforce in Ciudad Juarez", *Industrial Relations,* vol. 32, pp. 133-47.

Centro de Estudios Fronterizos y de Promoción de los Derechos Humanos, A.C. (Cefprodhac) (1997), "La industria maquiladora y su impacto en la frontera", *Estudios Fronterizos,* México, núm. 7, julio, p. 26.

Chavarría, Elisa (1995), "La política estatal hacia la maquila y el sector obrero", *Estudios centroamericanos (ECA)* El Salvador, vol. 50.

Comisión Económica para América Latina (1998) *Centroamérica, México y República Dominicana: maquila y transformación productiva,* México, CEPAL, Sede Subregional en México.

Comisión Económica para América Latina y el Caribe (CEPAL) (1996), *México: la industria maquiladora,* Santiago de Chile, Naciones Unidas.

Contreras Montellano, Óscar F. (2000), *Empresas globales, actores locales: producción flexible y aprendizaje industrial en las maquiladoras,* México, El Colegio de México.

Cook, Maria Lorena (1995), "Mexican State-Labor Relations and the Political Implications of Free Trade", *Latin American Perspectives,* vol. 22, núm. 1, Labor and the Free Market in the Americas, pp. 77-94.

Corona, Alfonso (1994), "Restructuración regional en México, variables macroeconómicas y TLC", *Problemas del desarrollo,* México, vol. XXV, núm. 96, enero-marzo, pp. 77-92.

Cortés, F. y R.M. Ruvalcaba (1993), "Desocupados precoces: ¿otra cara de la maquila?", *Estudios Sociológicos,* México, vol. XI, núm. 33, septiembre-diciembre, pp. 695-723.

Covarrubias, Blanca Esther (1972), *La industria de maquila y el proceso de desarrollo,* México, Facultad de Economía, UANL.

D'Costa, A. (2003), "Uneven and Combined Development: Understanding India's Software Exports", *World Development,* México, vol. 31, núm. 1, enero, pp. 211-226.

Davis, Reginald L. (1985), *Industria maquiladora y subsidiarias de co-inversión: régimen jurídico y corporativo,* México, Cárdenas.

De la Garza, E. (2001), *La formación socioeconómica neoliberal,* México, Plaza y Valdés.

_____ (2003), *Compañías y trabajadores en México al inicio del siglo XXI,* México, STYPS en proceso de edición.

De la O Martínez, María Eugenia (1994), *Innovación tecnológica y clase obrera. Estudio de caso de la industria maquiladora electrónica RCA Ciudad Juárez, Chihuahua,* México, UAM.

_____ y C. Quintero (1992), "Sindicalismo y contratación colectiva en las maquiladoras fronterizas; los casos de Tijuana, Cd. Juárez y Matamoros", *Frontera Norte,* México, vol.4, núm. 8, julio-diciembre, pp. 7-88.

_____ y C. Quintero (Coords.) (2001), *Globalización, trabajo y maquilas,* México, Plaza y Valdés.

_____ y C. Quintero (1995), "Trayectorias laborales y estabilidad en las maquiladoras de Matamoros y Tijuana", *Frontera Norte,* México, vol. 7, núm. 13, enero-junio, pp. 67-92.

Denman, Catalina A. *et al.* (1993), *Familia, salud y sociedad: experiencias de investigación en México,* México, Centro de Investigaciones y Estudios Superiores en Antropología Social.

_____ (1998), "Salud y maquila: acotaciones del campo de investigación en vista de las contribuciones recientes", *Relaciones: salud, experiencia y enfermedad,* México, El Colegio de Michoacán, vol. 19, núm. 74, pp. 75-100.

_____ (1991), *Las repercusiones de la industria maquiladora de exportación en la salud: el peso al nacer de hijos de obreras en Nogales,* México, Colegio de Sonora.

Dussel Peters, Enrique (2003), "Ser maquila o no ser maquila; ¿es esa la pregunta?", *Comercio Exterior,* México, vol. 53, núm. 4, pp. 328-336.

Echeverri-Carroll, Elsie (1990)," The Future of the Maquila Industry in Mexico", en *Trade, foreign investment, and competitiveness, Japan Business Study Program series,* Austin, University of Texas, Graduate School of Business, Bureau of Business Research in association with the Japan External Trade Organization, pp. 60-64.

Fandiño Ugalde, Ofelia (1994), *Fomento y operación de la industria maquiladora de exportación,* México, Gernika.

Farquharson, M. (1991), "Maquila Conundrum: Keeping Maquila Workers Without Increasing Labor Costs", *Business Mexico,* México, vol. 1, september, pp. 18-19.

Frundt, H. (1996), "Trade and Across Border Labor Strategies in the Americas", en *Economic and Industrial Democracy,* vol. 17, núm. 3, pp. 387-417.

Gambrill, M. (1995), "La política salarial de las maquilas", *Comercio Exterior,* México, vol. 45, núm. 7, junio, pp. 545-549.

Gambrill, Monica (2001), "Labor Policy in the Maquiladoras: Changes Under Nafta. The asymmetric Global Economy: Growth, Investment and Public Policy", *Studies in Economic Transformation and Public Policy*, Canadá, pp. 247-268.

García de Fuentes, Ana, María Eugenia de la O, Cirila Quinterno y Josefina Morales, (coords.) (2000), *El eslabón industrial: cuatro imágenes de la maquila en México,* México, Nuestro Tiempo.

García Zamora, Rodolfo (2001), *La maquila y la inversión extranjera directa en México* (Bonded Assembly and Foreign Direct Investment in Mexico. With English summary), *Revista de Economía. Información Comercial Española,* núm. 795, noviembre-diciembre, pp. 127-40.

Gereffi, G., D. Spencer y J. Bair (eds.) (2002), *Free Trade and Uneven Development,* Philadelphia, Temple University Press.

González Arroyo, Miguel (1997), *The CAFOR* (Comité de Apoyo Fronterizo Obrero Regional), *Survey of Maquiladora Workers on Occupational Health and Safety in Tijuana and Tecate, México, June-July 1996,* Berkeley, Maquiladora Health and Safety Support Network.

González, Soledad (comp.) (1995), *Mujeres, migración y maquila en la Frontera Norte,* México, El Colegio de México-El Colef.

González-Aréchiga, Bernardo y Rocío Barajas Escamilla (1989), *Maquiladoras: ajuste estructural y desarrollo regional,* México, El Colegio de la Frontera Norte, Fundación Friedrich Ebert.

_____ y José Carlos Ramírez (comps.) (1990), *Subcontratación y empresas transnacionales: apertura y restructuración en la maquiladora,* México, El Colegio de la Frontera Norte, Fundación Friedrich Ebert.

Greenberg, Brian (1999), "The Terror of the Machine: Technology, Work, Gender, and Ecology on the U.S.-Mexico Border", *Technology and Culture,* vol. 40, núm. 1, enero, pp. 158-160.

Gruben, C. William (2001), "Did Nafta Really Cause Mexico's High Maquiladora Growth?", en *Center for Latin American Economics, Working Paper* (CLAE) 0301, julio.

Haggard, S. (1989), "Maquila" (Book Review), *Latin American Research Review,* vol. 24, núm. 1, pp. 185-208.

Harris, N. (1990), "Maquila" (Book Review) *The Journal of Development Studies,* Canadá, vol. 27, octubre, p. 117-25.

Hermoso González, Lorenzo (1982), *La participación de la mujer obrera en la maquila industrial mexicana y sus repercusiones económicas,* México, UNAM, Facultad de Economía.

Instituto Mexicano de Ejecutivos de Finanzas (1986), *Maquiladoras, su estructura y operación,* México, Ingramex.

Instituto Nacional de Geografía Estadística e Informática (2000), "Maquila y sindicatos en Ciudad Acuña, Coahuila", en *Estadística de la industria maquiladora de exportación,* México, 1990-1994.

Juárez, Núñez, Huberto (2002), "Maquila Workers in Mexico: The Prospects for Organization and International Solidarity", en *Labor History,* Canadá, vol. 43, núm.4, pp. 439-450.

Katz, H. (2002), *Converging Divergents: Worldwide Changes in Employment,* Ithaca, ILR Press.

Kenney M. (1998), "Learning Factories or Reproduction Factories", en *Work and Occupations,* vol. 25, núm. 3, agosto, pp. 269-304.

Klein W.M., S. Schuh y R. K. Triest (2002), "Job Creation, Job Destruction and International Competition: a Literature Review", *Working Paper,* núm. 02, vol. 7, Federal Reserve Bank of Boston.

Klein, E. (1997), "De la finca a la maquila" (Book Review), *Journal of Latin American Studies,* Canadá, vol. 29, octubre, p. 803-4.

Kopinak, K. (1999), *Desert Capitalism,* Arizona, The University of Arizona Press.

_____ (1995), "Gender as a Vehicle for the Subordination of Women Maquiladora Workers in Mexico", *Latin American Perspectives,* vol. 22, pp. 30-48.

Kras, Eva S. (Eva Simonsen) (1995), *Management in Two Cultures: Bridging the Gap Between U.S. and Mexican managers,* Yarmouth, Intercultural Press.

Labreque, M. (2002), "Dans les Maquiladoras du Yucatan . . . Pour Qui a Vraiment Envie de Travailler!", en *Canadian Woman Studies,* Canadá, vol. 21 núm. 4/V22, pp. 100-107.

Lara Rivero, Arturo Ángel (1997), *Competitividad, cambio tecnológico y demanda cualitativa de fuerza de trabajo en la maquiladora de exportación: el caso de las empresas japonesas en el sector electrónico de la televisión,* México, Secretaría del Trabajo y Previsión Social.

_____ (1998), *Aprendizaje tecnológico y mercado de trabajo en las maquiladoras japonesas,* México, UAM/Porrúa.

Lastra Meraz, Horacio (1990), *Maquila: enclave transnacional,* México, Centro Editorial Universitario, UACJ.

Levisque, Ch. y G. Murria (2001), "Los impactos de la globalización sobre los sindicatos", mimeo, CTM.

Levy Oved, Albert (1983), *Las maquiladoras en México,* México, Fondo de Cultura Económica.

Luna Calderón, J. Manuel (1983), *México: crecimiento orientado por exportaciones y segmentación del proceso productivo. La industria maquiladora,* México, CIDE.

Mattar, Jorge y René A. Hernández (2000), "Macroeconomic Policies and the Legal-Institutional Environment in the Export Maquila Industry of Mexico and Central America". *Integración y comercio,* Argentina, vol. 4, núm. 11, mayo-agosto, p. 181.

McAlmon, G. (1995), "Is Free Trade Enslaving Mexican Workers?", *Business and Society Review,* núm. 95, pp. 36-40.

Mendoza, Eduardo y Cuauhtémoc Calderón (2001), "Determinantes regionales de la maquila de exportación en la frontera norte" (Regional Determinants of Export Maquila in Mexican Northern Frontier), *Comercio Exterior,* México, vol. 51, núm. 3, pp. 196-202.

Mercado, Alfonso (2003), "Seguridad y salud en las maquiladoras", *Comercio Exterior,* México, vol. 53, núm. 8, pp.723-733.

_____ Teresa Elizabeth Cueva Luna, (1999), "El TLCAN y la maquila: su efecto en el sector servicios profesionales en México", *Comercio Exterior,* México, vol. 49, núm. 9, p.836-844.

Miller, J.S. *et al.* (2001), "The High Cost of Low Wages: Does Maquiladora Compensation Reduce Turnover?" *Journal of International Business Studies,* Canadá, vol. 32, núm. 3, p. 585-595.

Minian, Isaac (1987), *Progreso técnico e internacionalización del proceso productivo: el caso de la industria maquiladora de tipo electrónica,* México, Centro de Investigación y Docencia Económicas; Instituto Politécnico Nacional.

Mireles, R.C. (2002), "Chinese Maquiladoras Threaten Mexico", *Transportation & Distribution,* vol. 43, núm. 11, noviembre, pp. 26-28.

Montiel, Y. (2002), *Un mundo de carros,* México, CIESAS.

Morales, Josefina (2000), *El eslabón industrial. Cuatro imágenes de la maquila en México,* México, Nuestro Tiempo.

Mugaray Lagarda, Alejandro (1988), "Las controversias del pensamiento económico en el análisis de las actividades de maquila internacional", *Estudios Fronterizos,* México, vol. 6 núm. 16, mayo-agosto.

_____ (1993), "Organización industrial a través de redes de subcontratación: una alternativa a las actividades mexicanas de maquila", *Estudios fronterizos,* México, vol. 1, núm. 30, enero-abril, pp. 9-32.

Paik Yongsun y Derick Sohn J. H., "Confucius in Mexico: Korean MNCs and the Maquiladoras", *Business Horizons,* vol. 41, núm. 6, noviembre-diciembre, pp. 25-33.

Paredes Pérez, Víctor (1993), *Análisis costo-beneficio en la industria maquiladora de exportación en México,* México, CIDE.

Pineda Octavio Luis (1999), *La maquila en México: evolución y perspectivas,* México, IPN.

Piore, M. (1998), *La segunda ruptura industrial,* Madrid, Alianza Universidad.

Pisani, M.J. (reviewer 1999), "Beautiful Flowers of the Maquiladora", *The Hispanic American Historical Review,* vol. 79, núm. 4, noviembre, p. 762.

Quintero Ramírez, Cirila (1990), *Sindicalización en las maquiladoras tijuanenses,* México, Consejo Nacional para la Cultura y las Artes.

Ramírez, José Carlos (1998), *Integración de la industria maquiladora a la economía nacional: un estudio sobre sus modelos de organización,* México, CIDE.

Ramirez, M.D. (2003), "Mexico under NAFTA: a Critical Assessment", *Quarterly Review of Economics and Finance,* Netherlands, vol. 43, núm. 5, pp. 863-892.

Reygadas, Luis (2001), *Mercado y sociedad civil en la fábrica: culturas de trabajo en maquiladoras de México y Guatemala,* México, Secretaría del Trabajo y Previsión Social.

Rodríguez, A.(1993), "Las zonas industriales orientadas a la exportación y la ventaja competitiva de los costos", *Estudios Sociales,* México, vol. IV, núm. 7, enero-junio, pp. 147-167.

Romero Espejel, José Luis (1993), *Factores de localización de la industria maquiladora de exportación en México,* México, CIDE.

Ross, A. (ed.) (1997), *No Sweat. Fashion, Free Trade and The Rights of Garment Workers,* Londres, Verso.

Sin autor (1996), *México: la industria maquiladora,* México, CEPAL.

S.A. 1984 *México: la industria maquiladora, una alternativa para su inversión,* México, Instituto Mexicano de Comercio Exterior.

Sin autor (1998), *Guía contable y de auditoría de la industria maquiladora: incluye suplemento de actualización a marzo de 1997,* México, Comisión de Colegios Fronterizos del Instituto Mexicano de Contadores Públicos.

Sin autor (2002), *Terminación de contratos de trabajo en la maquila: actos legítimos o violación de derechos humanos y laborales de las mujeres trabajadoras,* México, Centro de Derechos de Mujeres.

Sin autor (2001), "Maquila taxes", *Business Mexico,* México, vol. 10, núm. 12, diciembre 2000/enero 2001, p. 12.

Sable, Martin Howard (1989), *Las maquiladoras: Assembly and Manufacturing Plants on the United States-Mexico Border: an International Guide,* Nueva York, Haworth Press.

Salzinger, L. (1997), "From High Heels to Swathed Bodies: Gendered Meanings under Production in Mexico's Export-Processing Industry", en *Feminist Studies*, vol. 23, p. 549-574.

Sánchez, R. (1990), "Condiciones de vida de las trabajadoras de la maquila en Tijuana y Nogales", *Frontera Norte*, México, núm. 4, julio-diciembre, pp. 153-181.

Santos Méndez, Carlos F. (1968), *Industrias de maquila: un futuro para México*, México, UNAM-Fac. de Economía, tesis en opción al grado de licenciatura.

Sargent, John y Linda Matthews (1999), "Exploitation or Choice? Exploring the Relative Attractiveness of Employment in the Maquiladoras", *Journal of Business Ethics*, vol. 18, núm. 2, pp.213-226.

Sargent, J. y L. Matthews (2003), "Boom and Bust: Is it the end of Mexico's Maquiladoras?", *Business Horizons*, vol. 46, núm. 2, marzo-abril, pp. 57-64.

Seligson, Mitchell A. y Edward J. Williams (1981), *Maquiladoras and Migration: Workers in the Mexico-United States Border Industrialization Program*, Austin, University of Texas.

Shaiken, H. (1990), *México in the Global Economy*, La Jolla, Center for U.S.-Mexican Studies.

Sklair, Leslie (1992), "The Maquilas in México: a Global Perspective", *Bulletin of Latin American Research*, Canadá, vol. 11, núm. 1, enero.

_____ (1988), *Maquiladoras: annotated bibliography and research guide to Mexico's in-bond industry, 1980-1988*, Leslie Sklair, with the assistance of Karen J. Lindvall and K. C. Moore Harris, San Diego, University of California, Center for U.S.-Mexican Studies.

_____ (1989), *Assembling for Development: The Maquila Industry in Mexico and the United States*, Boston, Unwin Hyman.

_____ (1996), *México: la industria maquiladora*, Santiago de Chile, Naciones Unidas, CEPAL, p. 237.

Stoddard, Ellwyn R. (1987), *Border Maquila Ownership and Mexican Economic Benefits: a Comparative Analysis of the Good, the Bad and the Ugly*, El Paso, Texas Western Press.

Stoddard, Ellwyn R. (1991), "Border Maquila Ownership and Mexican Economic Benefits: A Comparative Analysis of the Good, the Bad and the Ugly", *Journal of Borderlands Studies*, vol. VI, núm. 2, pp. 23-50.

Stoddard, Ellwyn R. (1987), *Maquila: Assembly Plants in Northern Mexico*, Texas, University of Texas.

Strömberg, Per (2002), *The Mexican Maquila Industry and the Environment an Overview of the Issues*, Mexico, Naciones Unidas, CEPAL/ECLAC, Sede Subregional de la CEPAL en México.

S. Weiler y B. Zerlentes (2003), "Maquila Sunrise or Sunset? Evolutions of Regional Production Advantages", *The Social Science Journals,* vol. 40, núm. 2, pp. 283-297.

Tamayo Contreras, Porfirio (2001), *Los programas de promoción al comercio exterior (PITEX) y maquila ante el Tratado de Libre Comercio de América del Norte,* México, Editorial Pac.

Teagarden, Mary B. y Mark C Butler (1992), "Mexico's Maquiladora Industry: Where Strategic Human Resource Management Makes a Difference", en *Organizational Dynamics,* vol. 20, Issue 3, p. 34.

Tiano, S., C., Ladino (1999), "Dating, Mating, and Motherhood: Identity Construction among mexican Maquila Workers", en *Environment and Planning,* Londres, vol. 31, núm. 2, febrero, pp. 305-325.

Tiano, Susan (Review of Leslie Sklair) (1990), "Assembling for Development: The Maquila Industry in Mexico and the United States", en *American Journal of Sociology,* septiembre, pp. 468-469.

Tinker, Irene (Review of Susan Tiano) (1995), "Patriarchy on the Line: Labor, Gender and Ideology in the Mexican Maquila Industry", en *Studies in Comparative International Development,* vol. 30, núm. 2, pp. 83-85.

Van Liemt, G. (1992), *Industry on the Move: Causes and Consequences of the International Relocation in the Manufacturing Industry,* núm. XVI, 336 pp., Ginebra.

Villegas Jorge, Mariano Noriega, Susana Martínez y Sandra Martínez (1996), *Trabajo y salud en la industria maquiladora mexicana: una tendencia dominante en el neoliberalismo dominado,* Unpublished report, México, UAM-Xochimilco.

Wilson, P. (1996), *Las nuevas maquiladoras en México,* Guadalajara, Universidad de Guadalajara.

Wilson, Patricia Ann (traducción: Ma. Luisa Arias Moreno y Edna Acosta Segociano) (1996), *Las nuevas maquiladoras de México: exportaciones y desarrollo local,* México, Universidad de Guadalajara.

_____ (1992), *Exports and Local Development: Mexico's New Maquiladoras,* Austin, University of Texas Press.

Wilson, T.D. (2002), "The Masculinization of the Mexican Maquiladoras", *Review of Radical Political Economics,* vol. 34, núm.1, invierno, pp. 3-17.

Wright, Melissa W. (2001), "Desire and the Prosthetics of Supervision: A case of Maquiladora Flexibility", *Cultural Anthropology,* vol. 16, núm. 3, pp. 354-373.

Zenteno, R. (1993), *Migración hacia la frontera Norte de México,* Tijuana, El Colef.

APÉNDICE
METODOLÓGICO

Manual de índices y tipologías

La industria maquiladora de exportación en México: mitos y realidades. Construcción de variables e índices compuestos

A partir de la información recabada mediante el cuestionario aplicado a 106 establecimientos manufactureros de la industria maquiladora, se hicieron algunos cálculos adicionales para resumir información diversa en una sola medición. Estas nuevas variables pretenden dar una visión más conceptual de las formas de funcionamiento y los modelos de organización que se hacen visibles en los procesos productivos que se realizan en estos establecimientos.

Características de los establecimientos

Se construyeron cuatro variables descriptivas que resumen la información sobre los siguientes aspectos:

a) Origen social del capital. Se tomaron los distintos porcentajes que constituyen el capital según su origen y se construyó una variable dicotómica que distinguiera entre aquellos establecimientos cuyo capital es mayoritariamente externo y en los que fuera mayoritariamente nacional. El punto de corte para determinar la mayoría se estableció en 51%, esto es, según en qué tipo de capital se acumulara 51% o más se establecía si era nacional o externo.

b) Origen de los insumos. Se tomaron los distintos porcentajes de los países o regiones del mundo de donde provienen los insumos que se utilizan en los procesos productivos de estos establecimientos, y de la misma manera que se hizo con la variable origen del capital, se construyó una dicotomía según si la mayoría de los insumos provenía de México o de otros países o regiones del mundo. El rango para determinar la mayoría se estableció en los mismos términos que en el caso anterior.

c) Destino de las ventas. Se siguió el mismo procedimiento que en los dos casos anteriores. A partir de los porcentajes de la producción que se destinan a diferentes regiones del mundo y el que se destina al mercado nacional se construyó una dicotomía con los mismos criterios que en el caso de las dos variables anteriores.

d) Tamaño de los establecimientos. Tomando en consideración los criterios de la STYPS, se establecieron tres niveles o tamaños de establecimiento: hasta 99 trabajadores se consideraron como pequeños establecimientos, hasta 249 como medianos y hasta 250 o más se consideraron como grandes establecimientos.

CUADRO 1. Transformaciones y conversiones de las variables originales para construir las variables descriptivas de los establecimientos

Índice	Resultado	Variables	Operaciones
Origen del capital	Dicotomía: 1. Nacional = 51% o más 2. Externo = 51% o más	s1.04a to s1.04c	Compute s1.04b1 = s1.04b+s1.04c Compute s1.04a1 = s1.04a – s1.04b1 Recode s1.04a1 (in to) s1.04: (lowest thru 0 = 1 (nacional), 1 thru highest = 2 (extranjero).
Origen de los insumos	Dicotomía: 1. Nacional = 51% o más 2. Externo = 51% o más	s1.08a to s1.08f	Compute s1.08b1 = s1.08b+s1.08c+s1.08d+s1.08e+s1.08f Recode s1.08b1 (in to) s1.08: lowest thru 50 = 1(nacional), 51 thru highest = 2 (extranjero)
Destino de las ventas	Dicotomía: 1. Nacional = 51% o más, 2. Externo = 51% o más	s1.11a to s1.11f	Compute s1.11b1 = s1.11b+s1.11c+s1.11d+s1.11e+s1.11f Recode s1.11a1 (in to) s1.11: lowest thru 50 = 1 (nacional), 51 thru highest = 2 (extranjero)
Tamaño del establecimiento	Estratos: 1. Pequeño = hasta 99 2. Mediano = entre 100 y 249 3. Grande = 250 y más	s6.01a to S6.01l	s6.01ho = s6.01a +s6.01c +s6.01e +s6.01g +s6.01i +s6.01k S6.01mu = s6.01b +s6.01d +s6.01f +s6.01h +s6.01j +s6.01l S6.01 = s6.01ho +s6.01mu Recode s6.01 (in to) s601t: (0 = sysmis) (lowest thru 99 = 1) pequeño, (100 thru 249 = 2) mediano, (250 thru highest = 3) grande

Flexibilidad en la industria maquiladora

Para analizar la flexibilidad de los establecimientos estudiados, se definieron tres dimensiones de este concepto: flexibilidad numérica, funcional y salarial. Estos tres componentes se construyeron de la siguiente manera:

a) Flexibilidad numérica. Este componente se construyó a partir de dos variables: la tasa de rotación externa y el nivel de antigüedad de los trabajadores. Para calcular la tasa de rotación externa se utilizaron tres indicadores: el número de trabajadores que renunciaron voluntariamente, el número de trabajadores que fueron despedidos y el número total de trabajadores que laboraron durante 2002 en cada establecimiento. Se sumaron las renuncias y los despidos, y el resultado se dividió entre el total de trabajadores, lo que nos permitió establecer la tasa de rotación externa. Para establecer el nivel de antigüedad se utilizó la variable *años de antigüedad promedio de los obreros de producción* y se establecieron tres rangos de antigüedad promedio: hasta dos años, hasta cinco años y más de cinco años. A cada uno de estos rangos se asignaron puntajes específicos: al primer rango se asignaron 100 puntos, al segundo 50 y al tercero 0. Finalmente, con los resultados sobre la tasa de rotación, con valores probables de 0 a 100, y los niveles de antigüedad promedio, con valores 0, 50 y 100, se construyó el índice de flexibilidad numérica, sumando las dos variables y dividiéndolas entre dos.

b) Flexibilidad funcional. Para calcular el nivel de flexibilidad funcional se utilizaron ocho indicadores de nivel ordinal (véase pregunta 1 de la sección E del módulo 4 del cuestionario) cuyos valores tienen un rango que va de 0 a 3 (0 = no se practica, 1 = esporádicamente, 2 = regularmente y 3 = muy frecuentemente). Estos ocho indicadores se agruparon en un índice sumatorio simple con un rango de valores que va de 0 a 24. Este índice se transformó en porcentaje tomando como base el valor máximo del índice (24 puntos) para estandarizarlo con valores 0 a 100.

c) Flexibilidad salarial. En este caso tomamos el indicador del porcentaje que representan los salarios tabulados sobre el total de remuneraciones pagadas a los obreros de producción. El complemento de este porcentaje representa la parte de remuneraciones flexibles y se tomó como índice de flexibilidad.

d) Índice de flexibilidad. Finalmente este índice sumatorio ponderado se construyó con los tres componentes de la flexibilidad, ponderándolos como se presenta en la siguiente fórmula:

$$indflex = (flexnum*.795) + (flexfun*.17) + (flexsal*.034)$$

e) Los ponderadores del índice de flexibilidad fueron calculados por Carlos Salas utilizando análisis factorial.

CUADRO 2. Transformaciones y conversiones de las variables originales
para construir el índice de flexibilidad

Índice	Resultado	Variables	Operaciones
Flexibilidad numérica	Índice de rotación externa	S7.01a, s7.01b, S6.01	Compute s7.01 = s7.01a + s7.01b Compute s7.01x = (s7.01/ s6.01)*100
	Nivel de antigüedad	S7.06	Recode s7.06 (in to) s7.06x (0.01 to 2 = 100) (2.01 to 5 = 50) (5.01 to highest = 0)
			Compute s7.01z = (s7.01x + s7.06x) / 2
Flexibilidad funcional	Índice sumatorio simple	S4e.01a to S4e.01h	Recode s4e.01a to s4e.01h (1=3) (2=2) (3=1) (4=0)
			Compute s4e.01x = ((s4e.01a + s4e.01b + s4e.01c + s4e.01d + s4e.01e + s4e.01f + s4e.01g + s4e.01h) / 24) * 100
Flexibilidad salarial	Complemento del % que representa el salario base en el total de remuneraciones	S6.07a	Compute s6.07 = 100 – s6.07a
Índice de flexibilidad	Índice sumatorio ponderado		Indflex = (s7.01z * .795)+(s4e.01x *.17)+(s6.07*.034)

Los modelos de organización del trabajo en los establecimientos

Se partió de la definición de tres modelos de organización del trabajo: el modelo tradicional, el taylorista-fordista y el toyotista. Para construir estos tres modelos se tomaron 12 indicadores de nivel nominal, ordinal e intervalar, y se ordinalizaron en tres niveles que corresponden a los tres modelos señalados anteriormente. Con estos 12 indicadores ordinalizados con valores uno a tres se construyó un índice sumatorio simple que asume valores de 12 a 32, y que se transformaron en porcentajes dividiendo el puntaje de cada establecimiento entre 32, que es el valor máximo del índice sumatorio.

CUADRO 3. Transformaciones y conversiones de las variables originales
para construir los modelos de organización del trabajo

Personal que realiza control de calidad	Tres modelos: 1 tradicional 2 taylorista 3 toyotista	S4a.02	Rcode s4a.02 (in to) s4a.02x = (3 = 1) (2 = 2) (1 = **3**)
Realización de las tareas de mantenimiento	Tres modelos: 1 tradicional 2 taylorista 3 toyotista	S4c.01	Recode s4c.01 (in to) s4c.01x = (1 = 1) (2 = 2) (3 = **3**) (4 = sysmis)
Asignación de puesto a trabajadores de primer ingreso	Tres modelos: 1 tradicional 2 taylorista 3 toyotista	S4b.01	Recode s4b.01 (in to) s4b.01x = (1,2 = 2) (3, 4 = 3) (5, 6 = 1) (7 = sysmis)
Procedimiento para promover a trabajadores de producción	Tres modelos: 1 tradicional 2 taylorista 3 toyotista	S4b.02	Recode s4b.02 (in to) s4b.02x = (1 to 5 = 2) (6 = 3) (7, 8 = 1) (0, 9, 99 = sysmis)
Uso de manuales de puestos y procedimientos	Dos modelos: 1 tradicional 2 taylorista/ toyotista	S4b.03a S4b.03b	Compute s4b.03 = (s4b.03a * 10) + s4b.03b Recode s4b.03 (in to) s4b.03x (11, 12, 21 = 3) (13, 22, 23, 31, 32, 33 = 1)
Estudios de tiempos y movimientos	Dos modelos: 1 tradicional 2 taylorista/ toyotista	S4b.04	Recode s4b.04 (in to) s4b.04x (1 = 3) (2 = 1)
Forma principal supervisión	Tres modelos: 1 tradicional 2 taylorista 3 toyotista	S4c.02	Recode s4c.02 (in to) s4c.02x (1 = 1) (2 = 2) (3, 4 = **3**) (5 = sysmis)
Forma de comunicación de los directivos con los trabajadores	Tres modelos: 1 tradicional 2 taylorista/ toyotista	S4d.02	Recode s4d.02 (in to) s4d.02x (1, 2, 3, 4 = 2) (5 = 1) (6 = sysmis)
Forma de comunicación de los trabajadores con los directivos	Tres modelos: 1 tradicional 2 taylorista/ toyotista	S4d.03	Recode s4d.03 (in to) s4d.03x (1, 2, 3, 4, 5, 6 = 2) (7 = 1) (8 = sysmis)

(*continúa...*)

(...*continuación*)

CUADRO 3. Transformaciones y conversiones de las variables originales para construir los modelos de organización del trabajo

Tipo de movilidad interna	Tres modelos: 1 tradicional 2 taylorista 3 toyotista	S4e.01a to s4e.01h	Recode s4e.01a to s4e.01h (1=3) (2=2) (3=1) (4=0) Compute s4e.01 = s4e.01a + s4e.01b + s4e.01c + s4e.01d + s4e.01e + s4e.01f + s4e.01g + s4e.01h Recode s4e.01 (in to) s4e.01y lowest to 5 = 2 (taylorista), 6 to 10 = 1 (tradicional), 11 to highest = 3 (toyotista)
Tipo de involucramiento de los trabajadores	Tres modelos: 1 tradicional 2 taylorista 3 toyotista	S4f.01a to s4f.01j	Recode s4f.01a to s4f.01j (1 = 3) (2 = 2) (3 = 1) (4 = 0) Compute s4f.01x = s4f.01a + s4f.01b +s4f.01c + s4f.01d + s4f.01e + s4f.01f + s4f.01g + s4f.01h + s4f.01i + s4f.01j Recode s4f.01x (in to same) lowest to 10 = 2 (taylorista), 11 to 20 = 1 (tradicional), 21 to highest = 3 (toyotista)
Formas grupales de participación de los trabjadores	Dos modelos: 1 tradicional / taylorista 2 Toyotista	S4g.02	Recode s4g.02 (in to) s4g.02x 1 = 3 (toyotista), 2 = 1 (tradicional / taylorista)
Índice de organización	Valores de 0 a 100		Indorg = (s4a.02x + s4c.01x + s4b.01x + s4b.02x + s4b.03x + s4b.04x + s4c.02x + s4d.02x + s4d.03x + s4e.01y + s4f.01x + s4g.02x) / 32) * 100
Modelo de organización	Dos modelos 1 Taylorista-Fordista 2 Toyotista	Indorg	Recode indorg (in to) modorg (lowest to 75 = 1) (66.01 to highest = 2)

370

Cuadro 4. Dimensiones de la organización del trabajo

Dimensiones	Modelo tradicional 1	Modelo taylorista 2	Modelo toyotista 3	Variables
Personal que realiza control de calidad	No se realiza	Personal especializado	Personal de producción	S4a.02
Personal que realiza el mantenimiento	Personal de producción	Personal especializado	Ambos	S4c.01
Procedimiento para la asignación del personal a un nuevo puesto	No existe o propuesta del jefe	Exámenes	Curso de capacitación o por el equipo de trabajo	S4b.01
Procedimiento de promoción	No existe o propuesta del jefe	Antigüedad o exámenes	El equipo de trabajo	S4b.02
Existencia y uso de manuales	No tienen	Tienen y los usan	Tienen y los usan	S4b.03a S4b.03b
Estudios de tiempos y movimientos	No 2	Sí 1	Tienen y los usan (no existe la respuesta)	S4b.04
Forma de supervisión de trabajadores de producción	No existe 1	Supervisores 2	Equipo automatizado o equipo de trabajo 3, 4	S4c.02
Formas de comunicación de directivos con trabajadores de producción	No hay comunicación 5	Indirecta o directa 1, 2, 3, 4	Indirecta o directa 1, 2, 3, 4	S4d.02
Formas de comunicación de trabajadores de producción con directivos	No hay comunicación 7	Indirecta o directa 1, 2, 3, 4, 5, 6	Indirecta o directa 1, 2, 3, 4, 5, 6	S4d.03
Movilidad interna	Medio (hasta 10)	Bajo (hasta 5)	Alto (más de 10)	S4e.01a to S4e.01h
Nivel de participación de los trabajadores	Medio (hasta 20)	Bajo (hasta 10)	Alto (más de 20)	S4f.01a to S4f.01j
Existen formas grupales de participación de los trabajadores	No 2	No 2	Sí 1	S4g.02

371

Se puede calificar al nivel tradicional con 1 para cada dimensión, al taylorista con 2 y al toyotista con 3. Para cada caso, si más de 50% se califica con 1 será considerado tradicional; si más de 50% se califica con 2 será taylorista y sólo en el caso de más de 50% calificados con 3 será toyotista.

Nivel tecnológico de los establecimientos maquiladores

Se construye con tres componentes:

a) Nivel tecnológico en producción. Para el caso de establecimientos cuyos procesos productivos se realizan por pieza, se toman en cuenta los porcentajes de tareas que se realizan con cada uno de los cinco tipos de instrumentos ponderándose de la siguiente manera: a.1) porcentaje de la producción realizada con herramientas manuales (%*1); a.2) Porcentaje de la producción realizada con equipo no automatizado (%*2); a.3) Porcentaje de la producción realizada con equipo automatizado no computarizado (%*3); a.4) Porcentaje de la producción realizada con equipo computarizado (%*4); y a.5) Porcentaje de la producción realizada con sistemas computarizados de manufactura integrados (%*5). La suma de estos porcentajes ponderados varía en un rango de 100 a 500 puntos (variables s3a.02a a s3a.02e). Para el caso de establecimientos cuyos procesos productivos se realizan principalmente por flujo continuo, se tomaron las tres formas que se presentan en el cuestionario, asignándoles los siguientes valores ponderados: sin control automático 100 puntos, con control automático 300 puntos, y con control automático computarizado 500 puntos (variable s3a.04). De esta manera todos los establecimientos tienen un puntaje que varía entre los 100 y los 500 puntos.

b) Nivel tecnológico en el control de calidad. Para todos los establecimientos, se procedió de manera similar al del nivel tecnológico de producción, es decir, a las tres modalidades de control de calidad se asignaron los siguientes valores ponderados: visualmente 100 puntos, por medio de instrumentos no automatizados 300 puntos y por medio de instrumentos automatizados 500 puntos. De esta manera mantenemos los mismos rangos de puntaje que para el caso del nivel tecnológico en producción.

c) Inversión en investigación y desarrollo tecnológico. Este porcentaje se ponderó con el factor 5 (máximo ponderador del porcentaje de nivel tecnológico en producción para los establecimientos que utilizan sistemas computarizados de manufactura integrados). De esta manera el porcentaje de inversión puede variar de 0 (establecimientos que no invirtieron en IyDT) a 500 puntos (establecimientos que hayan invertido el 100% de sus ingresos en IyDT).

Estos tres niveles se integraron en un índice general de nivel tecnológico, ponderando a cada uno de los componentes de la siguiente manera: *a*) al puntaje obtenido en nivel tecnológico en producción se da un peso de .5, *b*) al puntaje obtenido en nivel tecnológico en control de calidad se asigna un peso de .2, y *c*) al puntaje obtenido en inversión y desarrollo tecnológico se asigna un peso de .3. La sumatoria de estos puntajes ponderados resulta en un índice de nivel tecnológico que tiene un rango de 20 a 330 puntos en una escala continua, y para estandarizarlo en una escala de 0 a 100, el resultado de esta sumatoria de valores ponderados se divide entre 5. La fórmula sería la siguiente:

$$nivtec = (nivtecprod*.5) + (nivteccal*1) + (IyDT*.2)$$

Finalmente, los valores mínimos y máximos de los componentes y del índice general de nivel tecnológico serían los siguientes:

CUADRO 5

Componentes	Valores mínimos	Valores máximos
Nivel tecnológico en producción	100	500
Nivel tecnológico en control de calidad	100	500
Nivel de inversión y desarrollo tecnológico	0	500
Nivel tecnológico general	20	100

Con los valores de este índice general de nivel tecnológico se construyó una variable de nivel ordinal, que llamamos Nivel Tecnológico de los Establecimientos, agrupándolos en tres niveles: *a*) Nivel bajo, en el que se ubican los establecimientos que obtuvieron un índice de nivel tecnológico igual a 25 puntos o menos, *b*) Nivel medio, agrupando a los establecimientos que obtuvieron un puntaje que va entre 26 y 50 puntos, y *c*) Nivel Alto, en el que quedaron aquellos establecimientos que obtuvieron más de 51 puntos.

CUADRO 6. Transformaciones y conversiones de las variables originales
para construir el índice de nivel tecnológico

Nivel tecnológico en producción	Porcentajes ponderados y agregados en el índice (valor mínimo = 100, valor máximo = 500)	Por pieza: S3a.02a to s3a.02e	Por pieza: S3a.02 = s3a.02a + (s3a.02b * 2) +(s3a.02c * 3) + (s3a.02d * 4) + (s3a.02e * 5)
		Flujo continuo: S3a.04	Flujo continuo: If s3a.04 = 1, then s3a.02 = (1*100) If s3a.04 = 2, then s3a.02 = (3*100) If s3a.04 = 3, then s3a.02 = (5*100) .S3a.02t = s3a.02 + s3a.04
Nivel tecnológico en control de calidad	Asignación de puntajes por tipo de control de calidad realizado: visualmente (100 puntos), por medio de instrumentos no automatizados (300 puntos), por medio de instrumentos automatizados (500 puntos)	S3a.05	Recode S3a.05 (in to different variable) s3a.05a (1 = 100) (2 = 300) (3 = 500)
Nivel de investigación y desarrollo tecnológico	Porcentaje ponderado (valor mínimo = 0, valor máximo = 500) (ponderador = 5)	S3c.02	Compute S3c.02a = S3c.02 * 5
Índice de nivel tecnológico	Índice ponderado con valores 0 a 100	s3a.02 S3a.05 S3c.02a	Compute s3c.02z = ((s3a.02t*.5)+(s3a.05a*.2)+(s3c.02a*.3))/ 5
Nivel tecnológico de los establecimientos	Índice ordinalizado en 3 niveles: bajo, medio y alto	S3c.02z	Recode s3c.02z (in to) s3c.02y: lowest thru 25 = 1 (bajo), 26 thru 50 = 2 (medio), 51 thru highest = 3 (alto).

Perfiles sociotécnicos en la industria maquiladora en México

En el análisis de la información sobre las características tecnológicas y sociales de las empresas maquiladoras se distinguieron las siguientes cuatro dimensiones básicas:

a) El modelo organizacional
b) El nivel tecnológico
c) El nivel de flexibilidad laboral
d) Y el nivel de calificación de la fuerza de trabajo

Como se recordará, en apartados anteriores se describe la forma en que fueron construidas estas cuatro dimensiones y cada una de ellas se transformaron en una variable de nivel ordinal. Para determinar los perfiles sociotécnicos de las empresas estas cuatro variables se transformaron en variables nominales de tipo dicotómico. Es decir, se reagruparon en dos categorías de la siguiente manera.

Los modelos de organización del trabajo se reagruparon en la categoría "fordista-taylorista" y la categoría "toyotista" distinguiendo entre formas tradicionales y nuevas formas de organización del trabajo. Los niveles tecnológicos y los niveles de flexibilidad laboral se reagruparon en las categorías "bajo-medio" y "alto". El nivel de calificación de la fuerza de trabajo también se reagrupó en dos categorías. Sin embargo, para determinarlas primero se procedió a clasificar a los establecimientos a partir del porcentaje que representan los obreros calificados en el conjunto de los trabajadores de producción. Así, se establecieron cuatro niveles de calificación: el primero concentró a los establecimientos que declararon no tener trabajadores de planta no calificados (nivel nulo); el segundo estuvo integrado por los establecimientos que declararon tener hasta 33% de trabajadores calificados (nivel bajo); el tercero incluyó a los establecimientos que declararon tener hasta 66% de trabajadores calificados (nivel medio); y el cuarto incluyó a los establecimientos que declararon tener más de 66% de obreros calificados. Para la construcción del perfil se reagruparon en dos categorías, la que va de nivel de calificación nulo a medio, y la de nivel alto.

Estos cuatro indicadores reagrupados se estructuraron en un vector de la siguiente manera:

Modelo organizacional	Nivel tecnológico	Nivel de flexibilidad laboral	Nivel de calificación de la fuerza de trabajo

De la construcción de este vector se obtuvieron ocho perfiles sociotécnicos básicos que se presentan en el siguiente cuadro:

CUADRO 7

Códigos	Perfiles sociotécnicos
1111	Fordista, tecnología y flexibilidad baja-media y calificación nula-media
1112	Fordista, tecnología y flexibilidad baja-media y calificación alta
1121	Fordista, tecnología baja-media, flexibilidad alta y calificación nula-media
1122	Fordista, tecnología baja-media, flexibilidad alta y calificación alta
1211	Fordista, tecnología alta, flexibilidad baja-media y calificación nula-media
2111	Toyotista, con tecnología y flexibilidad baja-media, y calificación nula-media
2112	Toyotista, con tecnología y flexibilidad baja-media y calificación alta
2211	Toyotista, con tecnología alta, flexibilidad baja-media y calificación nula-media

Muestra de establecimientos maquiladores
de la zona centro sureste

Estado	Porcentaje de establecimientos maquiladores estudiados
Tlaxcala	63
Querétaro	37
Guanajuato	22
Yucatán	31
Michoacán	100
Estado de México (Zona Toluca-Lerma)	50
Aguascalientes	23
Puebla	22
Zacatecas	35
Muestra total	100

GUIÓN DE ENTREVISTA PARA GERENTE GENERAL

El objetivo del presente cuestionario es captar la organización y el control sobre el proceso de trabajo. Sólo debe entrevistarse al gerente de la planta. Aclare al entrevistado que la información que proporcione será totalmente confidencial y anónima, y se utilizará únicamente para fines académicos.

Clave de la empresa: _____	Clave del departamento: _____
Entidad y municipio o localidad: _____	Fecha de aplicación: _____
Número de folio: _____	Clave del encuestador: _____

A) Percepción de la situación actual de la industria maquiladora

1. Explique tres razones por las que convino a su empresa registrarse como maquila

a) _____

b) _____

c) _____

2. Desde el año 2000 la actividad productiva en las maquilas ha decaído, las plantas han cerrado o se han trasladado a otros países. ¿Cuáles de los siguientes factores han influido? **(marque con el número 1 el más importante y así sucesivamente)**
a) Los salarios en México
b) La reducción de la demanda para los productos maquiladores en Estados Unidos
c) Los sindicatos en México
d) Que no haya una devaluación mayor del peso frente al dólar
e) La falta de financiamiento con bajas tasas de interés
f) La falta de infraestructura: vías de comunicación de calidad, energía barata, agua
g) La falta de obreros calificados
h) Los bajos salarios en China y en Centroamérica
i) Otros (especifique): _____

3. La productividad en la maquila se ha estancado en México desde 1992. ¿A qué lo atribuye? **(señale todos los factores que intervienen, marcando con el número 1 el más importante y así sucesivamente):**
a) Falta de innovación tecnológica (¿Por qué no la hay?)
b) Falta de formas modernas de organizar la empresa (¿Por qué no la hay?)
c) Falta de inversión en capacitación del personal (¿Por qué no la hay?)
d) La alta rotación del personal (¿A qué se debe?)
e) Falta de motivación del personal (¿Por qué no la hay?)
f) Otros (especifique): _____

4. ¿Cuáles son las tres principales razones por las que la mayoría de las empresas de la industria maquiladora no invierten en maquinaria y equipo de alta tecnología?

a) _____

b) _____

c) _____

5. ¿Cuáles son las tres principales razones por las que la mayoría de las empresas maquiladoras no buscan proveedores locales de materias primas y componentes?

a) _____

b) _____

c) _____

6. ¿Cuál es la principal razón por la cual la mayoría de las empresas maquiladoras no buscan mercados diferentes de Estados Unidos?

_____

_____

_____

7. ¿Cómo ha afectado la entrada en operación del Tratado de Libre Comercio en cuanto a aranceles e impuestos para la maquila?

_____

_____

_____

8. ¿Cuál es el futuro de este sector en México?

_____

_____

_____

B) Cultura laboral

1. PARA GERENCIA: diga sí está de acuerdo o en desacuerdo con las siguientes afirmaciones y por qué.

Los obreros son rebeldes y conflictivos

Tienen poca iniciativa, necesitan que les ordenen

Responden mejor cuando se les castiga

Son flojos y tramposos

Odian a los supervisores y jefes

Son sucios y descuidados

No tienen experiencia laboral

Tienen baja escolaridad y calificación

Se les dificulta aprender a operar las máquinas

Cometen muchos errores

El sindicato no contribuye con la empresa para que mejore la productividad

El dirigente sindical es corrupto

378

El sindicato es conflictivo
El sindicato y el CCT son obstáculos para la productividad

2. PARA OBREROS

Los gerentes desprecian a los obreros
No les tienen confianza
Son autoritarios y arbitrarios
Deberían convivir con los trabajadores
No comprenden sus problemas personales y familiares
Sólo quieren ganar dinero
No ofrecen suficiente capacitación
No me interesa la empresa ni el trabajo
Trabajo porque me pagan
Mi familia es lo principal
Hay muchos rencores y odios en la empresa
En cuanto pueda me consigo otro trabajo
No quiero que mis hijos trabajen en esta empresa
Pagan poco y exigen mucho
El trabajo es aburrido
Me canso mucho
Hay mucho ruido, polvo, poca iluminación
Hay muchos accidentes
Es un lugar feo
No nos dejan opinar
Nos insultan y castigan

3. SINDICATO

El sindicato debe interesarse por la productividad
Sindicato y empresa tienen los mismos intereses
A los trabajadores les gusta su trabajo o sólo trabajan porque les pagan
La gerencia no toma en cuenta la opinión del sindicato en problemas de la producción
Los trabajadores son flojos y desobligados
Odian a la empresa
No participan en el sindicato porque son pasivos
La empresa sólo quiere ganar dinero
Los obreros son conflictivos
No son solidarios entre ellos

ESTRATEGIAS EMPRESARIALES DE REESTRUCTURACIÓN PRODUCTIVA
EN LA MAQUILA
CONSEJO NACIONAL DE CIENCIA Y TECNOLOGÍA

ENCUESTA NACIONAL
MODELOS DE INDUSTRIALIZACIÓN EN LA MAQUILA DEL
CENTRO YSURESTE DEMÉXICO

Esta encuesta tiene como objeto hacer un diagnóstico de los niveles tecnológicos, organizativos, en las re-laciones laborales, en la fuerza de trabajo, encadenamientos productivos y apoyos gubernamentales de la industria maquiladora de exportación en la zona centro y sureste del país. La información agrupada y ana-lizada será proporcionada a las empresas encuestadas para que sean utilizadas en el diseño de políticas de producción. En ningún caso se proporcionará información de un establecimiento en particular, garantizán-dose la confidencialidad de la información proporcionada.

Clave de la empresa: _____	Número de folio: _____
Entidad y municipio o localidad: _____	Fecha de aplicación: _____
Clave del encuestador: _____	Clave del codificador: _____

MÓDULO I: Datos generales de la empresa

Nombre de la empresa o razón social	
Giro de actividades	
Calle y número	
Colonia o localidad	
Municipio o delegación	
Entidad federativa	
Código postal	
Teléfono	
Fax	
Nombre del entrevistado	
Puesto	

1. Valor total de su producción en 2002: $ _____

2. Valor total de insumos consumidos en 2002: $ _____

3. Remuneraciones totales pagadas al personal total ocupado en 2002: $ _____

4. Indique cómo se distribuye en porcentaje el capital social (acciones) de la empresa:

TIPO DE CAPITAL	PORCENTAJE
Capital extranjero	%
Capital estatal	%
Capital privado nacional	%
Total	100.0 %

380

ESTRATEGIAS EMPRESARIALES DE REESTRUCTURACIÓN PRODUCTIVA EN LA MAQUILA
CONSEJO NACIONAL DE CIENCIA Y TECNOLOGÍA

5. ¿En qué año se instaló el establecimiento en el municipio, zona metropolitana o delegación actual?

_____

6. ¿Cuáles fueron las razones por las que el establecimiento eligió localizarse en la ubicación actual?
(Ponga núm. 1 para la principal, 2 para segundo lugar y así sucesivamente; puede dejar opciones en blanco)

(   ) Régimen fiscal mexicano
(   ) Costo de la mano de obra
(   ) Buenas relaciones laborales
(   ) Disposición de abundante mano de obra
(   ) Apoyos gubernamentales en terrenos, parques industrias, exención de impuestos, etcétera
(   ) Disposición de infraestructura, de energía, comunicaciones y transportes
(   ) Cercanía del mercado del producto
(   ) Calificación de la mano de obra
(   ) Otros (especifique):_____

7. Su línea principal de producción es de (Marque una solaopción):

(   ) Ensamble de piezas o componentes
(   ) Transformación de materia prima
(   ) Servicios

8. En el año 2002 indique el porcentaje del valor de sus insumos que provino de:

REGIÓN O PAÍS	PORCENTAJE
Mercado interno mexicano	%
Estados Unidos	%
Canadá	%
Europa	%
Sudamérica, Centroamérica y el Caribe	%
Otros	%

9. Del total de sus insumos adquiridos durante 2002, indique el porcentaje según el tipo de empresa de la que provinieron:

Origen de los insumos / Mercado	La misma empresa %	Otras empresas privadas %	Empresas paraestatales %	Subtotales por origen %
Nacional	9a1 9	a2	9a3 9a	4
De importación	9b1 9	b2	9b3 9b4	
% total por empresa				100.0%

381

ESTRATEGIAS EMPRESARIALES DE REESTRUCTURACIÓN PRODUCTIVA EN LA MAQUILA
CONSEJO NACIONAL DE CIENCIA Y TECNOLOGÍA

10. ¿Cuál es la principal razón por la que recurre a importaciones temporales para sus insumos?
(Marque una sola opción)

( ) Para gozar de exención de impuestos
( ) Costo más bajo
( ) Acuerdo de la matriz
( ) Mayor calidad de los insumos
( ) Es el único proveedor de esos insumos
( ) Otra razón (especifique): _____

11. Indique cómo se distribuyeron porcentualmente durante 2002 las ventas del establecimiento entre los siguientes países y regiones

DESTINO DE LOS PRODUCTOS EXPORTADOS	PORCENTAJE
Mercado interno mexicano	%
Estados Unidos	%
Canadá	%
Europa	%
Sudamérica, Centroamérica y el Caribe	%
Otros: _____	%
TOTAL DE EXPORTACIONES	100.0 %

12. Señale en porcentaje cómo se distribuyeron en 2002 sus ventas

DESTINO DE LAS VENTAS	TIPO DE EMPRESA PROVEEDORA					
	La misma empresa %	Otras empresas privadas %	Dependencias de gobierno %	Empresas paraestatales %	Venta directa a personas físicas %	Total por destino %
Mercado nacional	12a1　12	a2	12a3	12a4	12a5	
Exportaciones	12b1　1	2b2	12b3	12b4	12b5	
Total por tipo de empresa						100.0%

ESTRATEGIAS EMPRESARIALES DE REESTRUCTURACIÓN PRODUCTIVA
EN LA MAQUILA
CONSEJO NACIONAL DE CIENCIA Y TECNOLOGÍA

MÓDULO II. Encadenamientos productivos

1. Porcentaje del valor de su producción que le maquilaron subcontratistas en México en 2002:
$ _____

2. Porcentaje de sus ingresos en 2002 provenientes de realizar el establecimiento maquila o ser subcontratado por otras empresas situadas en el territorio mexicano: $ _____

3. El establecimiento realiza actividades conjuntas con otras empresas o instituciones situadas en el territorio nacional de (**puede marcar más de una opción**):

( ) Investigación demercados y ventas
( ) Contratación de personal
( ) capacitación
( ) Investigación y desarrollo
( ) Publicidad
( ) Compra de materias primas
( ) Adquisición de maquinaria y equipo
( ) Utilización de maquinaria y equipo
( ) Otra:_____

MÓDULO III. Tecnología
A) Tipo de Proceso

1. Considerando su principal producto o línea de productos en el valor total de sus ventas, ¿cuál de los siguientes tipos de procesos de producción se parece más al que realizan en este establecimiento? (Señale sólo uno, ya sea por pieza o flujo continuo)

( ) **Por pieza** (puede ser por series estándar, lotes o piezasúnicas) *Si la respuesta es"sí",*
pase a la pregunta 2.
* El proceso es por unidades diferenciales (por ejemplo, automóviles, camisas, botones)
* El proceso se realiza por medio de herramientas (pinzas, desarmadores, taladros) o máquinas (una máquina es un mecanismo impulsado por una fuerza motriz humana, eléctrica, de combustión, vapor, aire, etc., que sirve para dar forma, horadar, cizallar, ensamblar)
* El traslado de la materia prima dentro del proceso productivo se realiza manualmente, por medio de carretillas, cadenas de montaje, bandas, etcétera
* La materia prima es generalmente sólida

( ) **Flujo continuo** Si la respuesta es "sí", pase a la pregunta 3.
* El producto puede ser fluido (líquido, gas suspensión, liquido-sólido, gas-sólido, líquido-gas) o sólido
* La materia prima es generalmente fluida
* La materia prima es transportada por medio de bombas a través de tuberías
* El trabajo de los obreros es de vigilancia, control y mantenimiento
* La transformación consiste en cambios de estado físico, mezclados o reacciones químicas en equipos que no dependen del trabajo directo

ESTRATEGIAS EMPRESARIALES DE REESTRUCTURACIÓN PRODUCTIVA
EN LA MAQUILA
CONSEJO NACIONAL DE CIENCIA Y TECNOLOGÍA

2. ¿Cuál es el porcentaje de las operaciones de transformación o ensamble del principal proceso de producción realizadas con cada tipo de maquinaria o equipo?

INSTRUMENTOS	PORCENTAJE
a) Manualmente. Por medio de herramientas manuales	
b) Con maquinaria o equipo no automatizado (eléctrico, mecánico, hidráulico, combustión interna)	
c) Con maquinaria o equipo automatizado no computarizado	
d) Con maquinaria o equipo computarizado	
e) Por medio de sistemas computarizados de manufactura integrados (CAD/CAM, MHCNC, células flexibles)	

3. ¿Cómo evalúa su tecnología? (Marque una sola opción)

( ) Atrasada respecto de los estándares internacionales
( ) A la vanguardia de la tecnología a nivel internacional

4. ¿Cuál es la principal forma de control del proceso en la línea de producción más importante?
(Marque una sola opción)

( ) Sin control automático
( ) Con control automático
( ) Con control automático computarizado

5. La forma principal comose realiza el control de calidad es:

( ) Visualmente
( ) Por medio de instrumentos no automatizados
( ) Por medio de instrumentos automatizados
( ) No se realiza control de calidad

B) Sistemas de control deinventarios

1. ¿En el suministro a sus líneas de producción utiliza el sistema "justo a tiempo"?

( ) Sí
( ) No (Pase a la pregunta 8)

2. ¿Qué porcentaje del suministro (materias primas, componentes, etc.) a sus líneas de producción se hace con ese sistema? _____%

3. ¿Qué porcentaje del total de su producción se entrega a sus clientes bajo el sistema de "justo a tiempo"? _____%

ESTRATEGIAS EMPRESARIALES DE REESTRUCTURACIÓN PRODUCTIVA
EN LA MAQUILA
CONSEJO NACIONAL DE CIENCIA Y TECNOLOGÍA

4. ¿Por cuál de los siguientes procedimientos adquiere principalmente su tecnología?
(Marque una sola opción)

( ) Compra depatentes
( ) De consultores
( ) De la casamatriz
( ) Desarrollo propio
( ) La compra a otras empresas
( ) Otras (especifique): _____

C) Formas de desarrolloy/o asimilación de tecnología

1. ¿En 2002 el establecimiento realizó investigacióny/o desarrollo tecnológico?

( ) Sí
( ) No (Pase a la pregunta IV-1)

2. Aproximadamente, ¿qué porcentaje de sus ventas totales destinó el establecimiento durante 2002 a la investigación o desarrollo tecnológico? _____ %

3. ¿Hacia qué aspecto se orientó principalmente la investigación o desarrollo tecnológico?
(Marque una sola opción)

( ) Diseño de nuevos productos
( ) Diseño de nuevos procesos
( ) Mejora de los procesos
( ) Mejora de la calidad de los productos
( ) Mejora de maquinaria y equipo
( ) Otro (especifique): _____

4. ¿En dónde se realizó principalmente la investigación o desarrollo tecnológico?

( ) En el mismo establecimiento
( ) En otro establecimiento de la empresa dentro o fuera del país
( ) En universidades o centros tecnológicos
( ) En empresas consultoras
( ) Otro (especifique): _____

MÓDULO IV. Organización del trabajo
A) División del trabajo

1. ¿Cuántas categorías en producción y mantenimiento existen para obreros?_____

2. ¿Quién o quiénes realizan principalmente el control de calidad? (Marque una sola opción)

( ) Elmismo personal de producción
( ) Existe un departamento o personal especializado
( ) No se realiza control de calidad

385

**ESTRATEGIAS EMPRESARIALES DE REESTRUCTURACIÓN PRODUCTIVA
EN LA MAQUILA**
CONSEJO NACIONAL DE CIENCIA Y TECNOLOGÍA

B) Formalización del trabajo

1. ¿Cuál es el principal procedimiento para asignar a un trabajador a un puesto de producción cuando ingresa? (Marque una sola opción)

( ) Examen de conocimientos
( ) Examen de habilidades y aptitudes
( ) Aprobación de cursos de capacitación
( ) Por propuesta del equipo de trabajo
( ) Propuesta del jefe inmediato o del depto. de recursos humanos
( ) No existen procedimientos formales
( ) Otra forma (especifique): _____

2. ¿Cuál es el principal procedimiento para promover a un trabajador de producción?

( ) Antigüedad en el trabajo
( ) Examen de conocimientos
( ) Examen de habilidades y aptitudes
( ) Dominio de operaciones y tareas
( ) Aprobación de cursos de capacitación
( ) Por propuesta del equipo de trabajo
( ) Propuesta del jefe inmediato
( ) No existen procedimientos formales
( ) Otra forma (especifique): _____

3. ¿El establecimiento cuenta con? (Marque una sola opción por columna y renglón)

	Sí y se utilizan	Sí, pero no se utilizan	No
a) Manuales de puestos	( )	( )	( )
b) Manualesde procedimientos	( )	( )	( )

4. ¿En este establecimiento se realizan estudios de tiempos y movimientos?

( ) Sí
( ) No

5. ¿Los trabajadores tienen que cumplir cuotas mínimas de producción?

( ) Sí
( ) No

C) Mantenimiento y supervisión

1. ¿Quién realiza principalmente las tareas de mantenimiento?

( ) El mismo personal de producción
( ) Personal especializado en mantenimiento
( ) Ambos
( ) Otros (especifique): _____

2. ¿Cuál es la forma principal de supervisión de los trabajadores en producción?

( ) No hay forma sistemática de supervisión
( ) Mediante un grupo de supervisores o jefes
( ) Mediante equipo automatizado
( ) Mediante equipos de trabajo
( ) Otras formas (especifique):

ESTRATEGIAS EMPRESARIALES DE REESTRUCTURACIÓN PRODUCTIVA EN LA MAQUILA
CONSEJO NACIONAL DE CIENCIA Y TECNOLOGÍA

D) Comunicación

1. ¿Cuál es la forma principal de supervisión de los trabajadores en producción?

( ) No hay forma sistemática de supervisión
( ) Mediante un grupo de supervisores o jefes
( ) Mediante equipo automatizado
( ) Mediante equipos de trabajo
( ) Otras formas (especifique): _____

2. ¿Cuál es la forma principal de comunicación de los directivos, gerentes y jefes con los trabajadores de producción?

( ) En forma verbal directa
( ) Por medio de jefes y supervisores
( ) Por medio de oficios y/o memoranda
( ) Mediante equipo informático
( ) No hay comunicación
( ) Otras formas (especifique): _____

3. ¿Cuál es la forma principal de comunicación de los trabajadores de producción con los jefes, gerentes y la dirección del establecimiento?

( ) En forma verbal directa
( ) Por medio de jefes y supervisores
( ) Por medio de informes escritos, reportes, gráficas, etcétera
( ) A través del sindicato
( ) Mediante grupos o equipos de trabajo
( ) Mediante sistemas informáticos
( ) No hay comunicación
( ) Otras formas (especifique): _____

4. ¿De qué manera los directivos del establecimiento estimulan la comunicación entre los trabajadores para que traten los problemas de la producción?

( ) Por medio de juntas
( ) En equipos de trabajo
( ) Asambleas
( ) Cursos
( ) No lo estimulan
( ) De otra manera (especifique): _____

E) Movilidad interna

1. Indique qué tan frecuentemente los obreros de producción:

	Muy frecuente	Regular	Esporádica	No se practica
Muy frecuente Regular Esporádica No se practica				
a) Son movidos entre puestos o categorías	( )	( )	( )	( )
b) Son movidos entre turnos	( )	( )	( )	( )
c) Desarrollan tareas de diferentes puestos	( )	( )	( )	( )
d) Trabajan horas extras	( )	( )	( )	( )
e) Trabajan en días de descanso obligatorio	( )	( )	( )	( )
f) Rotación de turnos	( )	( )	( )	( )
g) Cambio entre departamentos	( )	( )	( )	( )
h) Cambio de establecimientos de la misma empresa	( )	( )	( )	( )
i) Otro cambio (especifique): _____				

387

ESTRATEGIAS EMPRESARIALES DE REESTRUCTURACIÓN PRODUCTIVA
EN LA MAQUILA
CONSEJO NACIONAL DE CIENCIA Y TECNOLOGÍA

2. Indique la frecuencia con la que las siguientes causas son motivo para mover internamente al personal de producción:

	Muy frecuente	Regular	Esporádica	No se realiza
a) Por ausentismo	( )	( )	( )	( )
b) Por renuncias frecuentes	( )	( )	( )	( )
c) Por aumento en la producción	( )	( )	( )	( )
d) Para estimular la polivalencia	( )	( )	( )	( )
e) Para eliminar la monotonía	( )	( )	( )	( )
f) Para promover el pago por conocimientos	( )	( )	( )	( )
g) Otro (especifique): _____				

3. ¿Cuál es la principal característica que se toma en cuenta del trabajador para la movilidad interna?
(Marque sólo una opción)

( ) Conocimiento o aptitudes
( ) Antigüedad
( ) Disposición del trabajador
( ) Historia laboral del trabajador
( ) Otro criterio (especifique): _____

F) Involucramiento en latoma de decisiones

1. Indique con qué frecuencialos trabajadores de producciónparticipan directamente en la toma dedecisiones sobre los siguientes aspectos:

	Muy frecuente	Regular	Esporádica	No se realiza
a) Selección de personal	( )	( )	( )	( )
b) Promoción de personal	( )	( )	( )	( )
c) Definición de cargas de trabajo	( )	( )	( )	( )
d) Sanciones a los trabajadores	( )	( )	( )	( )
e) Asignaciónde premios ybonos	( )	( )	( )	( )
f) Contenidos de programas de capacitación	( )	( )	( )	( )
g) Selección de maquinaria, equipo o herramienta	( )	( )	( )	( )
h) Selección de materias primas	( )	( )	( )	( )
i) Mejoramiento delmétodo de trabajo	( )	( )	( )	( )
j) Diseño deprogramas demejoramiento delaproductividad yla calidad	( )	( )	( )	( )
k) Otros aspectos (especifique): _____				

G) Nuevas formas de organización del trabajo

1. ¿En elestablecimiento se han establecidolas siguientes nuevas formasde organización deltrabajo?
(Marque las opciones necesarias)

( ) Círculos de calidad
( ) Equipos de trabajo
( ) Células de producción
( ) Control total de calidad
( ) Reingeniería
( ) Cero errores
( ) Control estadístico del proceso
( ) Kan Ban

**ESTRATEGIAS EMPRESARIALES DE REESTRUCTURACIÓN PRODUCTIVA
EN LA MAQUILA**
CONSEJO NACIONAL DE CIENCIA Y TECNOLOGÍA

2. ¿Existen en esta empresa formas grupales (equipos de trabajo, círculos de calidad, células de producción) de participación de los trabajadores de producción?

( ) Sí
( ) No **(Pase a la pregunta 20)**

3. ¿Cómo participan los grupos de trabajo en las siguientes funciones?

	Discuten y proponen	Deciden	No participan
a) Presupuesto de producción	( )	( )	( )
b) Ajuste de maquinaria o de variables de proceso	( )	( )	( )
c) Cambios en las especificaciones del producto	( )	( )	( )
d) Control estadístico del proceso	( )	( )	( )
e) Control no estadístico del proceso	( )	( )	( )
f) Relación cliente-proveedor	( )	( )	( )
g) Identificación de causas de riesgo en el trabajo	( )	( )	( )
h) Elaboración de programas de previsión de riesgos	( )	( )	( )
i) Control de ausencias, permisos y horas extra	( )	( )	( )
j) Prevención de conflictos laborales	( )	( )	( )
k) Detección de necesidades de capacitación	( )	( )	( )
l) Elaboración de programas de capacitación	( )	( )	( )
m) Elaboración de programas de movilidad interna	( )	( )	( )
n) Otras funciones (especifique): _____			

MÓDULO V. Relaciones laborales

1. ¿Existe sindicato en el establecimiento?

( ) Sí
( ) No **(Pase a la pregunta 22)**

2. ¿A qué confederación, federación o sindicato nacional de industria está afiliado?
_____

3. Marque con una "x" aquellos aspectos en los que el sindicato y/o los trabajadores intervienen a través de **procedimientos formales** (formalizados en contratos colectivos de trabajo, reglamentos interiores de trabajo o convenios)

ASPECTOS	INTERVIENE	
A) CAMBIO TECNOLÓGICO	El sindicato	Trabajadores
1) Se les informa	( )	( )
2) Discuten y proponen	( )	( )
3) Decisión del cambio tecnológico	( )	( )
4) Evaluación del cambio tecnológico	( )	( )
5) Mejoramiento permanente	( )	( )

B) CAMBIO EN LA ORGANIZACIÓN DEL TRABAJO	El sindicato	Trabajadores
1) Se les informa	( )	( )
2) Discuten y proponen	( )	( )
3) Decisión del cambio	( )	( )
4) Evaluación del cambio	( )	( )
5) Mejoramiento permanente	( )	( )

**ESTRATEGIAS EMPRESARIALES DE REESTRUCTURACIÓN PRODUCTIVA
EN LA MAQUILA**
CONSEJO NACIONAL DE CIENCIA Y TECNOLOGÍA

C) EMPLEO	El sindicato	Trabajadores
1) Selección de personal	( )	( )
2) Reajuste de Personal	( )	( )
3) Empleo de eventuales	( )	( )
4) Creación de puestos de confianza	( )	( )
5) Empleo de subcontratistas	( )	( )

D) PROCESO DE TRABAJO	El sindicato	Trabajadores
1) Definición de manuales de puesto	( )	( )
2) Movilidad interna de trabajadores	( )	( )
3) Asignación de tareas a los obreros	( )	( )
4) Sanciones a los trabajadores	( )	( )
5) Definición de los métodos de trabajo	( )	( )
6) Definición de estándares de producción y calidad	( )	( )

4. Marque con una "x" aquellos aspectos en los que el sindicato y/o los trabajadores intervienen a través de **procedimientos informales** (Puede cruzar los dos casos)

ASPECTOS   INTERVIENE

A) CAMBIO TECNOLÓGICO	El sindicato	Trabajadores
1) Se les informa	( )	( )
2) Discuten y proponen	( )	( )
3) Decisión del cambio tecnológico	( )	( )
4) Evaluación del cambio tecnológico	( )	( )
5) Mejoramiento permanente	( )	( )

B) CAMBIO EN LA ORGANIZACIÓN DEL TRABAJO	El sindicato	Trabajadores
1) Se les informa	( )	( )
2) Discuten y proponen	( )	( )
3) Decisión del cambio	( )	( )
4) Evaluación del cambio	( )	( )
5) Mejoramiento permanente	( )	( )

C) EMPLEO	El sindicato	Trabajadores
1) Selección de personal	( )	( )
2) Reajuste de Personal	( )	( )
3) Empleo de eventuales	( )	( )
4) Creación de puestos de confianza	( )	( )
5) Empleo de subcontratistas	( )	( )

D) PROCESO DE TRABAJO	El sindicato	Trabajadores
1) Definición de manuales de puesto	( )	( )
2) Movilidad interna de trabajadores	( )	( )
3) Asignación de horas extra	( )	( )
4) Sanciones a los trabajadores	( )	( )
5) Definición de los métodos de trabajo	( )	( )
6) Definición de estándares de producción y calidad	( )	( )

ESTRATEGIAS EMPRESARIALES DE REESTRUCTURACIÓN PRODUCTIVA
EN LA MAQUILA
CONSEJO NACIONAL DE CIENCIA Y TECNOLOGÍA

MÓDULO VI. Empleo

1. Registre el número de trabajadores que laboraron al 31 de diciembre de 2002 en el establecimiento, según categoría ocupacional y sexo:

Categoría ocupacional	Hombres	Mujeres	Total	
Directivos (gerencia)				
Administrativos (oficinas)				
Profesionales y técnicos en producción*				
Supervisores en producción*				
Obreros especializados*				
Obreros generales (No tienen una calificación especial)				
Total de trabajadores				

2. Marque con una "x" la edad más frecuente de la mayoría del personal, al 31 de diciembre de 2002, según categoría ocupacional (Marque una sola opción por renglón):

Categoría ocupacional	Entre 16 y 25 años	Entre 26 y 40 años	Más de 40 años	
Directivos (gerencia)				
Administrativos (oficinas)				
Profesionales y técnicos en producción				
Supervisores en producción				
Obreros especializados				
Obreros generales				

391

**ESTRATEGIAS EMPRESARIALES DE REESTRUCTURACIÓN PRODUCTIVA
EN LA MAQUILA**
CONSEJO NACIONAL DE CIENCIA Y TECNOLOGÍA

3. Marque con una "x" el nivel escolar en el que se ubica la mayoría del personal al 31 de diciembre de 2002, según categoría ocupacional (Marque una sola opción por renglón):

CATEGORÍA OCUPACIONAL	NIVEL DE ESCOLARIDAD						
	Sin escolaridad	Primaria incompleta	Primaria completa	Secundaria	Técnico medio	Preparatoria o bachillerato	Estudios superiores
Directivos							
Administrativos							
Profesionales y técnicos							
Supervisores							
Obreros especializados							
Obreros en general							

4. Indique aproximadamente cuál fue la antigüedad promedio del personal ocupado en el establecimiento al 31 de diciembre de 2002, según categoría ocupacional (Marque unasola opción por renglón):

CATEGORÍA OCUPACIONAL	ANTIGÜEDAD				
	Menos de 2 años	2 a 5 años	5 a 10 años	10 a 20 años	Más de 20 años
Directivos					
Administrativos					
Profesionistas y técnicos					
Supervisores en producción					
Obreros especializados					
Obreros generales					

ESTRATEGIAS EMPRESARIALES DE REESTRUCTURACIÓN PRODUCTIVA
EN LA MAQUILA
CONSEJO NACIONAL DE CIENCIA Y TECNOLOGÍA

5. Considerando únicamente a los trabajadores en producción, indique cuántos fueron capacitados en los siguientes rubros, durante 2002:

TIPO DE CAPACITACIÓN	TRABAJADORES CAPACITADOS DURANTE 2002
a) Capacitación para el manejo de maquinaria o equipos más modernos	
b) Aprendizaje de nuevas formas de organizar el trabajo	
c) Otros (especifique):	

6. ¿Existe convenio de productividad con el sindicato o los trabajadores?

( ) Sí
( ) No **(Pase a la pregunta 22)**

7. Indique el porcentaje de las remuneraciones totalespagadas a los obreros en producción durante 2002 correspondientes a los siguientes rubros:

CONCEPTO	PORCENTAJE
Salarios tabulados	
Prestaciones	
Premios, estímulos, bonos de producción, etcétera	
Horas extra y días de descanso trabajados	
Otros (especifique): _____ _____	
Monto total	

MÓDULO VII. Rotaciónde personal

1. En 2002 cuántos trabajadores

a) Renunciaron voluntariamente:_____
b) Fueron despedidos: _____

ESTRATEGIAS EMPRESARIALES DE REESTRUCTURACIÓN PRODUCTIVA
EN LA MAQUILA
CONSEJO NACIONAL DE CIENCIA Y TECNOLOGÍA

2. ¿Cuáles son las causas del abandono voluntario del trabajo por los obreros?
(Escriba el número 1 para la más importante, el 2 para la segunda y así sucesivamente)

( ) Bajos salarios
( ) Pocas prestaciones económicas
( ) Falta de bonos por productividad
( ) Falta de oportunidades de ascenso
( ) Lo intenso del trabajo
( ) Lo aburrido (repetitivo)deltrabajo
( ) Malas condiciones de higiene y seguridad
( ) Otra_____

3. Horas totales trabajadas por los obreros por semana en promedio en 2002 (incluyendo horas extra):
_____horas

4. ¿En 2002 ha realizado el establecimiento paros técnicos?

( ) Sí
( ) No

5. ¿Cuáles son las causas principales del ausentismo entre obreros? **(Escriba el 1 para la más importante, el 2 para la segunda y así sucesivamente)**

( ) Falta de interés por el trabajo
( ) Problemas familiares
( ) Enfermedades
( ) Por cansancio del trabajo
( ) Otra (especifique): _____

6. ¿Cuál es aproximadamente la antigüedad promedio de los obreros de producción en la empresa?
_____ años

Guía de entrevista individual a gerentes generales del sector de la maquila en México

El objetivo de la presente guía de entrevista es registrar la opinión de los gerentes de las empresas maquiladoras sobre distintos tópicos de la situación actual de la industria maquiladora en las zonas centro y sureste del país. Sólo debe entrevistarse al gerente de la planta. Aclare al entrevistado que la información que proporcione será totalmente confidencial y anónima, y se utilizará únicamente para fines académicos.

Nombre de la empresa: _____   Clave de la empresa: _____

Entidad y municipio o localidad: _____   Fecha de aplicación: _____

Número de folio: _____   Clave del encuestador: _____

1. La situación actual de la maquila en México

Tema	Preguntas básicas	Complementarias	Observaciones
1) La empresa	Indagar sobre las tres principales razones por las que fue conveniente registrar la empresa como maquiladora, ahondando sobre la conveniencia de dichas razones (que explique por qué fueron convenientes).		
2) La maquila	La productividad en la maquila se ha estancado en México desde 1992. ¿Cuáles de los siguientes factores considera usted que han sido los más determinantes de este estancamiento y en qué orden los ubicaría usted?	¿Por qué considera que estos son los factores más determinantes de dicho estancamiento? ¿Existen otros factores importantes que hayan causado dicho estancamiento? ¿A su empresa cómo le ha afectado esta situación?	Presentar tarjeta 1 sobre los factores que han determinado el estancamiento del sector de la maquila. En su hoja de respuestas marque los que el entrevistado señale según el orden e importancia que él o ella les dé.
	Considerando que a partir del año 2000 se dio la caída de la actividad productiva en el sector de la maquila, ya que varias plantas han cerrado o se han trasladado a otros países, ¿cuáles de los siguientes factores considera que han sido los más importantes en esta caída? (Marque con el número 1 el más importante y así sucesivamente)	¿Por qué considera que estos son los factores más importantes de dicha caída? ¿Existen otros factores importantes que también hayan influido en dicha situación? ¿A su empresa cómo le ha afectado esta situación?	Presentar tarjeta 2 sobre los factores que han influido en la caída de la actividad productiva del sector de la maquila. En su hoja de respuestas marque los que el entrevistado señale según el orden e importancia que él o ella les dé.

Tema	Preguntas básicas	Complementarias	Observaciones
2) La maquila	¿Cuáles son las razones por las que la maquila no invierte en maquinaria y equipo de alta tecnología?	En caso de que el o la entrevistada opine que sí se invierte, preguntar si así es en todas; ¿qué sucede en las que no invierten?	Orientar la entrevista hacia el tema de la innovación tecnológica para conocer las razones por las que los empresarios del sector no están interesados en invertir en tecnología.
	¿Por qué la maquila no busca proveedores locales de materias primas y componentes?	¿Es una condición para las empresas maquiladoras tener proveedores externos? ¿Afectaría sus costos de producción? ¿Los proveedores internos no ofrecen la misma calidad?	Indagar sobre el origen de las materias primas y componentes sobre los aspectos de costo y calidad, comparando a los proveedores locales y externos.
	¿Por qué la maquila no busca mercados diferentes de Estados Unidos?	¿Es el mercado que más demanda tiene? ¿Los otros mercados ya están saturados?	Indagar sobre las ventajas comparativas entre los distintos mercados a los que puede tener acceso como vendedor.
	¿Cómo ha afectado la entrada en operación del Tratado de Libre Comercio en cuanto a aranceles e impuestos para la maquila?	¿En qué sentido les ha afectado? ¿En qué aspectos específicos les ha perjudicado más? ¿Ha habido beneficios? ¿Cuáles han sido?	Indagar la opinión que tienen los gerentes sobre el Tratado de Libre Comercio. Centrar la entrevista en el aspecto de los aranceles e impuestos.
	¿Cuál es el futuro de este sector en México?		

2. Cultura laboral

Temas	Preguntas básicas	Complementarias	Observaciones
1. Los obreros y el sindicato en la maquila	Ahora le presentamos una serie de afirmaciones sobre aspectos fundamentales de la cultura laboral en... Nos gustaría saber si usted está de acuerdo o en desacuerdo con cada una de ellas y que nos comentara sus razones por las que está en acuerdo o desacuerdo.	En su experiencia como gerente, ¿qué ha visto al respecto? ¿En otras empresas maquiladoras sucede lo mismo?	Presentar tarjeta 3 sobre aspectos de la cultura laboral en la planta e indagar sobre las razones por las que está de acuerdo o en desacuerdo con cada una de las afirmaciones.

TARJETA 1. Factores que han determinado el estancamiento de la productividad de la maquila

Factores	Orden de importancia
a) Falta de innovación tecnológica	☐
b) Falta de formas modernas de organizar la empresa	☐
c) Falta de inversión en capacitación del personal	☐
d) La alta rotación del personal	☐
e) Falta de motivación del personal	☐
f) Otra (especifique):	☐
g) Otra (especifique):	☐
h) Otra (especifique):	☐
i) Otra (especifique):	☐

TARJETA 2. Factores que han determinado la caída de la actividad productiva de la maquila

Factores	Orden de importancia
a) Los salarios en México	☐
b) La reducción de la demanda en Estados Unidos para los productos maquilados	☐
c) Los sindicatos en México	☐
d) Que no haya una devaluación mayor del peso frente al dólar	☐
e) La falta de financiamiento con bajas tasas de interés	☐
f) La falta de infraestructura: vías de comunicación de calidad, energía barata, agua	☐
g) La falta de obreros calificados	☐
h) Los bajos salarios en China y en Centroamérica	☐
i) Otros (especifique):	☐
j) Otros (especifique):	☐
k) Otros (especifique):	☐
l) Otros (especifique):	☐

TARJETA 3. Aspectos de la cultura laboral en las empresas
maquiladoras en México

Aspectos	Acuerdo	Desacuerdo
a) Los obreros son rebeldes y conflictivos	☐	☐
b) Los obreros tienen poca iniciativa, necesitan que les ordenen	☐	☐
c) Los obreros responden mejor cuando se les castiga	☐	☐
d) Los obreros son flojos y tramposos	☐	☐
e) Los obreros odian a los supervisores y jefes	☐	☐
f) Los obreros son sucios y descuidados	☐	☐
g) Los obreros no tienen experiencia laboral	☐	☐
h) Los obreros tienen baja escolaridad y poca calificación	☐	☐
i) A los obreros se les dificulta aprender a operar las máquinas	☐	☐
j) Los obreros cometen muchos errores	☐	☐
k) El sindicato no contribuye con la empresa para que mejore la productividad	☐	☐
l) El dirigente sindical es corrupto	☐	☐
m) El sindicato es conflictivo	☐	☐
n) El sindicato y el CCT son obstáculos para .a productividad	☐	☐

Guía de entrevista individual a trabajadores del sector de la maquila en México

El objetivo de la presente guía de entrevista es registrar la opinión de los trabajadores de las empresas maquiladoras sobre distintos tópicos de la situación actual de la industria maquiladora en las zonas centro y sureste del país. Sólo debe entrevistarse a trabajadores de la planta. Aclare al entrevistado que la información que proporcione será totalmente confidencial y anónima, y se utilizará únicamente para fines académicos.

Nombre de la empresa: _____   Clave de la empresa: _____
Entidad y municipio o localidad: _____   Fecha de aplicación: _____
Número de folio: _____   Clave del encuestador: _____

1. La situación actual de la maquila en México

Tema	Preguntas básicas	Complementarias	Observaciones
1) La empresa	Indagar sobre las tres principales razones por las que fue conveniente registrar la empresa como maquiladora, ahondando sobre la conveniencia de dichas razones (que explique por qué fueron convenientes).		
2) La maquila	La productividad en la maquila se ha estancado en México desde 1992. ¿Cuáles de los siguientes factores considera usted que han sido los más determinantes de este estancamiento y en qué orden los ubicaría usted?	¿Por qué considera que estos son los factores más determinantes de dicho estancamiento? ¿Existen otros factores importantes que hayan causado dicho estan-camiento? ¿A su empresa cómo le ha afectado esta situación?	Presentar tarjeta 1 sobre los factores que han determinado el estancamiento del sector de la maquila. En su hoja de respuestas marque los que el entrevistado señale según el orden e importancia que él o ella les dé.
	Considerando que a partir del año 2000 se dio la caída de la actividad productiva en el sector de la maquila, ya que muchas plantas han cerrado o se han trasladado a otros países, ¿cuáles de los siguientes factores considera que han sido los más importantes en esta caída? (Marque con el número 1 el más importante y así sucesivamente)	¿Por qué considera que estos son los factores más importantes de dicha caída? ¿Existen otros factores importantes que también hayan influido en dicha situación? ¿A su empresa cómo le ha afec-tado esta situación?	Presentar tarjeta 2 sobre los factores que han influido en la caída de la actividad productiva del sector de la maquila. En su hoja de respuestas marque los que el entrevistado señale según el orden e importancia que él o ella les dé.

399

Tema	Preguntas básicas	Complementarias	Observaciones
2) La maquila	¿Cuáles son las razones por las que la maquila no invierte en maquinaria y equipo de alta tecnología?	En caso de que el o la entrevistada opine que sí se invierte, preguntar si así es en todas; ¿qué sucede en las que no invierten?	Orientar la entrevista hacia el tema de la innovación tecnológica para conocer las razones por las que los empresarios del sector no están interesados en invertir en tecnología.
	¿Por qué la maquila no busca proveedores locales de materias primas y componentes?	¿Es una condición para las empresas maquiladoras tener proveedores externos? ¿Afectaría sus costos de producción? ¿Los proveedores internos no ofrecen la misma calidad?	Indagar sobre el origen de las materias primas y componentes sobre los aspectos de costo y calidad, comparando a los proveedores locales y externos.
	¿Por qué la maquila no busca mercados diferentes de Estados Unidos?	¿Es el mercado que más demanda tiene? ¿Los otros mercados ya están saturados?	Indagar sobre las ventajas comparativas entre los distintos mercados a los que puede tener acceso como vendedor.
	¿Cómo ha afectado la entrada en operación del Tratado de Libre Comercio en cuanto a aranceles e impuestos para la maquila?	¿En qué sentido les ha afectado? ¿En qué aspectos específicos les ha perjudicado más? ¿Ha habido beneficios? ¿Cuáles han sido?	Indagar la opinión que tienen los gerentes sobre el Tratado de Libre Comercio. Centrar la entrevista en el aspecto de los aranceles e impuestos.
	¿Cuál es el futuro de este sector en México?		

2. Cultura laboral

Temas	Preguntas básicas	Complementarias	Observaciones
1. Los obreros y el sindicato en la maquila	Ahora le presentamos una serie de afirmaciones sobre aspectos funda-mentales de la cultura laboral en... Nos gustaría saber si usted está de acuerdo o en desacuerdo con cada una de ellas y que nos comentara sus razones por las que está en acuerdo o desacuerdo.	En su experiencia como gerente, ¿qué ha visto al respecto? ¿En otras empresas maquiladoras sucede lo mismo?	Presentar tarjeta 3 sobre aspectos de la cultura laboral en la planta e indagar sobre las razones por las que está de acuerdo o en desacuerdo con cada una de las afirmaciones.

TARJETA 1. Factores que han determinado el estancamiento
de la productividad de la maquila

Factores	Orden de importancia
a) Falta de innovación tecnológica	☐
b) Falta de formas modernas de organizar la empresa	☐
c) Falta de inversión en capacitación del personal	☐
d) La alta rotación del personal	☐
e) Falta de motivación del personal	☐
f) Otra (especifique):	☐
g) Otra (especifique):	☐
h) Otra (especifique):	☐
i) Otra (especifique):	☐

TARJETA 2. Factores que han determinado la caída de la actividad
productiva de la maquila

Factores	Orden de importancia
a) Los salarios en México	☐
b) La reducción de la demanda en Estados Unidos para los productos maquilados	☐
c) Los sindicatos en México	☐
d) Que no haya una devaluación mayor del peso frente al dólar	☐
e) La falta de financiamiento con bajas tasas de interés	☐
f) La falta de infraestructura: vías de comunicación de calidad, energía barata, agua	☐
g) La falta de obreros calificados	☐
h) Los bajos salarios en China y en Centroamérica	☐
i) Otros (especifique):	☐
j) Otros (especifique):	☐
k) Otros (especifique):	☐
l) Otros (especifique):	☐

TARJETA 3. Aspectos de la cultura laboral en las empresas maquiladoras en México

Aspectos	Acuerdo	Desacuerdo
a) Los gerentes desprecian a los obreros	☐	☐
b) Los gerentes no nos tienen confianza	☐	☐
c) Los gerentes son autoritarios y arbitrarios	☐	☐
d) Los gerentes deberían convivir con los trabajadores	☐	☐
e) Los gerentes no comprenden nuestros problemas personales y familiares	☐	☐
f) La empresa sólo quiere ganar dinero	☐	☐
g) La empresa no nos ofrece suficiente capacitación	☐	☐
h) No me interesa la empresa ni el trabajo	☐	☐
i) Sólo trabajo porque me pagan	☐	☐
j) Mi familia es más importante que mi trabajo	☐	☐
k) Hay muchos rencores y odios en la empresa	☐	☐
l) En cuanto pueda me consigo otro trabajo	☐	☐
m) No quiero que mis hijos trabajen en esta empresa	☐	☐
n) En este empresa pagan poco y exigen mucho	☐	☐
o) Mi trabajo en esta empresa es aburrido	☐	☐
p) Me canso mucho en mi trabajo	☐	☐
q) En mi lugar de trabajo hay mucho ruido, polvo y poca iluminación	☐	☐
i) En mi lugar de trabajo hay muchos accidentes	☐	☐
s) Mi área de trabajo es un lugar feo	☐	☐
t) En esta empresa no nos dejan opinar	☐	☐
u) Los gerentes nos insultan y castigan	☐	☐

ESTRATEGIAS EMPRESARIALES DE REESTRUCTURACIÓN PRODUCTIVA EN LA MAQUILA
CONSEJO NACIONAL DE CIENCIA Y TECNOLOGÍA

ENTREVISTA PARA OBRERO INFORMANTE CALIFICADO

El objetivo del presente cuestionario es captar la organización y el control sobre el proceso de trabajo. Sólo debe entrevistarse a obreros que trabajaron en departamentos productivos. Aclare al entrevistado que la información que proporcione será totalmente confidencial y anónima, y se utilizará únicamente para fines académicos.

Clave de la empresa: _____   Clave del departamento: _____

Entidad y municipio o localidad: _____   Fecha de aplicación: _____

Número de folio: _____   Clave del encuestador: _____

A) Datos generales

1. ¿Cuál es su categoría laboral actual?_____

2. ¿Cuál es su salario base mensual actual? $_____

3. ¿Qué tipo de contratación tiene actualmente en esta empresa? **(Marque una sola opción)**

( ) Permanente o base
( ) Eventual
( ) Otra (especifique): _____

4. ¿Qué antigüedad tiene en la empresa? **(Pregunteaños y meses):** _____ años_____meses

5. ¿Cuál es su edad? _____ años cumplidos

6. Marque con una "x" el sexo:

( ) Femenino
( ) Masculino

7. ¿Hasta qué grado estudió? **(Sólo marqueel grado máximo)**

( ) Primaria
( ) Secundaria
( ) Técnico profesional
( ) Bachillerato
( ) Licenciatura o posgrado

B) Organización del trabajo

1. Descríbame las 3 tareas principales que desempeña actualmente en su puesto de trabajo:

a)_____
b)_____
c)_____

2. ¿Actualmente usted trabaja en grupo?

( ) Sí
( ) No

ESTRATEGIAS EMPRESARIALES DE REESTRUCTURACIÓN PRODUCTIVA EN LA MAQUILA
CONSEJO NACIONAL DE CIENCIA Y TECNOLOGÍA

3. ¿Los trabajos que desempeña actualmente en la empresa le permiten adquirir nuevos conocimientos o desarrollar nuevas habilidades?

( ) Sí
( ) No

4. En general, ¿cuánto tiempo toma enseñar a otro trabajador la tarea que usted desempeña?
(Horas, días o semanas) _____

5. En el desempeño de su trabajo, ¿qué tan frecuentemente recurre a los manuales de procedimientos?
(Marque una sola opción)

( ) Frecuentemente
( ) A veces
( ) Nunca
( ) No existen manuales

6. ¿Qué tanta libertad tiene usted en cuanto al método a seguir para realizar su trabajo? **(Marque una sola opción)**

( ) Mucha
( ) Regular
( ) Poca
( ) Ninguna

7. ¿Con qué frecuencia usted y sus compañeros de trabajo toman decisiones sin consultar al supervisor o jefe inmediato en los siguientes aspectos? **(Marque una sola opción por columna)**

	Siempre	A veces	Nunca
a) Uso y/o selección de herramienta	( )	( )	( )
b) Procedimiento a seguir	( )	( )	( )
c) Momento de realizar las actividades	( )	( )	( )
d) Secuencia de las operaciones	( )	( )	( )

8. ¿Cuáles de los siguientes aspectos han inventado o modificado usted y/o sus compañeros en su departamento o área de trabajo? **(Marque las opciones que sean necesarias)**

( ) Herramientas
( ) Procedimientos
( ) Formas de coordinación con los otros trabajadores

9. ¿Usted planea sus tareas antes de realizarlas? **(Marque una sola opción)**

( ) Sí, siempre
( ) Sí, a veces
( ) Nunca

10. ¿Con quién consulta usted principalmente cuando se presentan dificultades en el desempeño de su trabajo? **(Marque una sola opción)**

( ) Con nadie
( ) Con el jefe inmediato
( ) Con los compañeros de trabajo
( ) Con el círculo de calidad
( ) Con otros (especifique): _____
_____

ESTRATEGIAS EMPRESARIALES DE REESTRUCTURACIÓN PRODUCTIVA EN LA MAQUILA
CONSEJO NACIONAL DE CIENCIA Y TECNOLOGÍA

C) Control

1. ¿Quién le asigna principalmente las tareas que desempeña en su trabajo? **(Marque una sola opción)**

( ) Supervisor
( ) Compañeros de trabajo, grupo o círculos de calidad
( ) Otros (especifique): _____

2. ¿Quién diseña principalmente los puestos de trabajo y las funciones de estos? **(Marque una sola opción)**

( ) Departamento de personal o administrativo
( ) Jefes directos
( ) Círculo de calidad o equipo de trabajo
( ) Otros departamentos de la empresa
( ) No sabe

3. ¿Quién evalúa directamente su trabajo? **(Marque una sola opción)**

( ) Los supervisores
( ) Los jefes directos
( ) El departamento de Recursos Humanos
( ) Sus compañeros de trabajo
( ) No hay evaluación
( ) No sabe

4. ¿Qué aspecto toma en cuenta principalmente la empresa para evaluar su trabajo? **(Marque una sola opción)**

( ) Sólo desempeño individual
( ) Sólo desempeño colectivo
( ) Desempeño individual y colectivo
( ) No sabe

5. En la evaluación de su trabajo, ¿qué tan importante es para la empresa? **(Marque una sola opción por columna)**

	Importante	Nada importante	No Sabe
a) La cantidad de trabajo	( )	( )	( )
b) La calidad del trabajo	( )	( )	( )

6. ¿Qué tan importante es la evaluación que hace la empresa de su trabajo para ascender de categoría? **(Marque una sola opción)**

( ) Importante
( ) Nada importante
( ) No sabe

7. ¿Con qué frecuencia es realizada la evaluación de su trabajo? **(Marque una sola opción)**

( ) Diario
( ) Semanalmente
( ) Mensualmente
( ) Cada seis meses
( ) Cada año
( ) No se evalúa

8. ¿Por lo general usted puede decidir el ritmo de realización de las tareas en su trabajo?

( ) Sí, siempre
( ) Sí, a veces
( ) No

405

ESTRATEGIAS EMPRESARIALES DE REESTRUCTURACIÓN PRODUCTIVA EN LA MAQUILA
CONSEJO NACIONAL DE CIENCIA Y TECNOLOGÍA

9. ¿Quién determina principalmente la cantidad de trabajo que debe realizar? **(Marque una sola opción)**

( ) Su jefe inmediato o el supervisor
( ) La empresa y el sindicato
( ) El círculo de calidad o equipo de trabajo
( ) Usted misma(o)
( ) Otros (especifique): _____
( ) No sabe

10. Por lo general, ¿cómo es el trato personal entre usted y sus supervisores durante la jornada laboral? **(Marque una sola opción)**

( ) Agradable
( ) Indiferente
( ) Conflictivo o problemático
( ) Otro (especifique): _____

11. Por lo general, ¿cómo le parece que son las órdenes que dan sus jefes? **(Marque una sola opción)**

( ) Siempre son adecuadas
( ) A veces son adecuadas
( ) Nunca son adecuadas

12. ¿Con qué frecuencia usted y/o sus compañeros proponen mejoras en su trabajo? **(Marque una sola opción)**

( ) Frecuentemente
( ) Sólo a veces
( ) Nunca

D) Flexibilidad

1. ¿El trabajo que usted realiza también lo hace personal de compañías subcontratistas?

( ) Sí
( ) No
( ) No sabe

2. ¿Con qué frecuencia desempeña usted un trabajo o tareas diferentes de las que corresponden a su categoría laboral (de una categoría diferente, en un área diferente, y/o en un centro de trabajo diferente del suyo, por ejemplo)? **(Marque una sola opción)**

( ) Frecuentemente
( ) Sólo a veces
( ) Nunca

3). ¿Qué tipos de bonos o estímulos recibió en el último mes? **(Marque todas las opciones que sean necesarias)**

( ) Por productividad
( ) Por calidad
( ) Por puntualidad y asistencia
( ) Otro tipo (especificar): _____

4) ¿Cuánto recibió por bonos en el último mes?_____ pesos

ESTRATEGIAS EMPRESARIALES DE REESTRUCTURACIÓN PRODUCTIVA EN LA MAQUILA
CONSEJO NACIONAL DE CIENCIA Y TECNOLOGÍA

E) Comunicación

1. ¿Cuál es la principal forma de comunicación de los directivos y gerentes con los trabajadores de producción en su departamento? (Marque una sola opción)

( ) En forma verbal directa
( ) Pormedio de jefes y supervisores
( ) Pormedio de oficiosy/o mermoranda
( ) Nohay comunicación
( ) Otras formas (especifique): _____

2. ¿Cuál es la principal forma de comunicación de los trabajadores de producción de su departamento con los gerentes y la dirección de la empresa? (Marque una sola opción)

( ) En forma verbal directa
( ) Pormedio de jefes y supervisores
( ) Pormedio de informes escritos, reportes, gráficas, etcétera
( ) A través del sindicato
( ) Mediante sistemas informáticos
( ) No hay comunicación
( ) Otras formas (especifique): _____

3. ¿Cuál es la forma principal como los directivos de la empresa estimulan la comunicación entre los trabajadores de su departamento para que traten los problemas de la producción? (Marque una sola opción)

( ) Pormedio de juntas
( ) En equipos de trabajo
( ) Asambleas
( ) Cursos
( ) No la estimulan
( ) De otra manera (especifique): _____

F) Involucramiento en la toma de decisiones

1. ¿En cuáles de los siguientes aspectos usted y sus compañeros del departamento participan directamente tomando decisiones? (Muestre la tarjeta F1 y marque las opciones que sean necesarias)

( ) Selección de personal
( ) Promoción de personal
( ) Definición de cargas de trabajo
( ) Sanciones a los trabajadores
( ) Asignación de premios y bonos
( ) Contenidos de programas de capacitación
( ) Selección de maquinaria, equipo o herramienta
( ) Selección de materias primas
( ) Mejoramiento delmétodo de trabajo
( ) Diseño de programas de mejoramiento de la productividad y la calidad
( ) Otros aspectos (especifique): _____

407

ESTRATEGIAS EMPRESARIALES DE REESTRUCTURACIÓN PRODUCTIVA EN LA MAQUILA
CONSEJO NACIONAL DE CIENCIA Y TECNOLOGÍA

G) Compromiso organizacional

1. ¿Podría decirme si está usted de acuerdo o en desacuerdo con las siguientes afirmaciones? (Muestre la tarjeta G1 y marque una sola opción en cada columna)

	De acuerdo	En desacuerdo
a) Estoy dispuesto a trabajar aún más duro para ayudar a que esta empresa salga adelante	( )	( )
b) Aceptaría cualquier puesto a fin de continuar trabajando para esta empresa	( )	( )
c) Aceptaría cambiarme a cualquier departamento con tal de seguir trabajando para esta empresa	( )	( )
d) La empresa para mí vale tanto como mi familia	( )	( )
e) Estoy orgulloso de trabajar para esta empresa	( )	( )
f) Rechazaría otro empleo con mayor pago a fin de permanecer en esta empresa	( )	( )

H) Percepción sobre el trabajo

1. ¿Podría decirme si está usted de acuerdo o en desacuerdo con las siguientes afirmaciones? (Muestre la tarjeta H1 y marque una sola opción en cada columna)

	De acuerdo	En desacuerdo
a) Me gusta lo que hago en mi trabajo	( )	( )
b) Me llevo bien con mis compañeros de trabajo	( )	( )
c) El supervisor es un amigo que nos ayuda	( )	( )
d) Mi trabajo no es aburrido	( )	( )
e) Tengo posibilidades de ascender a una mejor categoría	( )	( )
f) Estoy bien capacitado para realizar mi trabajo	( )	( )
g) Me conviene el horario de trabajo que tengo	( )	( )
h) Me pagan bien	( )	( )
i) Mi trabajo no es peligroso	( )	( )

I) Rotación de personal

1. ¿Cuáles son las principales causas por las que usted considera que los trabajadores de esta compañía abandonan el trabajo? (Muestre la tarjeta I1 y marque las opciones que considere necesarias)

( ) Porque el trabajo es muy pesado
( ) Porque pagan poco
( ) Porque son flojos
( ) Porque reciben malos tratos por jefes y supervisores
( ) Porque hay malas condiciones de seguridad e higiene
( ) Porque el trabajo es muy aburrido
( ) Otros aspectos (especifique): _____

408

ESTRATEGIAS EMPRESARIALES DE REESTRUCTURACIÓN PRODUCTIVA EN LA MAQUILA
CONSEJO NACIONAL DE CIENCIA Y TECNOLOGÍA

ENTREVISTAPARA JEFE DE DEPARTAMENTO O SUPERVISOR

El objetivo del presente cuestionario es captar la organización y el control sobre el proceso de trabajo. Se entrevistará al menos un informante calificado del departamento seleccionado: supervisor, ingeniero, jefe de departamento, etc. Aclare al entrevistado que la información que proporcione será totalmente confidencial y anónima, y se utilizará únicamente para fines académicos.

Clave de la empresa: _____	Clave del departamento: _____
Entidad y municipio o localidad: _____	Fecha de aplicación: _____
Número de folio: _____	Clave del encuestador: _____

A) División del trabajo

1. ¿Quién o quiénes realizan el control de calidad principalmente en el departamento? **(Marque una sola opción)**

( ) Elmismo personal de producción
( ) Existe un departamento o personal especializado
( ) No se realiza controldecalidad
( ) Nosabe

B) Formación del trabajo

2. ¿Cuál es el principal procedimiento para asignar a un trabajador en el departamento a un puesto de producción cuando ingresa? **(Marque una sola opción)**

( ) Examen de conocimientos
( ) Examen de habilidades y aptitudes
( ) Aprobación de cursos de capacitación
( ) Por propuesta del equipo de trabajo
( ) Propuesta del jefe inmediato o del dpto. de recursos humanos
( ) Noexisten procedimientos formales
( ) Otra forma (especifique): _____
( ) No sabe

3. ¿Cuáles el principal procedimiento para promover a un trabajador de producción en el departamento?
(Marque una sola opción)

( ) Antigüedad en el trabajo
( ) Examen de conocimientos
( ) Examen de habilidades y aptitudes
( ) Dominio de operaciones y tareas
( ) Aprobación de cursos de capacitación
( ) Por propuesta del equipo de trabajo
( ) Propuesta del jefe inmediato
( ) No existen procedimientos formales
( ) Otra forma (especifique): _____
( ) No sabe

ESTRATEGIAS EMPRESARIALES DE REESTRUCTURACIÓN PRODUCTIVA EN LA MAQUILA
CONSEJO NACIONAL DE CIENCIA Y TECNOLOGÍA

4. ¿Este departamento cuenta con manuales de puestos y de procedimientos? ¿Se utilizan?
(Marque una sola opción por renglón y columna)

	Sí existen y se utilizan	Sí existen, pero no se utilizan	No existen
a) Manuales de puestos	( )	( )	( )
b) Manuales de procedimientos	( )	( )	( )

5. ¿En este departamento se realizan estudios de tiempos y movimientos? (Marque una sola opción)

( ) Sí
( ) No
( ) No sabe

6. ¿Los trabajadores tienen que cumplir cuotas mínimas de producción en el departamento?
(Marque una sola opción)

( ) Sí
( ) No
( ) No sabe

7. ¿Hay incentivos económicos cuando se rebasan las cuotas mínimas de producción en el departamento?
(Marque una sola opción)

( ) Sí
( ) No
( ) No sabe

C) Mantenimiento y supervisión

8. ¿Quién realiza principalmente las tareas de mantenimiento en el departamento? (Marque una sola opción)

( ) El mismo personal de producción
( ) Personal especializado de mantenimiento
( ) Ambos
( ) Otros (especifique): _____
( ) No sabe

9. ¿Cuál es la principalforma de supervisión de los trabajadores de producción en el departamento?(Marque una sola opción)

( ) No hay forma sistemática de supervisión
( ) Mediante un grupo de supervisores
( ) Mediante equipo automatizado
( ) Mediante grupos de trabajo o círculos de control de calidad
( ) Otras formas (especifique): _____

D) Comunicación

10. ¿Cuál es la principal forma de comunicación de los directivos y gerentes con los trabajadores de producción del departamento? (Marque una sola opción)

( ) En forma verbal directa
( ) Por medio de jefes y supervisores
( ) Por medio de oficios y/o mermoranda
( ) Nohay comunicación
( ) Otras formas (especifique): _____

410

ESTRATEGIAS EMPRESARIALES DE REESTRUCTURACIÓN PRODUCTIVA EN LA MAQUILA
CONSEJO NACIONAL DE CIENCIA Y TECNOLOGÍA

11. ¿Cuáles la principal forma de comunicación de los trabajadores de producción del departamento con los jefes, gerentes y la dirección del establecimiento? (Marque una sola opción)

( ) En forma verbal directa
( ) Pormedio de jefes ysupervisores
( ) Pormedio de informes, escritos, reportes, gráficas, etcétera
( ) A través del sindicato
( ) Mediante sistemas informáticos
( ) No hay comunicación
( ) Otras formas (especifique): _____

12. ¿De qué manera los directivos del establecimiento estimulan la comunicación entre los trabajadores del departamento para que traten los problemas de la producción? (Marque una sola opción por columna)

( ) Pormedio de juntas
( ) En equipos de trabajo
( ) Asambleas
( ) Cursos
( ) De otra manera (especifique): _____
( ) No se estimula la comunicación

E) Movilidad interna

13. Indique si se practican las siguientes formas de movilidad interna para el personal de producción en el departamento (Marque las opciones que sean necesarias por columna)

( ) Cambio de funciones en el mismo puesto de trabajo
( ) Cambio entre puestos de trabajo con las mismas funciones
( ) Cambio entre categorías
( ) Rotación de turnos
( ) Cambio entre departamentos
( ) Cambio entre establecimientos de la misma empresa
( ) Otro tipo de cambios (especifique): _____

14. Indique si las siguientes causas son motivo para mover internamente al personal de producción en el departamento (Marque las opciones que sean necesarias)

( ) Por ausentismo
( ) Por renuncias frecuentes
( ) Por aumento en la producción
( ) Para estimular la polivalencia
( ) Para eliminar la monotonía
( ) Para promover el pago por conocimientos
( ) Otros criterios (especifique): _____

15. ¿Cuál es la principal característica que se toma en cuenta del trabajador para la movilidad interna en el departamento? (Marque una sola opción)

( ) Conocimiento o aptitudes
( ) Antigüedad
( ) Disposición del trabajador
( ) Historia laboral del trabajador
( ) Otro criterio (especifique): _____
( ) No sabe

411

ESTRATEGIAS EMPRESARIALES DE REESTRUCTURACIÓN PRODUCTIVA EN LA MAQUILA
CONSEJO NACIONAL DE CIENCIA Y TECNOLOGÍA

F) Involucramiento en la toma de decisiones

16. ¿En cuáles de los siguientes aspectos los trabajadores de producción del departamento participan directamente en la toma de decisiones? (Marque las opciones que sean necesarias)

( ) Selección de personal
( ) Promoción de personal
( ) Definición de cargas de trabajo
( ) Sanciones a los trabajadores
( ) Asignación de premios y bonos
( ) Contenidos de programas de capacitación
( ) Selección de maquinaria, equipo o herramienta
( ) Selección de materias primas
( ) Mejoramiento del método de trabajo
( ) Diseño de programas de mejoramiento de la productividad y calidad
( ) Otros aspectos (especifique): _____

G) Nuevas formas de organización del trabajo

17. ¿Existen en este departamento formas grupales de participación de los trabajadores de producción?
(Marque una sola opción)

( ) Sí
( ) No

18. Señale en cuáles de las siguientes funciones participan los trabajadores de producción en el
Departamento (Marque las opciones que sean necesarias)

a) Presupuestos de producción
b) Ajuste de maquinaria o de variables de proceso
c) Cambios en las especificaciones del producto
d) Control estadístico del proceso
e) Control no estadístico del proceso
f) Relación cliente-proveedor
g) Identificación de causas de riesgo en el trabajo
h) Elaboración de programas de previsión de riesgos
i) Control de ausencias, permisos y horas extras
j) Prevención de conflictos laborales
k) Detección de necesidades de capacitación
l) Elaboración de programas de capacitación
m) Elaboración de programas de movilidad interna
n) Otras funciones (especifique): _____

H) Relaciones laborales

19. ¿Sabe usted si existe sindicato en el establecimiento? (Recuerde pedir una copia del contrato colectivo de trabajo)

( ) Sí
( ) No

20. ¿A qué confederación, federación o sindicato nacional de la industria está afiliado?
_____

ESTRATEGIAS EMPRESARIALES DE REESTRUCTURACIÓN PRODUCTIVA EN LA MAQUILA
CONSEJO NACIONAL DE CIENCIA Y TECNOLOGÍA

21. Marque con una "x" en cuáles de los siguientes aspectos intervien en el sindicato y/o los trabajadores (puede marcar ambos casos) a través de procedimientos formales (establecidos por contrato colectivo de trabajo. reglamentos internos de trabajo o convenios):

a) **Cambio tecnológico**   Sindicato   Trabajadores

a.1) Se les informa   ( )   ( )
a.2) Discuten y proponen   ( )   ( )
a.3) Deciden sobre el cambio tecnológico   ( )   ( )
a.4) Evalúan el cambio tecnológico   ( )   ( )
a.5) Mejoramiento permanente   ( )   ( )

b) **Cambio en la organización del trabajo**   Sindicato   Trabajadores

b.1) Se les informa   ( )   ( )
b.2) Discuten y proponen   ( )   ( )
b.3) Deciden sobre el cambio en la organización   ( )   ( )
b.4) Evalúan el cambio en la organización   ( )   ( )
b.5) Mejoramiento permanente   ( )   ( )

c) **Empleo**   Sindicato   Trabajadores

c.1) Selección de personal   ( )   ( )
c.2) Reajuste de personal   ( )   ( )
c.3) Empleo de eventuales   ( )   ( )
c.4) Creación de puestos de confianza   ( )   ( )
c.5) Empleo de subcontratistas   ( )   ( )

d) **Proceso de trabajo**   Sindicato   Trabajadores

d.1) Definición de manuales de puestos   ( )   ( )
d.2) Movilidad interna   ( )   ( )
d.3) Asignación de las horas extra   ( )   ( )
d.4) Sanciones a trabajadores   ( )   ( )
d.5) Definición de los métodos de trabajo   ( )   ( )
d.6) Definición de estándares de producción y calidad   ( )   ( )

22. Marque con una "x" en cuáles de los siguientes aspectos intervien en el sindicato y/o los trabajadores (puede marcar ambos casos) a través de procedimientos informales

a) **Cambio tecnológico**   Sindicato   Trabajadores

a.1) Se les informa   ( )   ( )
a.2) Discuten y proponen   ( )   ( )
a.3) Deciden sobre el cambio tecnológico   ( )   ( )
a.4) Evalúan el cambio tecnológico   ( )   ( )
a.5) Mejoramiento permanente   ( )   ( )

b) **Cambio en la organización del trabajo**   Sindicato   Trabajadores

b.1) Se les informa   ( )   ( )
b.2) Discuten y proponen   ( )   ( )
b.3) Deciden sobre el cambio en la organización   ( )   ( )
b.4) Evalúan el cambio en la organización   ( )   ( )
b.5) Mejoramiento permanente   ( )   ( )

ESTRATEGIAS EMPRESARIALES DE REESTRUCTURACIÓN PRODUCTIVA EN LA MAQUILA
CONSEJO NACIONAL DE CIENCIA Y TECNOLOGÍA

c) **Empleo**	Sindicato	Trabajadores
c.1) Selección de personal	( )	( )
c.2) Reajuste de personal	( )	( )
c.3) Empleo de eventuales	( )	( )
c.4) Creación de puestos de confianza	( )	( )
c.5) Empleo de subcontratistas	( )	( )

d) **Proceso de trabajo**	Sindicato	Trabajadores
d.1) Definición de manuales de puestos	( )	( )
d.2) Movilidad interna	( )	( )
d.3) Asignación de las horas extra	( )	( )
d.4) Sanciones a trabajadores	( )	( )
d.5) Definición de los métodos de trabajo	( )	( )
d.6) Definición de estándares de producción y calidad	( )	( )

I) Movilidad externa

22. ¿Cuáles son las principales causas por las que los trabajadores renuncian al trabajo?

_____
_____
_____
_____

22. ¿Cuáles son las principales causas por las que los trabajadores son despedidos?

_____
_____
_____
_____

Guía de entrevista individual a representantes sindicales del sector de la maquila en México

El objetivo de la presente guía de entrevista es registrar la opinión de los representantes sindicales de la empresas maquiladoras sobre distintos tópicos de la situación actual de la industria maquiladora en las zonas centro y sureste del país. Sólo debe entrevistarse al representante sindical de la planta. Aclare al entrevistado que la información que proporcione será totalmente confidencial y anónima, y se utilizará únicamente para fines académicos.

Nombre de la empresa: _____   Clave de la empresa: _____

Entidad y municipio o localidad: _____   Fecha de aplicación: _____

Número de folio: _____   Clave del encuestador: _____

1. La situación actual de la maquila en México

Tema	Preguntas básicas	Complementarias	Observaciones
1) La empresa	Indagar sobre las tres principales razones por las que fue conveniente registrar la empresa como maquiladora, ahondando sobre la conveniencia de dichas razones (que explique por qué fueron convenientes).		
	La productividad en la maquila se ha estancado en México desde 1992. ¿Cuáles de los siguientes factores considera usted que han sido los más determinantes de este estancamiento y en qué orden los ubicaría usted?	¿Por qué considera que estos son los factores más determinantes de dicho estancamiento? ¿Existen otros factores importantes que hayan causado dicho estancamiento? ¿A su empresa cómo le ha afectado esta situación?	Presentar tarjeta 1 sobre los factores que han determinado el estancamiento del sector de la maquila. En su hoja de respuestas marque los que el entrevistado señale según el orden e importancia que él o ella les dé.
2) La maquila	Considerando que a partir del año 2000 se dio la caída de la actividad productiva en el sector de la maquila, ya que muchas plantas han cerrado o se han trasladado a otros países, ¿cuáles de los siguientes factores considera que han sido los más importantes en esta caída? (Marque con el número 1 el más importante y así sucesivamente)	¿Por qué considera que estos son los factores más importantes de dicha caída? ¿Existen otros factores importantes que también hayan influido en dicha situación? ¿A su empresa cómo le ha afectado esta situación?	Presentar tarjeta 2 sobre los factores que han influido en la caída de la actividad productiva del sector de la maquila. En su hoja de respuestas marque los que el entrevistado señale según el orden e importancia que él o ella les dé.

Tema	Preguntas básicas	Complementarias	Observaciones
2) La maquila	¿Cuáles son las razones por las que la maquila no invierte en maquinaria y equipo de alta tecnología?	En caso de que el o la entrevistada opine que sí se invierte, preguntar si así es en todas: ¿qué sucede en las que no invierten?	Orientar la entrevista hacia el tema de la innovación tecnológica para conocer las razones por las que los empresarios del sector no están interesados en invertir en tecnología.
	¿Por qué la maquila no busca proveedores locales de materias primas y componentes?	¿Es una condición para las empresas maquiladoras tener proveedores externos? ¿Afectaría sus costos de producción? ¿Los proveedores internos no ofrecen la misma calidad?	Indagar sobre el origen de las materias primas y componentes sobre los aspectos de costo y calidad, comparando a los proveedores locales y externos.
	¿Por qué la maquila no busca mercados diferentes de Estados Unidos?	¿Es el mercado que más demanda tiene? ¿Los otros mercados ya están saturados?	Indagar sobre las ventajas comparativas entre los distintos mercados a los que puede tener acceso como vendedor.
	¿Cómo ha afectado la entrada en operación del Tratado de Libre Comercio en cuanto a aranceles e impuestos para la maquila?	¿En qué sentido les ha afectado? ¿En qué aspectos específicos les ha perjudicado más? ¿Ha habido beneficios? ¿Cuáles han sido?	Indagar la opinión que tienen los gerentes sobre el Tratado de Libre Comercio. Centrar la entrevista en el aspecto de los aranceles e impuestos.
	¿Cuál es el futuro de este sector en México?		

2. Cultura laboral

Temas	Preguntas básicas	Complementarias	Observaciones
1. Los obreros y el sindicato en la maquila	Ahora le presentamos una serie de afirmaciones sobre aspectos funda-mentales de la cultura laboral en... Nos gustaría saber si usted está de acuerdo o en desacuerdo con cada una de ellas y que nos comentara sus razones por las que está en acuerdo o desacuerdo.	En su experiencia como gerente, ¿qué es lo que ha visto al respecto? ¿En otras empresas maquiladoras sucede lo mismo?	Presentar tarjeta 3 sobre aspectos de la cultura laboral en la planta e indagar sobre las razones por las que está de acuerdo o en desacuerdo con cada una de las afirmaciones.

416

TARJETA 1. Factores que han determinado el estancamiento de la productividad de la maquila

Factores	Orden de importancia
a) Falta de innovación tecnológica	☐
b) Falta de formas modernas de organizar la empresa	☐
c) Falta de inversión en capacitación del personal	☐
d) La alta rotación del personal	☐
e) Falta de motivación del personal	☐
f) Otra (especifique):	☐
g) Otra (especifique):	☐
h) Otra (especifique):	☐
i) Otra (especifique):	☐

TARJETA 2. Factores que han determinado la caída de la actividad productiva de la maquila

Factores	Orden de importancia
a) Los salarios en México	☐
b) La reducción de la demanda en Estados Unidos para los productos maquilados	☐
c) Los sindicatos en México	☐
d) Que no haya una devaluación mayor del peso frente al dólar	☐
e) La falta de financiamiento con bajas tasas de interés	☐
f) La falta de infraestructura: vías de comunicación de calidad, energía barata, agua	☐
g) La falta de obreros calificados	☐
h) Los bajos salarios en China y en Centroamérica	☐
i) Otros (especifique):	☐
j) Otros (especifique):	☐
k) Otros (especifique):	☐
l) Otros (especifique):	☐

TARJETA 3. Aspectos de la cultura laboral en las empresas maquiladoras en méxico

Aspectos	Acuerdo	Desacuerdo
a) El sindicato debe interesarse por la productividad	☐	☐
b) Sindicato y empresa tienen los mismos intereses	☐	☐
c) A los trabajadores les gusta su trabajo o sólo trabajan porque les pagan	☐	☐
d) La gerencia no toma en cuenta la opinión del sindicato en problemas de la producción	☐	☐
e) Los trabajadores son flojos y desobligados	☐	☐
f) Los trabajadores odian a la empresa	☐	☐
g) Los trabajadores no participan en el sindicato porque son pasivos	☐	☐
h) A la empresa sólo le interesa ganar dinero	☐	☐
i) Los obreros son conflictivos	☐	☐
j) Los trabajadores no son solidarios entre ellos	☐	☐

Cédula de captura de la información de contratos colectivos
FLEXIBILIDAD DE LA CONTRTACIÓN COLECTIVA

1. Empresa:_____ ☐☐☐

2. Sindicato y confederación: _____ ☐☐☐ ☐☐

3. Rama:_____ ☐☐ 4. Estado:_____ ☐☐

1. Nivel de intervención del sindicato en la instrumentación de cambios tecnológicos o de organización	
	[1] Obligación de consultar al sindicato
	[2] Determinación bilateral
	[3] Determinación unilateral empresarial
	[4] No especificado

2. Participación del sindicato en el establecimiento de nuevos métodos de trabajo	
	[1] Sí
	[2] No
	[3] No especificado

3. Participación del sindicato en los cambios en la intensidad del trabajo	
	[1] Sí
	[2] No
	[3] No especificado

4. Contratación de trabajadores eventuales	
	[1] Limitación por el C. C.
	[2] Por acuerdo entre la empresa y el sindicato
	[3] Prohibida para la empresa
	[4] Libre para la empresa
	[5] No especificada

5. Empleo de subcontratistas	
	[1] Limitación por el C. C.
	[2] Por acuerdo entre la empresa y el sindicato
	[3] Prohibida para la empresa
	[4] Libre para la empresa
	[5] No especificada

6. Contratación de trabajadores de confianza	
	[1] Limitación por el C. C.
	[2] Por acuerdo entre la empresa y el sindicato
	[3] Prohibida para la empresa
	[4] Libre para la empresa
	[5] No especificada

7. Recorte de personal de base	
	[1] Limitación por el C. C.
	[2] Por acuerdo entre la empresa y el sindicato
	[3] Prohibida para la empresa
	[4] Libre para la empresa
	[5] No especificada

8. Movilidad entre puestos y categorías	
	[1] Limitación por el C. C.
	[2] Por acuerdo entre la empresa y el sindicato
	[3] Prohibida para la empresa
	[4] Libre para la empresa
	[5] No especificada

9. Movilidad entre turnos	
	[1] Limitación por el C. C.
	[2] Por acuerdo entre la empresa y el sindicato
	[3] Prohibida para la empresa
	[4] Libre para la empresa
	[5] No especificada

10. Movilidad geográfica	1	Limitación por el C. C.
	2	Por acuerdo entre la empresa y el sindicato
	3	Prohibida para la empresa
	4	Libre para la empresa
	5	No especificada
11. Polivalencia	1	Limitación por el C. C.
	2	Por acuerdo entre la empresa y el sindicato
	3	Prohibida para la empresa
	4	Libre para la empresa
	5	No especificada
12. Criterio principal de ascenso	1	Antigüedad
	2	Capacidad
	3	Capacitación
	4	Escolaridad
	5	Mixto con (antigüedad)
	6	No especificado
13. Trabajo en horas extra	1	Voluntario
	2	Obligatorio
	3	Convenio entre empresas y sindicatos
	4	No especificado
14. Trabajo en días de descanso obligatorio	1	Voluntario
	2	Obligatorio
	3	Convenio entre empresas y sindicatos
	4	No especificado
15. Forma de salario	1	Por hora
	2	Por día, semana, quincena o mes
	3	Por obra determinada
	4	No especificada
16. Se pagan bonos o incentivos por puntualidad o asistencia	1	Sí
	2	No especificada
17. Se pagan bonos o incentivos por productividad o calidad	1	Sí
	2	No especificada
18. Se pagan otro tipo de bonos	1	1. Sí (especificar): _____
	2	2. No especificada

Observaciones:

_____

_____

_____

_____

_____

Nombre del capturista:

Modelos de producción
en la maquila de exportación.
La crisis del toyotismo precario
se terminó de imprimir en noviembre de 2005
Tiraje: mil ejemplares